RICHARD D. WYCKOFF

[美] 理查德 · D.威科夫 著
Richard D. Wyckoff

威科夫股票交易与投资分析

THE RICHARD D. WYCKOFF METHOD OF TRADING AND INVESTING IN STOCKS:
A COURSE OF INSTRUCTION IN STOCK MARKET SCIENCE AND TECHNIQUE
THE RICHARD D. WYCKOFF METHOD OF TRADING IN STOCKS:
THE RICHARD D. WYCKOFF COURSE OF INSTRUCTION IN TAPE READING AND ACTIVE TRADING

中国青年出版社

图书在版编目（CIP）数据

威科夫股票交易与投资分析 /（美）理查德 · D.威科夫著；马林梅译.
—北京：中国青年出版社，2022.5
书名原文：The Richard D.Wyckoff Method of Trading and Investing in Stocks: A Course of Instruction in Stock Market Science and Technique
The Richard D.Wyckoff Method of Trading in Stocks: The Richard D.Wyckoff Course of Instruction in Tape Reading and Active Trading
ISBN 978-7-5153-6597-8

Ⅰ. ①威… Ⅱ. ①理… ②马… Ⅲ. ①股票交易—基本知识 Ⅳ. ①F830.91

中国版本图书馆CIP数据核字（2022）第038041号

威科夫股票交易与投资分析

作　　者：[美] 理查德 · D.威科夫
译　　者：马林梅
策划编辑：肖颖慧
责任编辑：刘宇霜
美术编辑：佟雪莹
出　　版：中国青年出版社
发　　行：北京中青文文化传媒有限公司
电　　话：010-65511272 / 65516873
公司网址：www.cyb.com.cn
购书网址：zqwts.tmall.com
印　　刷：大厂回族自治县益利印刷有限公司
版　　次：2022年5月第1版
印　　次：2025年6月第2次印刷
开　　本：787mm × 1092mm　1/16
字　　数：298千字
印　　张：23
书　　号：ISBN 978-7-5153-6597-8
定　　价：79.00元

本书每一个段落、每一行文字都至关重要，都有特定的用途。不要忽略本书的任何内容，请吃透了本书全部内容后再入市操作。

THE RICHARD D. WYCKOFF METHOD OF TRADING AND INVESTING IN STOCKS

THE RICHARD D. WYCKOFF METHOD OF TRADING IN STOCKS

目 录

第二部分　盘口解读与积极交易

THE RICHARD D. WYCKOFF METHOD
OF TRADING AND INVESTING
IN STOCKS

第一部分

股市技术分析

第一章
概述

这是一种通过股市自身的行为来判断行情的方法。

它既适用于投资者，也适用于交易员。

它是为那些不想因纽约证券交易所和其他交易所的股价波动而亏本或想从中盈利的人准备的。

本书中介绍的方法适用于债券、优先股和大宗商品市场。

若买卖股票、债券或大宗商品的人能运用自己的远见卓识获得利润，那么他就是在投机。否则，他就是在赌博。[1]

你的目标应该是成为明智、严谨和成功的投资者和交易员。

这种方法既适用于经验不足的人或股市小白，也适用于经验丰富但却从未了解股市游戏规则真谛的人。

真正了解股市内部运作的人少之又少，而在这些人中，几乎没人愿意向公众揭示真正的内幕。我认为，现在到了挺身而出做这件事的时候了。

每年在证券市场中遭受损失的人多达数百万，损失之大

[1] 投资者若是总想一旦赌赢就会大赚一把，当大赌一把的时候，往往会大输一把。
——彼得·林奇

足以让人瞠目结舌、痛心疾首。

这些损失是股市暴跌的直接结果，大多数股民并没有意识到面临的风险，他们对股市的运作知之甚少。

美国公众在证券市场操作中需要得到帮助，这一点毋庸置疑。我相信帮助他人的最佳途径就是让他们学会如何自助，正所谓“授人以鱼，不如授人以渔”，因此在此分享我在华尔街打拼40年所积累的有益经验。

通过运用本书中介绍的方法，我本人和我的20多万客户和杂志订阅用户获得了丰厚的利润。

我希望能将这一方法传授给更多想学习股票交易和投资业务的人。学习股票交易和投资业务就如同学习法律、医学或其他业务，本书介绍的方法不仅能让我之前的顾客受益，也能让那些之前没有把握好投资机会的人受益。

通过学习这种方法，你可以根据实际需要投入半小时、一小时、一整天或更多时间预判市场走势，选择你可投资的最佳股票和买卖的最佳时机。

你可以学会如何独立做出判断，这样就不必询问、听取或采纳任何人的建议了。你可以锻炼你的判断能力，你会知道该做什么以及何时去做。当心有疑虑时，你会静观其变。

我无法保证你能一直正确，没人能做到这一点。我只是想让你知道如何在大多数情况下做出正确决策。这需要你仔细琢磨，多加训练。

我将教你如何从日报、盘口、绘制的图表中获取信息，解读市场。

我将教你如何拟订股市投资计划，就像一位将军拟订作战计划一样。

第二章
供需基本法则

我在华尔街打拼了20年才能以市场自身的行为来预判市场的走向。我在《华尔街40年投机和冒险》（*Wall Street Ventures and Adventures Through Forty Years*）一书中写道：

> 我越来越发现，股票行情反映的是幕后主力的计划和意图。我开始思考能否从盘口（tape）判断出主力意欲何为。我的编辑工作对自学非常有帮助。在收集对读者们有益的资料时，我也积极寻找对我个人有益的资料。订阅我资料的人看到的是我收集的精华，而那些被遗弃的资料却能助我找到解开世界上最伟大的市场游戏之谜的密码。
>
> 我的一位朋友曾在交易所工作。作为场内交易员，他精通市场交易技巧。我们经常讨论为跟踪价格变化而解读行情（大多数人都是这么做的）和为研判下一刻的走势而解读行情之间的区别。当卖盘多于买盘时，股价会下跌；当买盘多于卖盘时，股价会上涨。
>
> 从这一基本的逻辑推断，我们认为，在每一笔成功的股票交易中，换手率或成交量非常重要。要想了解瞬间买进或卖出股票的人的心理，某种程度上就是要判断他们买卖的急迫性和焦虑程度，还要从买卖数量上看出多空双方的力量，

并判断背后主力的意图，看他们是平价买入，还是为了抬高或压低价格，或是打击买方或卖方的信心。[1]

每笔交易都会释放一定的信号，但人们不一定总是能解读这些信号。无论谁是股票的持有者，无论谁买卖股票，股票在行情报价机记录单上（盘口）看起来都一样。但买卖股票的意图却不同，了解股票市场心理的人都很清楚这一点。

虽然每笔交易只被记录一次，但代表了买卖双方对价格达成了一致。即使买卖双方相隔万里，股票价格却是在特定的地点——交易所大厅内敲定的。

并非所有交易都很重要，但解读的人必须识别哪些重要。他必须看出体现主力意图的一些交易，并利用好群体或个人通过交易传递出的信息。

在继续研究行情记录的过程中我逐渐意识到，供需基本法则（the Basic Law of Supply and Demand）决定着所有的价格变化。衡量未来市场走向的最佳指标是供需关系。

供需基本法则适用于所有市场，当需求大于供给时，价格上涨；当供给大于需求时，价格下跌。这一法则不仅适用于股市，在小麦、玉米、棉花、糖等商品市场中也不断得到证实，在其他市场，如房地产、劳动力市场同样也是如此。

我在一系列题为《盘口解读研究》（*Studies in Tape Reading*）的文章中进一步证明了这一观点。据我所知，这些文章发表后引起了人们的广泛关注。

我在这些文章中想表达的基本思想是，股市自身的行为指明了其当前和未来的可能走势，能够准确地判断出这些趋

[1] 当短线当天交易者和一些专业对冲基金经理频繁交易的时候，会导致换手速度较快。

——彼得·林奇

势的人均会在交易和投资中大获成功。

我在文章中称，即将发生的变化会在盘口上有所预示，由于涉及巨大的利益，交易者的买卖行为会显示出他们对价格涨跌的预期，[1]那些试图拉升或压低价格的操纵者也是如此。如果一个人足够专业，那么他可以通过股票的行为判断主力的想法并跟随他们。

趋势反映的是阻力最小的线路。当一只股票在上涨过程中遇到阻力时，它要么强大到能克服这种阻力（抛售）的程度，要么下跌；而当它在下跌过程中遇到足够的买盘时，就会上涨。在市场的各个阶段，最为关键的时刻就是转折发生的时刻，或者是价格突破阻力达到新水平的时刻。

我把以市场自身行为判断市场的方法进一步完善后，用它来预测市场的可能走势，后来我还发布了《趋势通讯》（*The Trend Letter*）（1911年首发），取得了巨大的成功。事实上，《趋势通讯》中的预测非常精准，以至于人气暴涨，追随者甚众。在成功地举办了一系列活动后，我们的业务量大大增加，而且全国各地的经纪公司都把这些建议转发给了他们的客户。我们的追随者如此之多，以至于对我们交易的股票的报价产生了不当的影响，当然有时候这种影响很重要。

我在《华尔街40年投机和冒险》一书中详细地描述过上述内容，感兴趣的读者可参阅此书。我提到这些只是为了表明，从采纳我建议的杂志订阅者和千千万万没有订阅我们的杂志但采用了我们的买卖策略的人得到的收益来看，以市场自身的行动判断市场的方法是非常有效的。

1 投资者所持有的股票中，只要有60%的股票表现与预期的一样，就会有一个很不错的业绩。
——彼得·林奇

第三章
以市场自身行为判断行情

华尔街的业务是为企业融资并出售因融资产生的证券——股票和债券。有些证券潜力巨大，有些则不然。发行人和承销商最了解证券的价值，但公众对证券的真正价值所知甚少，除了那些上市已很长时间、久经考验的证券，因为它们已经具备盈利能力和内在价值了。

在任何情况下，从事融资业务的银行家和帮其分销证券的经销商都会以现金、服务或承销的方式获得证券。他们的目标是让这些股票和债券以尽可能高的价格上市，上市的方式包括：承销商和财团承销、内部认购、公开发行以及在证券交易所上市。

在后一种情况下，通过提高股票在盘口记录中的活跃程度就能为股票做宣传。当价格上涨且成交量增大时，活跃度会吸引买家进入，那些想抛售股票的人就可以借机出货。

一家公司的股票上市后会持续得到这样的保荐，可由银行家自己操作，也可由其他人操作。股价上涨后，保荐人会在不回购太多股票的前提下建立一个稳定的市场并维持股价。通常情况下，当所有股票被分销出去而且有足够多的人对该股票感兴趣，以至于能够建立一个自我运行的市场时，银行家、财团或保荐人就会停止操作，并将注意力转向其他有利可图的新机会。

其他感兴趣的人可能开始运作这只股票。一般而言，每只股票都有一个或多个保荐人或大型机构操盘。这些感兴趣的人看到获利机会后会积累筹码，当条件有利时，他们会拉升股价并出货，或者他们可能会卖空，压低股价并平仓。

没有人否认，在华尔街“大鱼吃小鱼”是铁律。如果没有大量的散户，大操纵商就无法成功运作。也就是说，如果市场上只有10家大操纵商而没有大量散户，那么这些机构只能通过互相交易来获利。1家机构很难欺骗其他9家，但当散户们进入股市时，大操纵商的游戏就变得更简单了。

研究盘口和图表能使人探明这些内部的操作或操纵并获利，能够通过分析供需关系的变化判断股票的未来走势。有时仅凭价格的变化就可以判断股价未来的走势。但是，如果你还考虑了成交量，那么判断将更可靠。通过精准地判断供需，你能够确定整个市场和某些股票的走势，判断可买入或卖出的股票，而且更重要的是，你能判断出什么时候买入或卖出。[1]

你会选择最有前途的股票，也就是说，股价变化最及时、最快速、最持久的股票。缺乏可靠理由时，你不会轻举妄动，不会冒不必要的风险。

当你研究盘口或图表时，你要把你看到的视为拉升价格和压低价格的两股方向相反的力量相互作用的结果。研究图表不是用肉眼对比图形，而是从股票行为看主力的动机、买卖双方每次较量后的成败。

较量是持续的，盘口详细展示了相关信息。你可以借助图表选择市场，你也可以选择市场的任何部分或阶段。

你可利用盘口研究供需，这可能比利用图表更有优势。

[1] 若是投资者很清楚地知道自己当初买入一只股票的理由，那么投资者很简单的就知道何时应该卖出这只股票。

——彼得·林奇

股票盘口就像移动的电影胶片，每分钟都会显示供需量。价格持续反映着市场的强弱：当多方力量占优时，价格走强；当空方力量占优时，价格走弱。从沉闷到活跃、从强势到弱势、从萧条到繁荣、从顶部到底部，各个阶段的情况都被真实记录于盘口。所有的变化，无论大小，都是供需基本法则作用的结果。为便于研究和预测，可将盘口信息用图表显示出来，这样容易做出精确的推断。

现在你就要学习这种方法了。你最好先抛弃之前做判断和决策时考虑的因素，例如提示、谣言、新闻、报纸和杂志文章、分析、报告、股息率、政治和基本统计数据，尤其是在会议室和股票畅销书中阐述的不成熟的交易理论。

你没有必要考虑其中的任何因素，因为这些因素的效果都体现在盘口了。盘口做了你做不了的事情，它把所有这些因素（其他人的参照基础）都集中体现在买卖的综合效应中。你从股票盘口或图表中获取了数量较少但需要的信息，这些信息涉及：（1）价格变化；（2）成交量或交易强度；（3）价格变化与成交量之间的关系；（4）价格在各自方向完成变化所需的时间。

掌握了这些信息，你就远胜于那些能看到全世界的财经、统计数据的人。

因此，我认为：

除了股票价格和成交量表格外，你不需要阅读报纸财经版的任何内容。

你不需要关注新闻、收益、股息率或者公司报表。

你永远不需要研究金融和商业形势。

你不需要了解铁路或工业统计数据、货币市场、农作物状况、银行报表、外贸和政治形势。

你绝对可以忽略成千上万的提示、谣言、报告，尤其是充斥于华尔街的那些所谓的内部消息。你完全可以抛弃所有这些。

除非你能这样做，否则你无法在股市中收获最佳的结果。

第四章
图表的形态

市场上大多数主要变化都是由大型操盘者、内幕知情者、银行家和暗池（pools）交易员造成的，我们必须揣摩他们的意图并追随他们。实际上，每只股票都有保荐人，尽管保荐人并不总是积极地交易其所保荐的股票（第十四章第137页）。

当重要的参与者吸纳了一系列股票时，对交易进行研究常常能够揭露这一事实：对股票的操纵越严重，通过研究盘口显示的股票价格走势、成交量、活跃度和行为就越能了解事实。不一定都是如此，但大多数情况下是如此。

经验丰富的盘口解读者在不借助任何备忘录的情况下，就能记住许多股票在数周和数月内的动向并对主要保荐人在现阶段的操作形成自己的看法。但有一种追踪大型内部操盘者的更简单、更准确、更可靠的方法，运用这种方法，个人投资者可以获得利润，实现资本增值。这种方法就是利用图表或一些人所称的曲线图。

图表只是把盘口显示的交易以图形的方式表现出来，记录了市场的历史交易消息。所有的交易信息首先出现在盘口，报社的工作人员将这些信息绘制成图表，刊登在晨报和晚报上。你可以从盘口，或者最好是从报纸和图表中获取研究市场所需的全部信息，并根据这些信息有效地运作，获得利润。

利用图表能进行预测，因为它们显示了供给和需求（压力和支撑）、成交量和时间因素。它们记录了拉升和压低价格的力量。没有什么比图表更能预测股价走势了。几十年来，华尔街所有重要的参与者都以图表的形式保存了市场和个股的记录。当有人说绘制图表并以它们来判断市场是愚蠢之举时，你可以判定此人不但无知无畏，而且不愿意学习或者无法明智地解读图表。

毫无疑问，大多数流行的对图表的偏见都是因许多人错误、机械、不加判断地使用图表导致的。他们努力地绘制着图表，想象着几何图案，或者武断地运用规则或如“振荡器”（oscillators）这样的系统以及其他不切实际的概念。这样的行为是错误的，只会导致误判、损失和令人沮丧的结果。因此，你必须记住这一点：研究图表时，要力求了解图表所描绘的行为背后的动机，你的目的是解释市场和股票的行为，而不是想象图表偶然间表现出来的形态（如“缺口”“角形”“旗形”“三角旗形”等）。

能正确理解图表的人通常也能判断出整个市场、个股或板块是上涨、下跌还是中立。市场或股票总是处于看涨、看跌或中立的态势（第十八章第192页）。能够准确地判定市场、某个板块或某只股票态势的人，手握着迈向交易和投资成功之门的钥匙。

选择最能实现你目标的图表：乍一看，我推荐的图表似有过多之嫌，但请记住，我现在是在解释这种方法，我并不了解你的股市经验、知识和实践状况。

我这里描述的是所有可能用到的信息，你可以根据个人情况，选择对你最有价值的信息。

我一直信奉的原则是把图表的数量降至最低。做到最佳时，我每天只针对50只股票绘制竖线图（显示成交量），针对150只龙头股绘制点数图，绘制哪些股票的图表，取决于我在研究股票行情记录时去掉冗余后留下来的信息。

在研究和运用了我推荐的部分或全部图表后，你就可以根据你的目标选择需要的图表。如果你无法看到股票盘口，而且你希望投资于中幅和大幅的波动，最好绘制出下面提到的两种图表以及后面章节所描述的盘口解读波浪图（Wave Chart of Tape Readings）。

我们主要使用三类图表：竖线图、点数图和波浪图。

竖线图是通过画一条竖线，从高到低显示一只股票在一个交易日的价格。显示的价格包括小数，也就是说，精确的价格高点和低点均被记录在图表中（见图4.1和图4.2）。

一天的收盘价用一条短横线表示，每一天的收盘线和前一天的收盘线可能相连，也可能不相连。一天的交易反映的是多空双方的博弈，收盘价是当天博弈的最终结果——或者涨，或者跌，因此收盘价（或者横线相连，形成连续的线条）显示的是市场的净结果。

每天的成交量由从表格底部线上延伸的竖线表示，图左侧标有刻度（见插图）。星期六的成交量标有字母“S”，以此将2小时的成交量和5小时的成交量进行区分。

竖线图的优点：可根据报纸上的交易数据或者我们的每日股票图表报告（Daily Stock Chart Reports）中的数据轻松绘制竖线图。数据既包括价格的变动情况（最高价、最低价和收盘价），也包括成交量。根据价格的动向，我们能判断供需情况、阻力位和支撑位以及趋势。成交量（股数）表明了交易的强度和买卖的质量，因此是判断供需的另一个重要因素。

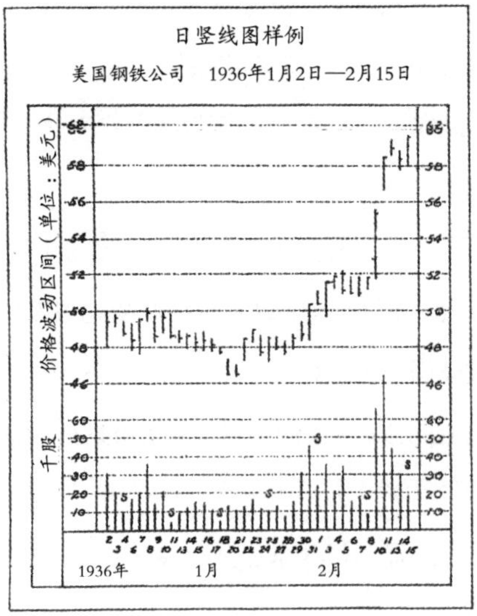

美国钢铁公司股票价格波动区间和成交量

日期		最高价	最低价	收盘价	成交量
1月	2	49 7/8	48 1/8	49 3/8	31,000
	3	49 3/4	49	49 5/8	21,100
	4	49 1/2	48 5/8	48 3/4	9,900
	6	49 3/8	47 5/8	48 3/8	18,900
	7	49 5/8	47 1/2	49 5/8	20,200
	8	50 1/4	49 1/2	49 7/8	37,100
	9	49 5/4	48 1/4	48 5/8	14,500
	10	50	48 3/4	49 5/8	20,600
	11	49 7/8	48 1/2	48 5/8	5,800
	13	49	48 1/4	48 1/2	9,900
	14	48 3/4	48	48 5/8	13,400
	15	48 7/8	47 3/4	48 1/4	17,800
	16	49	47 3/4	48 3/8	16,600
	17	48 1/2	47 3/4	48 1/8	10,600
	18	48	47 5/8	47 3/4	5,300
	20	47 3/8	46 1/2	46 1/2	13,000
	21	47 1/8	46 3/8	46 1/2	10,600
	22	48 1/2	47 1/8	48 1/2	13,100
	23	49	48 1/4	49	18,000
	24	48 3/4	47 1/2	47 5/4	12,000
	25	48 5/8	47 1/8	48 1/2	10,500
	27	48 5/8	47 7/8	48	12,500
	28	48 3/8	47 5/8	47 3/4	8,800
	29	48 7/8	47 7/8	48 1/2	15,800
	30	49 1/2	48 5/8	48 5/4	31,100
	31	50 5/8	48 3/8	50 3/8	47,200
2月	1	51 1/4	50 3/8	50 3/8	25,600
	3	51 5/8	49 5/8	51 5/8	36,400
	4	52	51 3/8	51 7/8	21,700
	5	52 l/4	50 7/8	511/8	36,000
	6	51 7/8	50 7/8	51	12,100
	7	51 7/8	50 3/4	51	18,600
	8	51 7/8	51 1/8	51 7/8	9,700
	10	55 5/8	51 7/8	55 3/8	66,200
	11	50 1/2	56 5/8	58 1/2	82,400
	13	59 1/2	58 5/8	59	44,400
	14	59	57 3/4	58 3/8	30,300
	15	59 3/4	58	59 5/8	19,000

图4.1

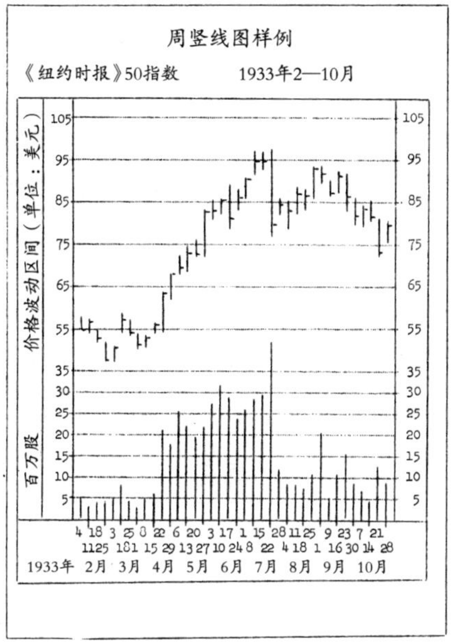

日价格区间和成交量

周截止日		最高价	最低价	收盘价	成交量
2月	4	58.81	54.30	54.80	5,618
	11	57.90	53.92	56.65	4,130
	18	55.68	51.47	52.86	4,327
	25	52.43	47.02	47.63	4,935
3月	3	51.63	47.03	50.50	5,365
	18	59.93	53.32	57.04	8,671
	25	57.92	52.92	54.07	4,977
4月	1	54.08	50.44	51.06	3,682
	8	53.52	50.19	52.95	5,087
	15	56.93	53.75	56.02	6,562
	22	64.03	54.14	63.47	22,147
	29	68.63	61.36	67.90	18,659
5月	6	73.01	67.60	69.53	26,280
	13	75.41	67.80	73.14	22,253
	20	76.43	71.43	72.82	19,924
	27	83.86	71.42	82.86	22,741
6月	3	86.30	80.66	83.12	28,250
	10	86.70	82.23	85.39	32,320
	17	89.60	78.46	81.10	29,837
	24	88.43	82.47	86.03	24,306
7月	1	91.27	85.82	90.68	26,737
	8	97.94	91.00	94.82	29,054
	15	97.86	92.37	94.81	30,184
	22	98.05	76.53	79.90	42,336
	28	86.60	81.42	84.31	12,849
8月	4	85.51	78.57	83.08	8,609
	11	89.11	82.24	87.06	8,728
	18	88.65	82.76	86.61	8,495
	25	93.44	86.79	92.96	11,165
9月	1	93.79	89.55	91.51	20,939
	9	91.03	85.96	87.12	5,761
	16	92.76	86.87	90.99	11,246
	23	92.68	82.29	86.16	15,933
	30	86.31	79.15	81.58	9,158
10月	7	84.49	78.99	83.67	7,741
	14	85.62	80.38	81.82	5,476
	21	81.38	71.91	72.97	13,738
	28	81.20	75.06	79.71	9,829

图4.2

时间因素也很重要，因为我们能利用它估计上涨和下跌的速度：买卖是急是缓，吸筹或派筹是快是慢。接下来我们会从实际的角度来解释以上所说。

成交量和价格波动情况的最大价值是，我们能利用它们：（1）确定接下来价格的波动方向；（2）决定什么时候买入或卖出，什么时候做多或做空；（3）股票什么时候将上涨；（4）什么时候波动达到峰顶。

日竖线图用来记录板块或个股每个交易日的价格波动和成交量情况。运用这些图表，我们能更好地识别吸筹、派筹和其他市场上的操纵（受控的）或不受控的阶段。把日竖线图压缩为周竖线图和月竖线图，我们能看出长期趋势，能洞察股价的长期波动情况。然而，最常用的还是日竖线图，因为它具有更高的敏感性和即时性。换句话说，我们可以利用周竖线图和月竖线图判断目前市场在整个趋势中所处的位置，即在主要的牛市和熊市周期中所处的位置，但我们可以利用日竖线图判断有利的时机和转折点。

点数图同样很有价值，但最好结合竖线图使用，这样有利于全面地推断。点数图不考虑小数，也不考虑时间或成交量。它们显示的是股价从一个整数到另一个整数（或大或小）的变化（参见第22—28页有关绘制点数图的说明）。它们对估计供需的可能范围、阻力位和支撑位非常有价值。

我们能从点数图的一般图形不是所谓的“蝶形”（saucers）、“筐形”（baskets）、“支柱形”（fulcrums）等（这些都是纯理论技术人员青睐的图形），看出主力在吸筹还是在派筹，而且我们能看出明显的支撑线和阻力线。我们也能利用这些图确认股票上涨和下跌的持续时间。

然而，点数图表最有价值的特征是水平形态。在很多情况下，通过这种形态能预测个股、板块或大盘指数变化的点数（第十章到第十三章）。点数图中的这些水平形态或者震荡区域对我们帮助最大，我们可以利用它们：（1）确定个股的价格将变化多少点；（2）确定什么时候遇到阻力，即波动什么时候会结束；（3）确定趋势；（4）确定个股什么时候开始波动。

点数图可根据以下内容绘制：

（1）盘口显示的波动情况；

（2）纽约证券交易所的股票销售报告（Report of Stock Sales），每个交易日收盘后，交易所均会公布一份交易信息表格；

（3）我们邮寄的每日股票图表报告（Daily Stock Chart Reports），内含200只龙头股的一个点的波动信息，这项服务免费提供6个月；

（4）日报上刊载的开盘价、最高价、最低价和收盘价信息，或者竖线图。

盘口显示了证券交易所内发生的每一笔交易。要以它为基础绘制点数图，你就要在一周5天内，每天持续观察5个小时，周六连续观察它2个小时，这样你的点数图中才能记录下所有整数的波动。仅观察少数几只股票很容易，但随着股票种数的增加，你可能会觉得力不从心，有必要寻求一些帮助。

销售表单（The Sales Sheet）或股票销售报告可以从弗朗西斯·埃默里·菲奇公司（Francis Emory Fitch, Inc.）获取，该公司是纽约证券交易所的会员。股市收盘2.5—3个小时后，表单就被整理出来了。这些表单包含了当天在盘口出现过的所有交易（从开盘开始），信息按交易发生的顺序排列，我们很容易就可以浏览到所有股票的价格。这相当于读取一段时间内的盘口记录。要记录一只股票一天的所有数据需要花费一些时间。在绘制图表时，这些销售表单与盘口记录的作用是一样的。人们可以在纽约的经纪人办公室找到它们，也可能在第二天的晨报上发现它们，或者经纪人会为他们订阅这些销售表单并邮寄给他们。

我们的每日股票图表报告囊括了200只活跃的股票所经历的每一个点的波动情况，《纽约时报》（*the New York Times*）、《纽约先驱论坛报》（*the New York Herald Tribune*）、道琼斯（the Dow–Jones）平均指数、威科夫组合平均指数（the Wyckoff Group Averages）和大宗商品指数，还包括成交量和日价格波动区间数据。利用这份报告，你可以用较低的成本绘制全部股票的竖线图或点数图，也可以选择最具代表性的股票和指数。该报告的另一个优势是，其信息很精确，即使偶尔出现了错误也能快速地修正，其他数据源都做不到这一点。

如前所述，点数图只考虑整数，不考虑小数，因为它们在计算中没什么作用。当你观察一只卖价为50美元的股票时，不会关注低于一个点的波动情况。50美元之后的下一个记录价位是51美元或49美元，记录下这一数据后，直到股票售价变化为50美元或48美元时，你才会有所记录。当有整数被跳过时，比如，在50—53美元没有股票被卖出，你也要记录下51、52和53，就好像有股票在这些价位被卖出一样。但是，当股票价格上涨为52.875美元时，你不能记录下53，除非股票真的以53美元的价格被卖出。

你可以遵循以下步骤绘制1点点数图。

起初股价位于50美元，后上涨至52美元。你要在50上方记下51和52，结果如图4.3所示。

后股价降至45美元或者44.125美元，但未到44美元，你要在右方另起一列，依次写下51、50、49、48、47、46和45，结果如图4.4所示。

后股价回升至49美元或49.875美元，但未到50美元，你要在右边的第三列依次写下46、47、48、49，结果如图4.5所示。

股价下跌至48美元后又反弹至49美元时，在右方第四列下方记下48，在其上记下49，结果如图4.6所示。

后股价下跌至46.25美元，这需要你在第五列记下48和47。后股价反弹至48.75美元，旋即又下跌至46.125美元，这需要你在第六列记下两个数字，结果如图4.7所示。

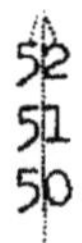

图4.3

图4.4

图4.5

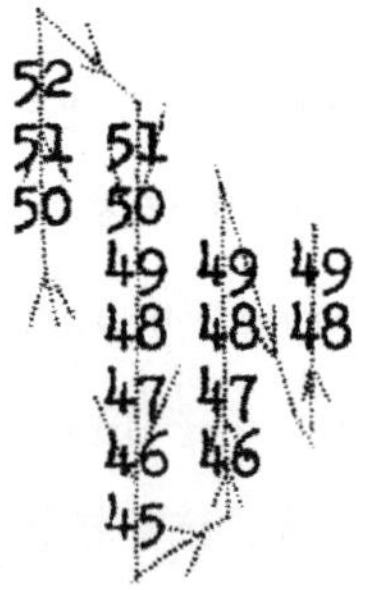

图4.6

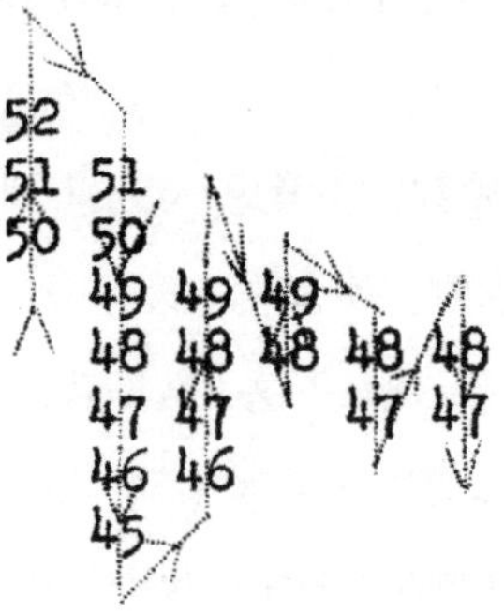

图4.7

各个数字点的连线就是股价的变化线路，因此这些连线展示了如何绘制和解读趋势图。

点数图中的日期表示如下：在每个月最后一天的最后一条记录上画一个圆圈，将下个月的第一条记录放在这个圆圈的下方，但要与圆圈保持一定的距离，例如在伯利恒钢铁公司（Bethlehem Steel）的1点点数图（参见图11.3）中，第二列的数字69外有一个圆圈，这意味着69是10月份记录的最后一个数字，下面的N字母表示，11月份的记录由此开始。再远一些有另一个圆圈，圆圈下面有一个字母D，圆圈表示11月份的记录到此结束，字母D表示12月份的记录由此开始。然后是被圈起来的数字51，其下方是记录J—31，意思是数字51是1930年12月的最后一个记录，1931年1月的记录由此开始。其他月份的记录以此类推。

但一只股票除息时，当日的所有记录都以红色或其他显眼的颜色表示。股息额会被记录于图下方的同一列处。若在除息日当天，这只股票的价格没有发生整数变化，那么图中记录的数字应当以红色或其他显眼的颜色重描。

根据报纸数据绘制1点点数图：以周一收盘价为50美元的一只股票为例介绍。点数图中记录的第一个数字是50。报纸上记录了周二开盘时这只股票的数据，比如说开盘价为50.75美元，后价格上涨至51.875美元，你应在点数图中记录下51，因为股价没有达到52美元。周二当天的最低价是45.75美元，股价要达到高点51，就必须经过46，因此要在点数图中记录下50、49、48、47和46。若这只股票的收盘价为48.25美元，那么它必须从46美元的低价位反弹到48美元，因此要在点数图中记录下47和48。结果如图4.8所示。

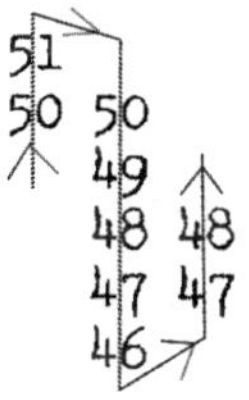

图4.8

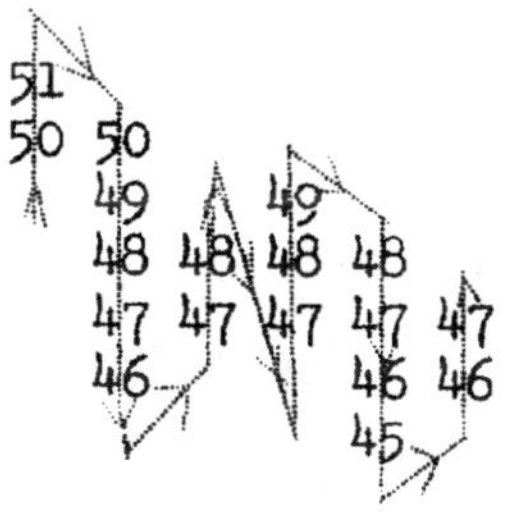

图4.9

假定周三这只股票的开盘价为46.5美元，最高价为49.125美元，最低价为45美元，收盘价为47美元，那么要在点数图中记录下47，因为这只股票周二的收盘价是48美元，而周三的开盘价是46.5美元，中间的整数是47，这就相当于这只股票在这个价位被卖出了。若周三的最高价是49.125美元，最低价是45美元，但你不知道哪个价格最先出现，只有查看了完整的盘口后才知道周三的最高价和最低价哪个出现在前，哪个出现在后。如果你没有查看盘口，你最好让你的经纪人帮着查看一下销售表单，并告诉你最高价和最低价出现的时间。假设这只股票周三的最高价出现在上午，你肯定能推测出股价在触及47美元后上涨到了49.5美元。此时，要在点数图中记录下48和49。由于当天的最低价是45美元，你必须再记录下48，然后是47、46和45。这只股票的收盘价是47美元，那么，你要记录下46和47。

这只股票两天的点数图如图4.9所示。

采用这种方法记录的数据不像盘口或销售表单或我们的每日股票图表报告记录的数据那样精确，因为报纸无法给出股票的详细波动数据。比如，上述这只股票在45美元和47美元的价位之间是往复了一次还是两次。但是，如果有其他参考资料，这种方法也是不错的选择。

如何绘制3点点数图？ 3点点数图通过摒弃少于三个点的反向调整压缩了1点点数图的历史记录。

看完下面的解释你就明白了。我们从1点点数图的一小部分入手进行解释。这部分点数图显示，股票的价格从25美元上涨至31美元后回落至30美元，然后又上涨至32美元。如例A所示，股价从25美元上涨至32美元的过程中只经历过一个点的回落。

在绘制3点点数图时，必须忽略掉这次回落，只需在竖线图中记录下从25美元上涨至32美元的净结果或总结果，如例B所示。

假设这只股票的价格从25美元上涨至31美元，上涨过程中经过2个点的回调后降至29美元，后股价一路高歌，最终飙升至32美元（如例C所示），那么在3点点数图中，这两个点的回落必须被忽略掉，因为回落的点数少于3。与例B类似，3点点数图（如例D所示）应该只显示从25美元上涨至32美元的总变化。

例A

1点点数图

	32
31	31
30	30
29	
28	
27	
26	
25	

图4.10

例B

3点点数图

32
31
30
29
28
27
26
25

图4.11

例C

1点点数图

		32
31		31
30	30	30
29	29	
28		
27		
26		
25		

图4.12

例D

3点点数图

32
31
30
29
28
27
26
25

图4.13

将1点点数图进一步拓展后我们会得到例E，将3点点数图拓展后会得到例F，因为股价从25美元上涨至31美元并回落至29美元后，又上涨至32美元，此后股价经历了3个点的回落，我们要在3点点数图中另起一列记录股价变化。

例E

1点点数图

		32	
31		31	31
30	30	30	30
29	29		29
28			
27			
26			
25			

图4.14

例F

3点点数图

32	
31	31
30	30
29	29
28	
27	
26	
25	

图4.15

若股价继续从32美元处回落，但回落幅度没有达到3个点，我们必须在3点图上的当前这列继续做记录，直到出现3个点或更多点的回落，此时我们会右移一列，如图4.16所示。

有关1点点数图和3点点数图之间的区别，请比较图9.1中的两个分图，或者比较图13.2、图13.3、图13.4和图13.5。

5点点数图的绘制方法与1点点数图和3点点数图类似，它是忽略掉少于5个点的反向回调。10点点数图是忽略掉所有少于10个点的反向回调。

在进一步学习之前，你要学会如何绘制、解释和理解1点点数图和3点点数图，这一点非常重要，因为如果你不理解这些图，你就无法运用它们做出预测，也无法从中获益。

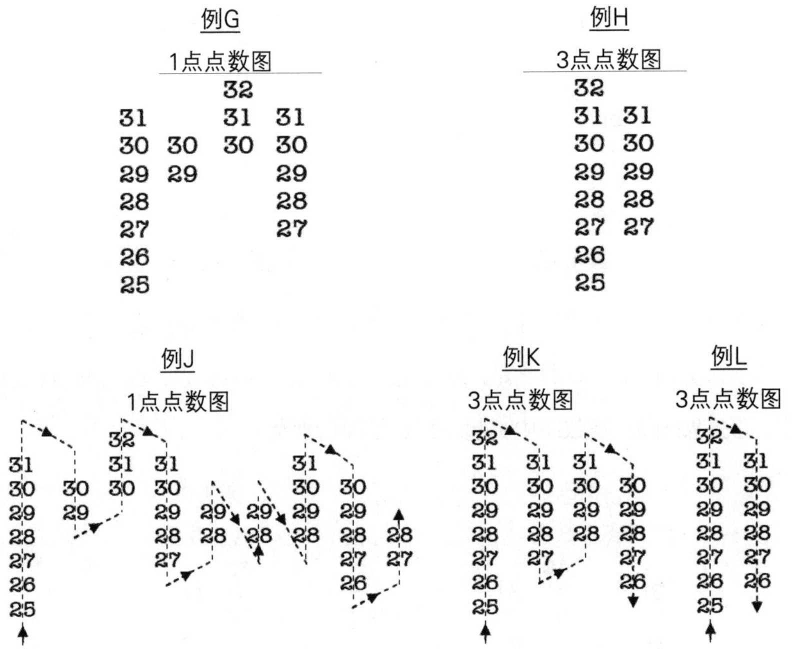

图4.16

我们还想强调一点，将运用3点点数图得到的预测与运用1点点数图得到的预测进行比较非常重要，特别是在研究大幅波动时。

1点点数图能够预示即期的或小幅的波动；3点点数图主要预示大趋势，能让你对市场和个股有更广阔的视野。随着小幅波动最终积累为大幅波动（第五章第38页），1点点数图和3点点数图所预示的股价变动幅度通常会相互印证，但不一定所有情况都是如此。当你发现这两类图的预示存在显著差异时，最好以较保守的预示为准。

通常可将3点点数图与1点点数图结合起来使用，但对于价格极高或波动性极强的股票，即换手率高的股票（the fast movers），5点点数图可能更适合。

点数图不记录销售量。

趋势图：运用趋势图的目的是确保你能顺势而为。

在交易中要考虑两种趋势：

（1）“即期趋势”，快进快出的活跃交易员和不支付佣金、一天能做几个来回交易的纽约证券交易所场内交易员比较关注这种趋势；（2）波动幅度在5—30个点或更多点数的趋势，这涉及大多数被操纵的交易。

趋势图（即主要综合平均指数的竖线图）可以显示你所选择的一组股票的指数每日、每周或每月的波动情况。生活在纽约的人，或者每天能阅读《纽约先驱论坛报》或《纽约时报》的人，每天早上都会在这些报纸的财经版面发现趋势图的身影。《华尔街日报》（*The Wall Street Journal*）和美国各地的财经报纸和日报定期或经常刊发类似的图表。但你自己在活页（口袋大小的）中做记录有明显的好处，因为你可以根据趋势图或其他图表上记录的信息，研究大大小小的波动造成的影响，尤其是可以根据这些信息进行预测。

趋势是最小阻力线。

最重要的是要了解市场或个股。

牛市或上涨趋势始于恐慌或萧条阶段的底部，熊市始于繁荣阶段的顶点。当然，这指的是长期趋势或价格的主要波动，它们从底部到顶部、从顶部到底部形成了一个完整的周期。[1]下面的《纽约时报》平均指数月度趋势图显示了该指数自1911年以来经历的各个周期。

在底部至顶部间的大幅波动中，出现了5—30点或更多点的中幅波动，正是这些中幅波动给交易者和投资者提供了绝佳的获利机会。因此，首先，我们要了解市场是处于牛市（上涨趋势）还是熊市（下跌趋势）；其次，我们要了解当前股市处于中幅波动的开始阶段、中间阶段或结束阶段，还是处于震荡的过渡期。

[1] 能否辨认长期趋势是投机成功最重要的因素，因为中期趋势必须依附于它才能判断。

——维克托·斯波朗迪

《纽约时报》50指数
月度数据 高—低
100
80
60
40
20
1911 1912 1913 1914 1915 1916 1917 1918 1919 1920 1921 1922

图4.17(1)

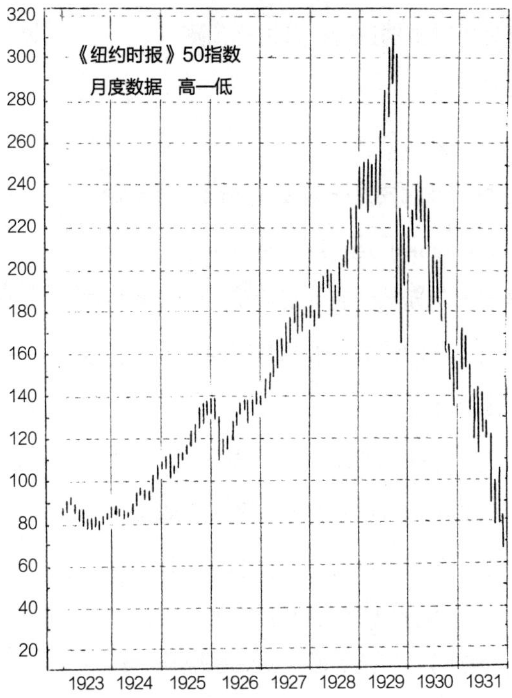
《纽约时报》50指数
月度数据 高—低
320
300
280
260
240
220
200
180
160
140
120
100
80
60
40
20
1923 1924 1925 1926 1927 1928 1929 1930 1931

图4.17(2)

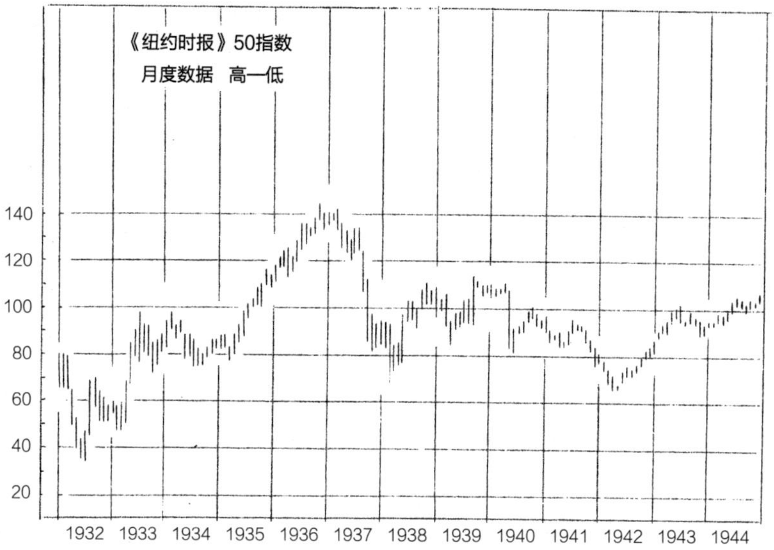

图4.17（3）

确认上述情况的最佳方法是绘制趋势图，即平均指数的竖线图，平均指数要涵盖大量的股票（见表4.1）。

表4.1

	工业股	铁路股	公用事业股[①]	总计
《纽约时报》	25	25	—	50
《纽约先驱论坛报》	70	30	—	100
道琼斯公司（Dow–Jones & Co）的《华尔街日报》	30	20	20	70
标准统计公司（Standard Statistics Corp）	50	20	20	90

除此之外，绘制波浪图（如第二十二章的描述所示）并进行观察是非常有益的做法，你能细致地分析趋势的变化。

在牛市中，你很多时候应做多；而在熊市中，你很多时候应做空。若能大体遵循

① 《纽约时报》和《纽约先驱论坛报》工业股平均指数中包括一定数量的公用事业股。

这一原则，那么你获利的概率将大大增加。如果你在上涨趋势中买了一只价格上涨的股票，但之后其价格下跌了，只要你有足够的耐心，上涨趋势可能让你获利。如果你在下跌趋势中做多，当市场继续下跌时，你的损失会越来越大。

当然，这一原则也有例外的时候。如第八章所述，所有股票的价格不会同时上涨或下跌。1929年9月股市达到了巅峰，而在此前的几个月，许多个股已经开始下跌。因此，尽管从平均指数来看，主要趋势是上涨的，但有一些股票被套现了，还有一些股票的价格创下了新高。[1] 较早下跌的股票是市场转折的先兆，它们的下跌趋势在个股图和平均指数的变化中都有明确的体现。同样，当熊市即将结束时，一些个股或某些板块的股票会趋于稳定并先于其他股票开始上涨，它们的涨速和涨幅要优于平均指数。然而，通常情况下，股票在熊市中下跌的一致性要高于股票在牛市中上涨的一致性（第八章第72页）。

我认为，市场自身会告诉你它将要做什么，在后面的章节中我将阐明其中的原因。使用点数图记录主要指数的变化，比如《纽约时报》50指数和道琼斯30种工业股票平均指数等，我们能估计市场会走多远。运用趋势（竖线）图，我们能够判断它将去往哪个方向。

通过把点数图的变化压缩为不超过3个点的回调（第26页），我们又多了一种估计市场、个股或板块的变化方向和变化幅度的工具。

这些做法的优点在以3点点数图展示1929年股市转折点时表现得最为明显（参见图13.5）。

如何绘制趋势图？首先要绘制出表示成交量的竖线图，

[1] 有时候，新高孕育新高，新低孕育新低。
——伯纳德·巴鲁克

然后绘制出点数图。两类图各有千秋，但最好把它们结合起来使用。可将两类图绘制在透明纸上，这样在研究板块或个股的相对强弱势时（见第八章的解释）可把它们覆盖在其他图上，或者你可以在桌子上把它们叠放在一起进行比较。

竖线图和点数图都应该记录个股，但若时间有限，而且有必要减少记录的数量，你可以把大量的点数图与日报或我们寄送的每日股票图表报告这些文件一起保存。将这些文件按顺序归档，需要时你可以方便地查阅，浏览价格波动区间和成交量数据，观察成交量的重大变化。在此过程中，你的脑海里已经绘制出了竖线图。这样，当你发现点数图上出现了有趣的情况时，你可以轻松地在竖线图上找到相应的位置，从而大大提高你推断的准确性。

为了让你了解在头脑中形成竖线图的方法，我们建议你回过头看看图4.1右侧的表格。用一张纸盖住表格中的数字（标题“美国钢铁公司股票价格波动区间和成交量”以下的部分），只露出第一行。心里记住1月2日当天的价格波动区间和成交量。然后把纸张往下移，露出下一行。以此类推，当你觉得价格或成交量或二者同时发生了显著的变化时，记住你的印象，你会发现，通过研究根据表中的数字绘制的左侧的图，你能够清晰地了解股票的变化。例如，当股价从1月29日上涨到31日时，观察表格中的日成交量是如何增加的；当股价在2月6日到8日回调时，观察成交量是如何快速萎缩的。多浏览浏览你的报纸或日报告单，你能轻松地发现股票行为的显著变化。

若上述方法不能满足你的要求，另一种省时的方法是保存尽可能多的、你方便处理的点数图以及日报或每日股票图表报告。以它们为基础，你可以很快绘制出任意个股的竖线图并一直保存它，直到你对该股票不感兴趣时为止。要运用这一方法，你必须记录下这只股票过去两个月，最好是三个月的交易数据，或者时间必须长到足以显示其走势，以便获得有关供应或支撑水平的充足背景信息。

竖线图对于选定正确的交易时机，特别是对发现微小的转折点至关重要，因为有时候点数图保持不变，而竖线图显示了小范围内持续的供给或需求。或者竖线图可能显示，大量的股票被易手，这表明一次波动的终结。或者成交量可能在缩小，波动达到了顶峰，在一定条件下这意味着需求在减少，或者股价已经降至谷底，压力在减小。

点数图不会显示这些信息。

另外，点数图可能显示出了多次波动，但竖线图保持不变。例如，如果某一天股票的最高价为45美元，最低价为40美元，在点数图中，42和43之间可能有几次波动往复，但竖线图对此不会有任何反映。

正因如此，同时保存两类图至关重要。

要确定市场或个股的趋势，就要同时运用点数图和竖线图（或者前文所述的具有同等效力的资料）。

决定什么时候采取行动时，盘口或者盘口解读波浪图（the Wave Chart of Tape Readings）是最好的指南。如“买卖波浪图”（见第五章）所示和第二十二章的详细解释，盘口显示了买卖双方的心理。如果你无法看到盘口，那么你可以利用波浪图进行判断。

盘口解读波浪图是1916年我在股票操作中设计和首创的，该图旨在集中展示股市的重要变化。它能形象地展示盘口信息，使我们能在闲暇时间研究市场行为，效果就如同我们持续地盯盘并记录下每一个关键的变化一样。

因此，波浪图是非常有用的工具，我们可以利用它探测到股票由技术弱势到强势的变化，反之亦然。这样我们不仅能确定小幅的波动，还能确定中幅的波动，它们通常会比不太敏感的平均指数早几天释放出信号。

在学习绘制和解读波浪图的方法之前，你必须先学习接下来几章的内容，只有这样你才能理解波浪图的原理。

板块图：在选择最佳的股票进行交易之前，仔细琢磨板块趋势图对我们非常有帮助。

这些图是根据每个行业中的约5只龙头股的信息绘制而成的，涉及的行业包括石油、钢铁、汽车、金属铜、糖、烟草、商业零售、建筑、铁路设备等。

在纽约证券交易所上市的公司经营的业务种类繁多，你可以根据自己的喜好对它们进行分类。

绘制这些图表的目的是确认哪个行业有望改善，哪个行业可能恶化，你应该在哪些行业中寻找机会。[1]

就钢铁、汽车、公用事业或其他公司而言，可通过内部人士、银行家或与他们有联系的大型机构的重要操作来预测其前景。[2] 例如，石油板块长期表现糟糕，后来前景开始好转，板块图会给你提供线索，它们会提前告诉你，是否有大机构正在买卖股票，促进股价上涨或下跌。当大机构开始吸筹或派筹时，你能够也应该顺势而为。

如果你喜欢，也可以不参考这些板块图，因为我们提出的在牛市或熊市期间判断股票技术位置的方法也能达到同样的效果（参见第十八章的“位置表”）。只需要浏览一下“位置表”，你就能看出钢铁、汽车、石油或其他板块即将出现小幅或大幅的上涨或下跌，这种方法也能满足你的需要。

绘制板块图涉及大量的文书工作，因此，若时间有限，而且你想获得更多的信息，你可以利用几大财经出版物刊发的与板块走势有关的信息，一些刊物上刊载了图表，你可以方便地参考。

然而，如果你想自己绘制图表，那么就必须选择各个板块的龙头股，每天录入它们的最高价、最低价、收盘价以及成交量数据。将每个板块的股票的价格加总并除以股票的种数，你会得到该板块股票的平均最高价、最低价和收盘价。成交量只需要加总，总数不应除以股票的种数，也就是说不必求得指数。

竖线图和点数图都可被用来记录板块中的变化。可将竖线图叠放在桌子上进行比较。同样，可将板块图放置在任何个股图之上，这样可立即确定其比较强弱势（参见第八章的说明）。

[1] 投资者应该专注于这种先研究后投资的策略。
——彼得·林奇

[2] 当投资者发现公司内部人士回购自家公司股票时，这就是个很好的买入信号。
——彼得·林奇

如果一些板块相较于其他板块很弱，那么你可从中寻找拟做空的股票。对于那些显示出极大强势的板块，你要研究个股图，当时机来临时，你要选择最佳的股票买入。

遵循上述建议，你就能利用好这些图表了。

为了便于日后参考，我们把前述的主要内容总结如下。

表4.2

竖线图

记录内容	推理依据	提示内容
价格变化（最高价、最低价、收盘价，若需要，也记录开盘价）	供给和需求 阻力点和支撑点 上涨和下跌 供给线和支撑线 变化幅度和波动过程 比较优势和劣势	趋势，即价格运动的方向 何时买入、何时卖出、何时离场 在何处设置止损点
成交量	交易的强度 供给和需求的增加或减少压力 买卖的最高点	
时间	上涨和下跌的速度 吸筹或派筹持续的时间	
收盘价	净利或净损 压力增大或减小的变化	

表4.3

点数图		
价格变化	供给与需求 阻力点和支撑点 上涨和下跌	最好的机会
一般形态	吸筹和派筹 供给线和支撑线 上涨和下跌	个股、板块或 市场可能移动的距离
水平形态	吸筹和派筹的可能范围 和重要性	

表4.4

行为读数波浪图		
市场的价格走势——以明爱的领先者作标志	供给与需求 重要利益方对市场的情感 阻力和支撑的关键点 吸筹和派筹区域的变化	
交替的买卖波浪中的成交量	压力增大或减小的变化 供给和需求的质量和紧迫性 （比较成交量与活跃度和时间）	市场在小幅、中幅和大幅波动中的关键点的行为
交易活跃度或强度	多方和空方吸引后续的上涨和下跌、回升和回落的能力	在小、中和大趋势中的转折点
小规模买卖波浪的时间和持续期	上涨和下跌、回升和回落的速度 供给和需求的特征，是紧急还是缓慢，是缩手缩脚还是高歌猛进	市场对买卖行为的反应力
波浪间的价格变化	净利或净损 压力增大或减小的变化	

第五章
买卖波浪

股价的每次上扬或下行，无论幅度有多大，都是由大量的买卖波浪造就的。这些波动会持续一段时间，只要能够吸引追随者，它们就能持续下去。当追随者减少直至消失时，一波行情接近尾声，而方向相反的波浪形成。后一浪吸引的追随者可能比前一浪更多。通过研究上涨波和下跌波之间的关系，它们的持续期、速度和幅度，并将它们相互比较，我们就能够判断出空多双方力量的相对强弱。

所有的股市变化，无论大小，都是由买卖波浪导致的。市场不会像水箱里的水位那样上涨或下降，填满或清空，它会达到更高或更低的水平，就像潮涨潮落一样，一浪会高过或低于前一浪。

股市开市期间形成的小买卖波浪会持续很多分钟（见第二十二章的波浪图），它们大部分是由不安定的、活跃的专业交易员导致的，就如同风吹到海面上激起涟漪一样。交易员必须活跃，他们靠波动的交易为生。因此，他们会发动无休止的拉锯战，试图在市场条件有利时抬升价格，或者在牛市见顶或涨过头时压低价格。他们操作的成败能使我们判断出市场正在走强还是走弱。

小波浪是更大波浪的一部分，大波浪可能持续数天，最终形成3—5点的波动幅度，3—5点的波浪会形成10—20点的波浪，许多10—20点或更多点的波浪会形成牛市或熊市。

查看任何图表你都能得出这样的结论，重要的是你要去查看。只有这样，你的脑海中才能对大大小小的波浪留下印象，才能加深你对市场的理解，然后你就能形成波浪思维。

当你寻找买入机会时，请注意股市和你持有的股票的下行波动。[1] 买入后，你要等到小幅的、中幅的和大幅的波浪经过，等到潮水高峰来临。发现特别强劲的上涨波后，向你的经纪人发出卖出指令。

市场的波浪为洞察供需变化提供了明确的启示。通过学习判断各种规模的市场波浪，你将逐渐学会辨别股价上涨或回升、股价下跌或回落停止的时间。这些都是转折发生的时刻。

能判断出转折点出现的时间——在熊市的底部或者在股价向下探底的过程中出现的任何重要的回升点，或者在牛市的顶端或在股价向上登顶的过程中出现的任何重要的回落点，是投资者和交易员能力的体现。

请记住，市场本身告诉了我们判断其未来走势需要知道的一切。供给和需求的任何显著变化都体现在盘口。当你学会以市场自身的行动（通过盘口或图表内容）来分析市场时，你就精通了股票操作的艺术。

关于股市，最重要、最值得了解的是这两点：

（1）首先，能确定牛市的顶部；其次，能确定中幅波动的顶部；最后，能确定小幅波动的顶部。

（2）能够确定熊市的最低点、中幅波动的最低点和小幅波动的终点。

要彻底掌握这部分的内容，你就必须牢记这两点。

但还要谨记：学无止境，最终你要能在恐慌、萧条期或

[1] ◢ 由于没有把握好股票下行波动，新英格兰银行让我赔得很多，当时新英格兰银行股价跌到每股15美元时，再跌到10美元，后来跌到只有每股4美元的时候，可能都是难得的买入时机，但我错过了；等到新英格兰银行再次下跌的时候，我才买入，令我赔得很惨。投资者要知道，无论买入一只股票的股价多么低，一旦跌到零的时候，你将亏损100％的资金。

——彼得·林奇

中幅波动的底部出清全部空头头寸并转而做多，在繁荣或者中幅上涨过程中出清所有多头头寸并转而做空。这需要你多加练习，多积累经验；需要你头脑灵活，控制好自己的情绪。如果你能研究并忠实地践行这种方法，那么你最终必能取得成功。

第六章
图表记录

为了研究第五章介绍的买卖波浪，我们需要利用趋势图或者一些具有代表性的平均指数的竖线图，如《纽约时报》50指数（如第七章所示）以及辅助性的波浪图（详细的解释见第二十二章）。平均指数趋势图是我们学习市场波浪理论的载体，和判断市场现状与其未来目标之间的联系的线路图。波浪图就如同一张区域图，它显示出了市场在较大的波动中所处的位置。因此，波浪图通常可以帮助我们提前2—4天探测到大波浪的转折点。

我们无法同时交易或投资50—100只股票，而且由于股票的变化方向和速度在任何时候都不一样，我们需要想办法把整体的市场趋势图（大盘指数）分解成几个部分，以便我们能够确定哪些板块能提供最有价值的机会。

为此，我们必须使用第十八章介绍的位置表，或者第四章提及和第八章（相对强弱势）详细解释的板块趋势图。在确定哪些板块能提供最有前景的机会后，我们就能从这些板块中选择出最理想的个股。

简言之，我们选择股票时要考虑整个市场的趋势和最有希望的板块。

把我们的选择范围缩小至最有希望的板块后，接下来我们必须从大量的个股中挑选最佳的交易股票。我们要选出股价变化最早、最快、最持久的股票，而且要避免被垃圾股套牢。[1]

花在股市上的时间不能太占用或干扰你的常规工作时间。一般来说，要限制你的绘图时间，这样你就可以投入大部分时间研究和解释你的记录而不是绘制图表。换句话说，绘制20只股票的图表并彻底地研究它们比绘制200只股票的图表、将所有的业余时间都花在记录信息上要好得多。

熟悉了这些规则后，你最好把图表的数量控制在20个左右。随着你经验的积累，解读图表的技能变得更娴熟，你会发现，你可以轻松地增加图表的数量并快速地解释它们。

对于普通和高级学员而言，利用图6.1是非常有益的。

图表种类	表现形式
《纽约时报》50指数或《纽约先驱论坛报》100指数 道琼斯30工业股指数 道琼斯20铁路股指数 道琼斯20公用事业股指数 威科夫组合股平均指数	1点点数图 3点点数图 显示成交量的日竖线图
25—100只个股	1点点数图 3点点数图
盘口解读的波浪图①	1点点数图 3点点数图 10点点数图 连续线图

图6.1

也可以增加绘图的数量，可采用的方式包括：绘制25—200只或更多股票的1点点数图和3点点数图，为其中的部分股票或全部股票绘制竖线图。然而，若你一开始就绘制和保留了显示趋势的竖线图和各重要板块的指数竖线图，比如铁

1 市场上没有一只严重套牢的股票，能够反弹到投资者心理设定的卖出价位。当投资者心里想“等价格反弹到8美元我才会卖出”的时候，很可能结果会是这样“该股价在6美元震荡颇久，直到跌至3美元”。这就是严重套牢且不加操作的后果，带来的心理折磨更大。

——彼得·林奇

① 保留这些图表的必要性和方法将在第二十二章介绍。

路、工业、公用事业、钢铁、石油、汽车等，那么你就可以判定市场和几大板块的趋势。然后，当你从竖线图中发现有希望的板块时，可以参考该板块中个股的点数图来确定处于最佳位置的股票。接下来，当你把选择范围缩小到板块中的一两只前景看好的股票时，绘制它们的竖线图就变得简单了，你可以利用竖线图确定买卖股票的有利时机。当你发现板块和个股的波动结束时，你可以不再参考这些股票的竖线图，直到新的投资机会出现（第四章第34、35页）。

如果你时间有限且愿意这么做，你就不必每天为大量的股票绘制竖线图，从而能节省大量的时间和精力。但是，你绘制的图表数量越多，你选择的范围就越大，你对整个市场的视野就越广阔。因此，若可行的话，请他人绘制图表也不失为一种好方法。当然，如果亲自绘制的话，你能从中学到更多。

绘制图表是精确度要求十分高的文书工作，但对于聪明人而言，掌握了纯粹机械的部分后，这项工作就不难了。例如，刚开始学机械制图的学员在学校接受过训练，对数字精确性的要求很高，他们会很喜欢制图工作，而且他们对报酬的要求也不高。

如果你有时间或能得到帮助，想绘制和保留更精确的图形，那么增加下列图形可能会有益处：

（1）标注成交量、显示周走势的竖线图；

（2）不标注成交量、显示月走势的竖线图。

应该结合其他资料使用上述图形（没有日竖线图），因为无法根据它们判断精确的买卖时间。在把日价格走势和成交量变化压缩至周价格走势的过程中，许多重要的细节信息会流失。周竖线图和月竖线图的主要价值在于提供历史背景，即通过它们能看出长期的走势以及过去的阻力点和支撑点。但1点、3点和5点点数图也能发挥同样的作用。

无论是竖线图还是点数图都可以用活页的形式保存，你可以根据个人喜好选择纸张大小，可使用口袋大小的纸张，也可以使用更大的纸张，比如规格为11英寸×16.5英寸的纸张。对于大多数学员而言，使用规格为8.5英寸×11英寸的三孔活页最为方便。

第七章
利用综合平均指数预判市场走势

之前我们就说过（第四章第29页和第六章第41页），要了解市场，最重要的是确认趋势。由于我们的目标通常是顺应趋势操作，因此对日趋势图（综合股票平均指数的日竖线图）的研究是我们所有推理的出发点。

没有人能设计出始终反映大盘走势的完美平均指数。换句话说，我们不能说一个平均指数始终优于另一个平均指数。投资和交易是艺术而非科学，因此你无法做出精确的计算，也不能指望市场平均指数是精准的，了解这一点很重要。所以，你要通过趋势图做出判断，而且你要记住，依据趋势图做出的推理必须经常调整，这样你的推理才能与波浪图、板块图（或位置表）和个股图相符。

根据以上条件可以看出，《纽约时报》50指数是一个总体上反映了大盘趋势和位置的指标。《纽约先驱论坛报》100指数是另一个不错的指标，可以二者兼用。若二者皆不可用，你可以在全国的各大报纸上查看流行的平均指数。或者若有必要，你自己可以根据三大道琼斯平均指数（工业、铁路和公用事业）编制一个综合平均指数，这个指数涵盖的股票多达70只。要做到这一点，需要对数字进行一些调整，如学员有需要，我们乐意对此做出书面解释。

无论使用哪一种指数，我们在解读时运用的推理方法都是一样的。

图7.1、图7.2和图7.3显示了所有股票的日交易总量，以从图表底部向上延伸的竖线表示。要结合价格走势分析成交量。如前所述，时间在图中由左至右标出。图中的竖线表示价格范围，每一天的收盘价以竖线右边的横线表示。

学习解读图表原理的一个好方法是，将绘有图表的页面从活页夹中取出后放在一旁，用另一张纸盖住图表，只露出最左边的内容，即只显示最初几天的图表内容。在阅读说明文字时，逐渐将上面的纸张向右滑动，一次只露出一天的价格走势和成交量信息。就好像你在根据图表内容解读今天的大盘走势一样，而且你不知道接下来会发生什么。

对这几个图的描述如下：以12月8—17日的数据为起点，不考虑之前的市场数据。在这9个交易日里，股价在大跌后急剧上涨，最终导致日价格范围扩大，且随着价格达到低点，成交量显著增加——这反映的是恐慌性抛盘（参见第四章第33、34页；第八章第72页；第十六章第155页）。

12月8日的成交量由200万股增加至低点时的500万股，而且其中很大一部分交易是价格达到极低点后反弹的那一刻发生的。这证实了一个事实：下跌[①]高潮已经过去，下

① 抛售高峰是散户和其他不坚定的持股人恐慌性地抛售股票引起的，在此期间买入的各方包括：（1）经验丰富的操盘手；（2）与股票有利益关系的人和保荐人，他们要么是看到了低价买进股票以取代他们之前高价卖出的股票的绝佳机会，要么是想通过给予市场支持的方式防止士气进一步低落；（3）预感到转机来临的空方。

因此，股票会暂时或持久地被坚定的人持有。成交量异常增加是抛售高峰的一大特征，因为此时供给量和需求量都急剧增加，但供给方处于劣势，而需求方处于优势，因为供给方的力量逐渐耗竭，技术性反弹随之到来。

若在抛售高峰时期买入的主要目的是提供临时性的支撑和抑制恐慌，那么，在此后的技术性反弹中，这些股票会被重新卖入市场。这种回卖和反弹中的其他抛售，可能增加供给量，从而使价格在当天再创新低，这就是所谓的再抛售。

另外，如在技术性反弹后出现二次下跌，价格保持在抛售高峰的低位或高于低位，而成交量显著萎缩，那么我们就可以判定抛售潮即将结束，支撑力量重返市场。因此，二次下跌中的市场行为通常预示着新一轮重大反弹。

这一方面我们应该注意的是，适用于大幅波动的原理也适用于较小的波动和日常的买卖波浪。因此，要仔细观察一段时期内的趋势图、板块图和个股图，你能从中找到上述现象的许多例子。有的是在小范围内出现，有的是在大范围内出现，你必须注意差异。也就是说，你不能认为所有的抛售高峰看起来都一样。你可能观察到相同的基本特征，但价格和成交量发生变化的时间和变化幅度等几乎各异。例如，异常的成交量可能持续一天，也可能持续几天；异常的成交量可能在价格触底的当天出现，也可能在触底的前几天出现。

一轮预测的新起点已经来临（波浪图会显示行情变化的详细信息，包括价格跌至谷底时股市的狂热行为）。

鉴于上述情况，我们现在假设，这轮上涨是试探性的，这一点可通过股价下次回落时的较高支撑位得到确认，也就是说，若价格跌破了12月17日的135.5点这一拐点，那么说明清盘不完全，支撑17日上涨的力量已经退出了（第45页的脚注）。另外，如果多方支撑位在135.5点或更高的点位附近，那么我们能够得出结论，需求的力量开始超过了供给（第45页的脚注）的力量，而且下一步能否出现重要的反转，就要看股价能否上涨至最近一次反弹的高点，即12月18日的150点。

第二年的1月3日，指数上涨至152点以上，上涨趋势得以确认，而且未来的涨幅可能比较大。

到目前为止，我们在市场上有三个抢多头头寸的机会：

（1）12月17日的市场迹象表明，抛售高潮已经结束。同时，正如当天的竖线图显示，市场能在放量的同时实现价格的大幅反弹。这是它第一次显示出大幅反弹和提前放量的能力。在这些试探性的看涨迹象基础上，如果我们以尽可能接近低点的价位建立多头仓位，那么我们应该在买入价格之下两三点的位置挂止损单（第二十三章第257、258页），也就是说，止损点在危险水平（即高峰日低点）以下1—1.5个点或2个点的位置（第二十三章第256、265页）。

（2）我们下一个买入机会在12月29日，当时市场连续三天在低位得到支撑，每天的收盘价在140—141，这表明空方力量正在减弱，因为三天盘整的结果是，均价几乎没有改变。同时，与12月中旬下跌期间的高成交量相比，从18日开始的回落成交量比较低，这也印证了空方力量在减弱，多方力量已强于空方。现在市场已经完成了典型的二次回调（见第45页的脚注），这次回调使支撑区域的范围扩大至136—140，可为下一次回升提供更强有力的支撑，如果我们错过了第一次机会，我们可以在此次股价回落时建仓或者加仓，同时还要对这些新头寸挂止损单，危险点位在12月17日的低位之下。指数现在已经处于“跳板之上”了（第十四章第132页）。

（3）1月3日，指数创下了新高，突破了12月18日、19日、20日和1月2日的高点。在价格回升的日子里，即12月30日—1月3日，成交量增加，这是看涨趋势的特征。然而，这是我们三次买入时机中最差的一次，因为我们是在股价上涨的趋势中买入的，追涨的风险较大，而之前的买入机会都是在下跌趋势中，而且买入价位非常接近危险点（第五章第39页）。[1]

请记住，我们正在研究的是50只股票的平均价格或综合价格，它是反映趋势方向的主要指标。我们不可能同时操作这50只股票，因此，当我们想交易或投资时，必须选择出从技术层面看最具有实力的个股。为此，我们必须借助板块指数或者位置表在个股列表中选出最优秀者，以便能从中发现1只、5只、10只或者更多有望在最短的时间内产生最大利润的股票（第六章第41页）。

在确定了市场的看涨趋势后，我们必须做多，直到出现了趋势改变或不明朗的迹象。我们必须始终警惕这些变化，而且当趋势不明朗时，我们必须持中立立场，也就是说，离场观望。

在接下来的几个交易日里（直到1月9日），市场进一步上扬，9日当天股价达到了156.5，但6—9日的收盘价都在一个点位内浮动，这意味着在1月6日之后的这4个交易日里，市场没有上涨，而且日成交量出现了日渐萎缩的趋势，这可能意味着成交量于1月8日达到顶峰后，需求量开始减少（第四章第35页）。3—7日的上涨势头减弱部分地印证了这一点，这表明市场从150点上涨至155点非常艰难，多方似乎不愿意追涨买入。在指数达到156.5高点的当日，成交量与前几个交易日（价格创下新高但收盘价接近于当日的低点）相比大

[1] 投资者应该淡化自己已经错失在市场触底时买入机会的心理落差。
——彼得·林奇

幅增长[①]。所有这些都是指数修正性回落的证据，但我们仍然看多，因为我们还没有看到主力派筹的迹象。此次回落于12日开始，低点出现在16日。与12月29日股价跌至低点时成交量的上涨相比，此次回落期的成交量明显减少，这是看涨的迹象，表明抛售压力较轻。16日的收盘价几乎位于当天的高点，这是看涨的迹象，与9日的看跌迹象正好相反。这是我们看到的表明回落已接近尾声的第一个迹象[②]，所以此时我们面临一个买入机会，因为我们预测涨势会继续。[③] 17日更高的支撑位进一步证实了这一预测，而且19日的成交量萎缩。15—19日的收盘价范围收窄，大多在147—148点。因此，我们期待上涨趋势重现。

在接下来的4个交易日里，我们看到最高价、最低价和收盘价均有提高。与此同时，成交量也逐渐增加，这是牛市特征。指数上升至1月9日的高点，1月23日，股市在经历了四天的暴涨后，成交量突然飙升，这预示着买入高峰的到来。但此时，我们预测，由于1月9日高点的影响，股价可能出现震荡或回落。

我们观察到，在23日之后的13个交易日中，指数在156—151点波动，波动范围很窄，这是因为市场要消化1月9日以高价位买入而被套牢的投资者的卖盘，或者是消化在1930年下跌期间买入的投资者的卖盘，这些投资者现在迫切希望能解套。

2月9日的收盘价几乎是上周六的最高价，即创新高的160.625点[④]，这表明吸筹阶段

---

① 9日出现了典型的买入高峰，即与抛售高峰相反的形态。当天，弱势的需求方被强势的供给方压制。换句话说，多方意识到上涨遇到了阻力，6—8日为吸引那些在155点前未入市的胆小买方而拉升股价的僵局被打破，由于指数正在“创新高”，现在场外的投资者担心自己没有机会“上车”了。因此，大量的散户集中入市，这给了大机构和精明的操盘手顺势减仓的机会。

② 注意，15日的成交量显著增加时，还出现了一波小抛售高峰。

③ 为了降低在此价位下买入的风险，我们的止损位应该设置在16日的支撑位（低点）以下一个点左右。对于20日反弹后新买入和之前买入的多头持仓，止损价位应该设置在16—19日支撑位以上一个点左右。

④ 156—151点区间内的盘整是消化吸收而非派筹的表现，这是因为：（1）在1月29日指数回落期间，成交量较低，但在2月2日的指数回落期间，成交量放大；（2）价格的波动范围收窄，没有回落到19日价格低点的一半，这意味着股市没有被压制；（3）2月2日回落开始后，成交量持续增加。与此同时，2月5—7日的支撑位得以提升，这是上涨前吸筹或吸收阶段完成的典型表现。2月9日指数上涨后，我们调高了多头头寸止损点，将其设置在1月23日—2月7日价格低点以下一个点左右。2月9日的上涨使我们确认151点是关键的新支撑点。

完成。股价上涨的速度加快，9日和10日两个交易日共上涨了9个点（参见下面注释中预测上涨的原因）。这两个交易日的成交量也增加至400万股，而在之前的13个交易日里，日成交量仅为100万股或200万股。10日和11日的成交量很高，再加上11日的股价没有实质性的上涨，像往常一样，这是派筹和股价即将回落的迹象。11日的指数仅比10日高出1个点，而且在放量的基础上，收盘价仅略有上涨，这意味着供给超过了需求。

我们现在观察接下来5个交易日（13日至19日）的支撑点位，我们发现它们都在160—162点。与此同时，成交量在价格指数跌至160点时迅速下降，这表明另一波上涨即将来临，市场尚未进入下行趋势。17日指数曾试图站上新高点，但以失败告终。收盘价几乎位于底部，成交量明显超过了前3个交易日，这初看好像是股价上涨之前出现的另一个买入高峰（见第48页的脚注），因此我们把止损点设置在2月14日最低价之下的一点处。后指数大幅上涨，但在随后的6个交易日里，虽然成交量相对较大，指数却没怎么提高，这意味着市场走到了关键的位置。

但第二天指数得到了支持，19日股市几乎以最高价收盘，这表明市场有能力突破危险区域，且愿意试探166点的高位，此时较低的成交量可能意味着股票的供给变得稀缺，所以我们不能轻举妄动。

第二天，即20日，指数进一步上扬，创下了新高，成交量从250万股增加至400万股，高位卖盘被吸收。21日，指数又创新高，且以最高价收盘，成交量多达500万股，到目前为止，指数均随着成交量的增加而上涨。[①]24日（22日、23日为节假日），指数盘中上涨了2.875个点，收盘价上涨了1.5个点，成交量为530万股。成交量如此之大（这是派筹的特征），指数却没有创新高，我们对此非常疑惑。特别是第二天，指数冲高失败，我们怀疑此次放量可能已达高峰。[②]相应地，我们把止损点设置在比24日的最低价低一

---

① 2月21日的实际成交量是243.5万股，但与最近5个小时和上周六的成交量相比，这2个小时的成交量显然较多，而且与20日（周五）的成交量增加幅度一致。因此，为了反映这个特殊周六的成交量的相对增幅，即与5个小时的完整交易日相比的增幅，我们把当日的成交量翻倍，发现当天的成交量约为500万股。

② 前三个交易日的成交量都为500万股，我们据此推断，股价上涨吸引了大量散户跟随。大量散户的跟进导致对（弱势股）需求的增加，这便于庄家以有利的价格出货（强势股的供给）。

两点的位置。[①]第二天，即2月25日，我们观察到，最高价和最低价都降低了，收盘价也比前两天低了2个点，这预示着供给超过了需求，出现了股价可能回落的迹象。如果我们的止损点未被触及，我们会马上把多头仓位平仓，并从个股名单中选出5只或10只处于技术弱势的股票做空它们。同时，我们会把止损点设置在比前一轮上涨高点（危险水平）高出1—3个点的位置。

经过这一轮长时间的上涨后，我们预计会出现自12月至2月牛市以来的最大幅度的下跌，因为自2月10日以后就出现了派筹的迹象。2月26日，最高价、最低价和收盘价几乎与前一日相同。

在成交量很大的情况下指数没有进一步上行，而需求仍足以支撑指数在168—173点的区间内波动。然而，到了27日，我们发现最高价、最低价和收盘价明显降低，成交量也减少至370万股，但减少幅度不算很大。当天的市场行为显示出了明显的变盘特征，这是12月初以来首次出现高量回跌情形，此后，成交量在指数上涨受挫后迅速减少。

指数无法继续突破新的高点，成交量相对较高，这些事实使我们得出结论，主力正在出货。27日指数回落过程中成交量的增加表明，主力正在指数高位回落的过程中抛售股票，这些股票之前无法在168—173点。

我们必须记住，此前指数已从135.5点上涨到了173点，也就是说，指数整整上涨了37.5点。指数的大幅上涨意味着，其所涵盖的许多个股的价格上涨了近一倍。而且，从2月5—18日的上涨情形来看（见第十五章），这样的加速上涨恐怕难以为继。18—24日的上涨幅度更大，此时支撑点远离了先前设定的对角线支撑线。

这种突如其来的价格上涨是应用刺激性策略的结果，加上较高的、不断放大的成交量，市场的脆弱性加大，经验丰富的操盘手会退出市场，拒绝在任何价位买入。场内交易员和场外专业大户会察觉到这些变化，他们会把变化视为转折点到来的迹象，他们会加入供应大军，将多单平仓转做空单，他们的做法不仅推动了拐点的出现，还

① 同时，顺应2月21日的上涨形势，我们把止损点设置在2月14日的低点处。

能使自己在下跌趋势中获利。[1]

我们的行动必须与这些精明的操盘手保持一致并继续做空（与之前一样，我们将止损点设置在2月24日的阻力点位之上），因为27日的市场行为给了我们新的做空点。3月2日，在一波小反弹之后，指数从当日的最高点下降了6个点，几乎以最低价收盘。如果我们忽视了之前技术性位置逐渐转弱的警示，我们不能再忽视上涨的支撑位被突破这一具有决定性意义的警示。指数当天的走势表明，有大量多方离场，而且成交量（330万股）保持在高位，多于12月8日以来所有回落期的成交量，这表明主力还有大量的股票急于脱手。看到连续6个交易日的看跌迹象后，我们得出这一结论：12月、1月和2月持续的上行趋势即将结束（至少从目前来看是如此），下行趋势即将开始。也就是说，我们进入了中度回落阶段，可能会出现较大幅度的下跌。①现在回过头来看，我们之前的观点是正确的，我们认为一些主力早在2月10日就开始出货了，后来指数的持续上涨是主力为了出货拉升指数导致的（见第八章第70、71页）。

在这个特殊的时刻，我们要警惕更多此类个股卖出的机会，因为个股图和板块图均显示，这类股票处于弱势位置。

---

① 在当前的条件下，即使以后出现上涨趋势，我们也应当抓住机会把投资和多头头寸变现，因为股市出现了中幅下行波动趋势，这样做既能避免在整个熊市期间被套牢与资本贬值，还能避免现在持有的股票不能回升或进一步上涨的风险。

当股市再次企稳且出现新的牛市动向时，我们仍需谨慎。只有在多方力量完好无损的情况下，投资头寸才能重新确立。之前我们持有的一些股票在下一轮上涨行情中的表现可能不太好，其他股票有可能成为领头羊。

从科学的投资方式来看，我们从资本升值中得到的收益要高于一年或更长时间的股息。

[1] 当看到这种“突如其来的价格上涨”时，我们会怀疑，这是消息灵通的庄家在匆忙之间启动了派筹阶段，可能是因为他们听到了利空消息或者看到了不利的条件，但散户们尚未得知，他们利用这个间隙鼓吹现有的“利好消息”，大肆营造牛市的氛围，以便他们出货。“利空消息”经常出现，一周或者十天就会出现一次，但通常都在先涨后跌的情况下出现。金融分析师们“解释”说，下跌是由于利空消息所致。但现实是庄家在利空消息到来之前就已经将股票出手，其行为增加了供给，使市场开始下行，而后散户们才意识到看空行情。有内幕消息的人可能先于利空消息做空，这样，当散户恐慌性地抛售股票时，他们可以买入以支撑市场，此时，市场又会释放出利好信息。

——彼得·林奇

只有在价格上涨时才能卖空这类股票，而且指数已经从最高点下跌了约10个点（虽然可能进一步下跌）的事实预示着，指数的回升可能会略低于之前跌幅的一半。

最初一轮的回落大约于3月4日结束，指数在159点附近，这一点正好是2月14日的支撑点位，此时的情形与1月23日的正好相反（第48页）。3月2—4日指数急剧下跌导致了超卖头寸的态势（第十四章第131页），同时指数触及了之前的支撑位，这通常被视为有利的迹象，交易员和其他完成了低吸的人认为指数会出现一次回升，而想保住利润并离场的空方观望着市场如何通过支撑线的考验。

我们预期的犹豫和回升于5日出现，因为上述来源的需求导致当日指数在成交量相对较低的情况下出现了强劲的上涨。第二天指数向更高的最高价和最低价迈进证实了我们此前的预测，我们预测复苏的转折点可能出现，但6日的成交量突增可能预示着回升达到了顶峰，因此我们等待更明确的迹象出现。7日出现了较高的最低价（标志着下探没有取得实质性进展），而且收盘价几乎与当日的最高价相同，这表明前一交易日的成交量是指数下跌而非上涨趋势的高峰。这种从技术弱势向技术强势的转变导致了足够多的新需求，我们期待的回升由此出现。然而，我们预计指数不会回升至165点以上，因为主力不想把市场推入2月的派筹区域，不想让散户解套离场。

换句话说，我们认为，这次反弹是正常的。但是，只有主力认为他们有机会把价格推高至之前的高点能让他们从高位解套的投资者身上获利时，他们才会考虑这么做。即使他们看到了这样的机会，他们也更倾向于让被套牢的投资者疲惫不堪或者让他们离场。然而，我们的推理是，根据2月的成交量和波动幅度显示出来的派筹程度，主力更有可能控制反弹的幅度，这样既抑制业余投资者做空，又不让2月被套牢的投资者解套，与此同时，他们可在指数回升至较低的高点的过程中卖出更多的股票。

同时，我们观察到，2月24日—3月4日，指数从173的高点总共下跌了14个点。正常情况下，当回升幅度不足跌幅一半时，指数会回升5—6个点，即回升至164点或165点（第十四章第131页）。3月10日，指数从低点反弹了7个点，正好是之前回落幅度的一半。此次反弹的成交量未达到2月上涨的标准量，这表明：（1）此次反弹纯粹是技术性的；（2）之前建仓的多方力量已经衰竭；（3）由此确认了我们之前推论的正确性。

因此，在这次反弹的顶部附近，我们继续做空，价格接近个股图上的危险点位，这样我们把风险控制在了最低限度。指数持续下跌，到13日达到低点，这意味着市场进一步走弱。成交量并未像12月、1月和2月初的调整性回落期间那样减少，而是仍然保持较高水平。[①]13日指数降为158点，低于3月4日的支撑位。这证实了我们之前做出的看空判断的正确性，这也意味着，如果手头扔持有股票的话，我们会在后续的反弹中继续卖出。

在接下来的几个交易日中，出现了一次不寻常的反弹，指数恢复至166点，但成交量没有实质性增加，19日成交量突然大增，但在接下来的两个交易日里，市场处于盘整阶段，指数没有进一步上涨，这说明成交量于19日达到了高峰。我们还注意到，指数停留在10日反弹高点之下的1个点位处，我们之前就预测到了这一可能。我们仔细观察市场进一步的走势，发现指数已经处于关键位置。若新需求没有在这一位置出现，我们预测在3月的反弹基础上，指数会出现2月派筹阶段那样的跌幅（止损点调低至3月10—25日高点以上1—2点处）。

在接下来的3个交易日里，市场更多地表现出了横向整理的特征，24日和25日出现了弱势反弹（注意：成交量相对较少）。这样，在整整6个交易日里，指数均在2月2—28日的区间底部盘整。显然，市场无法达到和超越3月10日的高点，这确认了我们空头头寸的安全性，这也对手头仍持有股票的投资者发出了警示，因为种种迹象表明，市场仍有大跌的可能。

3月26日，指数开始下行，在接下来的2个交易日里，它突破了158—160点的支撑位，

---

① 在判断成交量变化时，我们必须考虑这一事实：股市下跌时的成交量通常低于上涨时的成交量，除非出现了抛售的情况，原因在于，股市上涨比下跌能吸引更多的散户入场（第60页脚注和第八章第71、72页）。

而且成交量稳步增加，这提醒我们，前期的低点会被突破。①自此开始，下跌趋势确定无疑。31日的小幅反弹和4月4日和6日在152点的支撑线附近（如1月28日—2月2日）出现的小幅反弹都表明了市场的疲软（注意：反弹时成交量立即减少）。

在接下来的几个交易日（4月7—14日）里，指数窄幅震荡，[1]接近1月15—19日的支撑点，既没有抛售高峰的迹象，也没有令人信服的反弹力量。但随着11日指数上涨并进入静点位置（第十章第90页），我们空头头寸的止损点下调了1个点左右，即将止损点设置在自指数从4月7日的低点反弹以来的一半的位置，以防范意料之外的趋势变化。但是，经过6天的明显支撑后，指数没有出现明显反弹，没有从静点位置走出来，这启示我们，尽管市场13日出现了上涨，但多方无力提供更高的支撑。

15日，指数跌破新低，这证实了我们上述的推断，而且使我们获得了做空极度脆弱的股票的机会。做空的止损点设

---

① 成交量于28日达到峰值（将周六的成交量翻倍为420万股），不应错误地将这一数字视为抛售高峰。当天的放量和26日的放量之间的区别是，后者出现在指数下行之后，而前者是指数在3月4—27日的盘整期间（158—166点）出现的，因此这表明供给量大增是因为156—160点的支撑位被突破导致的。

为了明确这一点，我们先来了解这一原则：价格上涨之后出现的突然或非同寻常的放量通常意味着价格上涨或下跌趋势的结束。

但是，若异常的放量出现在价格突破既定的区间时，这通常意味着价格会沿着被突破的方向继续前进。因此，如果价格上涨到了区间的高位，且成交量很大，这表示一些人愿意吸纳在高位出售的股票，他们预期价格会上涨到新高；反之，若价格下跌到了区间的低位，且伴有放量，那么价格可能会继续下跌。接盘人能否成功地延续价格趋势，能否实现其目的，这要看市场当时的情况。

因此，你不能机械地运用上述原则，也不能把它视为一成不变、艰涩难懂和效果能立马显现的原则，运用它时还要参考市场其他方面的表现。

[1] 没有趋势的时候会维持窄幅震荡，期间可能出现买入或者是卖出情况。
——维克托·斯波朗迪

置在前一交易日高点以上的一两点处，而且我们将其他空头头寸的止损点也调低到了相同水平。从4月11日持续到18日的放量下跌是市场抛售的特征，只要成交量持续保持在这一水平或更高水平，那么有系统性止损保护的空方几乎没什么危险。

偶尔指数会出现大幅回升，这显然是空头回补导致的，例如4月30日和5月1日出现的回升。这类买入使得成交量保持在300万股左右，但从5月1日的股市表现可以看出，这种回升很快就消失了，因为众多空头回补后，没有多方力量继续保持这种需求，市场基础是不牢固的。①

5月2—4日和5日的回升伴随着成交量的显著萎缩，这表明，即使存在指数从12月的支撑位回升的预期，多方也不愿意推动指数上涨。这样的支撑更可能是由于空方回补而非大量多方入市形成的。始于5月7日的回升仅持续了3天，到了9日当天，股市几乎以最低价收盘，这表明，多头已经耗尽了购买力。②从11日开始，指数的下跌行情重新开启，成交量再次增加，这表明市场上出现了新的抛售（注意：指数在触及4月低点时，市场没有出现任何盘整或反弹的迹象。对比这段时期与12月26—30日市场的表现并参见第45页脚注的第3和第4段）。

6月2日指数下跌至113点左右，收盘价几乎与当日的最低价相同。指数反弹的唯一

---

① 4月23日的成交量激增暗示了抛售高峰可能出现，指数一直呈下跌态势，而且目前落入了12月的重要支撑区域，我们预测此时会出现一次修正性的回升。

在正常情况下，指数会回升到4月14日高点一半的位置，即4月20日小幅回升的高点位置146点，由于之前的看空情绪和抛售行为，我们不认为这一天成交量增多（23日的高成交量）或修正性回升会威胁我们的空头头寸。然而，如果我们愿意的话，可将止损点下调到此次回升区间的一两个点位以上，同时观察市场下一步的动向。

25日没有出现预期中的回升，反而在没有缩量的情况下出现了下跌，指数接近了最低点，我们认识到市场难以抵御新的空方压力。

然而，4月30日的急速回升又让我们警惕了起来，我们观察到，下行压力自28日开始减少，也就是说，4月27—30日，底部出现了收敛趋势，下跌速度放缓。从大趋势的角度来看，12月低点的突破，再加上其他迹象，市场仍然呈现出看空的迹象。但下跌速度放缓以及相对较多的成交量提示我们，可能会有转折点出现，换句话说，一次迟来的技术性回升能否成为重大的转折点，这要看回升期间和之后的市场行为。

② 反弹较弱的其他迹象包括：（1）5月8日的成交量激增是一次小买入高峰，当天的涨幅在接下来的两个交易日里被抹平了；（2）指数在4月17—21日的临时支撑位遭遇了阻力——买方错误地认为低点就是底部，他们急着出货，导致阻力产生。因此，我们预计，股价二次回落至4月份的低点后，大跌趋势仍会持续，因此在5月9日的上涨波中我们有另一个卖出机会。

提示是，2日的下跌幅度要比前一天稍小，6月1日的收盘价为114.5点，6月2日的收盘价为113.375点，而且成交量颇大，为330万股。这表明指数下行遇到了阻力，阻力可能是由多方买入造成的。另外，自2月24日创下173点的新高后，指数一直呈稳定下降趋势，目前为113点，整整下跌了60个点，缩水了约三分之一。

从指数点数图、板块图和个股图中龙头股的位置以及波浪图的走势来看，我们发现看空的危险正在逼近。为了解释日竖线趋势图，假定它是我们推断的唯一依据。因此，当市场在6月3日突然（从低点开始）转向时，指数反弹了9个点，收盘价几乎是当天的最高价，成交量与前两天的抛售量相同。因此，我们必须在6月3日的某个时点对空头仓位平仓，无论如何我们要在第二天开盘时完成这一操作。①

这样的反常变化表明，市场还没有为趋势转变做好准备，这种突如其来的变化就如同垂死的病人被打了一针或者服用了兴奋剂后突然苏醒。当然，我们都知道，这种变化反映了胡佛总统（President Hoover）的延迟赔偿金支付计划导致的有利情绪。这类事件并不一定能在发生时就反映在图表中，因此我们无法考虑它们。我们要学会在不参考报纸信息的基础上解读市场。即使是在6月3日和4日开盘时以高价平仓，过去3个月的卖空操作也使我们获得了丰厚的利润。我们需要观察一段时间，确定看涨因素是否足以扭转局面，即能否把熊市转变为牛市。凭借着丰富的经验可知，在短短数小时之内出现这种剧烈的趋势变化并非判断牛市来临的依据。

6月3日的高位收盘本身就预示着指数的进一步回升。6月4日，指数回升了近5个点（超过了前一天的高点），从低点上涨了大约14点。成交量仍然很大，超过了300万股。也就是说，市场放量情况不错。但到了5日，指数仅上涨了3个点，且成交量小幅萎缩，这表明做多力量在减弱，多方不愿意在价格急剧上涨之后跟进。收盘价比前一日低，这表明上涨存在压力，或者说股票的供给大于需求，似乎回升到此就结束了。6日指数下跌了近8个点，跌幅是之前涨幅的一半——这是缩量的正常反应。6月8日，在经历了

① 这么做的其他原因是，5月27日和6月1日的下跌速度过快，导致了对空方不利的超卖现象，接下来一个交易日内市场恢复的速度（6月3日）意味着，股价下跌的最后阶段可能具有震仓性质（第二十一章第225页）。

小幅下跌后，指数开始上涨，并在高位收盘，这表明市场在120点位处获得支撑。后指数上涨为125点，涨幅大约是之前回落幅度的三分之二。尽管成交量相对较少，但这次回升的速度和幅度表明市场正向牛市转变。

8—15日，指数在130—120点波动。从图形来看，我们应该保持中立（第十九章第209页），观察指数何时冲破这一区间，既可能向下，也可能向上。随着时间的推移，我们观察到成交量在萎缩，这不是看涨信号，而且11日和12日的收盘价涨幅没有超过1个点。从5日的数据来看，指数的上涨似乎又遭遇了阻力。13日指数的波动范围收窄为不超过2个点，且收盘价微跌。还有一个看跌信号，即指数在上涨了17个点以后停滞不前，且成交量只有54万股（若将周六的数据翻倍，则成交量为100万股）。

看跌信号在15日进一步得到确认，指数范围（从高到低）小幅扩大，这意味着交易更加活跃（杀跌的意愿非常大），当天股市以接近低点的价格收盘，成交量有所增加，这表明市场压力轻微增加。在接下来的4个交易日里（截至19日），看跌信号得到证实，成交量维持在100万股左右。然而，成交量在指数下跌时没有增加，反而比8—12日指数回升期间的成交量少，这表示市场存在轻微压力，价格也没有跌破120点。事实上，19日，指数在122点左右得到了支撑，这一支撑点位要比8日的低点支撑位高出大约2个点。[①]

现在，一切都取决于接下来一两个交易日内市场的表现了。如果指数在放量的基础上下跌，特别是当指数跌破120点（6月8日）的支撑位时，我们会得出这一结论：市场陷入低迷的概率很大（与5月14日和15日的情形相比）。但是，如果支撑位仍在122点左右，且成交量较少（与1月15日至21日的情形相比），那么多头将有机会进行平仓操作。

第二天，即6月20日，指数的变化消除了市场疑虑，股市高开1.5个点，而且成交量大增[②]，指数快速上涨到了131点，突破了之前的交易区，达到了新的高位。成交量大

---

① 这里要注意抛售高峰、技术性回升和二次回落前后的变化。从更广阔的视野考虑市场行为，我们观察到，在截至19日的二次回落中，成交量明显萎缩，甚至比12月29日的二次回落更具有决定性意义，而且它与截至5月14日的二次回落中的成交量增加形成了鲜明的对照。而且，6月19日，指数在6月1日和2日的低点以上遇到了良好的支撑。同样地，6月3—6日的回升要比4月30日和5月1日的回升速度更快、区间更大、持续力更强。

② 成交量在2个小时内大增，因此应将成交量翻倍。

增体现了这一点位的重要性（参见第54页的脚注）。指数比前一天的最高价高出了7个点，且几乎以最高价收盘。如果我们观察当天的盘口数据或者参照收盘时的波浪图，就能发现指数的剧烈变化。6月20日当天，我们要么买入，同时设置止损点，要么等待价格突破前一高点，并以当天的收盘价或者6月22日的开盘价买入，因为从市场行为看，我们可能从短线交易中获利。但我们仍没有充分的理由去重建投资头寸，因为我们还没有看到支撑大盘持续上涨的基础。

6月22日股市高开，指数上涨了7个点，成交量增加为460万股，价格大部分时间都保持在高位。23日指数回落，抵消了前一天的涨幅，但成交量缩减至260万股，几乎是前一天成交量的一半。这是看涨迹象，是我们应该牢牢把握的信号。

24日指数收复失地，上涨了8个点至141点，比22日的高点高出了3.5个点，成交量创新高，达到了500万股。我们开始对做多持谨慎态度，因为与前几周的成交量相比，24日的成交量可能是做空导致的（这可能是一次买入高峰）。我们将止损点调高至23日最低价以上1个点处，并静观市场接下来的走势。

25日指数在上涨2个点后下跌了6个点，收盘价位于低点，成交量为430万股——如往常一样，当指数上涨到高位时，大量的供应超过了需求，这显然是看跌的迹象。[①]因此，我们将多头头寸平仓，并排查了呈现出技术弱势的个股，以便我们在指数下一次上涨时卖出。

6月26日，指数的波动范围为5个点，较之前收窄。虽然收盘价接近高点，但成交量降至310万股，且上涨时间缩短。综合各种迹象来看，市场是看跌的。新的交易区试探性地在137—143点形成。

27日指数上涨超过1个点，波动范围收窄至3.5个点，收盘时净上涨1.5个点，成交量约为380万股（周六成交量的2倍）。这看起来似乎是空头在拉升价格，以便在下跌过程中出货。因此，我们先对部分股票做空，以便能在27日高点以上的1.375—2点或3点处止损（第二十三章第256页和第265页）。

---

① 注意：上攻时间缩短，即24—27日的高点连线呈拱形。

29日股市低开，指数从前一天的144.75点回落至140点，收盘价接近低点。此时我们发现，指数已经连续4天斜向一边了，从6月2日的低点急剧上涨之后再没有取得其他进展，成交量自6月24日达到500万股后稳步下降了10个百分点。从我们前期的推理来看，我们认为这种变化是指数上涨至顶部后需求有所减少导致的。我们还注意到，任何进一步的盘整或回落都肯定会扭转自19日以来形成的上涨态势（第十五章第140页和第十六章第168页）。因此，我们做好了在高位卖空股票的准备。

6月30日，指数降为137点，下跌了近3个点，成交量为200万股，与前一个交易日持平。市场仍位于137—143点的区间，但经历了6月19—27日的大幅上涨后，指数已开始下跌，这表明买盘已被消耗殆尽。然而，2天内指数在137—143点的区间触底意味着，它可能会回升至143点的高位。指数能否如预期的那样实现回升仍然是未知数，因此我们静观其变。7月1日指数出现较大幅度的上涨，收盘价上涨了近2个点，但成交量萎缩至170万股，这是看跌的迹象。7月2日，指数波动区间收窄至3个点，收盘价下跌了1.5个点，成交量萎缩，这表明市场进一步低迷，较低的收盘价和成交量意味着多方力量在减弱。7月3日出现了另一波上涨，指数达到143点的区间上限，收盘价上涨了3个点，但成交量没有达到前一波回升（6月末）的标准，不过这没什么好担心的（我们在这次回升中抛售了更多股票，我们一直在等这样的机会，而且如之前一样，我们将止损点设置在危险点以上，即6月27日的高点以上）。7月6日指数在2个点的区间内波动，收盘价下跌了2个点，成交量为100万股。我们认为，7月1—3日的上涨难以为继，波动范围收窄、市场停滞不前是供给饱和所致。这些都是行情看跌的迹象。[①] 7月7日股市一开盘就出现了一波涨势（可从波浪图中明显看出），指数上涨了7.5点，而且成交量快速增加，达到了300万股。指数现已脱离了之前交易区间的下限，而且成交量增加表明市场正在洗盘。指数从（6月2日的）113点回升至（6月27日的）145点，由此触及了1930年12月—1931年1月支撑区间的低位，我们认为下一波行情的支撑位大约在6月19日的122点。如果在6月2日和3日买入，并于6月最后一周的高位处果断减仓的大投资者此时愿意在之前的低位

① 指数正处在“跳板”上，即将出现大跌。

附近加仓，那么表明他们对未来充满信心，这是熊市结束的信号。若没有这样的信号出现，我们会认为熊市将持续下去，6月的回升只不过是对大趋势的一次干扰而已。我们持有的是空头头寸，在看到行情变化的确定迹象之前，无论是盘整还是上涨行情，我们会一直持有。7月8日指数下跌了2个点，9日和10日的成交量小幅回升至150万股（指数震荡回升至6月19日的低点），之后指数一路下跌，到7月15日，跌至126点附近——共下跌了19个点。当天，价格的波动区间为4个点，收盘价略高于此区间的中间点数，成交量为260万股，这是一波小抛售高峰。第二天没有出现跟风抛售现象，相反，指数快速回升，并以较高的价格收盘。因此，我们看到了两次回升机会，但这是指数下跌19个点之后的正常反应。事实上，若是真正的回升，那么回升幅度可能是7个或8个点，一半涨幅的回升是9.5个点。若我们对短线头寸规模不满意，17—21日出现的这9个点的回升为我们提供了良好的抛售机会。①

22日，回升结束，价格指数再次下跌至145—137点抛售区间的下限（第一次发生在7月10日）并向之前的126点的低位挺进，此时我们观察是否有真正的支撑出现，结果没有。指数下跌到了122.5点，后出现小幅回升，但8月10日创新低，跌至120点左右，在触及6月9日的支撑点后指数又回升了近10个点，之后涨幅缩减，直至在高位消失（8

---

① 这样你就能更好地理解如何管理你的投资资金，而且你可能认识到在中期牛市和熊市中做多或做空股票的风险，稍有不慎你就会损失惨重，因此我们应注意：

当市场处于下跌趋势且成交量相对较少时，说明投资者对市场变化漠不关心，但是，与流行的印象不同，缩量伴随着稳定的下跌态势是看跌而非看涨的迹象。

成交量少是因为大多数人看涨造成的，当股市上涨了一段时间后，他们会跟风买入。但是，正如我们在其他地方指出的（第53页的脚注和第八章第71、72页），他们害怕卖空，因此不会像经验丰富的操盘手那样做空。因此，在熊市的演进阶段，日成交量逐渐萎缩。

换句话说，散户们在1931年2月上涨期间和6月回升期间的高点自由买入了股票，他们现在是高仓位持股，购买力已近枯竭，除非万不得已，他们不会清仓，因为一方面他们害怕踏空，另一方面他们也希望股市上涨。他们没有意识到风险，不懂得以清仓和承受一定的损失来理性地顺应形势的变化，当行情再次上涨时，再次买入从中获利，他们只会坚守股票，却导致损失扩大。而资金紧张的投资者既不敢做多，也不敢做空。

结果就是，成交量缩水，股市变成专业人士角力的场所，除非有新的下行力量出现，迫使这些被套牢的投资者忍痛出货。

这样，我们既解释了市场现象，也解释了涉及的风险，包括：（1）无法在危机多头头寸的早期信号出现时及时清仓（这里是2月的情况）；（2）没有合理地设置止损点来保护多头头寸；（3）价格一上涨或看到其他人买入，自己就仓促买入。

月15日），接下来指数再次回落至120点左右（8月24日），直到8月28日和29日指数才从这一关键的支撑位小幅回升，而且成交量很少（不足100万股），然后指数又开始急速下跌。指数突破120点后，成交量在增加至200万股后保持平稳，这表明市场交易再次活跃起来。我们没有理由改变我们的空头头寸，但我们有充分的理由开展短线交易。①

从9月18日开始，成交量增加至300万股，19日增加至近500万股。从8月底的不到100万股大幅增加至9月19日的500万股（周六的成交量翻倍）这一事实警示我们，应该把止损点下调至9月15—17日短暂回升的高位，并留意指数急速回升或转折点出现。原因在于：在没有遇到严重干扰的情况下，价格从145点一路下滑至98点。股价的突然下跌，再加上19日的异常放量，表明市场已经进入了超卖状态。任何时候出现大幅反弹都不会让我们感到惊讶，因为自8月29日以来（大约三周）还未出现过任何像样的回升。市场很少在一个方向上持续运行这么长时间而没有出现逆转。

9月21日指数下跌了4个多点，创下了94点的新低，但收盘时指数反弹了5个点，这使得当日的收盘价高于前一天的收盘价。成交量是440万股，几乎与前一天持平，股市再次出现放量异常。考虑到这些变化，再加上当天8个点的价格波动区间和略高的收盘价，我们认为，补仓时机到了，待市场进一步回升时，我们可从差价中获利，或者若预期的回升没有出现，我们可以保持不变。

9月22日，成交量缩减至约200万股，收盘价略低，价格波动区间收窄。3个交易日的最终结果是，市场价在第3日的收盘价处企稳，下行行情似乎得到遏止，而且在9月22日，价格从21日的高点回落，成交量缩小，这意味着做空压力增大。在3周的大幅下跌后，出现了股价大幅回升的迹象。23日指数回升，这让我们获得了一次做空的机会，此时市场表现依然强势。我们也可以等到回升失败时再做空。23日的指数回升至107点附近，收盘价为105.5，但成交量萎缩至不足300万股，我们认为，这可能是由于空方的平仓行为导致的。这样的价格回升存在泡沫，不大可能持久，因为它削弱了之前存在

① 空头头寸的止损点下调为：7月15日抛售小高峰出现之后的卖出价格；7月24日和25日价格下跌后将止损点调整为比7月21日的高点稍高的位置；8月24日和25日下跌后将止损点调整为8月25日支撑位以上约1个点的位置。

的多方力量，在回升的高位和之前的低位之间没有留下支撑点位。

9月24日，指数下跌了8.5个点，收盘价比21日的最低点高出了3个点。与前一个交易日相比，当日的成交量没什么变化，加上指数回升幅度超过了前3天的涨幅之和，我们确认，指数的上升动力不足，缺乏高质量的需求。

我们认为，市场无法提供有力的支撑，若指数跌破95点的支撑位，则会诱发新一轮的抛售潮。26日指数小幅回升（成交量不大），28日又重新回落至95点。从23—28日的高点来看，股市走势是下行的。26日和28日，成交量下降到150万股以下，但从股市最近的看跌行情来看，这更像是在新一波弱势行情的静点周围的震荡，而非供给力量的消失。另外，28日的收盘价较低，这使得指数长时间停留在95点的支撑线附近。若指数不能实现快速反弹，那么接下来会出现更大幅度的下跌。若指数能在放量的基础上突破9月21日94点的低位，我们将再次卖空更多股票。我们认识到，大跌之后熊市可能会结束，但我们不知道真正的转折发生在什么时间，因此仍然站在空头一方，直到市场自身证明我们错了或者证明市场趋势变了为止。

指数于10月5日创下新低，跌至79点，且当天在低点附近收盘，成交量超过了300万股。仅凭走势图我们就能发现，尽管跌幅很大，我们应当小心行事，但我们没有平仓的必要（第56页的脚注中对5月27日—6月1日类似变化的评论）。收盘价较低表明，下一个交易日的价格将走低，但市场未能证实这一预期，因此我们要留意接下来的变化。6日股市高开，之后指数稳步上涨[①]，仅在收盘时出现了1.5个点的回落。当日指数回升了约11个点，这是自指数从145点下跌至今出现的幅度最大的一次回升。 此外，当日的成交量大增，达到了450万股，这是趋势转变的迹象。如果我们没有看到当天的盘口内容（它们会提示我们出手平仓），或者我们没有波浪图和其他图表给我们趋势逆转的提示，那么，在我们获知了当天的走势后，我们必须进行平仓。

我们发现，指数已经从1929年9月的312点左右跌至了1931年10月的79点，我们预计这样的熊市不会永远持续下去，但我们也不认为大幅度的回升会出现，不认为牛市已

① 我们将在第二十二章学习波浪图，我们能从这种图形中更明确地看出股市的行为及变化。

经来临。我们还需要等待，需要研究指数的变化和其他数据。

在接下来的3个交易日里，指数出现了强劲的反弹，从79点回升至99点，上涨了足足20个点。10月9日的上涨打破了自8月29日股市创历史新高以来的下跌趋势，我们可以从连接这一点与9月23日高点的直线看出来（见第十五章）。10月10日，市场收紧，成交量减少至80万股。根据之前对趋势图的理解，我们认为，这是股价即将回落的迹象。在接下来的2个交易日内，当指数触及反弹幅度一半的点位（见第十四章第131页），即88点时，市场会出现反弹。10月14日，指数回落至10月7日和8日的支撑点，而且成交量很低，我们认为，如果指数能够保持这一水平或高于10月1日和2日的低点，那么它将完成一波二次回落（见第45页脚注），这将证明10月5日的震荡走势。因此，市场似乎正在形成支撑区的轮廓，支撑区的范围可能是9月31日—10月14日的低点之间（85—88点）。

因此，我们寻找建立多头仓位的机会，以便为市场进一步的复苏做准备。只要把止损点设置在10月5日和6日的点位或者9月30日—10月14日的危险点以下，我们就能把风险控制在适宜的水平。我们并没有建立投资头寸，因为我们认为，在正常情况下，股市在经历大跌还没启动真正的牛市之前，还会经历一段时间的修整期。现在对股市持乐观的看法仅仅是猜测的结果。市场自身会告诉我们什么时候应进行做多操作。

10月15日，指数在回升至前一日的高点之后回落，此后又反弹，但成交量减少了，更高的收盘价和最低价似乎证实，始于10月9日的二次回落即将结束，我们可以尝试做多了。因此，为搭上复苏的顺风车，我们买入了精心挑选的几只股票。

10月17日和19日的成交量萎缩，随后指数创新高，达到了之前的阻力点。这启示我们，另一波回调可能出现。我们静观市场的变化，看它是冲破阻力点还是再一次经受85—88点支撑位的考验。在接下来的3个交易日里，市场继续震荡，于24日达到高点（第十章第90页）。

21—24日的4天盘整改变了10月5日以来的大涨趋势。显然，随着指数回升到100点，多头力量已经枯竭了，或者说多方既没准备好也不愿意跟涨了（第十五章第140页）。

此外，在23日和24日指数的回升过程中，成交量没有增加，这都是看跌的迹象。因此，我们要么把止损点调到接近23日和24日低点的位置，要么马上将股票出手并离场观望。

如果我们之前得出的支撑位在85—88点的结论是正确的，那么市场在指数回落期间表现出来的行为会证实这些结论，但也可能推翻这些结论，并发出熊市再现的提示。

或者两种情况皆不是，也就是说，在市场形势不明朗时，我们要保持中立立场，静观市场的动向，换句话说，静观指数在狭窄的区间内上下波动，比如在最近的低点和高点（79—100点）波动，直到市场进入下一波重要的中期行情。[1]

10月28日，指数下跌至前一支撑位（88点左右），成交量小幅增加，而26日和27日的成交量在指数下跌时没有增加，我们由此得出结论，市场上没有更多的抛盘了，支撑位再次得以确立。次日指数小幅下跌后，成交量缩减，收盘价没有变化。这些迹象证实了我们的结论，这也说明，此时投资者们不愿意跟风杀跌了。

支撑区的扩大为更大幅度的回升奠定了基础（尽管其他数据仍然不鼓励我们建立投资头寸），因此，10月30日，我们再次买入，并把止损点设置在10月14日和29日的低点以下1个点左右的位置。之后指数逐步上行，日成交量增加，直到11月9日指数上涨至9月23日的反弹高点附近，成交量出现峰值。这些数据提示我们，我们应该放弃做多，转而做空，当指数突破连接7月、8月、9月高点的熊市供应线时，市场上的供给已经大于需求了（见第十五章的趋势线）。

从趋势图的尾部来看，指数似乎在回落，成交量略有减少。如果市场没有耗尽9—10月积蓄的需求力量，那么可能出现另一波回升。然而，这波回升并不存在。相反，11月13日，指数大跌至95点，并于10月下跌至新低，其间没有出现

[1] 很多时候，窄幅震荡会在中期行情的的顶部或底部出现，需要后期突破，才能确认出现的是顶还是底。

——维克托·斯波朗迪

过任何像样的回升，只不过在11月底至12月8日期间，市场经历了9天的盘整期，波动幅度在5个点以内（图中没有显示），这都是市场趋弱的迹象。

我们得到了以止损单保护投资和交易头寸的例证。例如，如果我们对1931年10月的临时性支撑位做出了错误的估计，认为这一支撑是牛市的先兆，并以28日和29日的合理价格买入股票。再假设我们没有调整止损点，仍然将它们设置在85—88点以下。可能发生的最糟糕的情形是，11月中旬，止损单被自动执行，我们遭受部分损失。还不如我们不动资金，等待最终的转折点出现并加以利用。但是，假如我们不设置止损点，那么我们损失的幅度恐怕就是股票7个多月下跌的幅度。[1]

因此，我们在对市场一段时期的走势做出判断时，需要做进一步的观察。学习股市知识绝非掌握经验法则那么简单，试图走捷径，试图以奇特的图表横行股市的想法是愚蠢的。你现在知道个中原因了吧！

[1] 股市中经常会出现股价大跌，但如果事先做好充分准备，根本不会遭到什么损害。

——彼得·林奇

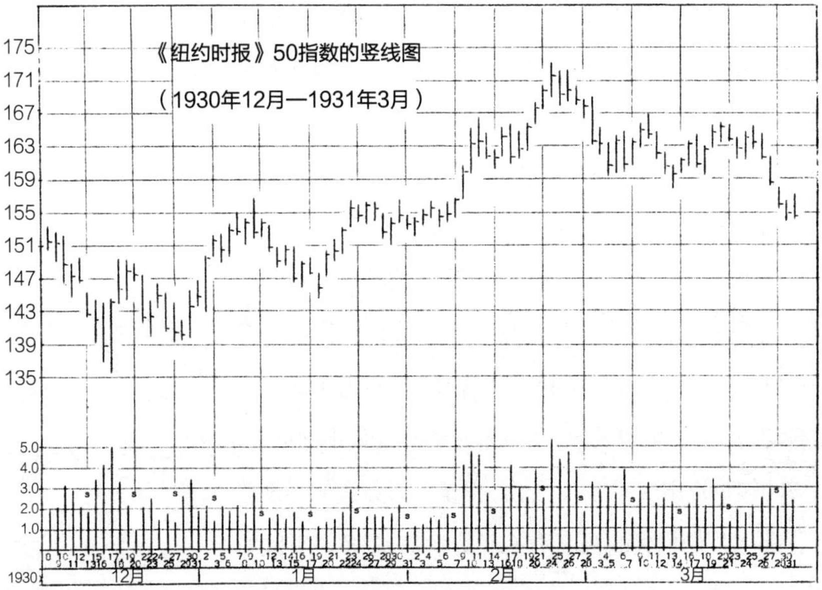
《纽约时报》50指数的竖线图
（1930年12月—1931年3月）
175
171
167
163
159
155
151
147
143
139
135
5.0
4.0
3.0
2.0
1.0
1930
12月
1月
2月
3月

图7.1

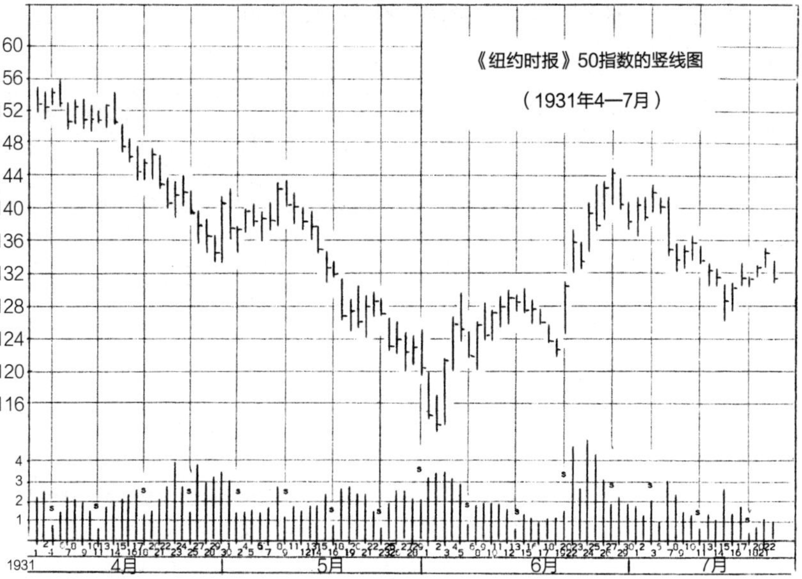
《纽约时报》50指数的竖线图
（1931年4—7月）
160
156
152
148
144
140
136
132
128
124
120
116
4
3
2
1
1931
4月
5月
6月
7月

图7.2

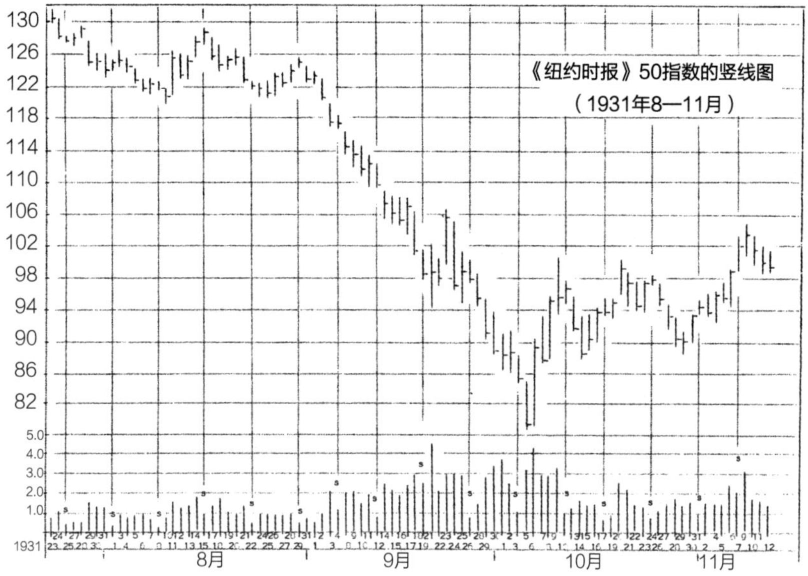
《纽约时报》50指数的竖线图
（1931年8—11月）
130
126
122
118
114
110
106
102
98
94
90
86
82
5.0
4.0
3.0
2.0
1.0
1931
8月
9月
10月
11月

图7.3

第八章
利用板块平均指数判断强弱势

在完成对综合平均指数的学习后，接下来我们应该了解板块行为了，因为在实践中，在确定了大盘的位置和趋势之后，我们就要考察各个板块的位置和趋势了，最终要从位置最好的板块中遴选出前景最佳的个股（第六章第41页；第七章第46、47页；第九章第82页）。

如果趋势图是在透明纸上绘就的，你可以把它们叠放在板块图或个股图之上，这样能看出哪些板块和个股的走势强于或弱于大盘指数。或者你也可以按统一的时间刻度叠放这些趋势图，这样能比较直观地进行对比。

判定板块或个股未来走势的最佳指标是其相对于大盘的强势或弱势。

詹姆斯·基恩（James R. Keene）曾说过："要注意那些在市场疲软时显示出强大抗压性的股票，买入这些值得投资的股票。"（正如美国钢铁公司1936年11月28日—1937年3月6日的行情所显示的那样，要注意美国钢铁公司股票在以《纽约时报》平均指数为代表的大盘的每一波下跌行情中表现出来的顽强抗跌性，以及在每一波上涨行情中表现出来的活跃性。见图8.1）

原因在于，市场疲软时，有人想买入，但只有他们相信未来能以更高的价格卖出股票时才会买入。因此，他们会时刻留意股市的动向，适时地买入其他人在市场疲软时主动或被迫抛售的股票。[1]

当一只股票在强势市场中表现得异常疲软时，我们会认为，有人知道这只股票的利空信息时，他们只会关注市场上强势的股票，这可能是由于他们对强势股票的需求迫切，也可能是他们想利用强势市场获利（图8.2显示的美国罐头公司的趋势图就体现了这一思想。1936年11月17日—12月12日，该公司的股票对市场的回升和反弹反应很弱，但大盘每次下跌时，它都会急速下跌。从1937年1月9日开始，大盘上涨，而这只股票又再次出现了疲软态势）。

机构操盘者为了测试市场，通常会买入5000—25000股，或者抛售同等规模的股票测试市场如何消化他们的卖盘。他们能够确定多空双方哪一方遇到的阻力最小。如果发现其他人正在买入，股票变得相当稀少，他们会认为这是看涨的迹象，因此会做多。如果价格容易遭受打压，那么他们认为这是看跌迹象，因此会做空。

散户无法在建立头寸前测试市场[2]，但是通过仔细研究趋势图，他们能够估计个股的相对强弱势与判断买卖这只股票的时机。

当大户们看准一只股票时，他们首先会“奠定基础”。也就是说，他们会根据风险大小和预计的利润积累或减持一定数量的股票。数量与预估的利润有关（点数图能帮助你判断这种关系，因此对你的操作有启示作用，见第九章第85、86页，也见第十章第90页）。

若一只股票的价值被低估，而且投资者认为可从这只股票获得丰厚的利润，那么他们会以一定的价位尽可能多地买入这只股票，然后逐步提高价格，直到他们得到想要的一

[1] 在股价被过度低估的熊市中，有很多价低质优的股票，等感到熊市结束、牛市来临的时候，被低估的、价低质优的股票便会大幅反弹。而在股价被过度高估的牛市中，却难以找到价低质优的股票。

——彼得·林奇

[2] 当技术分析、统计数据、基本面、风险相配合运用时，才会建议重要头寸。

——维克托·斯波朗迪

切（见图9.2中字母A和R之间的部分），他们会根据市场的反应买入股票；若一只股票的价值被高估，而且看出未来持有这只股票会陷入麻烦，那么他们会尽可能地以一定的价位卖出这只股票（第十章第97—99页）。这就是支撑位和阻力位（我多年前首创的说法）至关重要的原因。

简言之，当你看到一只股票具有强大的支撑，而其他股票处于疲软态势时，做多它优于做空它——内部人士可能也在做多它，因为他们相信可以从这只股票获利。而当你看到相反的情形时，即一只股票面临强大的阻力，而其他股票处于上涨态势，那么做空它优于做多它——内部人士也会做空它，因为这只股票前景黯淡，或者是因为他们认为，他们以后可以更低的价格吸收筹码。

当你在盘口或图表上看到这些迹象时，要仔细地甄别它们。也就是说，若许多股票出现了类似的迹象，那么你要从中选择最出色的。要做到这一点，你的行为就要与内部人士保持一致，他们操作的时候，你也要操作。

同理，当个股的表现优于板块指数时，表明这只股票可能比一般的股票更快地实现上涨，其表现能证明这一点。若股票的表现不如板块指数，就说明这只股票要比一般股票更快地下跌。

个股的走势可能与板块的走势相反，这一事实不会破坏或降低指数的价值或效力。相反，这样的事实本身通常会传达出重要的信息，因此，不能忽视股票的走势和位置。

同样，通过对比不同板块的指数和大盘指数，比如板块指数对大盘指数上涨或下跌、回升和反弹做出了何种反应，你能得到有价值的信息，为你的股票操作提供依据（见图8.5、图8.6和图8.7）。

这样的比较特别重要，因为这可以帮助你选择最佳机会，避免选出反应迟缓、停滞不前的股票，从而使你的资本保持高效运作。

记住，并非所有的股票都与大趋势保持一致，它们也不会一起涨落（见第四章第32页）。牛市往往始于龙头股的上涨，即历史悠久、级别高、价格高的股票的上涨（第二十二章第233页）。原因在于，庄家对即将到来的复苏消息灵通，他们主导着这些股票，他们对这些股票的操作反映了他们对市场的情绪。

随着龙头股的上涨，独立的大型操盘机构会从龙头股的表现中得到启示，它们会进行第二轮的拉升操作。之后，散户在行情看涨和交易活跃的吸引下入场，投资于价格较低的、投机性强的股票。这样，市场需求从一个板块轮动到另一个板块，例如，从钢铁板块轮动到铁路板块，再轮动到金属铜板块，而且需求也会从一只股票轮动到另一只股票。

在上涨行情中，上涨过快的个股和板块股可能会进行盘整和回调，其他个股和板块则继续上涨。因此，牛市是在轮动的过程中形成的，也就是说，需求每时每刻都可能转移（见图8.3、图8.5至图8.7，有助于你理解这一思想）。

经过长时间的上涨后，价格走势往往会越来越具有选择性（混合性），此时大机构看到，一些行业已经涨至顶点，他们会退出这些板块，转而投资那些仍有上涨空间的板块。

当大型机构在中幅或大幅波动的顶部（或者从极高点往下）派发筹码时，它们可能欺骗散户，常用的方法是快速抬高一些易受影响的股票的价格或者对一些龙头股进行刺激。这些伎俩有助于保持看涨的氛围，使散户们仍看好这些股票，而对其他股票则漠不关心（见图8.1显示的美国钢铁公司1937年3月的股票走势，这个例子就是明证）。

当大多数股票对这种伎俩反应迟缓，或者在持续轮动的过程中，大多数股票的股价快速回落，或者领涨股从热门股转变为非热门股，或者代表性股票跟不上迅速拉升的行情的步伐时，需求枯竭的迹象就显示出来了。

在熊市的开启和演变中，也会出现这样的轮动。也就是说，供给会在不同的板块间轮动，直至供方力量最终枯竭。同样，在大盘筑底的过程中，抛盘压力也在各板块间轮动，一些股票可能比其他股票更快地触底。

因此，当领跌股止跌，而供给轮动到其他股票时，需求大于供给的迹象就会出现。这有助于我们确定吸筹的水平。

下跌行情中的供给轮动要比上涨行情中的需求轮动快得多。对此的解释是：在上升行情中，市场上缺乏能使所有股票上涨的购买力，但在下跌行情中，恐惧、必要性或者在二者的共同作用下，投资者会在不考虑价值的情况下抛售所有股票。[1] 观察后面的附图能够看出二者特征的差异。①

股票下跌更快速、更普遍的另一个原因是，散户更愿意做多。大多数人愿意做多股票，害怕做空，尽管明智的做空操作通常能产生更多的利润，而且做空的风险不会大于做多的风险。无论如何，做多的投资者远多于做空的投资者，因此价格的上涨会被频繁的获利回吐所阻碍，特别是低于50美元的股票，最能吸引外围投资者，但相对较少的空头获利回吐并不能有效地遏制下跌趋势。

而且，由于公众的态度是不平衡的（总是偏向做多），股市上涨时公众对股票的实际需求和潜在需求要大于股市下跌时他们对股票的实际需求和潜在需求。换句话说，大多数人会在股市表现强劲时买入，但在市场疲软时，这种需求会逐渐减少。事实上，在股市下跌的过程中，未经训练的交易员和投资者会一直持有股票，直到价格跌到希望破灭的点位时，他们才在恐慌中卖出股票。华尔街盛行的羊群效应常常导致未经过专门训练的投资者同时产生这种恐慌的心态，由此出现了一致的抛售行为。这样，市场几乎在同一时间清洗出了弱势持股者，减轻了市场压力，同时迅速降低了市场上的股票供应（见第七章的抛售高峰）。

轮动原则也适用于板块内的股票。板块中股票的强弱

---

① 1929—1932年熊市之后出现的牛市可被视为例外，这次牛市不具备上述的某些特征。市场被打压到极低的位置时，股价会快速蹿升，而且1932年7—8月，出现了比下一年更为统一的普涨，因为1932年的反弹是对之前所有股票被超卖的技术性修正。然而，我们必须小心，不能把牛市的开启与熊市中普通的技术性回升相混淆。在因超卖导致的此类技术性回升中，敏感的龙头股和波动迅速的投机类股票会大幅回升，而其他大多数股票则可能回升迟缓。

[1] 下跌的时候，投资者不要理会那些悲观消息，反而要趁机逢低买入一些超跌的股票。

——彼得·林奇

也会影响投资者对板块内其他股票的买卖，想吸筹或派筹的投资者可据此加仓或减仓。在市场下跌的转折点，其他股票持续走弱导致了普遍的悲观情绪，这诱使散户在底部抛售股票。大型操盘机构可以不太高的价位买入想要的股票。同理，在市场上升的转折点，强势向板块内的其他股票轮动，大型操盘机构可以在其他股票交易活跃的掩盖下出货，而且还不必压低价格。

这就解释了你经常看到一个板块中个股相继创新高和新低的原因，以及所有股票不一定同时达到高点或低点的原因，它们不会在同一天或同一周，甚至不会在同一个月内创下新高或新低。这也解释了一些股票在牛市的前期领涨但在后期不再活跃的原因（有关这些观察的示例见图8.3）。

你必须运用好上述原则。做多最强势的股票，做空最弱势的股票，选出板块中的潜在股。

仅仅因为龙头股价格“太高”就投资于板块中的滞后股是错误的做法，对比坩埚公司（Crucible）与美国钢铁公司和共和钢铁公司（Republic）、奥的斯钢铁公司（Otis）的走势（见图8.3）。一些股票可能在为龙头股领涨之后的轮动做准备[参见10月24日—11月14日的美国轧钢厂（American Rolling Mill）的图示]，这给了你把龙头股（理论行情结束之际）转变成下一波领涨股的机会，即那些没有与龙头股同步上涨的股票。但是，在寻找这样的机会时，你必须仔细权衡各个因素。股票在低点横向盘整（见图8.3所示的奥的斯钢铁公司的股票走势图），同时板块内其他股票上涨的事实本身并不能保证滞后股处于吸筹阶段，还要研究成交量。要特别注意价格在区间波动了一段时间后，是否出现了有支撑的上涨趋势（见图9.2所示的M和S之间的部分）。如果没有出现这种趋势，那么最好不要盯着这只股票了。持续在低位徘徊且在其他股票走强时仍无力回升的股票很容易遭受重创（参见对阿纳康达公司的研究，第十六章第164、165页），或者它仍然处于弱势行情。

因此，请记住，尽管一个板块可能处于强势行情，但板块中的股票不一定都表现良好或者处于强势行情；反之，在弱势板块中，一些股票可能比其他股票更强势，而一些股票则处于不温不火的状态。

有些人通过计算日收益或损失的百分比的方法比较股票的强弱，这不仅涉及不必要的复杂计算，还可能让你养成运用机械方法的习惯，阻碍你的判断。另外，这样的方法既不敏感，也不可靠。

可以按照限免的解释、之后的详细说明和根据你的图表，判断股票的走势及相对强弱势。从竖线图中你可以直观地看出个股与大盘和板块走势之间的关系。你能看出明显的变化，可马上调整判断，不必运用不切实际、复杂的数学公式。这些公式可能会让你感到不安和失望，因为按公式的结果采取行动可能会让你错失大好的机会。

要注意股票从强势到弱势或从弱势到强势的变化，要注意股票相对于大盘是涨、是跌还是持平。正确的做法是观察股票对综合指数和板块指数①波动的反应，即通过趋势图观察股票每日、每周的价格走势。

我们以电子车灯公司（Electric Auto-Lite）的趋势图为例进行说明（见图8.4）。用一张空白纸覆盖这张图，然后按第七章第45页的建议一点一点地右移这张纸，一次只看一天的股价变化。你会发现，这只股票在7月12日前一直很强势，在此期间其涨幅大大高于大盘（以道琼斯30种工业股票指数表示）。之后这只股票出现了横盘走势，于7月25日出现了一次普通的回升（回升幅度是之前跌幅的一半）。8月12日这只股票领涨大盘，其股价快速创下新高。8月20日股市回落至8月2日和8日的低点，但这只股票仍然表现出了明显的强势迹象，其价格始终高于历史低位。

此后，指数每一次上涨时，这只股票也随之上涨，到10月21日，其股价达到38.75美元。但是从相对强势的角度来看，这只股票与大盘的反弹完全同步。特别值得注意的是，这只股票自8月20日创新低后在支撑线（低点）之上的涨势。

在9月12日—10月1日的盘整期间，趋势图显示的走势比较分散，但其股价随指数进一步上涨。因此，10月1日，当指数回升至次高点时，这只股票也创下了新高。10月3日，这只股票没有随指数下跌到9月20日的回落低点，相反，其价格在高位得到了支撑（与28.375相比，29.125较高），看涨行情得到了证实。

① 《纽约时报》50指数和《纽约先驱论坛报》100指数是综合平均指数。道琼斯30种工业股票指数和20种公用事业股票指数是板块指数。

10月21日，一个新的阶段开启了。在快速上涨至新高之后，这只股票的价格经历了6天的盘整期，且日价格波动区间收窄，到10月31日，其股价快速下跌，跌幅要远大于30日的指数跌幅。11月7日，指数上涨至新高，但这只股票仅回升至次高点位，证实这只股票已经由相对强势转变为相对弱势。此后，电子车灯公司在强势市场中一直显得比较疲软，这样的状态持续到了11月26日，当天，其股价触底（11月22日—12月2日），而指数则日复一日地大跌，说明这只股票由相对弱势转向了相对强势。现在我们比较宝洁公司（Procter & Gamble，PGM）与工业平均指数和电子车灯公司的趋势图，你马上能分辨出走强和走弱的股票。

7月1—23日，宝洁公司股票的走势与大盘一致。但自8月20日完成正常的回落（至51点）后，这只股票的股价就在小范围内波动，没有出现明显的上涨势头，而其他股票（如电子车灯公司）和大盘稳步向9月的高点迈进。自7月23日以来，宝洁公司股票几乎没有表现出明确的趋势，我们难以判断其处于相对强势还是弱势，除了修正性地回落至50美元时，其表现不如7月，而且它现在没有对指数的上涨做出反应。这至少警示我们，应当对做多宝洁的股票持警惕之心。

9月18—20日，大盘回落，我们观察到，宝洁公司表现出了更加明确的疲软症状，因为它对大盘迅速地做出了反应，进入了下行通道（注意：其股价波动区间扩大）。9月21日—10月3日，这只股票显示出了另一个看跌迹象，当时工业平均指数、电子车灯和其他龙头股的价格都回落至7月和8月支撑线以上，但这只股票却回落至7月初的点位。

自此以后，宝洁的回升力量就非常弱了（10月3—23日），尽管指数稳步上涨，但这只股票一直在8月、9月、10月的低点（51点）徘徊。考虑到这只股票的状况，我们认为它有进一步走弱的风险，或者它可能经历震荡期（第73页）。在经历了3天（10月21—23日）短暂的微弱反弹后，其价格回升至次高点，这是这只股票试图逃离危险区的最后一次努力，也是它走熊的预兆（对比《纽约时报》平均指数4月7—14日的走势，见第七章第54、55页）。在接下来的2个交易日里，在大盘走强的背景下，这只股票下跌至回升前的点位，这说明要么远离这只股票，要么做空它。

可对商用溶剂公司（Commercial Solvents，CV）的趋势图做同样的推理。从图8.4

中可以看出，其股票价格随机波动，因此大体上可判断它处于中立位置。换句话说，从相对强势和弱势来判断，商用溶剂公司没有表现出任何持续的趋势。因此，在一次上冲失败后（7月1—23日），这只股票从温和的弱势（7月24日—8月8日）转变为稳定态势（8月9日—9月4日），后又转变为温和的上涨态势，然后又转变为弱势，之后是稳定态势、相对强势。最终，在11月末和12月，这只股票又回归为中立态势。

为了说明相对强势和弱势原则如何在实践中运用，我们假设目前是1935年8月初，商用溶剂公司、电子车灯公司和宝洁公司是我们当时观察的股票。我们还假定，我们8月1日刚进入股市，打算建立多头头寸。显然，根据趋势图的启示，在不考虑任何其他因素的情况下，我们会选择电子车灯公司和宝洁公司的股票，而不会考虑商用溶剂公司的股票。

随着时间的流逝，我们对这些股票的相对强弱势[1]的观察结果告诉我们，应在10月21日之前做多电子车灯公司的股票，应在9月19日之前将宝洁公司的股票清仓，因为其走势不对劲，并继续不理会商用溶剂公司的股票。①

从上述研究中可以看出，相对强弱势是非常有启示意义

① 商用溶剂公司股票的案例表现的是，当投资者或交易者犯了第一类错误时会出现什么后果，他们可能与一波重要的行情擦肩而过。宝洁公司案例显示的是同时犯上述两类错误的后果。假如我们8月1日依据这只股票当时的良好表现买入了它，而且我们相信它会与电子车灯公司的股价一样上涨。显然，当我们看到其后续的行为变化时，我们应当摒弃观念中的偏见、惰性和骄傲成分，及时地抛售它。从这只股票自身的走势来看，早在9月19日就应该抛售它了（第75页）。常识提醒我们，留着它不会有任何好处，相反，我们会遭受更多损失。这只股票下跌的风险极大，即使不下跌，它也与商用溶剂公司股票一样，处在停滞不前、不温不火的状态，抓着它不放没有任何好处。把资金投在走势不对劲的股票上不会产生利润。最糟糕的是，你无法把资金用在其他能产生利润的地方。

[1] 大多数人常犯的错误是：没有等到股票的走势步入正轨就仓促采取行动。

——彼得·林奇

的，它们能帮助我们：(1)选定符合我们目的的最佳股票，避免选错股票；(2)探测转折点，使我们在最有利的时机买卖股票；(3)能确定一波重要的上涨或下跌行情何时结束。

我们将以同样的方式分析下一组图表（图8.5、图8.6），但我想在这些图中重点展示轮动原理。因此，要注意石油和橡胶板块（见图8.5）如何从1月22日左右开始上涨，之后与大盘（《纽约时报》指数）协同运动，直到2月11—14日。接下来橡胶板块反弹，而需求轮动到了其他板块，如钢铁和化学品（见图8.6）致使《纽约时报》指数保持在119—112点。

与此同时，当石油和橡胶板块显著上涨时，钢铁板块的上涨准备已经持续了一周时间（至1月30日左右）。接下来，随着石油和橡胶板块遭遇上涨阻力，需求在2月10—18日转向了钢铁板块。

石油和橡胶板块于3月9日同时结束了回落，比《纽约时报》指数早了4天。我们特别注意的一点是，这些板块守住了2月25日的低点，《纽约时报》指数则一直下跌到了3月13日的低点，而且略低于2月25日的支撑位，这不仅显示出石油和橡胶板块的相对强势，而且意味着它们有可能在下一波上涨行情中成为领涨股（也就是说，它们表现出了相对强势的迹象）。

同样，大盘于3月14日回落时，石油和橡胶板块的回落幅度小于大盘，我们由此判断，指数下跌（3月6—14日）只是技术性的调整，而非熊市的先兆，原因在于，指数并没有涨至124点的迹象，而且我们对其他记录的分析也表明，这次下跌是大盘的技术性调整。因此，我们得出结论：石油和橡胶板块的相对强势意味着这些板块在其他板块（如钢铁）轮动的掩护下得到了支撑或再积累。我们进一步得出结论：这些板块的相对强势（3月9—14日）可能预示着大盘的转折点即将出现——当其他板块完成了足够幅度的回落并再次建立了大比例的多头仓位时，转折就发生了。

3月末至4月初，重大的变化发生了，情况开始发生逆转。3月19日—4月7日，随着需求在板块内的轮动，石油股未能取得明显进展。在3月31日—4月6日的《纽约时报》指数上涨期间，石油股几乎没有任何反应，这表明该板块的压力增大。当综合指数、钢铁、橡胶和其他板块仍然稳定、强势或上涨时，石油板块指数开始下行了（4月9日），这证实了对石油板块的需求已经枯竭。但随着需求的持续轮动，我们观察到，其他板块对上涨的反应也开始变得迟缓，这是看跌的迹象（第71页）。钢铁板块处于弱势行情，而且比橡胶板块早一周回落，这些板块的反应就好像遭受了刺激一样（从4月1日至6日快速上涨），显然这是为了促进其他板块的派筹（第71页）。

橡胶板块继续稳步上涨，在钢铁和石油板块达到高点并开始下行后，橡胶板块创下了新高。橡胶板块的走强使综合指数高于126—123的派筹区域，使大盘表面看起来处于强势。实际上，由于供给从石油板块向钢铁板块再到橡胶板块轮动，下方的支撑已经不牢固了。最后，抛售压力越来越大，导致股市全面崩盘，4月30日出现暴跌。然后，新的周期又开始了。通过研究趋势图表，我们能够像以前一样，从弱势股票和板块中选出强者，即对下跌压力的抵抗力最强的股票。例如，橡胶板块的跌幅要比石油板块小，石油板块的跌幅比钢铁板块小等。

为了进一步学习本节的原理，请参考图8.7、图8.8和图8.9，你可以运用上述原理分析它们。图8.8显示了比较个股走势与个股所属板块的走势以及综合指数走势的好处。特别要注意奥本公司（Auburn）股票的表现。在其所属的板块走强时，其涨幅不如板块指数，而且在4月4日的那一周里，大盘出现新一轮上涨时，这只股票无法像以前那样做出积极的反应，仅回升至51.75点，这表明这只股票明显趋弱，回升无力。这标志着这只股票的走势发生了根本性的变化。4月4日左右，这只股票在50点徘徊（第十章第90页），在接下来的4个交易日里，股票显露出疲软态势，表明它处在了跳板位置（第十四章第132、133页），将面临严重的下跌。由于这只股票对板块和大盘的回落极为敏感，但对板块和大盘的回升无所反应，因此，其价格一直在46—54点的区间内波动，即使在4月26日大跌之后也是如此。

图8.9展示了两个强势市场中弱势股票的典型例子。尤其需要注意的是，在一个市值、日成交量较小的市场上，相对强弱因素如何影响彭尼克&福特公司（Penick & Ford）股票的下跌走势（日成交量一般小于500股，在图中所示的6个月内，仅有3天的成交量达到或超过了1000股）。

研究这些图时，请记住，它们只是一些典型案例，不要以为它们涵盖了所有的情况，也不能将它们视为精确的比较标准。总而言之，不要错误地根据机械规则将它们分类，不要认为你能自然而然地从相似的“形态”中发现买卖信号。如果你认为在图中画“三角形”（triangles）、“头肩形”（heads and shoulders）和类似的想象出来的几何图形有用，能减轻你判断和推理的工作量，那么这说明你被套路了。

另一个警告是：相对强弱是确定个股位置和可能性的非常有用的指标，但在运用相关原则时，还要结合下面章节介绍的其他技术指标。

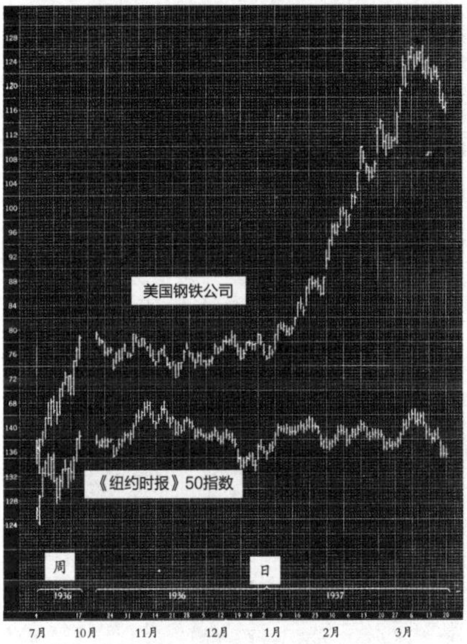

图8.1

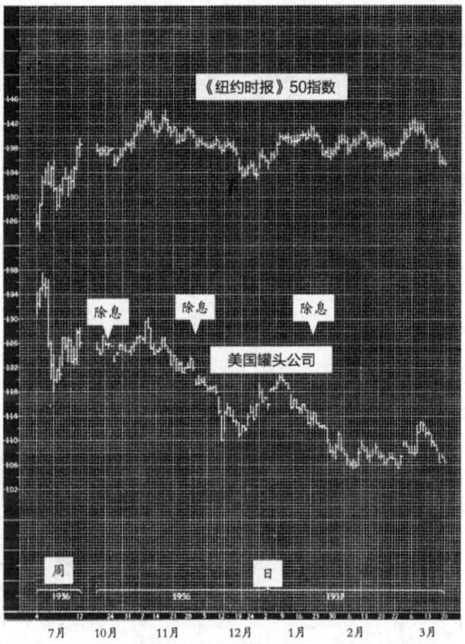

图8.2

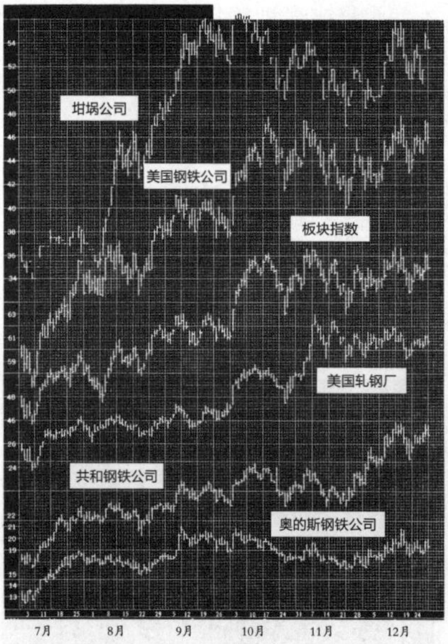

图8.3

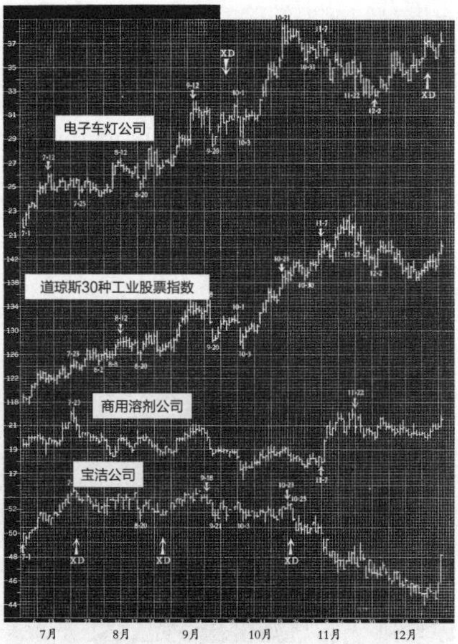

图8.4

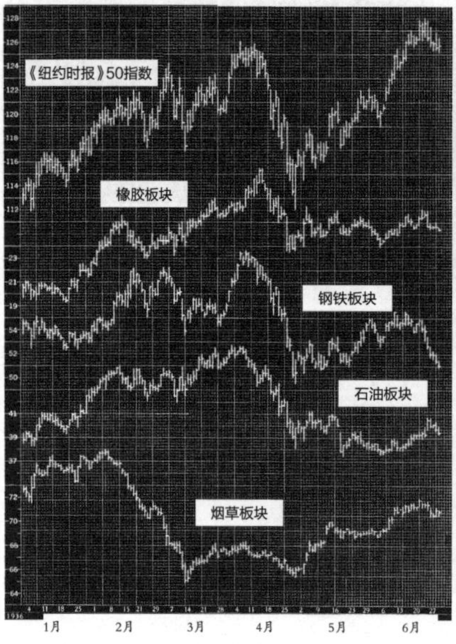

图8.5

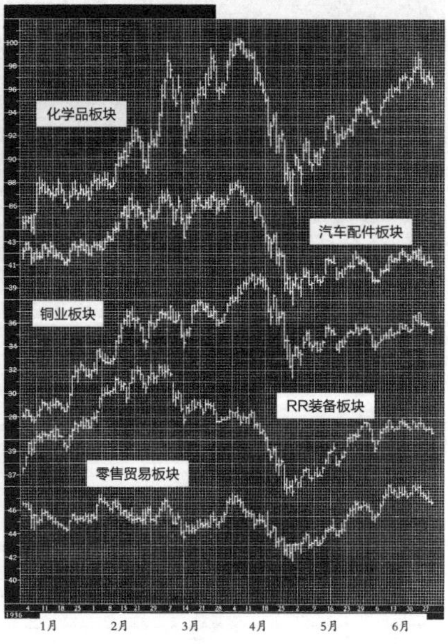

图8.6

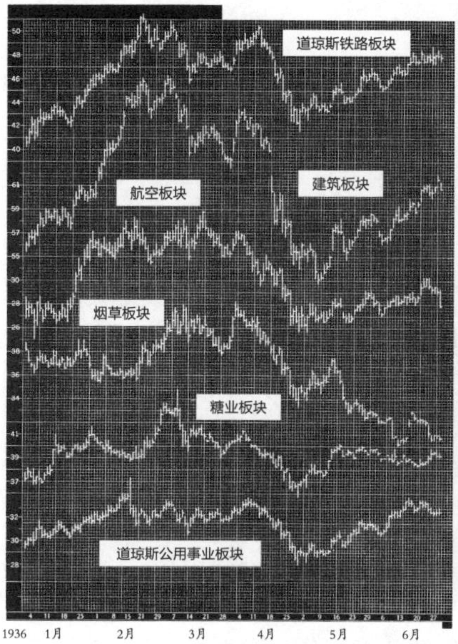
道琼斯铁路板块
航空板块
建筑板块
烟草板块
糖业板块
道琼斯公用事业板块
1936 1月 2月 3月 4月 5月 6月

图8.7

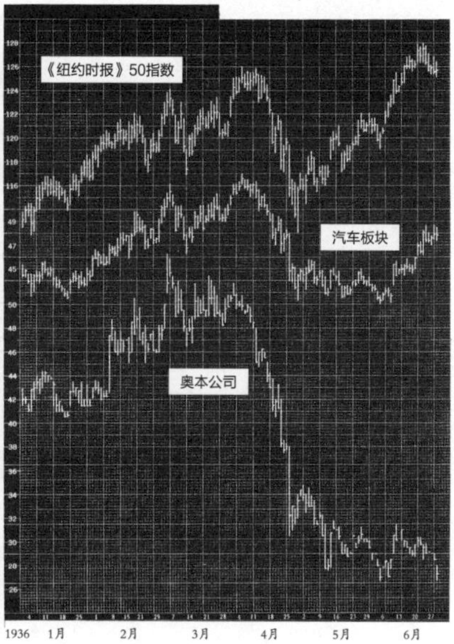
《纽约时报》50指数
汽车板块
奥本公司
1936 1月 2月 3月 4月 5月 6月

图8.8

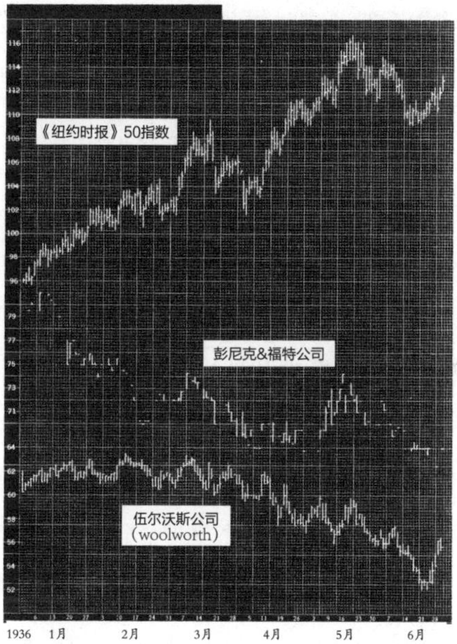
《纽约时报》50指数
彭尼克&福特公司
伍尔沃斯公司
(woolworth)
1936 1月 2月 3月 4月 5月 6月

图8.9

第九章
如何打赢一场战斗：图表研究（Ⅰ）

当我们确定了大盘的位置和可能的趋势并分析了各个板块的情况、确认了哪些板块可能与大盘的走势一致并引领大盘走势后，我们必须挑选出那些最符合我们的意图、处于最佳位置、顺应趋势的个股。有时候我们也有机会选择逆大盘趋势的个股，也就是说，我们可能会发现这样一只股票：当股市强劲时，它呈现出明显疲软的态势，这为我们做空它提供了坚实的理由。反过来，正如我们在第八章中探讨的，在相对疲软的市场，并非所有的股票都与大盘的走势相一致。

何时逆大盘趋势而为是安全的？应在何时何地做空或做多个股？如何操作、维持和贯彻交易，直到最终取得圆满成功？解答这些问题需要高超的技能和丰富的经验。因此，在你掌握了本书介绍的全部原理并且知道如何合理地运用这些原理之前，你最好顺势而为，不要同时两头出击。

当你能够持不偏不倚的立场，不受新闻、八卦、意见和自身偏见的影响时，你会发现，股市跟其他商业企业没什么两样。了解股市的人会高抛低吸，会选择最出色的股票进行交易，能够确保较高的周转率。

鉴于上述原因，我们除了考虑相对强弱因素外，还必须学习如何判断个股的价格和成交量变化以及与之相关的所有现象（见第十六章第153、154页），它们也是至关重要的因素。为此，我们需要了解股市幕后发生的事情。

个股总是会体现出其保荐人的特征，其行为总会表现交易最多的人的性格、方法和能力（第十四章第137页）。

与个人一样，股票也具有某些特征，对股票过去和当前的走势研究越多，我们就会越了解其特征。市场的参与者是有头脑的人，可以把市场和所有股票的波动视为一个人操作的结果来研究。

我们可以把这个人称为“综合人”（Composite Man），从理论上看，他坐在幕后操纵股票，如果你不了解他的游戏规则，你肯定会吃大亏；反之，你会获得丰厚的利润。

并非所有操纵者的行为都能被探测到，也并非所有的股价变化都是操纵者所为。事实上，对解读盘口和图表的人而言，股价变化是真是假不重要，它们是公众和善意的投资者实际买卖和大型操盘机构虚假买卖的结果。最重要的是，市场上的重大行动需要经历准备、执行和结束阶段，我要介绍如何从中及时地发现交易和投资机会。

为市场上的重大行动做准备需要投入相当长的时间。通常情况下，若大型操盘机构或投资者在一个交易日内买入2.5万—10万股，那么股价会被拉升到很高，因此他们通常不会这样做。

相反，他们会花数周或数月的时间买入一只或多只股票。他们喜欢在股市疲软、沉闷、不活跃、不景气时这么做。他们会尽可能地和其他利益方携手，以最有利的价格吸收筹码（见图9.2的A和M之间的情形）。

当他们准备好推进战斗时，会根据形势伺机逐步或快速地抬升股价（见图9.2中的N到Y、图9.3中的BB到FF之间的情形）。

如果提前30天或60天知道了一些有利的公告信息，他们会计算好时间，等到公告公布时，股价上涨到顶点。

你经常会发现，一只股票在数月内的最高卖出价恰好出现在股票分红或者一些利好信息出现在报纸上的那一天，这绝非巧合。

一切都是安排好的[1]，目的是让内部人士（即那些操控这只股票的人）赚钱。这样做是为了欺骗散户，或者诱使散户欺骗自己。

当一位操盘手企图吸引散户购买时，他会通过创造许多交易、提高活跃度和完成大量交易的方式为他的股票做宣传，这就形成了所谓的“交易活跃的市场”（broad market）（大规模的例子见图7.1中2月10日—3月20日间的情形和图9.3中FF和NN之间的情形，小规模的例子见图7.1中1月9日的买入高峰）。极高的活跃度和成交量会导致大型操盘机构在场内外完成大量交易。这样的市场能使操纵者大量出货。[2] 当他们想吸收某只股票的筹码时，他们会突袭这只股票，使其看起来非常疲软，而且他们会向很多经纪人发出抛售指令，使这只股票表面看起来面临巨大的抛售压力（大规模的例子见图7.1中12月16日和17日的情形，以及图9.2中D到G的情形，小规模的例子见图9.2中M点和U点之间的情形）。

你会说，这一切都是不道德的，这是残忍的欺诈游戏。你说得没错。电流可能非常残忍，但你可以利用它，让它为你服务，股市和“综合人”也一样，你要跟他一起玩游戏。我正在告诉你游戏规则，正在告诉你内部观点。

大型操盘机构不会轻易进入一场战斗，除非他看到了10—50个点的股价变化。利弗莫尔（Livermore）曾告诉我，除非根据计算，股价能出现10个点以上的变化，否则，他不会有任何行动。

[1] 有人可能会反驳说，对股市的监管已经消除了这种联合操纵行为。尽管联合操盘或者旧式的操纵已被法律所禁止，为了研究、理解和正确地解释市场行为，我们必须将一切操作视为“人为的”活动，因为买卖是共同筹划决定的，而且做出买卖决策的人是比散户消息更灵通的利益体，这类操作的效果与纯粹操纵股价的效果相同。

——威科夫

[2] 不可否认，股票市场被一群专业机构投资者所主宰。

——彼得·林奇

■ 一轮典型的市场操作

假设一只股票的价格在30—35美元的区间波动，一位操盘者认为，这只股票在未来几周或几个月内能以60美元的价格出售，他决定吸收筹码，打算在50—33美元间买入5万股。[1] 首先他以33—30美元的价格买到了市场上能买到的所有股票。然后，他提供大量股票并诱使场内交易员和其他人卖出持有的该股票并转而做空，因为这只股票看起来很疲软，这样他迫使价格降到了30美元左右。为了压低价格，他出售了1万股，但他买入了2万股，因此他以低价吸收了1万股的筹码。通过压制股价，使其交易保持在低迷状态，他遏制了其他人买入该股票，并诱使更多的人卖出它。他通过各种渠道传播这只股票的利空消息。这些都有利于他吸筹。在他买卖这只股票的过程中，价格必然会上下波动，形成交易区间或拥挤区间，在点数图中经常能看到这些区间。最后，他完成了吸筹。

现在，这只股票的价格是35美元，而且由于他以更低的价位吸收了5万股，其他操盘者已经发现了他的吸筹行为，而且他们也掌握了相当多的筹码，因此市面上以低于35美元的价格供应的股票数量大大减少了。当这只股票的价格上涨至36美元时，他已经做好了涨价的准备。如果操盘手愿意，股价会立马上涨。

盘口或竖线图中的股票价量的变化都显示了操盘者的意图。点数图的形态也具有这种功能，我们将在第十章介绍。

接下来我们假设，上述的操盘者通过操纵和有利的市场条件能把股价提升至50美元，而且他知道公司管理层将在5天后发布利好公告。在接下来的5个交易日里，他会以越来

[1] 对于重要的股票而言，这个数字的股票只占市场中流通股的一小部分，但对于不太重要的股票而言，这个数字的股票交易可能对市场产生影响。请注意，列举这样的数字只是为了说明问题，并不代表事实。
——威科夫

越快的速度拉升股票价格。如果公司在第5天收盘后发布了公告，他会再把当天的股价从50美元拉升至60美元，使股价达到最高，此时这只股票的交易异常活跃，成交量很大。

在派筹过程中需要做大量的宣传才能吸引散户的注意力。当这只股票的价格上涨至50美元时，市场上谣言四起。与银行家或者公司管理层关系密切的经纪人试图找出这只股票变得如此强势的原因。内部人士会含糊地暗示，“利好消息要来了”，但他们并不清楚利好消息到底是什么，在这样的情况下，经纪人就会把他们的客户拉入场。[1] 在股价上涨的过程中，大量的场外散户会跟风进入，这只股票的市场由此扩张。

当公告出现在当天的晚报和第二天的晨报上时，许多人会在诱惑下买入，市场在当天早上吸收了2万或3万股操盘者卖出的股票。在此之后，价格可能会下跌几个点，但由于操盘手已经卖出了大部分股票，此刻他愿意以57—56美元的价格卖出一小部分股票。这些交易完成后，这只股票的活跃度降低，他会再次把价格拉升至60美元或61美元。在这个价位，他要么转而做空，要么在顶部以下几个点的区间内来回操作，直到他卖出持有的全部股票。

在一定的区间内来回操作对大多数人没有任何意义，但是对于盘口解读者和那些知道如何解读图表的人来说，这样的操作是重要的卖空迹象，而且很多时候，它标志着卖空的高峰。我将介绍如何在图表中展示这些方面。操盘者现在已经处理了他的全部股票，而且公众已经知道了信息，许多人已买入了股票，而且很多股票来自这位操盘者之手，此时从技术层面来看，这只股票可能已处于弱势了，因为这些股票被“弱手”（weak hands）持有了。我的意思是，持有这只

[1] 公司出现利好，如同玩梭哈时翻出好牌，此时应该加大赌注，但一定要确认是否是真的利好。
——彼得·林奇

股票的人大部分是在它上涨了30个点以上时买入的，当时股价是看涨的，而且大部分股票是通过融资购买的，持股人很容易被踢出局或者因疲惫不堪而退出。

现在这位操盘手看到了做空的机会，因此当股价在56—60美元波动时，且操盘手已经将多头仓位平仓后，他有可能做空，比如说做空2.5万股。他会让股价在这一区间内来回震荡，成交量保持在一定的水平，支撑位保持在56美元左右，以此来迷惑场内交易员、专家和散户，以及那些盯着场内交易和行情记录、想发现支撑迹象的人。在操盘手释放的烟雾弹下，这些人认为这只股票仍会上涨。当这位操盘手卖空了2.5万股后，他会撤销所有的买入订单。然后专家会告诉一些重要的场内交易员，这只股票已经处于技术弱势了，在下方8—10个点处得不到支撑了，因此他们会一起采取行动，将这只股票的价格冲击到50美元，此时，操盘手会将空头头寸平仓。这段时间这只股票的波动情况如图9.1、图9.2和图9.3所示。这些图和第十六章、第十七章的图能帮助你了解典型的操盘过程以及如何以图形解释其各个阶段的表现。学习第十章、第十六章和第十七章的内容时，请运用从本章中学到的原理。

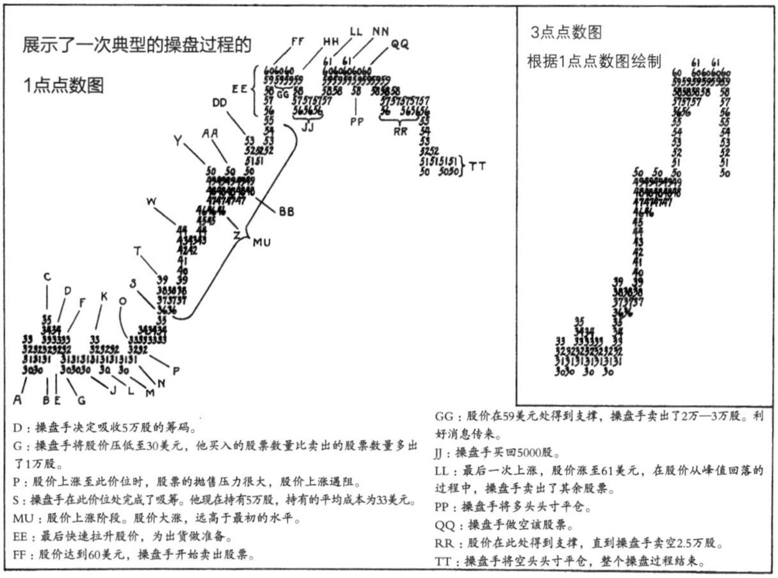

图9.1

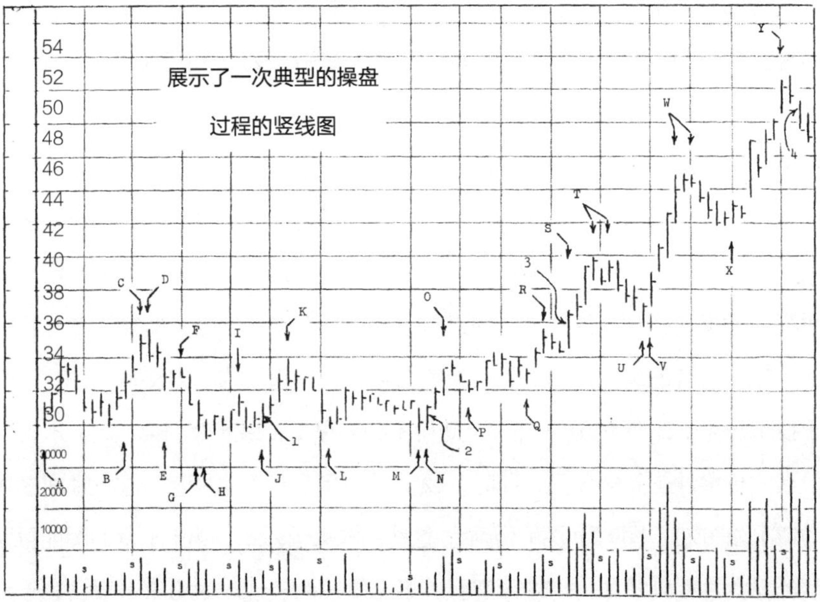
展示了一次典型的操盘
过程的竖线图
54
52
50
48
46
44
42
40
38
36
34
32
30
30000
20000
10000
A
B
C
D
E
F
G
H
I
J
K
L
M
N
O
P
Q
R
S
T
U
V
W
X
Y
1
2
3
4

图9.2

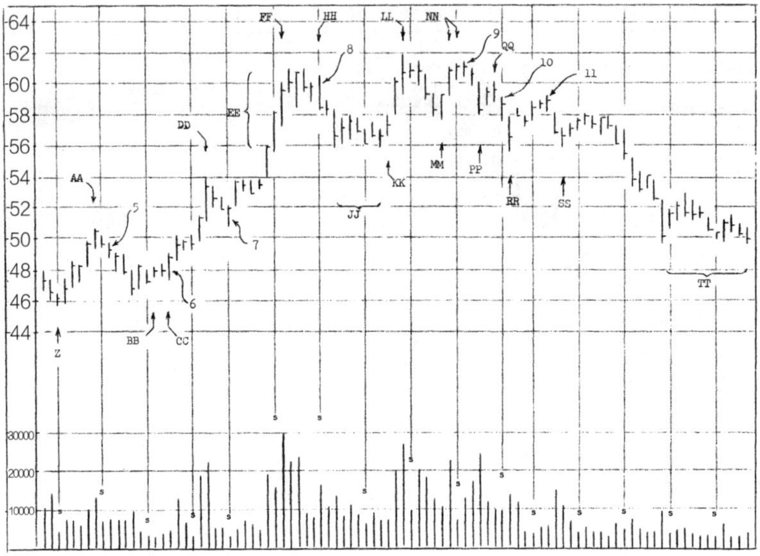
64
62
60
58
56
54
52
50
48
46
44
30000
20000
10000
Z
AA
BB
CC
DD
EE
FF
HH
JJ
KK
LL
MM
NN
PP
QQ
RR
SS
TT
5
6
7
8
9
10
11

图9.3

第十章
如何探查操盘手的意图：图表研究（Ⅱ）

假设我们对先前描述的股票一无所知，而且它是你为其绘制点数图的100只股票中的1只。假设你在操盘手开始操作这只股票（即这只股票以30美元的价格出售）时，就绘制了点数图（见图9.1）。

随着时间的推移，你会发现，股价从30美元上涨至31美元、32美元和33美元（在A点上方），然后下跌至32美元、31美元和30美元。这是股价的正常波动，对你没有任何影响。之后股价回升至31美元和32美元，然后上涨至33美元（B）。到目前为止，这只股票显示出了走强的迹象。它两度从30美元涨至33美元，现在它位于供给线的上限了，已经远离了30美元的支撑位。截至目前尚未出现股价准备往哪个方向突破的明确迹象。

股价涨至34美元，后又涨至35美元（C），此时的需求远大于供给。现在，点数图上显示的股票行为已引起了你的注意，为了仔细观察股票进一步的走势，你绘制出了竖线图。接下来，股价回落至32美元，下降了3个点（E）。后股价上涨了5个点（从30美元涨至35美元），回调幅度略高于涨幅的一半，这表明此时股价面临下行压力。后股价回落至32美元，即30—35美元的中间位置。接着股价回升了1个点，涨至33美元，按前述的方法绘制出1点点数图。从第二个30美元向最后一个33美元画对角线，从顶部的35美元向最后一个33美元画对角线（D点之下），我们可以得到一个端点位于33美元的楔形。从最后一个29.875美元向32美元（E）画线，从35.625美元（D）向33.625美元（F）画线，你在竖线图上能清楚地看出楔形、顶点或静点（见图9.2）。过去的经验告诉我们，股价处于静点往往预示着重大的变化即将出现，股价很有可能向下突破，因为股价从32美元回升至33.375美元的过程中，成交量缩减了（见图9.2中E点到F点）。

价格现在下跌至G点的30美元，这是之前的支撑位，它仍然位于30—35美元区间内（点数图）。到目前为止，没有确凿的迹象表明将出现任何重大的变化。

接下来股价回升1个点至31美元（见图9.1），后又回落至30美元，如此往复三次，在30美元的价位上得到了支撑。在这一价位，需求足以消化供给。根据从图中得到的诸多信息，我们应当买入而非卖出股票，为什么呢？30美元和31美元价位线表明，此处的支撑相当强大，而且股价在回落至30美元的过程中，成交量减少了（见图9.2）。

最后两个31美元（见图9.1）表明，若这只股票正在被吸筹，那么领头的操盘手不愿意看到其价格超过31美元。为什么呢？如果操盘手的目标是抛售股票，那么他应当乐见股价上涨，但是，若他持续遏制股价上涨至32美元，那么我们有理由认为他正在吸筹。我们认为，如果他放手让股价上涨至32美元，那可能是因为，他想在31—32美元的价格区间内买入股票，或者是因为阻止价格上涨至32美元的代价太大，他可能会失去太多的股票。这在一定程度上证实了我们根据竖线图得出的股票看涨的推断。

现在我们看看点数图的形态（在J点），特别是多个30美元形成的支撑基础和拓展到31美元的线条（A点到J点）。

这些水平的形态非常重要，它们不仅显示了股价下行过程中支撑和吸筹发生的价位水平，而且能帮助我们发现在波动顶部的派筹情况（我们在第九章解释了其中的缘由，也见第四章第22页，并见第八章第69、70页）。

我们发现，截至目前，图中已经有5个30美元和6个31美元了（A点到J点）。算上31美元价位线上的空格，那么我们就有7个31美元了。从过去的记录来看，同一数字在基准线上重复出现多次通常意味着股价将从30美元上涨7个点。算上30美元价位线上的两个空格，我们就有了7个30美元。7加30等于37，因此从理论上看，这只股票已做好了冲击37美元的准备。但这并不是绝对的，它只能使我们粗略地计算涨幅，即股票向期待的方向变化的点数。我觉得这种方法很管用。

我们现在判断，有人正在吸收筹码并打算拉升股价7个点。我们可以在30.5美元（图9.2中数字1处）价位处买入100股，但我不认为这样的操做很重要，因为大户不会为了7个点的差价买卖一只股票。他们至少需要4—5个点的波动区间来吸筹，跟派筹的区间相似。因此，除非股价有15个点或更多点的变化，否则他们就没有回旋的余地，就无法从中获利。虽然我们根据目前的态势，以30.5美元的价位买入了少量股票，但我们仍要观察股价接下来的变化。

股价上涨到32美元，接着又上涨1个点，达到33美元，这一变化更重要。如果操盘手已经买入了他想要的全部股票，那么股价会上涨。若没有，他还会再次打压股价。他在股价上涨至35.875美元（图9.2中K点）时，抛售了一些筹码，致使股价回落至30美元（图9.1中的L点）。此时，你要密切关注股价走势，因为你对以30.5美元买入的股票设置的止损点在28美元以下（第二十三章第256、260、265页），你想看看操盘手能否以30美元买下全部股票。果真如此的话，那么其行为就证实了我们的推测：他的目的是买入更多的股票。后股价回升至31美元和32美元（图9.1）。在下跌了3个点之后回升了2个点，也就是说，回升幅度超过了下跌幅度的一半，这是又一个看涨的迹象。之后股价快速下跌至30美元的旧支撑线（图9.2中的M点），至此缓慢下跌过程告一段落。盘口或竖线图显示，在此轮下跌过程中，抛盘量很小，成交量要小于之前股价回落至30美元的成交量。你得到的结论是，操盘手在32—30美元区间内吸收了足够的筹码。

如果你之前没有在30美元左右购买股票，那么，当你看到这只股票表现如此沉闷、疲软时，你会购买或者增仓100股（图9.2中的数字2处），并将止损点设置在初次买进股票的价位处。现在，你已成功地在危险点位附近持仓了，也就是说，你在能得到支持的最低点位附近持仓了，你的风险被控制在了最低水平。此外，这只股票的股价现已处在一个非常关键的位置，或者说在30美元附近震荡（图9.2中的M点），而且似乎已为大涨做好了准备。现在，如果成交量随股价上涨而增加，那么说明，你的看涨判断是可靠的。

现在，你的多头头寸为：

以30.5美元买入的100股，止损价位为27.875美元；

以30美元买入的100股，止损价位为27.875美元。

股票价格再次上涨至33美元（图9.1中O点）。在30美元的价位线上从左往右数（A至N），你会发现7个30和5个空格，这表明，股价可能上涨12个点，即从30美元上涨至42美元。可以根据1点点数图绘制3点点数图，但要剔除掉所有小于3点的反向波动（第四章第26页），最终的3点点数图如图10.1所示。

		35				
		34	34			
33		33	33	33		33
32	32	32	32	32	32	32
31	31	31	31	31	31	31
30	30		30		30	

图10.1

观察图10.1中的30美元价位线，你会发现有7个30，其中包括3个空格。由于这是3点点数图上显示的数据，因此应把7乘以3，所得结果就是股价从30美元上涨的点数。因此，你预计股价最终会上涨至51美元。

你不知道那位操盘手是否获得了他想要的所有筹码，但你已经从盘口或竖线图中看到，这只股票的供给正在变得稀缺。价格下跌至32美元时，成交量很少（图9.2中P点），而且股价马上回升到了34美元，这表明，在33美元以下，几乎没有股票的供给，通过把价格拉升至34美元，操盘手提高了买入股票的价格下限。现在，随着股价上涨至34美元，为了保护你的投资（第二十三章第260页），你要把你200股头寸的止损点调高至30.625美元。上述的变化也证实了P点就是支撑点。

操盘手接下来会让股价回落至33美元，当股价再次回升至34美元时，他会再次出手打压股价，使其回落至33美元（如果你以前错过了，这是一次买入机会）。盘口记录或竖线图显示，操盘手正在不损失自己筹码的前提下尽力压制股价，但股价在成交量很少的情况下快速回升到了34美元（图9.2中R点）。这一价位是此前操盘过程中的高点，股价可能在此获得支撑或做出反弹。你决定，若股价上涨至36美元，你就买入100股，因为这一价位预示着一次大涨即将来临，需要你立即做出反应。此时操盘手已经无力打压股价，除非他愿意卖出手中持有的大量股票。

价格在S点触及36美元，你在该价位买入第三批100股（图9.2中的数字3处）。由于股价上一次上涨至34美元时遇阻（图9.2中R点右侧），你把止损点设置在了32.875美元处，并且把前两批股票的止损点也提高至这一价位。

现在，你持有300股，将买卖佣金计算在内，每股的持有成本约为33美元，而且，从趋势图来看，这只股票形势大好。它放量上涨了3个多点，股价涨至39美元（图9.2中T点），后又回落3个点至36美元，从图9.1来看，回落幅度是上涨幅度的一半（从33美元涨至39美元），这是正常的表现（第十四章第132页）。你继续持有这只股票。

当股票回升3个点达到39美元时，成交量依然不大（图9.2中U和V点），之后股价涨至40美元，成交量增加。由于预计股价能上涨至50美元以上，你将全部持仓的止损点设置在34—35美元。这样的操作能保证你因第三批股票受损时，能从前两批股票中获利。后来股价涨至44美元的新高（见图9.1），比上一个低点（36）高出了8个点。因此，你合理地预计，股价会出现4个点的回调。由于股价达到44美元（图9.2中的W点）后的走势不明朗，因此你静观其变。结果股价仅出现了2个点的回调，而非预期的4个点，这说明，股票将进一步走强。上涨如期而至。价格一触及46美元，你就把所有持仓的止损点提高到41美元以下，即40.625美元的位置。股价出现了1个点的短暂回落（幅度最小）后，快速上涨至50美元。这一价位与你预期的价位（51美元）非常接近，此时你要么卖掉全部股票（300股），要么将这些股票的止损点提高至48.875美元，无论你做出何种选择，你都只是少赚一部分利润而已。假设你在图9.2中的数字4处卖出了所有股票，那么你持有的300股为你带来了16个点的利润，而且你仍要观察操盘手是否会在50美元或更低的价位派筹。

乍看起来他似乎打算这么做，因为股价快速回落了4个点，降至46美元。出现这样的情形并不奇怪，因为股价在快速上涨了15个点的过程中，仅出现过3次回调。后股价回升至50美元（图9.1中的AA）并开始震荡。现在我们假设，你想利用这次震荡，而且你认为股票第一次放量上涨至50美元（图9.1中的Y点）是操盘手派筹的结果。因此你在49美元的价位处做空了100股（图9.3中的数字5处），而且将止损点设置在51美元以上。若你问我这是不是正确的操作，我会说，考虑到涨幅、较高的成交量和点数图的形状，你获利或亏损的概率几乎是一样的。从点数图可以看出，在49美元和50美元的价位上存在供给，而且49美元的价位线上有4个数字，这表明股价将回落至46美元。股价会在50—46美元的区间内波动。现在它站上了49美元，看似近期会出现一个超过4个点的回落（从50美元回落至46美元）。之后股价下跌至48美元、47美元。现在你的1点和3点点图看起来如图10.2所示。

50		50	
49	49	49	49
48	48	48	48
47	47	47	47
46	46		
45			

图10.2

乍一看，这种图形表明，股价在触及50美元时会有12个点的回落，因为3点点数图上有4个50（包括2个空格），但迹象并不明确。记住这一点：根据图表对股价走势做出判断时，要看股价的变化是否证实了最初的推断。你必须始终对变化保持警惕，并做好调整推断的准备。[1]

股价恢复至48美元后开始震荡，并进入到了静点位置（图9.3中BB），46美元和50美元分别是震荡区间的下限和上限，48美元是中间值。股价再次处在了关键的位置，你要结合成交量判断股价接下来是上涨还是下跌。你可以将空头平仓，并做多100股（图9.3中数字6处），原因是，你认为操盘手为

[1] 股市风云变幻，很多时候，市场好像要大跌，后来只不过是小小波动，反过来又有很多时候，好像只是小小波动，后来却是大跌。

——彼得·林奇

了在50美元或更高的价位出货会再次拉升价格，或者他已经在46—48美元价位附近吸收了足够多的筹码，准备把股价拉升到更高的水平。无论股价突破46—50美元的区间后往哪个方向走，变化的幅度都可能比较大。股价是上行还是下行，这要看它在回升至50美元的过程中是如何表现的。切记，不要在形势不明朗的情况下做多。

股价进一步回升至49美元，然后又回升至50美元。为了支付成本及佣金，你大幅调高了空头头寸的止损点，然后细心观察。接下来一两点的走势具有决定性的意义。若股价再次从50美元回落，那么我们的判断就得到了证实，也就是说，操盘手正在出货，而且，如果价格回落至47美元，那么，股价会进一步下跌，跌幅有可能超过12个点（从50美元算）。

但股价并未从50美元处回落，相反，它快速上涨至51.25美元（见图9.3），创下了新高。你可能会认为，这样的上涨是诱多操作的结果，目的是引诱那些把止损点设置在旧高点之上1个点处的空头。你的想法错了，因为股价随后上涨到了53美元（图9.3中的DD）。现在看看点数图，你会发现图形变了模样，见图10.3。

					53
					52
					51
	50		50		50
	49	49	49	49	49
	48	48	48	48	48
	47	47	47	47	
46	46	46			
45	45				
44					
43					

图10.3

股价的变化没有证实之前的派筹推断，相反，我们发现了一系列更高的支撑位，先是46美元，再是47美元，然后是48美元（图9.3中Z到CC）。这些支撑点表示的是，不管价格回落过程中有多少卖盘，操盘手愿意接盘的价格。在没有太多延迟的情况下，操盘手已持续提高了支撑点，现在他似乎有些急不可耐了。显然，他为了支撑价格愿意接盘。如果他要抛售股票的话，他会在股价第二次或第三次触及50美元时这么做。但实际情况是，他在47美元左右接盘了（Z到BB），从而把股价从之前的高点推升至51美元、52美元和55美元。

我们并不认为股价会回落至30美元（根据49—50美元线判断），相反，我们必须考虑的是：在47美元价位线（5点点数图）上出现了4个数字，将其乘以3，意味着股价可能从46美元或47美元开始上涨12个点，或者说股价会涨至58—59美元。在48美元的价位线上有5个数字，将其乘以3得15，说明股价可能在46—47美元的基础上上涨15个点，即股价会上涨至61—62美元。操盘手不断提高支撑点位，股价也屡屡创下新高，而且股价回落至46美元后，可能一路上扬12—15个点，股票的这些表现都显露了操盘手的意图。因此，如果你在50美元的价位买入了股票，那么你有理由加仓，因为股价可能还会上涨12—15个点。你若走运，在股价下跌至51美元时又加仓100股（图9.3中数字7处），那么你要为这笔持仓设置49.375美元的止损点。操盘手不会让你失望，因为你已经根据股票行为正确地推断出了他的意图。他把股价推升至新高54美元，然后又进一步推升至55美元。后股价又快速上涨了4个点，从56美元涨至60美元（图9.3中的EE）。根据点数图判断，股价要涨到顶点了，你把止损点设置在最高价位以下3个点处，因此当股价上涨至60美元时，你的止损点在57美元，这能确保你从最近的两笔交易中获得7个点的利润。

你从盘口记录和竖线图中发现，自股价触及60美元的那一刻起，成交量增大（图9.3中FF点）。股价下探至59美元（图9.3中的58.25）后又回升至60美元，其间成交量更大。你把止损点调高到了稍低于59美元的位置，而且，当股价再次回升至60美元时，成交量继续放大。此时你要么出货（图9.3中数字8处），要么保持止损价不变，静观股价触动止损点位。

顶部价位的成交量很大，你据此推断，操盘手正在出货，这意味着行情的拉升已经结束。这只股票的价格已经达到了他预期的顶点，而他买入股票时（价格在30—35美元）预期的重大消息也已经公布，对此一无所知的公众现在才听到"利好消息"传来并买入股票，操盘手早就预料到了这种需求。这也是他在股价回落的过程中仍然吸筹并把价格维持在46—47美元的原因。现在，他的供给超过了需求，转折点即将来临。

现在，在1点点数图的60美元价位线上出现了4个数字（包括1个空格）（图9.1中FF到HH），这表明股价会回落4个点至56美元。此时，你没有卖空。这样的跌幅不足以使你改变方向，因为你的目标利润必须达到你承担的风险的3—4倍。

在股价没什么大变化的情况下，连续4天的成交量都很大（图9.3中的FF），之后股价快速回落至56美元（图9.1中JJ），并在这一价位得到支撑，之后股票平静了一阵子（从竖线图上可以看出，日价格波动区间收窄，成交量萎缩）。包括4个57美元的价位线（点数图）逐渐成形，这预示着股价会回升至60—61美元。你没有采取任何行动，原因在于：若操盘手已将持有的股票全部卖出，那么他就不会对股价的回升感兴趣了，这样股价就不会在56美元处得到支撑了。因此，你判断操盘者手里还有筹码未出手，否则股价不会回升至61美元。

上涨的幅度——从30美元到60美元，涨幅为30个点——引起了一些空头的兴趣，他们在股价回升时卖空股票，并将止损点设置在60美元以上，因此，在这一价位附近积累了一些止损单。股票上涨至61.875美元时，成交量激增（图9.3中LL），所有的止损单被捕获，同时也套牢了一批“容易上当受骗”的多头[1]，他们机械地按照理论操作，认为股价每一次创新高都是“买入信号”。之后股价回落至58美元，成交量依然比之前回落期的大，这是明确的看跌迹象。根据上述的股价走势绘制的3点点数图，如图10.4所示。

[1] 多头出现的时候，市场往往会出现下跌调整，调整较大，同时，成交量放大，但低点成交量下降。

——维克托·斯波朗迪

		61	
60		60	60
59	59	59	59
58	58	58	58
57	57	57	
56	56		
55			
54			
53			
52			
51			

图10.4

60美元的顶部价位线上有4个数字（包括第2列的空格），将其乘以3得12，这意味着股价可能从61美元或60美元下降12个点，也就是说，价格可能回落至49美元或48美元。我们看看事实是否如此。竖线图记录了股价走势，点数图形则证实了看空的合理性。你要等待一波上涨，以便在60.5美元左右的价位处卖空（图9.3中数字9处），并将止损点设置在63.625美元，这比61.875美元的高点大约高出了1.5个点。

股价再次回升至61美元时（图9.3中NN），成交量再次达到顶峰。之后股价的波动范围收窄，并开始震荡，成交量在股价回升至顶点时萎缩，这些都是看跌的迹象，此时正是你出货的好时机。股价再次快速回落至58美元（图9.1中PP），而且成交量非常大，这表明操盘手正利用每一次回升机会出货。

股价从支撑点58美元（图9.1中PP）的弱势回升证实了看跌推断的合理性，也为你提供了另一次出货的机会。这次回升的高点是60美元（图9.1中QQ）。现在这只股票的交易已经处于低迷状态，这表明大多数买家的需求已经得到满足，没有充足的需求支撑股价回升至61美元了。这是在60美元左右派筹的强烈信号，你抛售了更多的股票（图9.3中数字10处），你的理由是：股价回升的高点越来越低，从61.875美元到61.25美元再到60美元，这是压力不断增大的迹象，股价回落时，成交量一直在增加，相对较少的成交量出现在股价上涨至60美元（图9.1中QQ）时，此时股价达到静点，即58—61美元区间的中间位置。现在你绘制的3点点数图，如图10.5所示。

		61		61
60		60	60	60
59	59	59	59	59
58	58	58	58	
57	57	57		
56	56			
55				
54				
53				
52				
51				

x：表示股价目前在1点点数图中的位置，小圆点表示股价下跌至58美元时的图形。

图10.5

如图10.5所示，在3点点数图中的60处放一个“x”，你能清楚地看到，股价在这一价位得到了支撑，因此你得出这一结论：若股价再次开始放量下跌，那么将会出现一轮大跌。因此，当股价触及57美元时，你决定马上出货或者等下一波上涨（如图9.3中数字11处所示）时再出货，因为所有的迹象都表明，股价将大跌。3点点数图中60美元支撑线上的数字已经增加为6个了，这预示着股价可能下跌18个点。回升的高点也持续走低，58美元的支撑位逐渐消失。在56美元（图9.1中RR）处，股价触及了之前的支撑位（图9.1中JJ），这导致了一次微弱的回升，此时你再次卖出股票。此次回升幅度不及之前跌幅（从61美元跌至56美元）的一半，而且成交量也不太大，这些迹象均证明，这只股票在走弱。

股价再次下跌至56美元后，经历了两次震荡，56美元、57美元；56美元、57美元，然后再下探至55美元。这似乎再次印证了你看跌的判断，并且也给你提供了新的抛售价位，即55美元，这一价位低于之前的支撑价位56美元，而且创下了新低，这是大跌的先兆。也就是说，股价现在处在暴跌前的关键价位。

你现在要把空头头寸的止损点调低至稍高于58美元的位置，因为57美元是最后的供给线。

股价稳定回落至50美元，你判定股价会在50—52美元震荡，而且随着股价在50美元处（图9.1中TT）企稳，为防止因股价进一步走弱而遭受损失，你将止损点调低至55.625美元，然后再调低至52.125美元。

上面介绍了如何结合竖线图解读1点点数图和3点点数图。文中分析的操盘过程纯粹是假设性的，并非股市中实际的操盘。但是，它是典型的股市操盘例子，通过它你可以研究这种操盘模式，识别由大型操盘机构和“内部人士”绘制的其他类似图形。

在接下来的章节中，我们将详细探讨股市分析中涉及的其他因素，并会附上特别的参考。

注：转折点（hinge）、中心点（pivot）、端点（wedge）、顶点（apex）和静点（dead center）是同义词，实际上指同一回事。

第十一章
点数图：图表研究（Ⅲ）

下面展示的点数图都以纽约证券交易所发生的实际交易为基础绘制。绘制图表依据的原始信息来源于盘口和指数。在下面的介绍中，我们只考虑点数图，暂不考虑其他记录或证据。

图中的日期显示如第四章所示。研究这些图表的最佳方法是，将绘有图表的纸张从活页夹中取出，把它们放在本书旁边，用一张空白纸盖住每一张图纸，从左至右滑动空白纸，观察露出的部分。通过这样的操作，你能看出每天发生的变化。

伯利恒钢铁公司股票图（见图11.3和图11.4）显示了自1930年11月1日起的一个点的变化，其图形非常有趣，利用它能说明分析点数图的基本原理。这只股票的价格变化了25个点，其中有许多明确的操作性变化，具有相当大的预测价值。[①]

不考虑之前的情况，从11月开始，这只股票的股价大约在70美元（A），后股价从71美元暴跌至59美元（B），出现了超卖情形（第十四章第130—132页）。在59—61美元区间，股价出现了震荡波动的趋势，这说明导致股价下跌的力量已经被瓦解，股价正准备反弹或回升。在触及60美元的价位（C）7次之后，股价开始回升。然后股价第8次回落至60美元。由此可推断，股价有可能回升至68美元。

股价完成了一波正常的修正性回升后上涨至71美元，后迅速回落至61美元，接着又回升至66美元（E）。反弹趋于平缓且波动范围收窄表明，回升遇到了阻力，等派筹阶段结束时，股价可能保持在64—66美元的范围内。

66美元的价位线上有8个数字，而65美元价位线上的数字更多，达11个（包括空格），这预示着价格可能下跌至58美元，而且，若64美元的支撑线被突破，价格可能下跌至55美元，这是明确的看跌迹象，因为股价突破58美元或55美元后，之前60—59美元的支撑线会降至新低。

最后一个65美元（F）是转折点（第十章第90页），因此，当价格下滑到63美元（G）

① 自然而然产生的问题是，政府的监管、对操纵行为的压制（过去的串谋操作现在被视为违法）是否会影响古老的供需法则的效力。

显然，答案肯定是不会。原因在于，尽管监管可能减少交易总量和市场的活跃度，但其对需求的影响程度不会大于供给，对供给的影响程度也不会大于需求，监管也不会消除周期性波动，不会阻止价格从一个极点变化到另一个极点。

从长期来看，若需求减少，供给也必然相应减少，阻断一方，另一方也必然被阻断，因为每笔交易必须有两方（买方和卖方）的参与。除非有人购买，否则就没有人卖出。

交易各方是谁无关紧要，无论是真正的投资者、投机者，还是地道的串谋操盘手，都没有区别。价格的波动不是由买卖双方的身份决定的，而是由供需力量的不平衡决定的。如第二章论述，只有当需求力量大于供给力量时，价格才会上涨；反之，只有当供给力量大于需求力量时，价格才会下跌。为了保持价格水平稳定或不变，必须使两股相互对立的力量保持平衡。即使市场完全被纯粹的投资性购买所控制，销售也必然会波动并对供需法则做出反应。

回顾自1934年美国证券交易委员会（SEC）成立以来股市的情况你就能明白上述的道理。尽管该机构成立后，人们认为操纵行为不存在了，日均成交量有所减少（与1927—1929年股市的极度活跃相比），但从所有关键的方面来看，股市行为与之前没什么两样。

无论何时，了解操纵过程对我们判断买卖双方的动机、希望、恐惧和愿望都很有帮助，他们今天的行为对市场产生的净影响与30多个串谋集团产生的净影响相同。因此，如果我们觉得“操纵者”（manipulator）这个词让人不爽，可以用“综合操盘手”（Composite Operator）一词来代替它，后者具有相同的力量和影响。

时，有迹象表明，在66—64美元区间，供给大量增加，股价面临跌至新低的威胁。

12月初股价进一步回落后，之前的61美元支撑位引起了一波短暂的回升，股价进入64—66美元期间，但在冲击次高点（H）时遭遇阻力。这使得64美元的价位线上出现了13个数字，而63美元的价位线上出现了16个数字，意味着股价可能下跌16个点。

股价在回升至60—59美元的支撑位（I）时，动力明显不足（没有回升至关键价位），而且该股票跌至58—55美元区间（J）。

此时出现了短暂的横盘，但没有引发任何回升，这预示着，股价可能下跌至下一个目标价位，即50美元左右（66减去63美元价位线上显示的数字个数16）。[1]

在50美元的价位水平上，新的阶段开启了。在K点与在B点一样，股价从66美元暴跌（F到K），没有发生任何修正性反弹，这导致超卖情况发生（第十四章第131页）。因此，当股价波动趋于平缓，之后回升至53美元时，我们认为，市场上存在充分的需求，股价将回升至55美元，甚至可能回升至56美元。能否出现这样的结果要看市场能否消化股价从H大跌至J的影响。除了这一看涨推断外，还出现了另外两个迹象：（1）股价下探至目标价位；（2）股价在K点得到了初步的支撑（第二十章第220页）。

在50美元价位上的需求消耗殆尽且股价在迈向之前的小区间（I—J）时受阻，股价回升至55美元的动力消失。然而，在12月剩下的交易日里，由于所有空头和缴纳个人所得税的卖方的交易，股价维持在50美元（M）左右。

1 若是股票出现股价线上涨幅度超过了收益线，随后会有两种趋势，一种是横盘整理，一种是股价回调到与其盈利水平差不多的合理价位。
——彼得·林奇

股价快速下跌至48美元，突破了之前50美元的支撑线，这意味着这只股票走弱，股价将进一步下跌。但之后股价的快速回升（反弹至N点的52）表明，目前股价处于震荡期（第七章第56页的脚注；第二十一章第225页）。而且，由于股价下跌至48美元时，供给耗尽，价格回升，由此53美元的价位线上出现了6个数字，这预示着股价将反弹至55美元（L点以下）。现在，股票在50美元价位上已得到了7次支撑，其中一次低于该数字。如果我们只考虑点数图，不参考其他证据，我们可能认为，股价将会上涨13个点（50的个数7加空格个数6得13）。为了完整地说明问题，我们假定近期上涨的支撑基础为50—55美元。

1月1日左右，股价似乎处在51美元的转折点上（第十章第90页）。后股价回升至54美元，但此时（O）股价在前期的55美元高点之下趋于平缓，我们得出的结论是：若股价再次上涨，它不会再回落至50美元，而是会回落至51美元（48—54美元的中间位置）。然而，从看涨的视角来看，我们不想看到股价回落那么多点，如果股价能持续回升，那么它离52—54美元区间越远越好，能突破55美元左右的阻力位更好。

因此，当股价持续动荡时，53美元的价位上出现了6个数字，最后一个53美元（O以下）是转折点。我们认为，股价现在处于关键的位置，下跌至51美元意味着股价走弱，若它进一步下跌至50美元，我们将取消之前做出的股价会回升至64美元的预测。因此，当股价真的再次下跌至50美元时，我们得出了这一结论：股价还未为下一轮上涨做好准备。相反，若股价跌破53美元价位线之下的6个点，那么下一个止损点应该设置在44美元，而且可能是40美元，从M点到O点，53美元的价位线上出现了10个该数字，从55美元回升至顶点的过程中，54美元的价位线上出现了15个该数字（从L点至O点右侧）。

股价急剧下跌至46美元（P处）并快速反弹，反弹幅度超过了跌幅（54—46美元）的一半，这证明股价将再次出现震荡，会短暂下跌到之前的支撑位附近，即50美元处（Q处），并继续积蓄回升力量，股价再次反弹至52美元即是明证。

截至目前，投资者一直以50美元左右的价位买入这只股票，股价仅有两次低于这个价位，都出现在震荡期（M和P），现在，即2月1日（在R处），50美元的价位线上出现了很多数字，加上空格多达25个，这表明股价可能从47美元或50美元上涨至72美元，甚至上涨至75美元。

但我们能确定这是吸筹阶段的股价吗？股价回升至54美元（O处）时遭遇了阻力，之后股价下跌了8个点，创下了新低。乍一看，股价在L和P之间的走势与在D到J之间的走势非常相似，因此，股价有进一步大跌的可能。54美元的高点低于之前55美元的高点，而且46美元的低点低于之前48美元的低点。这不是股价下行的迹象吗？有可能是，但也有可能不是，因为始于53—54美元（P处）的下跌已动力不足，在之后出现的一波回升中，股价涨幅超过了跌幅的一半。股价自离开K之后，即暂时性地跌至50美元以下后，已多次显露了强劲反弹的迹象。股价回升至51美元（Q左侧）之后又下跌至49美元（Q处），后又回升至52美元，然后又回落至50美元（R）这一重要的支撑位，此时，股价处在了关键的位置（第十章第90页）。之前在K点时，我们看到了初步支撑的迹象（第91页），之后股价在扩大的交易区间内（K至R）回升和回落。我们还观察到，推动股价下跌的小销售浪潮消退之后，出现了更强劲、更持续地推动股价上涨的买入浪潮（回顾第五章第38、39页）。

因此，我们得出的结论是，在这一区域内，需求的质量优于供给的质量，有人在12月和1月股票表现疲软时持续买入了这只股票，他们期望以更高的价格卖出以赚取差价，股价下跌至46美元是他们故意造成的症状，目的是形成股价走弱的表象，利于他们吸收筹码，同时也为了在股价回升的早期打击多头的积极性，也可能为了鼓励弱势空头采取行动，使股价创下新低。

根据对迄今为止的股票行为的解释，我们得出了股价即将上涨的结论，而且假设我们仅运用点数图来进行推理，我们现在决定在50美元左右（R）的价位处买入该股票，并将止损点设置在比46美元低一两个点的位置，或者，如果我们想严密地控制风险，我们可以把止损点设置在稍低于48美元的位置，这样就考虑到了股价从46美元（P）修正性地回升至52美元（2月初的股价）的情况。我们认为，经过一个半月的吸筹，股票的供给已经变得稀缺了，这样的回升表明，股价已经做好了进入下一波上涨行情的准备。也就是说，如果我们的时机把握得不错，我们就不太可能看到股价再次回落至50美元以下了。

由于我们看到了股价上涨至72美元或75美元的可能，做多并且设置4个点的止损价位将是合乎逻辑的做法，而且持仓的时间和点位均是合理的，因为此时股价位于R点，这是股价即将反弹的关键位置。因此，我们认为，股票已完成了上涨前的准备，R点就是转折点，不久股价就会出现利于我们的变化。

我们把1点点数图浓缩为3点点数图，如图11.1所示。

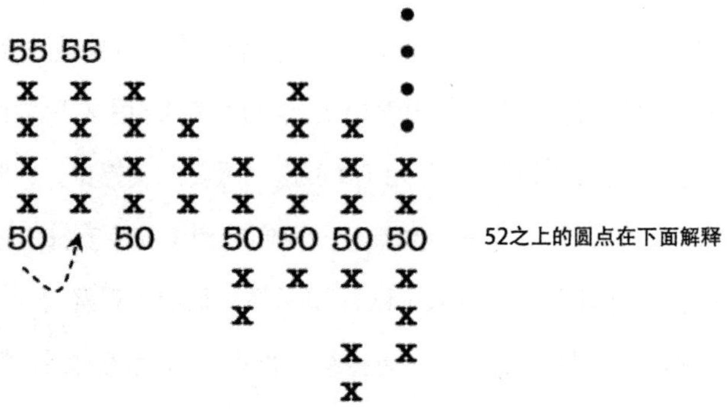

图11.1

3点点数图上的圆点表示的是股价按我们的判断上涨至55美元时图形看起来是什么样的，而且，假如股价已涨至56美元，毫无疑问，这只股票将进入看涨行情。同时，数一数3点点数图中50美元价位线上的数字和空格个数可知，总共有8个。8乘以3得24，这证实了我们根据1点点数图做出的预测。

股价上涨至55美元（1点点数图），意味着近期下跌的点数被恢复，而且证实了我们做出的股票为上涨做好了准备的判断。在小幅回落至54美元以后，股价再次回升至56美元（S）的关键位置，准备快速上涨（第十章第92页）。就我们买入的股票而言，我们的止损点应该设置在稍低于53美元的位置，因为若我们的看涨判断是正确的，那么股价将快速上涨，不会再回落至50—55美元区间的上限了。

由于11月和12月股价从70—71美元回落至59—60美元时，交易变得频繁，受此影响，股价这次上涨至61美元后出现了盘整。一些买家此前在这个支撑价位建仓了，而且在股价大跌至50美元时仍持有股票，在2月股价反弹时也无法出货。但显然，这些人的股票对市场产生的压力并不大，因为股价的反应很顽强（T），在下跌至58美元时很快得到了支撑（第七章第48页的脚注）。股价自58美元（T）上涨了5个点，达到了63美元。之后股价回落，在60美元处得到了支撑，自50美元以来的上涨结果得到了巩固。60美元的价位线上出现了10个数字，这表明价格下一个触及的目标是68—70美元。股价随后飙升至68美元（U），在67美元处得到支撑，然后又上涨至70美元。股价站上70美元是相当困难的，因为这个价位的股票供给量很大，股价涨至68美元后的上冲力量不足，在触及11月的高点之后遭遇了阻力，价格波动区间也收窄（第七章第47页）。在70美元的价位以下，69美元价位线上的数字和空格多达8个，意味着股票发出了这样的警示："出货并做空吧，我在72美元或75美元的价位上扛不住了，我要回落至61美元了。"于是，我们以止损价位，即高于区间上限2个点的价位卖出了股票。在价格触及64美元（V）之前，持有人似乎平稳地卖出了股票。在这一价位上出现了几波小幅反弹，之后股价再次下跌，最终跌至60美元（W处）。由此可知，我们根据69美元的价位做出的判断是正确的。

股价跌至60美元左右（W处）时，市场上出现了一些需求，可能来自一些冒险抄底的交易员，他们认为股价最低跌至之前支撑位T处（第七章第52页）。这类需求足以刺激股价快速回升至65美元，形成较低的高点（X）和顶点。股价跌破62美元警示我们，在股价回升至65美元的过程中，有很多人已经完成了出货操作，而且从64美元的价位线（X处）推断，股价可能下跌至61美元，根据64—65美元的价位线判断，股价可能下跌至52—50美元。股价跌破了61美元的止损价位后仅回升了2个点，而非正常情况下的4个点，我们认为，股价将进一步下跌，有可能跌至52—50美元。从64美元的价位线（包括26个数字）来看（U至X），股价甚至可能下跌至44—40美元。

在股价回升至65美元（X）后，我们将止损价位调低至66.625美元。股价在回升至59美元（Y）时遇到了阻力，因此我们下调了止损价位。股价下跌至56美元时，我们将止损点下调至略高于60美元的价位处（第七章第54页）。接下来股价跌至52美元并出现了2个点的回升（Z）。在旧的支撑价位50美元附近（K至R）没有出现明显的回升力量，这表明，在53美元的价位线上（Z至AA），新的供给正在出现，这预示着股价将进一步下跌，形成44—43美元的新底部。自此开始，股价稳步下跌至40美元，其间没有出现过

3个点以上的反弹。股价在临近50美元（BB）和46美元（CC）时还曾出现过短期震荡，但之后连续跌破低点（48美元、46美元，然后是45美元），这表明最后一次出现53美元（AA）后，股价就不存在任何实际的支撑了，持续增加的压力导致12—1月的支撑区域接连被突破，关键点位接连失守。观察3点点数图（如图11.2所示）我们会发现，那些在1月和2月在50美元左右的价位买入伯利恒钢铁公司股票的人现在很清楚，他们深陷于牛市了，但股价还存在反弹的可能，他们可借机出货。当2月出现更为有利的市场条件时，他们把价格拉升至70美元并尽可能多地出货。剩下的筹码也在股价下跌的过程中被抛售了，而且他们很有可能大量做空这只股票。自偏离65美元（X处）的那一刻起，股价便一路向下，大跌了25个点，其间没有出现过一次3个点以上的反弹，这表明投资者不支持40美元以上的价格，或者拒绝以40美元以上的价格购买股票（见1点点数图）。再次提醒你注意3点点数图的预测作用。在伯利恒钢铁公司的3点点数图中，股价最后一次从60美元涨至70美元是市场刺激的结果，因为它快速上涨至70美元后不久就下跌了，而且把自61美元以来的涨幅跌了个一干二净（第七章第51页及同页的脚注）。显然，这只股票的庄家认为，留给他们出货的时间不多了，因此，为了吸引更多的散户入场，他们快速把价格拉升至63—65美元，在这样的大涨诱惑下，散户会轻易上钩（这样的操作也会造成超买状态[1]，第十四章第129、131页）。

[1] 超买与价涨量缩互为验证，超买但价涨量增同样会出现，这时超并不是主要矛盾，买代表情绪高和结果。

——维克托·斯波朗迪

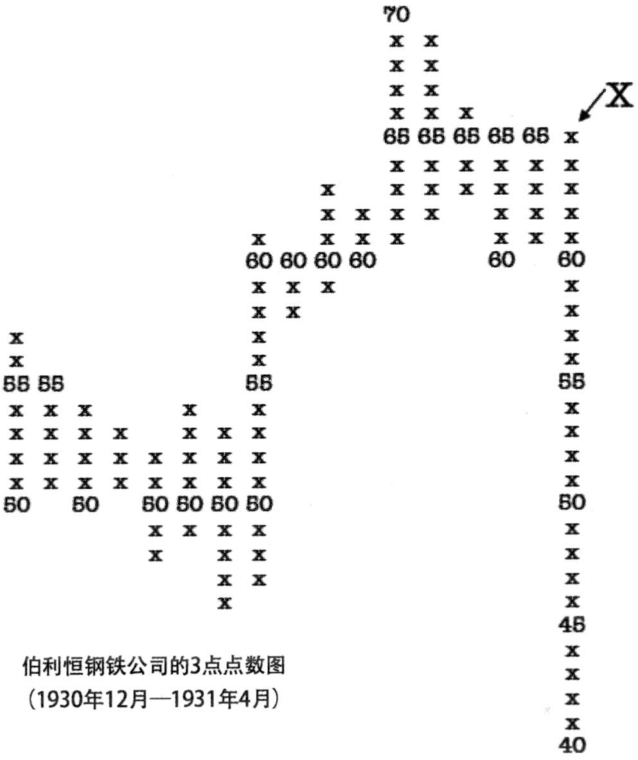

图11.2

股价最后一次回落至60美元且未能再次回升至65美元以上后，数一下65美元价位线上的数字个数可知，总数是5个，将其乘以3得15，这表明股价可能跌至50美元。但63美元价位线上的“x”的个数是8，将其乘以3得24，这表明，在股价第一次下探至50美元的过程中，若支撑点没有出现（如1点点数图所示），股价可能一路下跌至39美元左右。

我们利用图11.1再次强调了3点点数图的重要性和意义。请注意，1点点数图显示的是均匀而有棱角的下跌形态，其间只会出现暂时的胶着阶段或小幅的反弹，而3点点数图（图11.2）显示的是从65美元到40美元的断崖式下跌，而且通过它可以确认，股价上冲70美元失败是其最后一搏（最后一搏与最后一次震仓的逆转，第二十一章第226页）。

两张图外观上的巨大差异反映了这样一个事实：这只股票在下行通道中无力实现3个点的反弹，无力在之前的支撑价位上站稳脚跟，连暂时站稳的能力都没有（1点点数图中的T和K至R）。

因此，3点点数图能够显示出1点点数图中一眼看不出来的信息。重要的是要观察并记住，股票无法实现3个及更多点的反弹或者无法从之前的支撑价位上回升是非常重要的迹象，不应当被忽视，出现这样的迹象时，要结合其他技术指标仔细斟酌。

伯利恒钢铁公司的1点点数图
（1930年11月—1931年2月）

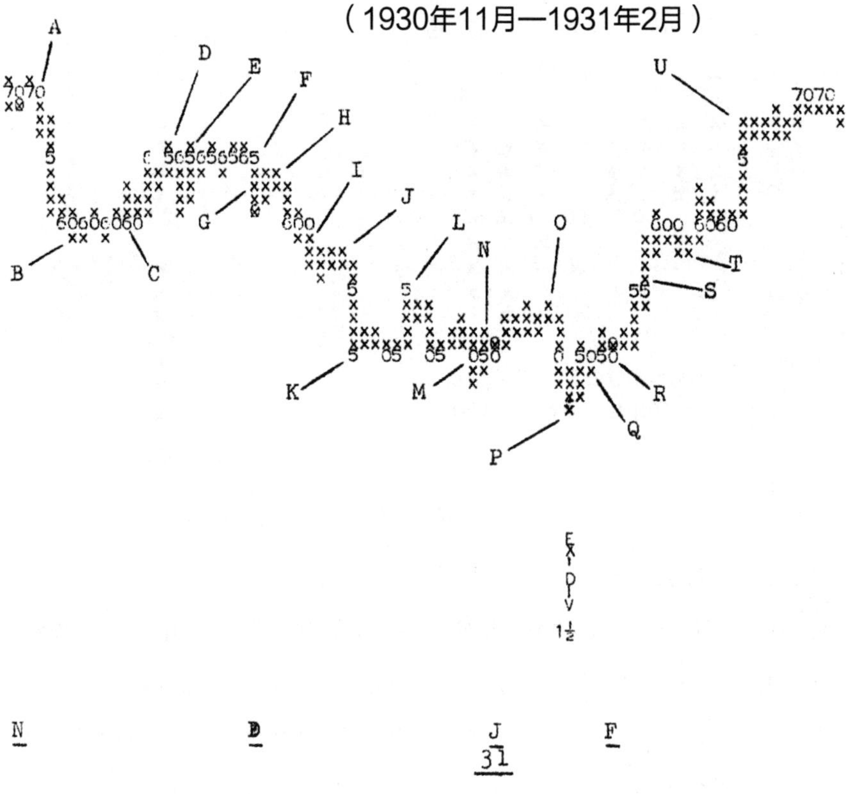

图11.3

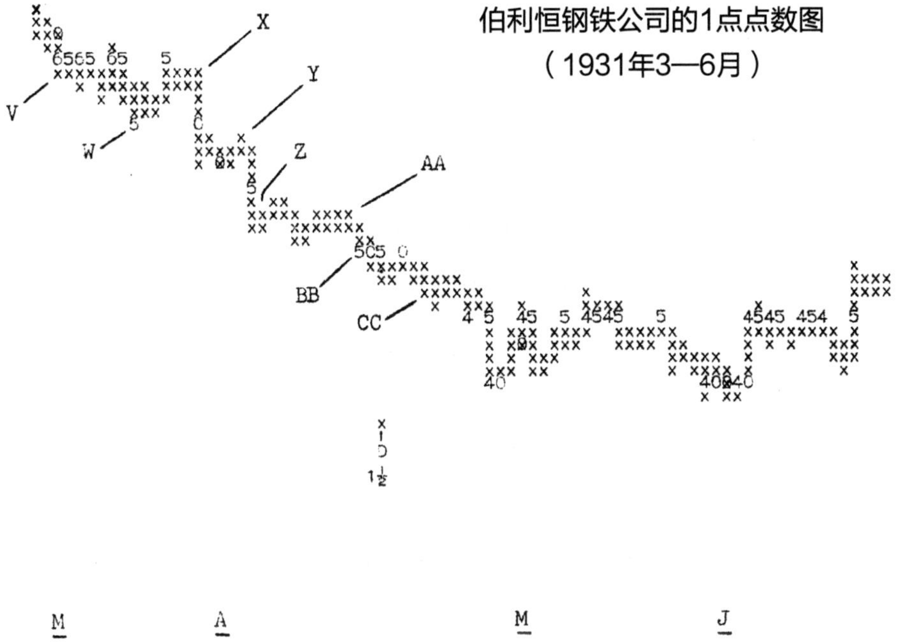

图11.4

第十二章
点数图：图表研究（Ⅳ）

下面的两项研究旨在阐释点数图分析中的其他原理，我们没有重复前面已详细介绍过的要点。为了验证掌握和运用知识的能力，我们建议你在下面的讨论中运用之前学到的知识。

图12.3、图12.4和图12.5是美国钢铁公司1931年2—11月的1点点数图。1930年12月，该公司的股价下跌至140美元的低位，1931年年初，其股价经历了一波反弹。

2月，股价从138美元回升至152美元。股价从147美元处（A）开始筑底，这表明这只股票的供给量相当大（第十一章第107页）。显然，庄家在这一价位上开始派筹，但售出一定数量的股票后，他们认为，为了吸引更多的散户接盘，他们应把股价拉升至150美元或更高的水平，因此我们看到，股价在150美元（B）的水平形成了横向盘整形态。

到了3月初，这一价格难以为继，股价再次跌至145美元（C）。此时，有越来越多的迹象表明，股票将走向疲软。第一个支撑位是145美元，然后是144美元，最后是143美元（D）。从149—150美元的价位线（B至E）来看，上面有23个数字预示着股价可能下跌至129美元（152减去23），甚至可能下跌至126美元（149减去23）。接下来，把147（A）—152美元视为出货的一个阶段，我们发现，147美元的价位重复出现了34次（A

至F），包括空格，这表明股价可能进一步下跌至118（152减34）—115美元（147减34）。

从图12.1所示的3点点数图可以看出，148美元的价位重复出现了12次（包括5个空格），这预示着股价可能下跌至116美元，甚至可能下跌至112美元，这与我们根据1点点数图得到的推断相符。

从股价最终回升至150美元（E）来看：

通常情况下，当大量的股票在一定的价格水平上被抛售时，一些空头会利用下跌的预期做空[1]，因此，为了在股票下跌之前从这些空头身上获利，操盘手会拉升股价（第十一章第109页）。在股票即将进入下行通道前，股价上扬了5个点，从145美元涨至150美元（E）（见1点点数图）。股票步入下行通道后，一路下跌，除了几次小反弹外，几乎未遭遇阻力，直至跌至110美元（J）。

从股票触及140美元（F之下）开始，图形就显示出阶梯状的下行趋势，直至股价下跌至110美元（J）。在147—148美元的价位做空的交易员在股价下跌过程中获得了37个点的利润。按递增法计算，获利会更大（第二十四章第279页）。

经过5个点的弱势反弹后，股价回升至115美元（K），之后跌至109美元（M）的新低，在100美元附近出现几个来回的震荡后（N和O），股价于1931年6月下跌至84美元。一路下来，股价整整下跌了63个点。①

经过这么长时间的下跌后，我们自然会留意转折点的信

---

① 注意4月股价在142—138美元区间（G至H）时和5月股价在118—112美元区间（I至L）时的中期供给线。还要注意股价跌破了下行目标价位以及股价无力实现回升目标，这都是典型的下跌趋势的特征。

1 很多时候，当市场出现快涨快跌；越高成交量越小的时候，就是确认空头出现的时候。

——维克托·斯波朗迪

号。因此，当股价在6月回升至94美元（Q）时，我们仔细观察是否可能变盘，因为这是下跌以来第一个像样的反弹。此外，此次反弹还改变了股价从112美元（L）下跌至101美元（O）这一阶段以及从150美元下跌以来整个阶段的图形（与伯利恒钢铁公司的趋势图进行对比，见第七章第63页和第十一章第103页）。

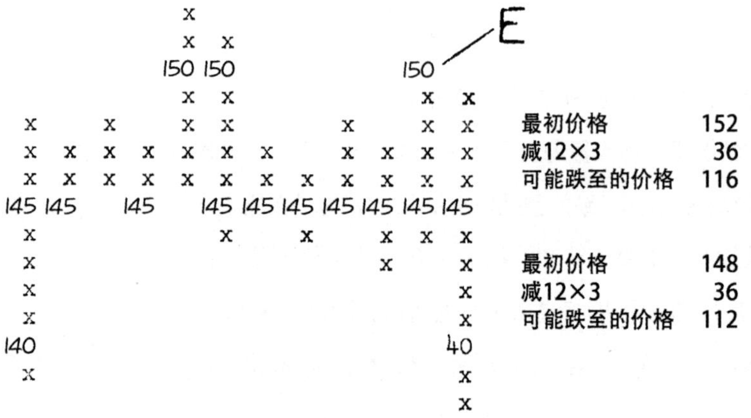

图12.1

股价回升至94美元后再度回落，但两度在6月初的低点84美元处（R和S）得到支撑。股价在87—93美元区间内的波动形成了包含13个数字的横向价位线（R至S），而且股价逐渐收敛于该区间的中心点90美元。之后股价回升至92美元（T），这是积极的看涨迹象，而且证实了股价可能从87—88美元回升13个点，即回升至100—101美元的推断。股价随后上涨至102美元并出现回落，然后在100—101美元的狭窄范围内波动。重新审视6月前半段的图形形态，考虑87—88美元（P至S）价位线上的空格和尾部，我们发现，股价可能进一步回升至107美元。

股价再次回升至102美元后，又进一步上涨至104美元，最后上涨至105美元。注意连续收复这些高点，即102美元、104美元和105美元（U、V、W和X），并不容易（第十一章第107页），也就是说，在100—105美元的派筹阶段，股价被强行拉升和保持，但仍位于5月份的110—115美元的区间之下。

104美元的价位线很长（W至X），该价位线上有10个数字，102美元的价位线上（U

至X）有16个数字，93美元的价位线较之又多了4个数字，因此可推断，若股价跌破94美元和88美元的支撑位，那么它可能下跌至84美元。

股价最后一次触及103美元时（X之下），它处在了转折点的位置，因此，股价跌破102美元（Y）意味着一波下跌行情即将开启。我们现在也观察到，股价在回升的过程中，在105美元处遭遇了阻力，并未上涨至预期的目标107美元，这是另一个看跌迹象。

股价跌破95美元后反弹了4个点（Z），小于正常的5个点的反弹幅度。之后股价在99—105美元区间内的下限（U至Y）遭遇阻力并下跌，从而形成了一个新的供给区域，在97—96美元的价位线上出现了11个数字，基本上证实了股价下一步将跌至84美元的推断。

在84—85美元（AA至BB），由于投资者吸收筹码，股价出现了8个点的反弹，恢复至93美元。在90美元（CC至DD）的价位线上，出现了14个数字和空格，这表明钢铁公司接下来可能跌至76美元。股价跌至80美元时遇到了一些支撑，之后下跌至75美元。点数图再次做出了正确的预测。此后，在77美元和78美元的价位线上出现了4个数字，这预示着股价可能回升至81美元或82美元。实际上股价快速回升至84美元，但在此遭遇阻力后，直线回落至75美元，这表明股票的疲软态势将持续下去。

股价两次上攻78美元失败后，在第三次上攻中回升至79美元（EE），随后股价遇阻，下跌至之前75美元的支撑位。之后股票的疲软态势继续，股价又下跌了12个点，于10月初跌至63美元。

63美元处的反弹主要是由于超卖和空头回补以及一些专业人士买入导致的。股价首先回升至71美元（FF），在市场消化了这一价位的股票后，股价进一步回升至73美元。71美元的价位线（FF至GG）上有7个数字（包括1个空格），这预示着股价可能再次下跌至64美元，但股价没有下跌那么大的幅度，这表明其在66—68美元（HH）的价位上得到了充分的支撑，股价可能回升至72美元。接下来股价的变化导致70美元价位线上出现了7个数字，但高点不断降低，先是72美元，然后是71美元，最终于70美元处出现胶着状态，这意味着股价最终可能下跌至63美元。但最终股价下跌至64美元，比预期少了1个点。在10月的最后几天里，股价在65美元的价位线附近震荡，形成了一个小型底部，这预示着股价可能再次回升至69美元。

截至11月1日的75美元以下各个价位的3点点数图如图12.2所示。

```
          X
          X  X  X
    X     X  X  X  X
70 70 70 70 70 70 70
X  X  X  X  X  X  X
X  X  X     X  X  X  X
X  X        X  X  X  X
X  X        X     X  X
65 65             65 65
X  X              X
X
```

图12.2

根据图12.2以及1点点数图上显示的交易区间推断，美国钢铁公司的股票可能会大幅上涨，也可能会开启另一波下跌。从1点点数图来看，同一价位出现了24次（FF至JJ），股票有可能从当前的价位下跌21—24个点。原因是，股价从63美元的低点回升10个点至73美元，63美元和73美元是10点区间的下限和上限。然后股价从73美元下跌至下一个支撑位66美元，区间收窄为7个点。当股价从66美元回升时，区间收窄为6个点。股价再次跌至64美元时，区间拓宽了2个点，变成了8个点，但股价从64美元回升至69美元时，股价的区间又收窄为5个点。

因此，1931年10月，这只股票一直在向一个价位迈进，如果其震荡区间持续收窄，那么转折点将会出现，比如说66美元。到时我们可以根据股价的回升和回落情况判断出其前进的方向和幅度。

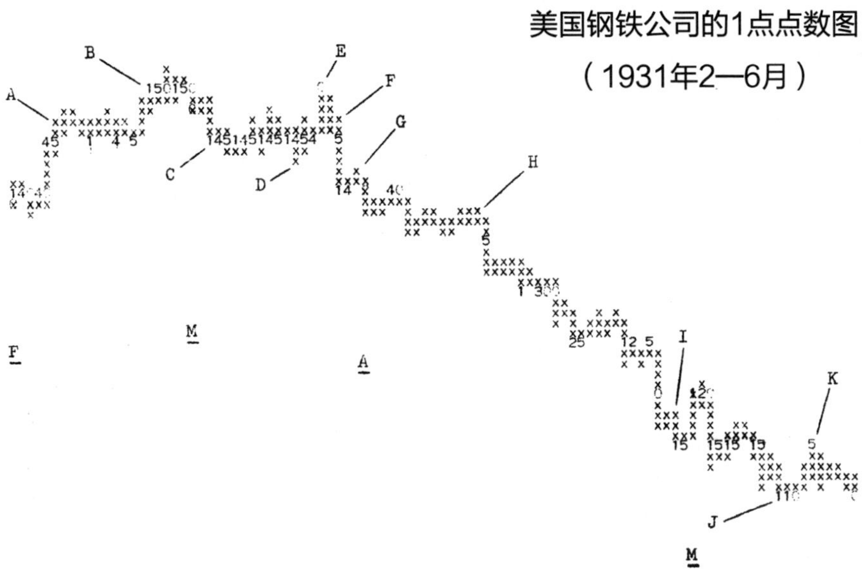

图12.3

美国钢铁公司的1点点数图
（1931年6—8月）

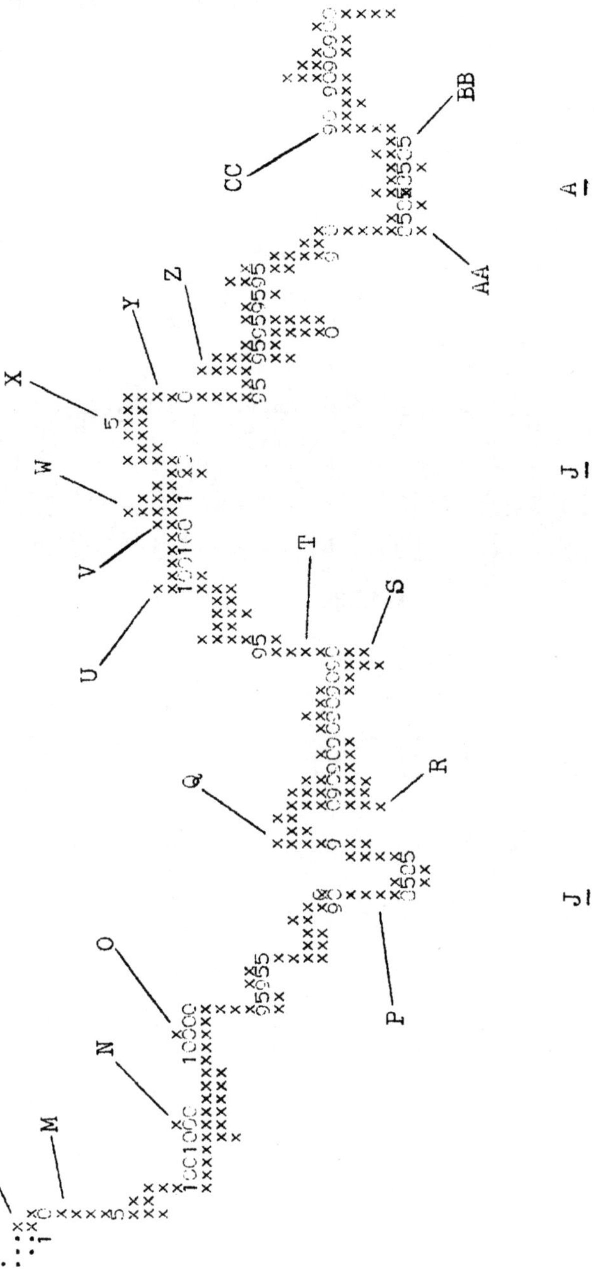

图12.4

美国钢铁公司的1点点数图

（1931年8—11月）

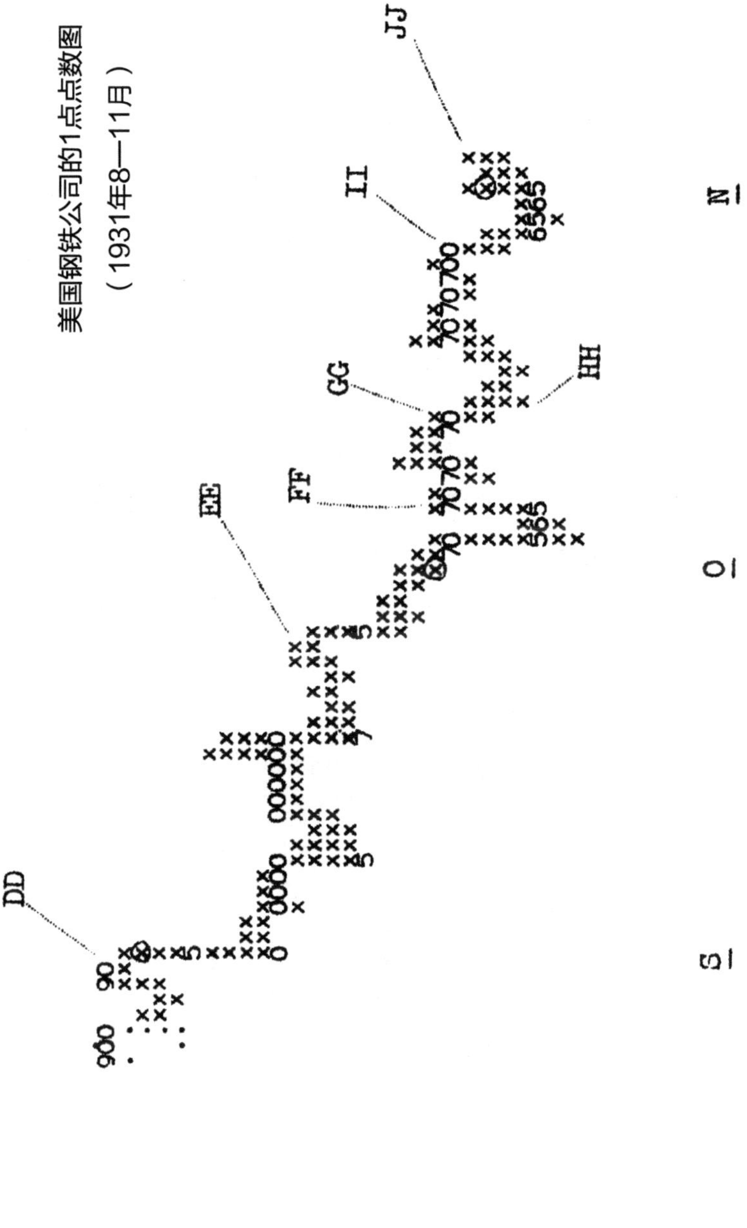

图12.5

第十三章

点数图：图表研究（V）

如何通过《纽约时报》平均指数的点数图推断1929年的股市大恐慌?

图13.2至图13.4展示了1929年6—12月《纽约时报》50指数的1点点数图。

我希望你注意的第一个重要形态出现在244—245点附近（A至B）(为方便起见，百位上的数字未显示)。指数被拉升至248点后回落至242点，在244点和245点之间震荡。当股价最后一次离开245点并接连上涨至247点、248点、249点时，我们发现，244的点位线上出现了12次244（包括1个空格），这预示着，平均指数在遭遇大阻力之前可能上涨至254—256点。这一阶段的3点点数如图13.1所示。

```
                        250
                         x
         x               x
         x   x           x
 x       x   x   x       x
245 245 245 245 245 245 245
 x   x   x   x   x   x   x
 x   x       x       x   x
 x                   x
 x
```

图13.1

3点点数图显示，245点位线上的数字有7个（包括2个空格），这意味着指数可能上涨21个点，达到263—264点。市场的表现大大超过预期，指数上涨至280点。其间一个重要的事实是，股价要实现3点点数图的预测，它就要先站上新的高点，这一高点突破了5月初回升至254的点位（未在图中显示）。[①]

从指数在273—280点（E至F）的表现来看，指数下跌的可能性很大，因为277—278的点位被记录了9次，而且指数下探到了275点，我们发现支撑力在减弱，下行压力在增加，指数上涨至280点的高位后2次回落至278点，而且低点从275点降至274点，后又降至273点。

在指数最后因此触及275（F）的点位时，股市已经处于胶着状态，但它没有延续之前的态势，没有如预期的那样突破272这一关键点位（位于高点280和D之上的最后一个支撑点位264的中间），而是回升到了277点，然后又上涨至278点（G），这表明，指数可能尝试着冲击284点（E至F有11个274，273加上11得284）。后股价上涨至281的新高点，接下来又涨至282点和285点。

在285—280点形成了更宽广的新形态，算上空格，284被记录了10次（H至J），这预示着指数可能回落至275—274点，事实果真如此（K）。然而，指数并没有突破重要的支撑点位273（7月从280点回落时记录的低点F），市场由此呈现出了新局面。

之后在没有重新筑底的情况下，指数迅速暴涨至288点（L），创下了新高，但这样的高点只维持了很短时间，因为这一波反弹主要是由于空头回补所致，因此指数很快就回落至280点。之后指数回升至284点，接下来又下跌至272点（M）的新低，后又迅速回升了13个点。指数跌至272点是专业操盘的结果，这差一点引起股市崩盘，要不是下跌没有吸引足够多的人抛售，股市恐怕就崩盘了。此外，在这次下跌的推动下，一些止损单在274点（K）左右被执行，空方由此获得了令人满意的收益。

观察指数从245点（B）上涨至280点（E之上）的角度可知，上涨角度超过了45度，

① 注意：指数如1点点数图所预测的那样回升到了之前（5月）的高点254，但回落幅度不及预期，仅回落至251点（C），后出现了短时的震荡，这提示我们，指数可能继续上涨，并向更高的目标263—264点迈进。同理，当指数在此基础上向266点迈进时，我们预计指数将进一步上涨，上涨的原因主要是供给的增幅不大，且回落的时间和幅度均表明，上涨具有强大的支撑。

我们再观察指数触及280点以后的情况。我们发现，从280点上涨到285点（H）要比从245点上涨到280点难得多。供给在稳步增加。

指数从274点（K）回升至288点（L）显然是专家刻意拉升导致的，因为指数在高点位没待多久就回落了，而且跌幅（跌至M）大于涨幅。

之后指数出现了多次刺激性的上涨（N至O），指数先涨至290点，后又接连涨至294点和295点。指数在288—295点的区间内震荡了一段时间，导致1点点数图（3点点数图也一样）中290点位线上出现了9个数字，最后指数突破了这一区间的上限（Q）。这样，我们可推断，指数将在288—290点的基础上上涨21（7乘以3）个点，达到309—311点。[①]最终的事实证明，这是指数的最高点（比较图13.2、图13.3和图13.4上这些点位的形态）。

290点位（P）之上的形态鼓励持续的多头交易，因为波动区间的顶部和底部持续走高。指数上涨至300点后回落，在300—296点波动，而且有进一步走高的倾向（向R迈进）。从1点点数图来看，296点位线上（Q之上）有10个数字，299点位线上有12个数字，300点位线上有13个数字，这表明指数可能上涨至308—311点，这证实了在290点处根据3点点数图做出的推断。

指数涨至307点（S）后，由于市场上的供给很充足，指数被迫回落至297点（T），但没有跌破296点的支撑位（Q）。空头回补导致指数强劲反弹，创下了308点（U）的新高，此时，市场的供应再次遏制了指数的进一步上涨，而且反弹点位不断下降（U至V）表明，指数可能出现下跌趋势。指数后在290点附近（V）震荡，然后出现了11个点的反弹，由293点回升至304点，接着正常回落至299点，然后再次反弹12个点，涨至311点，这是指数有史以来的新高（W）。牛市就在这一点位终结了。

指数达到顶峰后，曾出现过一次短暂的从300—303点（X）的反弹，但整个局势不

① 看到市场正走强的明确迹象时，我们审视了1点点数图，分析了7—8月的交易区间（I和N之间）。从1点点数图可以看出，指数在288—294点的区间内（O至P）上涨至293点、294点和295点有强大的支撑（P点），这是看涨的迹象。由于7月、8月的两次下挫（跌至K点的274和M点的272）都表现出了过度下探的特征，因此我们认为，庄家在278—280点（I至N）的区间内吸收了筹码。指数第一次从285点回落至280点（H至I）时遇到了支撑，而且最后一次回落至280点或281点时亦是如此。指数在280点附近来回震荡，导致280点的价位线上出现了34个数字，278加上34等于312。因此，我们仔细审视了指数在290点时的目标，即311点，稍后也审视了指数在296—300点（Q至R）的目标。

利于上涨。[1]指数波动的范围从上一个低点，即293（V）—311（W）点处逐步上扬到300点左右（Z之下）（图13.5明确展示了这一变化）。从这个层面来看，无论指数从哪个方向突破293—311点的范围，都是非常重要的变化。

从现有的迹象来看，下跌的概率很大，指数回落至300点后出现的3个点的微弱反弹（至303点）证实了这一推断（比较1点点数图和3点点数图中的X，后者更凸显了指数反弹的疲软，因为正常情况下，指数应该回升至305点或306点，也即跌幅的一半）。从1点点数图来看，307点位线上的数字个数已经多达28个了（S至W），这预示着指数会回落至283点或279点（311减28和307减28）。在307点之下的304点、302点以及299—300点，也出现了一系列比较宽的供给线，这表明指数的下探目标是279点或272点，然后是272点和263点，接下来指数穿过300点位线（Q至X），下跌47个点，变为264点或253点。

在3点点数图，307点位线（S至W），确认了刚刚提到的下跌47个点，即307点位线上数字的个数为16，乘以3得到下跌48个点。

为了全面地介绍点数图分析的原理，我们假设指数突破了293—311区间的上限，即指数继续上涨。从1点点数图来看，在296—297（8月）的点位线上有33个数字（Q至W）为指数上涨至329—330点提供支撑，而且如果指数能在300点位线上企稳（超过X），那么它的涨幅会更大。从3点点数图来看，指数在296—298点位线基础上上涨69个点（23乘以3）后会达到365点或367点，而且，如果把300点位线上的空格也计算在内的话，指数可能上涨81个点（27乘以3），达到377—379点 。

简言之，尽管上涨的概率不大，但读者能从《纽约时报》50指数的3点点数图中得到这些启示：当指数离开300点时，它要么迈向377点，要么迈向264点，然后再迈向227

① 我们观察到，从7月开始，股市展现出了重要的派筹特征。从5月的低点开启一轮持久的上涨后，指数的波动幅度变大，而且走势也越来越不规则。频繁的刺激性操作（K至L、T至U和V至W）看似稳住了派筹阶段的价格，但是，当刺激效应消失后，指数会出现大幅的下跌（L至M、U至V和W至Y），而且价格走势也变得极具选择性。也就是说，指数上扬主要是由一拨又一拨的对强势股票的高价位买入推动的，但股市整体的反应缓慢，而且在指数出现变化之前，会有其他各类问题被爆出。（第八章第70、71页和第四章第32页）

点，因为从300点位线上的数字个数来看，变化的幅度高达84个点。因此，要注意指数突破这一区间的时间，并顺势而为。平均指数无法保持在300点的水平，也无法保持在293点的水平，相反，它从关键的点位开始下跌到了290点。在292（Y）、291或290的点位，我们有理由将手中持有的股票卖出并做空。之后指数回升至300点（Z），但很快就回落了，指数马上就跌回290点。这证实了指数的下行趋势。从1点点数图来看，指数回升至300点（Z）的结果是，增加了4个点的跌幅，而从3点点数图来看，是增加了6个点的跌幅。

10月初指数首次下跌时，就跌到了273点（AA），之后指数的走势似乎与我们根据点数图做出的预测相矛盾，它回升了28个点，上涨到了301点（BB），显然，这是指数在下跌之前对空头的一次震慑。[①]

299（BB）的点位线很短，无论是1点点数图还是3点点数图，这条线上仅有6个数字，但是，若考虑到指数首次触及299点的时间（Q），我们会发现，3点点数图中的299点位线上有44个数字（包括18个空格）。因此，我们估计指数将从299点下跌132个点（44乘以3），即指数接下来的下跌目标点位是167点。

尽管由于恐慌性抛售，指数最后下跌到了165点，与我们的推断有2个点的出入，但我们的整体推断是正确的。

---

① 从W至AA的下跌是非常凶猛的；“病人”越来越没有耐心，显然最后一波刺激的影响很大，但“牛医生”（Doctor Bull）并不打算放弃，他尽力将指数推升至BB的位置，促成未来的下跌。换句话说，8月和9月的抛售量很大，市场已经饱和，指数从311点快速下滑到273点表明买方力量已经枯竭。在空头回补和指数恢复至7月273点和274点的支撑线和8月272点的支撑线时引诱的新买盘的影响下，下跌受阻，这有助于指数回升至BB点，此时二次派筹终结了牛市。

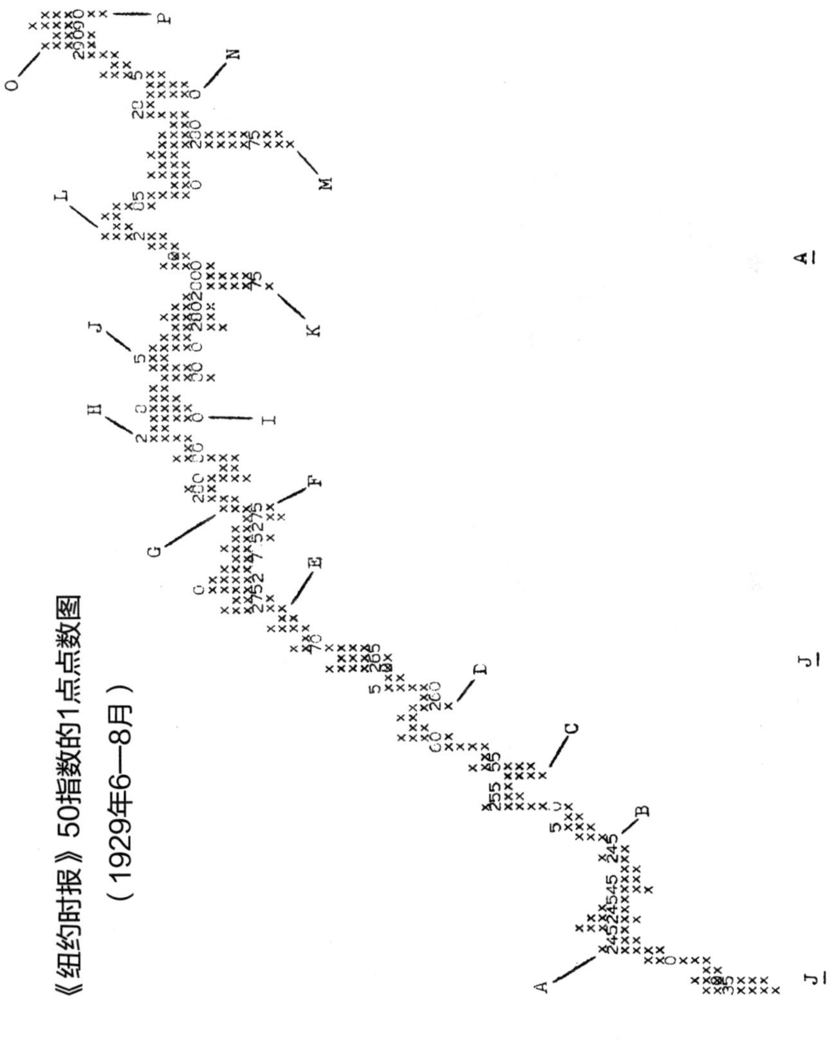

图13.2

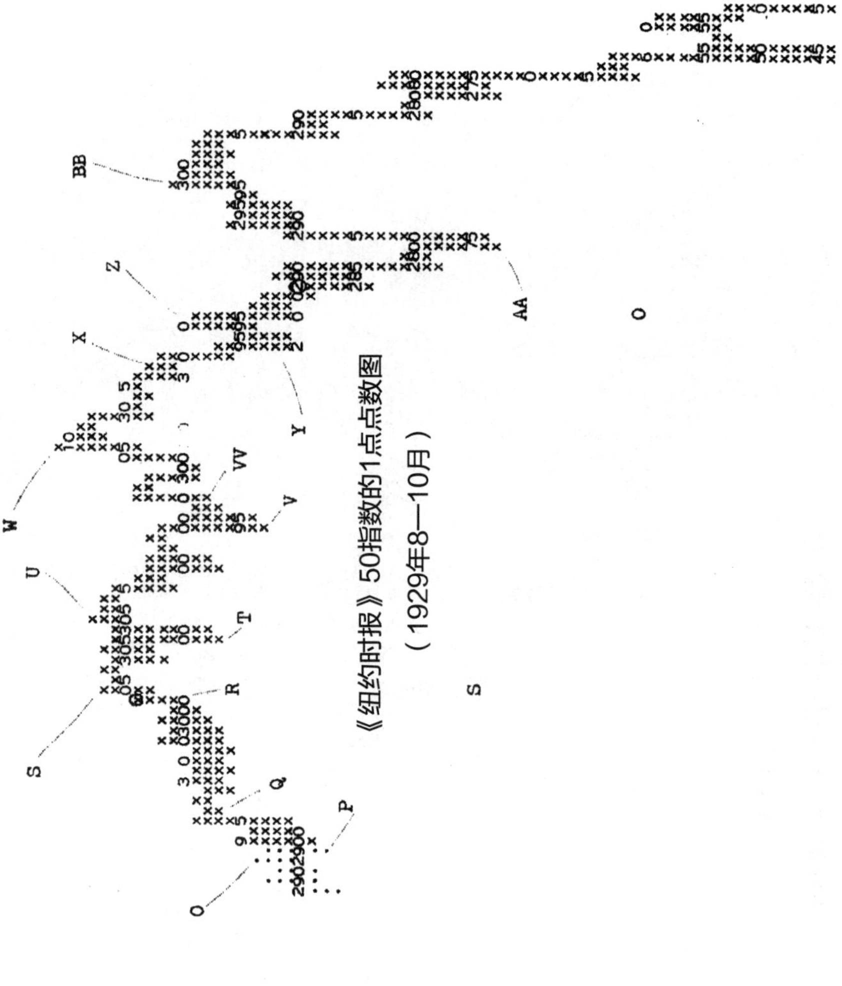

《纽约时报》50指数的1点点数图

（1929年8—10月）

图13.3

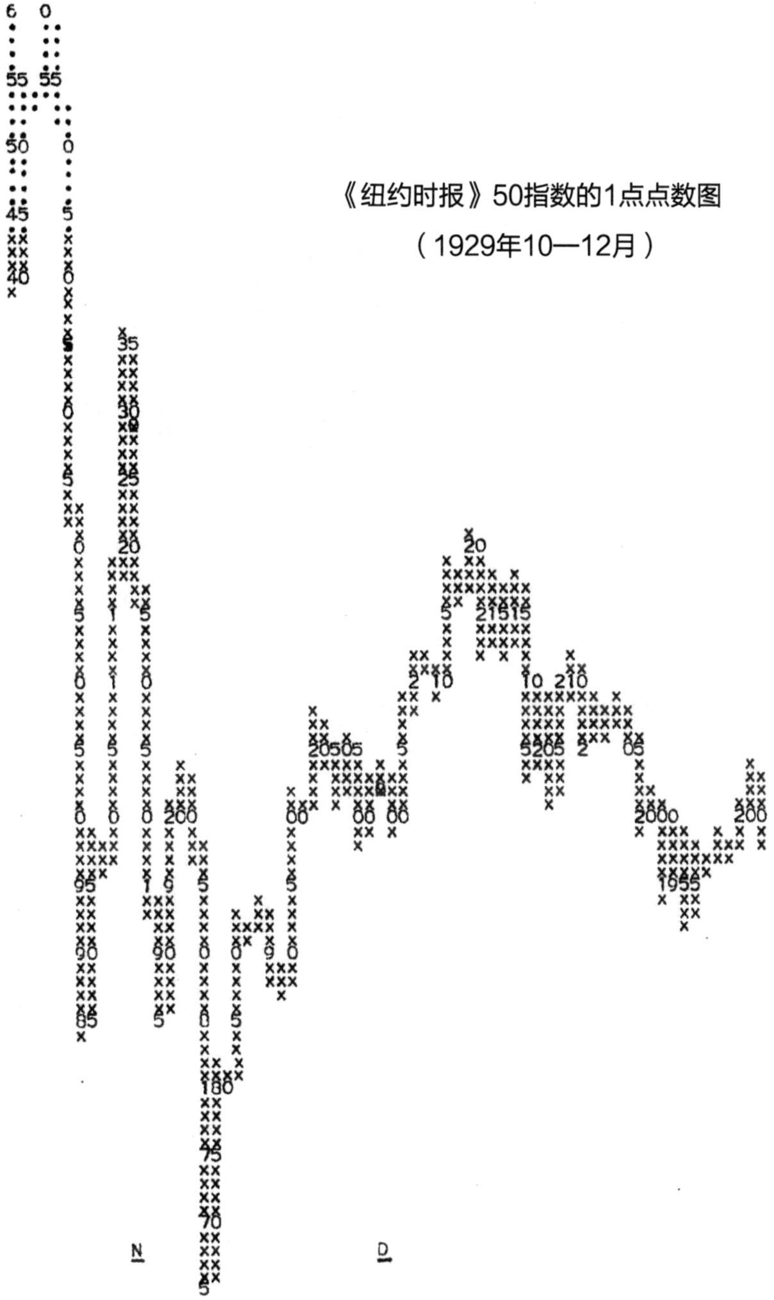

图13.4

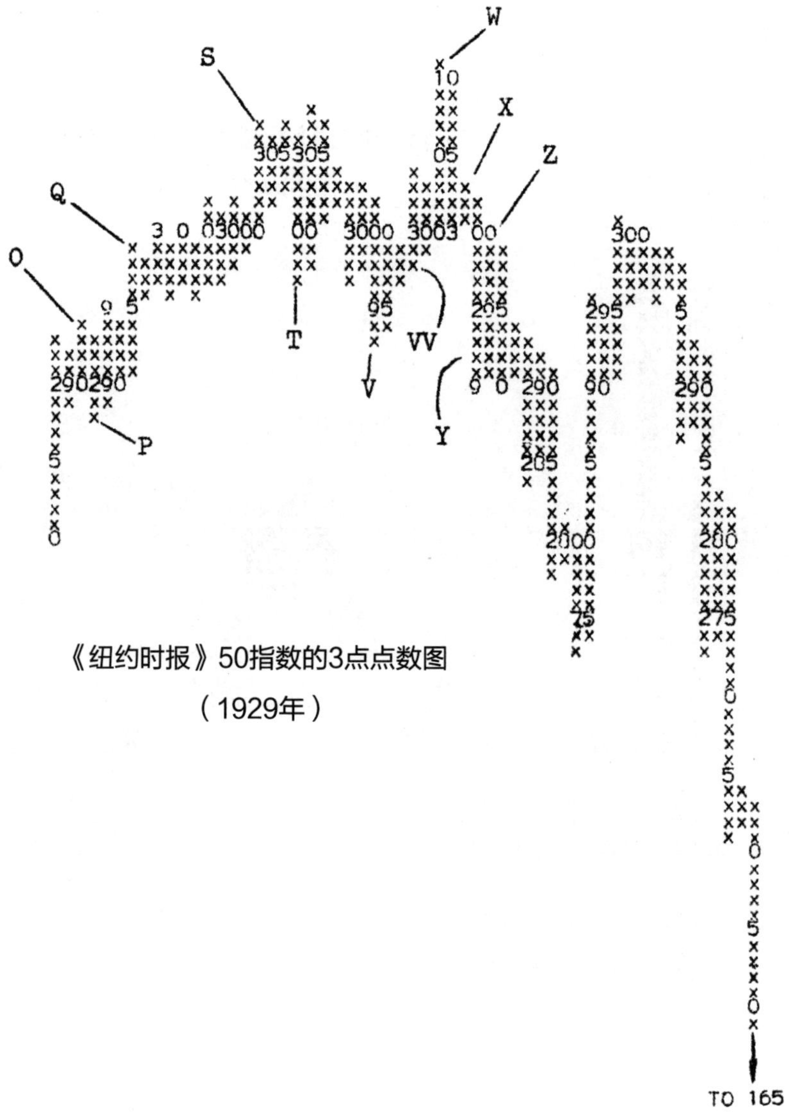

《纽约时报》50指数的3点点数图

（1929年）

图13.5

第十四章
股市技术分析：成交量研究

为了给后续的研究奠定基础，我们对之前讨论的内容做一番总结。

供给与需求。要始终牢记这一事实：供需法则决定了价格的波动。整个股市和交易所的每一只股票都是如此，债券和商品也是如此。

当需求大于供给时，价格上涨。

当供给大于需求时，价格下降。

当供需平衡时，市场或股票或商品的价格会趋于平稳，即在狭窄的范围内波动。

交易者和投资者的买卖行为受新闻、利润、股息、报告、贪欲、恐惧、建议以及蔓延于华尔街的谣言所影响。无论买卖的原因是什么，买卖行为均会给市场带来压力或支持。一个人判断相对支撑和压力，即供需力量强弱的能力，是交易和投资能否成功的关键。

一些供需是人为操纵的结果，但这对专业的投资者和交易员而言是好事，因为操盘者的操作有利于确定趋势。

技术位置。当买方力量趋于枯竭时，我们说股市处于牛市的弱势技术位置。在派筹阶段，买方力量枯竭主要是因为，市场上大量流通的股票来自交易员和散户之手，保荐人和大型操盘机构已经出货了。手中仍持有股票的散户是潜在的熊市因素，因为他们在买入时，就打算在不久的将来卖出，而且他们的抛售会给市场带来压力（第九章第86、87页）。

1929年正是这种情况。整个市场上到处都是想盈利的股票持有者，散户的购买力已经枯竭。

当这些持有者开始卖出股票的时候，他们发现市场已经饱和了。随着股价的下跌，越来越多的人被迫出售或者因恐慌而出售，市场上的股票供应大增，所有股票的收益都下降。①每一次抛售都会压低股价，致使成千上万的账户受损。这种效应是叠加的。市场承受的压力越来越大，它无法完全吸收巨量的供给。结果就是股市崩盘和恐慌，世界各地各行各业的人都受到了影响。

股价在实现了中幅或小幅的上涨之后，市场上的购买力会暂时枯竭，此时股市就会处于轻微的弱势技术位置。这种情况可被视为之前提到的超买和买入高峰的例子（典型的例子见第七章第48页的脚注和图11.2显示的其股价向上冲击70美元时的情况）。

清盘，无论是暂时性的还是持久性的，都会使市场处于强势技术位置。那些被引诱卖出或不得已卖出的人，都已经出货了。大多数股票都落在了经验丰富的投资者、银行家、保荐人、财团或大型操盘机构手里。卖家处于弱势，而买家处于强势，也就是说，无论市场接下来跌到什么程度，他们都有能力承受。大恐慌或大萧条结束时往往会出现这样的情况，比如1932年6月。有时候，下跌的调整阶段，即弱势持股人把股票卖给强势买方的阶段，会持续数月。散户或者说看跌行情的人，通常会在底部做空，就像他们通常在顶部做多一样，因为散户会根据听到的信息或情感而不是理智的思维进行操作。这些业余的空头是潜在的牛市因素，因为他们最终会回补股票。

同样，当供给力量在中幅或小幅下跌后枯竭时，也会出现这样的情况，只不过

① 即使在政府管制保证金的今天（1937年），这类事情也有可能发生。无论人们是刚持有股票还是已经获得了55%的收益，他们都会陷入恐慌。另外，恐慌情绪对盈利多的投资者和盈利少的投资者产生的负面影响是一样的，因为当股价达到高利润的枯竭点时，基本上没有交易员能够筹集到足够的资金并把股价推升至能获得合理利润的高位。此时，尽管价格对他们非常不利，他们也不得不抛售手里的股票。

在任何情况下，对账户的自动限制（尽管这对日内交易员不利）都会遏制散户的购买力，其效果相当于降低了利润和本金。

程度会轻一些。然后，市场就会呈现出之前讨论过的超卖或抛售高峰特征（第七章第45页的脚注；第七章第52页和第十二章第114页）。

超卖和超买位置。[1] 从前面的论述可知，超卖和超买局面分别是强弱技术位置的结果，换句话说，超卖位置基本可被视为强势技术位置，而超买位置基本上等同于弱势技术位置。它们并没有精确的定义，因此我们无法确定市场或一只股票处于超卖或超买位置的具体点数，必须结合之前讨论过的那些现象进行判断。下面的宽泛定义对分析这些问题有一定的帮助。

超卖位置。当市场或个股在下跌期间无法实现正常的修正性回升或者适度的修整时，或者由于反弹或下跌的速度过快，使价格达到了一个对空头回补和经验丰富的卖家退出高度敏感的位置时，我们认为市场或个股处在了超卖位置。

超买位置。当回升或上涨的速度过快，或者由于缺乏修正性的回落或在长期的上涨过程中缺乏修整，价格达到了一个难以出货、对经验丰富的卖家退出很敏感的位置时，我们认为市场或个股处在了超买位置。

回升和回落迹象。当一只股票上涨10个点时，正常情况下其股价会回落一半，即5个点。这并不意味着这只股票在上涨10个点后必须回落5个点，而是意味着股票在回升或上涨遇到阻力后回落的幅度可被视为技术强势或技术弱势的迹象。

回落的幅度小于涨幅的一半表示技术强势。

回落的幅度大于涨幅的一半表示技术弱势。

同理，当一只股票下跌了10个点时，正常情况下其股价

[1] 超卖即价跌量缩、价涨量增；超买即价涨量缩、价跌量增。

——维克托·斯波朗迪

会回升一半，即5个点。小于这一幅度的回升预示着技术弱势，大于这一幅度的回升预示着技术强势。

需要对这些迹象进行深入的研究。在交易期间，行情单上记录了这些迹象，日线图、周线图和月线图也能揭示出它们。

处在“跳板上”的股票，即经过一段时间的准备后，一只股票（或一组股票或整个市场）处于即将启动的位置。这通常发生在下跌的底部，但也会发生在股价在某一区间波动时，在前一波的上涨得到巩固的情况下，股票启动了新一波的上涨。股价跌幅越大，大型操盘机构越有可能吸收更多的筹码，以期为牛市操盘奠定基础。

大涨前的准备通常历时数周或数月，这取决于操盘手想吸收多少筹码以及他能以理想的价格买入多少筹码。他吸纳的筹码越来越多，市场上的供给就越来越少（也就是说，在一定价位上待售的股票数量而非投资者持有的股票数量减少），对股票的任何实质性需求，都会推高股价。操盘手会打压股价上涨（第九章第83页和第十章第90页），直到他认为他获得了足够多的筹码。他打压价格的方式包括：把大额卖出单交给几个经纪人，通过他们把这些卖单转交给做市商。因此，从表面上看，当前市场上有大量的股票待售。经验丰富的场内交易员和操盘手在买入数额较多的股票前通常会问：“如果股价再涨5个点的话，卖家会提供多少股票？”尽管做市商不会透露这些信息，但交易员和操盘手通常会知晓这些信息。

当大型操盘机构认为市场条件变得有利并为股价上涨做好了准备时，它可能买入更多的股票来完成吸筹过程，同时推高股价，如果它之前就已经吸收了足够多的筹码，那么它在买入的过程中会抬高股价，然后在股价上涨的过程中卖掉多余的筹码（第九章第83页）。

当操盘手吸收了足够多的筹码并准备让股价上涨时，股票就踏上了上涨前的跳板了。在此之前，市场上的供给是人为造成的。现在，操盘手准备让需求大于供给了。在这个阶段做到这一点相对容易，因为他已经处理掉了低价位上的所有供给。

现在是持仓的最好时机。要等待这一时机的到来，这样你不仅可以避免资金被占用，不必为不活跃的多头交易支付利息，还不会失去投资于其他股票的机会。每天都有一些股票踏上跳板，为大幅上涨做好准备（这可能预示着一波大涨行情的开启），也可能为大跌做好准备，可能是10个点、25个点或50个点的上涨或下跌。

经过一段时间的派筹准备后，一只（或一组）股票（或整个市场）就踏上了下跌前的跳板了。这通常发生在上涨的顶部，但有时也发生在股价下跌之后的盘整期间，此时操盘手进一步派筹，为新一轮的大跌做准备。

有些人认为，只有股价突破旧的阻力线或支撑线，进入更高或更低的区域时，股票（或市场）才会处于“跳板”位置。但我认为，在吸筹的底部或在派筹的顶部，股票（或市场）就已经开始踏上跳板位置了。

我们已在前面的章节中介绍过处于跳板位置的例子，包括：第七章第45页，第七章第48页，第七章第50页，第七章第53、54页，第七章第57页，第七章第58页，第八章第78页，第十章第91页，第十章第92页，第十章第98页。在后面的分析中还将展示其他位于跳板位置的例子。

成交量的研究。无论是个股、大盘还是板块，对其成交量的分析能给予我们很多启示。

一只股票的成交量少，即交易不活跃，意味着交易商和散户对它不感兴趣。[①]当较少的成交量出现于大跌阶段的底部或回落或小跌阶段的底部时，这通常表明压力减少，卖盘枯竭（如图7.1中《纽约时报》50指数1月16—19日的情况和图4.1美国钢铁公司日竖线图上1月18日、20日和21日的情形；以及图4.2《纽约时报》50指数周竖线图2月4日—4月15日的情形）。

吸筹会导致交易不活跃[②]。内幕人士可能会以撤单的方式试探股票的反应（如图9.1中L点右侧和M点左侧的情形）。当想要买入时，他们会以市场价格买入，但他们不会全部买下，而是会给市场留一部分，以便遏制股价上涨。举个例子，比如说市场上以一定价格供应的股票有500股，他们会以这一价格买入200股或300股。他们会持续这一过程，直到他们买入了目标量的股票，此后他们会拉升市场上剩余股票的价格（如

① 如第二十一章第227页的西夫韦公司（Safeway Stores）的情况。

② 图17.6中电力&照明公司（Electric Power & Light）8—11月的情形。

第十七章），直到他们看到场外投资者已经被吸引进来。然后他们会撤单（第十六章第156页），放任股票势头转弱，使其交易变得不再活跃，从而诱骗散户不再对它产生兴趣。

在上涨、回升的顶部出现的小规模成交量具有不同的含义，它们通常是看跌的迹象（如图9.2中K处的情形和图9.3中QQ处的情形），意味着需求已经得到满足，或者已经枯竭。由于需求减少，供给可能超过需求，因此股票可能进一步下跌。

但也有例外。股价上涨之后成交量缩减且股价波动范围收窄，可能意味着股票在进入下一波上涨行情前正在修整和消化之前的涨幅，而不是回落（第十七章第184、185页）。因此，根据成交量做出判断时，必须谨慎考虑特定的数量出现之前的股票行为，还要考虑数量出现时的其他技术影响。

交易不活跃通常预示着旧篇章的结束，新篇章的开启。

成交量的增加通常具有非常显著的意义。放量上涨（图7.1中2月7—11日的情形；图9.2中Q至S的情形）通常意味着股价会继续上涨。股价下跌时，放量通常意味着股价将进一步下跌（图7.1中2月28日—3月2日的情形和图9.3中PP所示的情形）。

异常放量，即成交量突然激增，通常预示着一种走势临近高潮或顶点（见第七章讨论的买卖高峰）。

通常情况下，熊市结束时，价格波动区间收窄，成交量低，交易冷清；但牛市结束时，价格波动区间较大，成交量比较高，交易比较活跃。

从沉闷到活跃或者从活跃到沉闷的变化（不管绝对的或实际的成交量如何）均非常重要，而且变化是如何发生的也很重要。这些变化警示我们要注意观察股市的进一步动向，这样才能确定最初的趋势是否会延续下去。

假设一只股票在连续多天的时间里，每天的成交量为2000股，股价波动范围在2个点以内。这可能只是一名交易员交易的股票量。但在股价跌破之前的支撑线后，每天的成交量增加至3000股或4000股，这就是相当大的变化，表明供给量的增加超过了需求。市场上买方的需求量并没有缩减，但供应量的增加超过了买方的吸收能力，导致价格下跌，而股价下跌会导致更多人抛售，股票供应量进一步增加。

若一只股票在日成交量为6万股的情况下上涨了5个点，而在日成交量减少至1.5万股时回落了2个点，这样的变化表明，待出售股票的数量相对较少，股票现在只是处于休整阶段。此时，一些人可选择离场。在股价回落期间，成交量逐步减少，直到最后盘口基本没有交易记录（或者图表上的成交量数字变得很小），这是股价进一步上涨的迹象。但是，当成交量再次增加且价格上涨时，特别是股价突破前一个高点时，这很可能表明，股价还会进一步大涨。

上述这些文字意在介绍分析成交量时可运用的一般方法，并不是为解读成交量的增加或减少设定规则。规则可能更具欺骗性，而且不实用、不可靠，同时不符合规则的特例很多。如果你在学习第七章和第十章的内容时不理解个中原因，随着学习的深入你会理解。记住，股市分析技术并非精确的科学。价格是由人们的头脑决定的。在进行推断的过程中，我们必须扮演侦探的角色，必须判断所有买家和卖家的心理反应，必须观察导致成交量发生变化的因素和变化发生时的环境，从中探查买卖双方的动机。

就成交量的分析而言，我们不打算制定规则，而是在后续的章节里以实例介绍如何分析它。

然而，我们首先要以一个比喻进一步阐述成交量变化及正确解读它的重要性。成交量与股价波动之间的关系就相当于汽油和汽车的关系。踩下油门，给汽车提供更多的汽油时，汽车会加速行驶。加的油越多，汽车就越有劲。现在假设你的汽车已经开得很快了，此时即使你放任车滑行，在惯性的作用下它也会驶出很远的距离。但另一方面，如果你只是用脚轻轻地踩了一下油门后就放开了，你的汽车无法获得强大的动力，当你让它滑行时，它是不会走多远的。

这个比喻同样适用于股市。若成交量只是暂时增加，价格变化的动力就会不足，变化很快就会结束。而另一方面，成交量持续增加时，越来越多的散户进场，价格变化的动力会越来越大，积聚的动能越来越多。此时，价格某一方向上的变化往往比较持久，不会快速、轻易地逆转，但成交量的增幅比较小，增加时间比较短或者不持续时，结果则是另一番景象。

由此可见，日成交量是衡量公众参与程度或交易员和散户是否愿意遵从价格变化的优秀指标。例如，当整个股市的日成交量为70万—50万股或更少时，这说明公众参与度很低，交易主要在专业人士之间完成。如果某一天的成交量突然增加，比如说增加了100万股或125万股，那么成交量的增加很可能不是正常的放量，而是临时性的，这有可能预示着一次短暂的或者重要的转变。如果成交量是逐步增加的，比如从100万股增加至150万股，再增加至200万股，也就是说，是相当持续地增加的，那么我们可推断，散户在进场，接下来股价可能上涨一段时间，市场走势不会突然逆转，直到其上涨的动力耗竭，主要表现为波动范围收窄，即在放量的情况下，股价没有进一步上涨。

当然，不能把上面提到的数字视为衡量股市日成交量的标准，我们只是以它们为例强调，成交量的相对变化（而非绝对规模）这一指标非常重要。因此，当日成交量在相当长的时间内维持在20万—30万股之间，但某一天成交量突然大增，变成了50万—70万股时，这意味着非常显著的变化。如果成交量是逐步增加至75万—100万股的，那么这种持续的增加表明，散户正在入场，尽管在其他年份里，散户是否入场要以400万—500万股或更多股的增加（如1926—1929年）或200万—400万股的增加（20世纪30年代初）来衡量。

上面的段落已间接阐明了供需理论。原理是老生常谈，且易于理解，但能运用好这一原理的人却很少。

永远记住这一点：成交量的增加或减少很重要。成交量逐渐或突然增加或减少能帮助你研判转折点、确定股票的趋势、开启或关闭一笔交易的时间、改变止损点的时间[1]、变化达到高潮或即将达到高潮的时间。

个股的成交量。上述对整个股市成交量的分析方法也适

[1] 止损的逻辑是：当市场证明自己出现错误时；需要确定一个价位，当市场触及此价位，就要认错卖出。
——维克托·斯波朗迪

用于对个股和板块成交量的分析。然而，由于个股行为反映的是背后庄家的意图，我们经常发现，个股的成交量往往显示出独有的习性和特征。我们必须研究这些习性，这样才能在研判时考虑得更全面。例如，一些股票倾向于在放量后见顶，而另一些股票则倾向于在缩量后见顶，有许多股票的走势与大盘不一致。

保荐的类型。有些股票得到了积极的保荐，而另一些股票得到的是消极的保荐。前一类股票的交易比较活跃，价格常常出现回升和回落、上涨和下跌，而且日成交量比较大。简言之，它们颇受投机者的青睐。

得到消极保荐的股票波动范围比较窄，在很长的时间内，其股价波动时参与交易的投资者较少。

得到积极保荐的股票对整个股市产生了较大的影响，因为交易员会根据它们的行为判断大盘的走势。得到消极保荐的股票缺乏这样的引领特征。

某些得到消极保荐的股票偶尔可能会活跃起来并开启上涨模式，它们的保荐人会快速地套现以补偿运营这些股票的成本，但这种操作仅限于消极的管理，不是为了获得投机收益，只是为了维护这些股票的投资地位。

一类股票可能转变成另一类股票，但散户通常在很长时间后才能感知到这种变化。这正是许多人持续在股市里打拼，最终发现自己被套牢的原因。一度炙手可热的股票可能变得无人问津。有时候，一类股票转变成了另一类，但之后可能又变回去了。保荐性质的变化可能预示着股票的投资和投机质量的变化（第九章第83页）。

警惕性强的投资者能够及时了解重大的技术性变化，他们能通过股票及其行为、习性的变化特别是成交量的变化，无偏见地解读庄家的意图，从而判断出股票接下来的走势。

而且，如果他们发现很难找出最有可能快速、持久地大幅上涨和下跌的股票，他们就会在尊重大盘趋势的情况下，将资金分散投资于5只或更多只近来显示出积极管理特征的股票。这些股票随大盘变化的概率很高，因为积极的保荐人可能利用大盘趋势把他们青睐的股票推向散户。

价格VS数量。对大多数低价股的保荐都是消极、迟缓的，因为这些股票的发行吸引了众多的散户。散户总是会思考价格和自己能买到的最大量。积极的管理者不喜欢在大量的追随者眼皮子底下推动股价变化，因为这样做会使散户搭上便车，而他们自己却得不到任何好处。只有在自己的利益实现最大化时，即庄家在积极地推动股价上涨并派发筹码时，他们才会让外人参与进来。如果他们看到了好的推动机会，但发现持有股票的人过多，他们就会在牛市到来之前想办法让这些人离场。

由于上述这些原因，拉升高价股往往比拉升低价股更容易。散户害怕高价股，不喜欢高价股，因为他们没有能力持有这类股票。

当然，经验丰富的投资者知道，价格并非衡量质量或价值的唯一可靠标准。高价股不会一直是安全投资的对象，但是，随着研究和分析的深入，你会认识到，你唯一关注的应该是价格发生重大变化的可能性。因此，在选择股票时，不要像大多数人那样，只考虑能买到的最大数量，而要结合自己的分析，考虑将来能从中获得的最大收益。

第十五章
趋势线的重要性

我们以物理学中的现象打个比喻：在吸筹阶段，某只股票（或市场）的需求能量不断累积，之后当这股能量被释放时，它就会成为股价上涨的动力。而且，只有当积累的需求能量最终被释放殆尽，或者受到足以改变趋势方向新力量的遏止时，股价才会平稳下来。

当需求能量消失或者遭遇超强的供给力量时，价格会趋于平稳，或者会出现拱形走势。

相反，在派筹阶段，供给力量积蓄，最终超过虚弱的需求力量，股价下跌，直到供给力量耗尽，或者需求恢复活力并足以抗衡供给力量，使市场达到相对均衡（交易区间）的状态。

因此，在动量的驱使下，下跌趋势会持续下去，直到最初的供给力量削弱或者被足以改变趋势的新力量所遏制。当股价趋于平稳或者出现了向上盘整的迹象时，说明供给力量正在变弱，或者遭遇了强大的需求力量。

（在动量的驱使下）股价的跳涨反映在日竖线图上就是，股价的走势呈现V形，而跳跌是呈倒V形，但跳涨跳跌情况不太易于识别，总会出现一些不规律的变化，影响我们对走势的判断。

因此，我们需要借助趋势图进行分析。[1] 将股价在小幅、中幅和大幅波动期间触及的各个高点或低点用直线连接起来，我们能直观地看出股价上涨或下跌的反转度。

有时候，供需力量产生的动量如此之大，以至于形成了一个良好的活跃区域。也就是说，买卖力量此起彼伏，形成了良好的价格路径或通道。换句话说，将股价的一系列高点和低点连接起来，得到的连线呈平行关系，或者近乎平行（见图15.1）。

按前两段的描述绘制而成的直线被称为趋势线。由于前述的原因，运用这些趋势线能够确定价格变化的主要趋势，能使我们把注意力集中于趋势变化的可能性以及实际发生的逆转上。例如，有迹象表明，股价在一条既定的趋势线附近趋于平稳，我们必须将其视为一个警示，我们要搜寻其他证明趋势即将发生变化的证据。同理，若一只股票或平均指数的价格路径与一条既定的趋势线交叉，这可能是趋势发生逆转的表现。

换一种方法重复上述内容，以便你更深入地理解它们：

（1）价格的变化出现了背离趋势线的预兆，通常（但绝非总是）意味着之前发挥作用的需求或供给力量将要耗尽。这可能意味着价格只是出现了速度上的变化，也可能意味着趋势有被逆转的风险。必须结合其他因素，进行全面的诊断才能做出最终判断。

（2）价格的变化实际背离了趋势线，通常（但绝非总是）意味着之前发挥作用的需求或供应力量被新的力量所压制，从而形成了新的趋势。然而，与以前一样，我们需要结合其他特征才能判定这一迹象（即背离趋势线）是真是假。

[1] 趋势图体现了股票的价格线与收益线的波动关系，即应是并驾齐驱的，当股票价格线的波动偏离了收益线，迟早便会回到与收益线相一致的趋势上。

——彼得·林奇

你应该理解透上述内容，因为稍有不慎就可能夸大趋势线的重要性，而且可能机械地运用它们。

在不考虑其他因素的情况下，仅因为股价突破了既定的供给线或者盘整区域就买入股票，或者仅因为股价背离了供给线或者跌破了交易区间的底部就卖出股票是糟糕的做法。不要忘了突破趋势线本身并非你做出确凿判断的依据，也不代表一切。重要的是，趋势线是如何被突破的，趋势发生变化的条件是什么。我们必须充分考虑这一迹象出现之前的股价情况。

简言之，观察突破点及其附近的买卖质量，我们能够判断出股价背离趋势线是新趋势形成的证据，还是暂时性变化的证据。当股价突破之前的高点和低点以及旧的阻力线和支撑线时，我们也可以运用这一原则做出判断。

当平均指数或某只股票沿着既定的趋势移动了一段距离之后可能会遇到强大的阻力，这会导致它改变移动速度，或者进行修整。在修整期间（横向或在交易区波动），最初发挥作用的力量可能恢复，甚至大大增强，结果是指数或股票的运动获得了比之前更大的动量。

例如，在上涨趋势中，上涨可能会停滞一段时间，之后，由于保荐人和散户的购买，再加上看涨的交易商和投资者对股票也产生了兴趣，需求力量进一步壮大，股价上涨的速度加快或者股价在快速上涨之后会继续缓慢地上涨。

为了适应新的变化，在出现上述情况后，我们有必要重新确定趋势线。显然，你不能仅凭股价表面上突破了趋势线就得出趋势已经改变的结论，必须结合其他的技术性变化做出判断。

你也必须小心谨慎，特别是在遇到微小的变化时，不能不加甄别地绘制趋势线。准确地绘制趋势线需要具备出色的判断能力。若判断有误，运用趋势线会引发困惑，使你做出错误的推理。

针对股价的小幅波动运用趋势线时，要特别小心，原因是：股价盘整时（水平形态），我们不能武断地将其视为吸筹或派筹的表现。很多情况下，这样的盘整或震荡会持续很长时间，它们可能是均衡的力量相互作用的结果。在这些区域，由于起作用的力量相对较小，股价会轻微下跌和上涨（小幅的回升和回落），涨幅和跌幅会相互抵消（见第十四章第137页）。记住，只有供给和需求力量得以积蓄、之后变得不平衡且足以产生持续的支撑时，确定性的价格趋势才会形成。因此，当平均指数或股票盘整时，要仔细分析它们的行为，这样才能确定盘整是吸筹还是派筹的结果。

注意到上述问题后你会发现，运用趋势线对判断股价在哪一点得到反弹支撑、遭遇回升阻力和向另一个关键点迈进很有帮助。你还可以利用它们在实际的变化发生之前先进行预测。

因此，当指数或个股的价格接近或触及这些趋势线时，我们会得到这样的提示：应该寻找其他转折点的线索。警觉性高的交易员能够在支撑线或者超卖线附近发现特殊的买入或回补机会，或者在支撑线或超买线附近发现抛售或卖空的机会。

支撑线是连接两个连续的支撑点（两次回落的低点），用以确认上涨角度的直线。具体的例子见图15.1中的A—C线、E—G线和N—P线。

供给线是连接两个连续的阻力点（两次回升的高点），用以确认下跌角度的直线。具体的例子见图15.1中的J—L线。

超卖线是与供给线平行且穿过第一个支撑点（回落中的低点）的直线，这个支撑点位于两个相邻的回升高点之间。例如，图15.1中的K—M线。注意，K是两个相邻的高点，即J和L之间的第一个支撑点。

超买线是与支撑线平行且穿过第一个阻力点（回升中的高点）的直线，这个阻力点位于两个相邻的支撑点之间。例如，图15.1中的B—D线、F—H线和O—R线。

竖线图比较敏感，而且要在竖线图中反映股价回升和回落、上涨和下跌的极端情况，因此最好先在竖线图中把趋势线画出来，然后，观察点数图与竖线图中趋势线最为一致的点，把后者正确地绘制到点数图中。关于竖线图和点数图趋势线各自的相对优势，我们稍后做详尽的解释（第148页）。

下面我们将进一步介绍如何合理地绘制趋势线以及如何在实践中运用它们。我们首先将图9.2做了部分修改。从修改后的图（图15.2）中可以看出，股价在回落至G后，我们能确认出两个回升高点，第一个为35.625美元（D），第二个为33.875美元（K），股价跌至30.125美元时（L），第二个高点K更加凸显。相应地，如果画一条直线穿过这两个高点，那么我们就能得到一条供给线，将这条供给线向右延伸，我们能确认之后股价回升的大致上限，直到股价开始横向盘整（至M），这表明趋势即将发生变化。

换一种方式解释就是，当我们看到股价从L点开始横向整理，一直持续至M点的右侧时，只要股价能够突破右侧的高点，就会有一股上冲的力量推动它突破之前的下行趋势供给线D—K。这样的突破意味着重大的转变，因为股票已经在徘徊中接近了关键的支撑线（30美元价位线），现已处于必须体现出回升能力的关键位置了，否则它将很容易遭受空头打压（第七章第54页和第十六章第161页）。然而，如果股价能在一定力量的推动下（无论是因放量还是因股价上涨，抑或是二者兼具）突破供给线，那么我们将推断，在30—25美元（A—M）形成的需求力量已经被释放出来了，股价可能开启一波上涨行情了。

值得注意的是，我们能提前预测到突破，并在突破发生之前就做多，这是因为，对A和M之间的走势进行深入研究后，我们认为股票正在为大涨做准备（见第十章第90、91页）。而且，股价最后一次跌至30美元（M）时成交量大降，再加上之后股价快速反弹至31.25美元（N），我们认为现有的供给大体已被消化掉了，也就是说，在这个价位上，供给已经变得稀缺了，操盘手已经成功地创造了一系列条件，需求力量逐步增强，买入的时机已经成熟。

股价向R靠近使我们能够确立趋势支撑线M—Q，它体现的是这只股票在这波行情中的上涨速度。把这条线往右延伸，我们发现股价短暂飙升到了40美元（T），此后3天内，股价向支撑线回落，我们认为这是正常的修正性回落。我们推断，若股价进一步回落，它会在这一支撑线周围调整。事实果真如此，股价在快速下跌至35.875美元（U）后马上反弹，且反弹当日以高价收盘，价格几乎触及了我们确定的趋势线。由此可以看出，这条趋势线可以给我们带来有益的提示，提示我们寻找新的需求（支撑）点以及价格回落点。

在股价上涨至46.875美元（X的右侧）后，我们必须调整趋势支撑线，因为自X点以来的上涨积蓄了更大的动量，股价的上涨由此进入了一个新的阶段，这意味着操盘手现在急于结束操盘。当然，股价在突破了这条新趋势线（U至X）的延伸部分（Z的左方）后，仅稍有回落就趋于稳定了，这使得我们产生了疑问：这条趋势线是股票走弱还是临时性调整的信号？

同时，我们注意到，股价回落至47.5美元，这突破了趋势线X—Y，这表明从X—Y的快速上涨是不可持续的。

自Z点以后，即在46—51美元的交易区间内，只有股票给出明确的新信号之后，我们才能结合趋势线研判接下来的走势，因为股价的中幅波动没有出现之前，我们没有确立新趋势线的依据，而且我们决不能根据小幅波动确定趋势线。把趋势线运用于小幅涨跌会把人引入歧途，会让人得出欺骗性的推论。

接下来我们分析图15.3所示的美国烟草公司B的竖线图，其股价从5月11日的高点A下跌至5月21日的60点，其间的趋势可以用连接A点和下一个回升高点B的直线表示。将这条线延伸至C我们发现，6月14日，这只股票的股价在快速回升时突破了这条线（D），这提示我们，趋势可能发生变化。

同时，我们观察到，股价自离开62.5美元（B）后，其下跌有加剧的趋势，因此有必要绘制一条新的趋势供给线B—E来表示这种速度变化。由于下跌几乎是断崖式的，我们认为，股票正落入超卖位置（见第十四章第131页）。6月1日，股价下跌至新低，后股价放量回升，并在F点穿透了这条线，这表明，供给力量已被更强大的需求力量所压制。我们预计，在一系列抛售高峰过后，股价将会出现习惯性的回升。注意观察这波技术性回升在临近我们最初的A—B—C供应线时，即在最初的下跌三角形范围内，是如何遭遇阻碍的（G）。

由于缩量是抛售高峰之后发生的技术性反弹的正常特征，当价格开始在供给线A—B—C附近的G点徘徊时，我们注意到这波回升有可能结束，因此，我们要为下一波走势做准备，也就是说，要为即将出现的二次回落做准备，它将测试44—45美元附近的支撑线。这一测试可能证实之前的支撑是有效的（这表明在这些价位左右，存在高质量的需求），也可能确认支撑已经消失（第七章第45页的脚注）。成交量仍然很低，或者说在预期的二次回落（6月7日和8日）中没有明显增加，而且在接下来的两天里，股价没有进一步下跌。之后股价从6月9日和10日的较高支撑点（47美元附近）回升时，股票成交量增加，这意味着更宽广的支撑基础（吸筹）正在形成：需求力量正在积蓄。

从1点点数图（图15.4）来看，现在的基础（46美元价位线）足以支撑股价回升13个点，即回升至57—59美元，这预示着下一波回升将穿透竖线图上的A—B—C支撑线。若事实果真如此，我们基本上可以确定，股票从技术弱势阶段转向了技术强势阶段。

与此同时，我们试探性地确立了一条从H至J的支撑线，我们注意到，27日股价在K点突破了这条线的延伸部分。这是股票进一步走弱的可靠信号吗？我们之所以有此疑问是因为，股价的突破伴随着成交量的增加。由于增量明显，我们必须考虑这是不是一次小抛售高峰，而非价格下跌后的放量。我们必须等待更明确的信号出现。在接下来的几个交易日里，下跌没有继续，相反，价格的波动区间收窄，高点和低点均有所提高，股价回升时成交量增加，股价下跌时成交量减少。因此，我们得出的结论是，需求的质量仍然高于供给的质量。因此，当股价于7月9日波动到静点时，它已经连续两周高于6月的低点了，我们断定，H—J并非有效的支撑线。股票的行为是累积力量的体现，也就是说，我们的第一条支撑线（H—J线）仅代表暂时性的上涨加速，除非积蓄了更多的能量（力量），即除非有更多的股票供给被吸收，否则，这样的上涨是无法持续的。股票的这种行为再次表明，其他技术指标可能推翻单纯机械地依靠趋势线得出的推论。

7月11日的反弹（第十章第91页）给出了确定的看涨信号后，我们确立了新的趋势支撑线H—K，但同时要注意，如果我们调整了趋势供给线，使它穿过A点和L点，我们就能够更直观地看出6月末的盘整使股价达到了更高的顶点，即供给线A—L和支撑线H—K的交点，因此，在股价于7月9日波动到静点时，股价就处在了一个突破胶着区域的位置，正踏上跳板，准备释放在44—54美元区间内积蓄的需求力量。

我们之前就解释过（第142页），要在竖线图中划出趋势线。这是合理的做法，因为价格波动、成交量和价格波动与成交量间的关系这三大因素决定了何时何处运用趋势线是合理的，何时何处运用它是不合理的。

然而，有时候从点数图趋势线比从竖线图趋势线更能看出重大的价格变化。例如，从美国烟草公司B的1点点数图（图15.4）来看，由供给线和支撑线H—K形成的顶点在点数图上比在竖线图上（图15.3）显示得更明确。因此，在竖线图中确定了趋势线的正确位置后，最好在点数图上也画出相应的趋势线（第142页）。比较竖线图中的供给线A—L（见图15.3）与点数图中标有字母的趋势线（见图15.4），比较支撑线（竖线图）和点数图上相应的趋势线，你马上就知道应该怎么做了。

如果你的点数图趋势线给出的提示与竖线图趋势线给出的提示不一样，那么你最好以后者为准。在美国烟草公司B股票的例子中，竖线图中的供给线A—B—C准确地提示了我们这只股票在6月初的回升中（至G点）所处的技术位置。这一波的回升在供给线附近遭遇了阻力，这一事实有助于我们确认回升是不是抛售高峰后的技术性反弹（第144页）。另外，点数图中相应的供给线给出了更加积极但也更具误导性的提示，因为从点数图来看，下行趋势线A—B—C显然被突破了。

这种差异可能是因为点数图不涉及时间因素造成的。

美国钢铁公司的两幅图（图15.7和图15.8）也提供了趋势线的例子。这两幅图展示了价格是如何在供给线A—C和相应的超卖线B—D之间波动的。经过点B画出A—C线的平行线就得到了超卖线。换句话说，当股价从41美元（A）下跌并能使我们确认下一个高点在35美元（C）时，我们就能画出描述股价下跌速度的供给线A—C。同时，我们画出另一条直线B—D，它与A—C线平行，经过A点与C点之间的低点或支撑点B（34美元），将这条线延伸（至D），它就可以提示我们，在随后的下跌中，哪一点是股票的超卖点。

同理，在画出趋势线M—O后，我们经过M、O两点间的回升高点（N）画平行线。这条线（延伸至右边的P点）表示股价在随后的上涨中遭遇的阻力线，也就是说，当股价触及这条线时，股票就会被超买。因此，N—P线是超买位置线。

一般而言，趋势线对分析大幅和中幅波动比分析小幅波动更重要。也就是说，突破中幅波动趋势线要比突破小幅波动趋势线更能预测价格未来的走势。当然也有例外情形，比方说，市场或某只股票出现的小幅波动可能是开启新的中幅或大幅波动的信号。

美国烟草公司B（图15.6）向我们展示了在3点点数图中显示的典型的趋势线位置如

何帮我们在这类图中快速便捷地观察中幅和大幅的波动，它们将大量的历史信息浓缩在了较小的空间内。在这张图上，我们首先试探性地确定了一条趋势支撑线A—B，之后当股价的上涨能量增加时，我们又确立了支撑线B—C。同理，供给线D—E表示熊市行情中的初始动量，而且供给线E—F和G—H表示的是股价的下跌能量增加。a—b线是对应于A—B的超买线，m—n是对应于M—N的超卖线。

仔细研究这些图你会发现，当股价险些触及或者背离既定的超卖或超买位置线时，这样的走势通常预示着，股价的变化速度或者趋势即将发生变化（见第二十二章第251、252、253页的注释中对这一原则的解释）。但是，我们必须结合影响股票（或平均指数）行为的其他技术因素来判断变化的重要性和幅度以及预示信号的可靠性。

因此，要审慎地运用趋势线，在判断市场行为时要综合考虑涉及的所有因素，这样就能明智地运用趋势线为你谋利。但是，它们的主要价值在于给你提供启示、线索，而不是直接给你明确的结论。

永远不要只根据趋势线做决断。

如果其他人愿意，就让他们把趋势线视为灵丹妙药吧！你现在学习的是预测市场的正确原理，你肯定不愿意成为只会计算的机器人，肯定不愿意上当受骗。

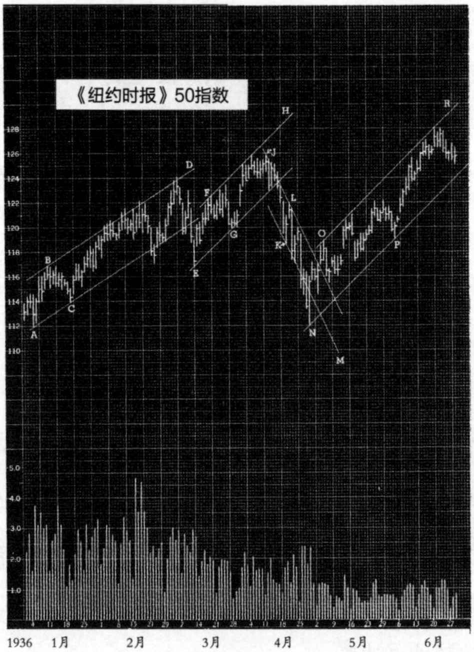
《纽约时报》50指数
A
B
C
D
E
F
G
H
J
K
L
M
N
O
P
R
1936
1月
2月
3月
4月
5月
6月

图15.1

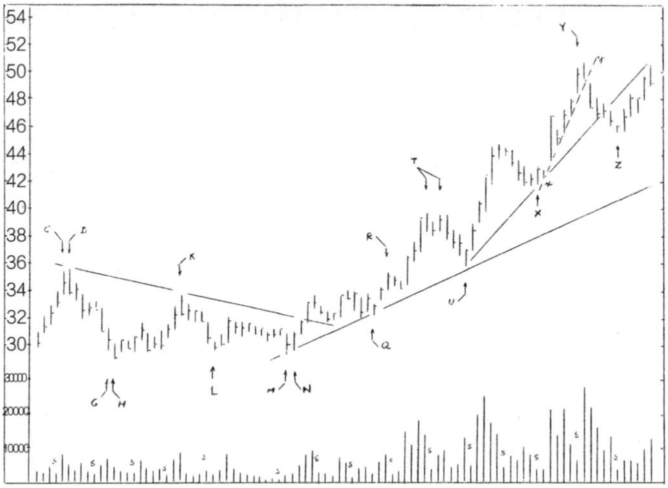
54
52
50
48
46
44
42
40
38
36
34
32
30
K
L
Q
R
T
U
X
Y
Z

图15.2

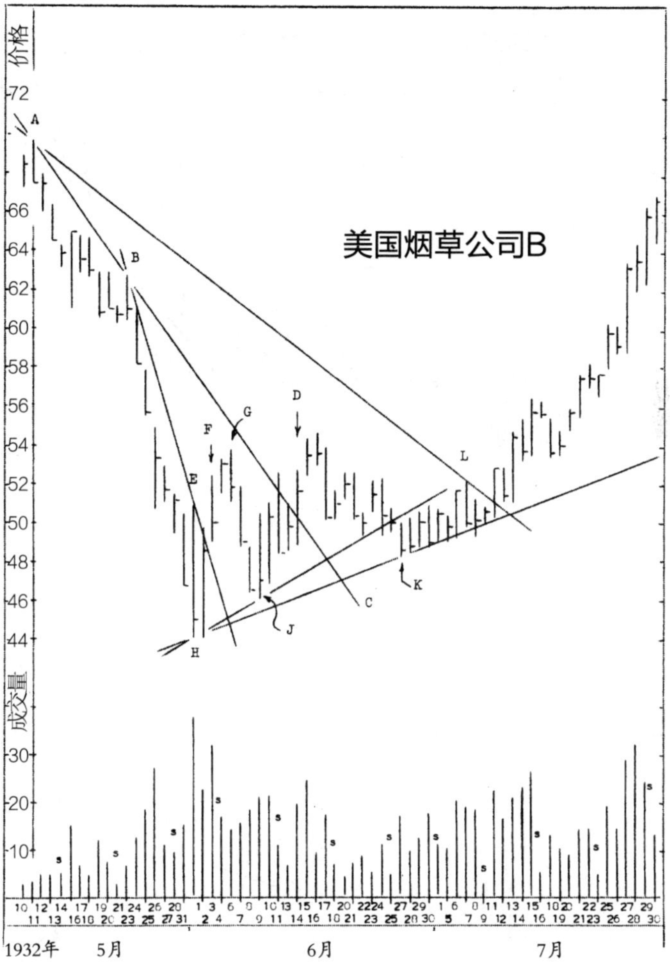

图15.3

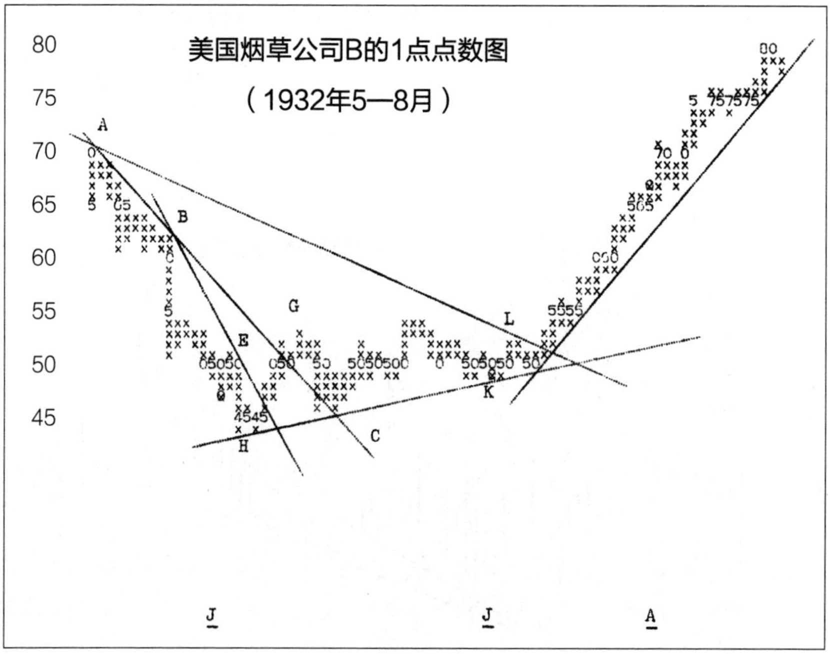
美国烟草公司B的1点点数图
（1932年5—8月）
80
75
70
65
60
55
50
45
A
B
C
E
G
H
K
L
J
J
A

图15.4

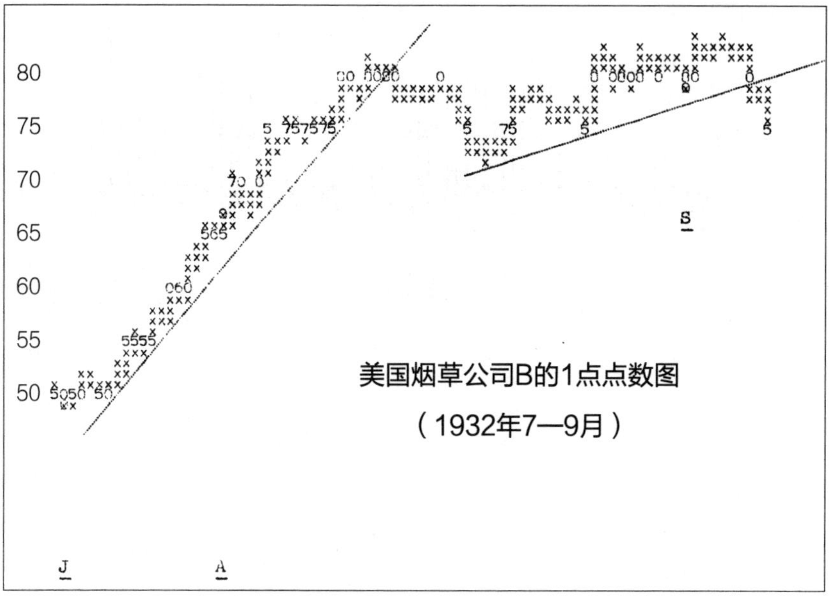
美国烟草公司B的1点点数图
（1932年7—9月）
80
75
70
65
60
55
50
S
J
A

图15.5

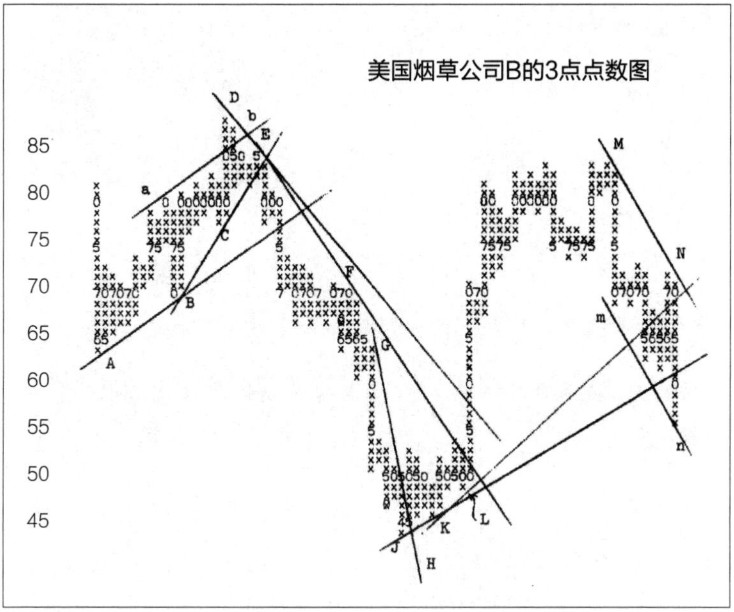
美国烟草公司B的3点点数图
85
80
75
70
65
60
55
50
45
A
B
C
D
E
F
G
H
J
K
L
M
N
a
b
m
n

图15.6

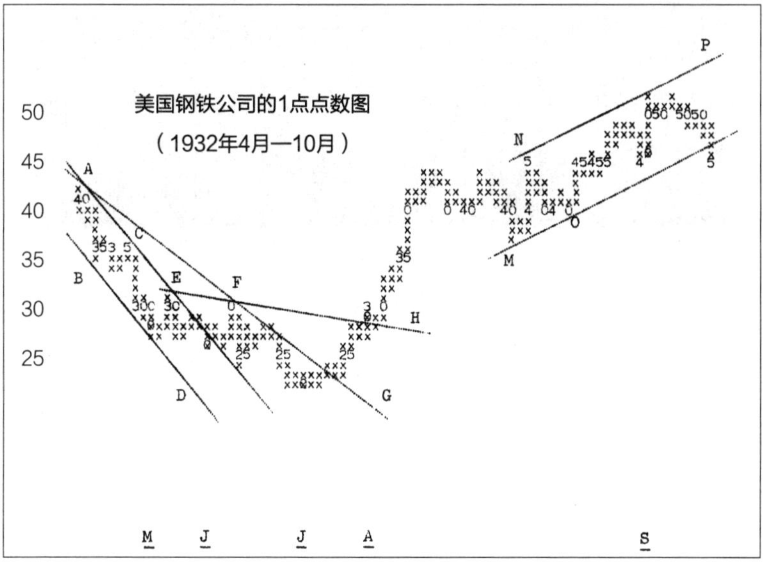
美国钢铁公司的1点点数图
（1932年4月—10月）
50
45
40
35
30
25
A
B
C
D
E
F
G
H
M
N
P
M
J
J
A
S

图15.7

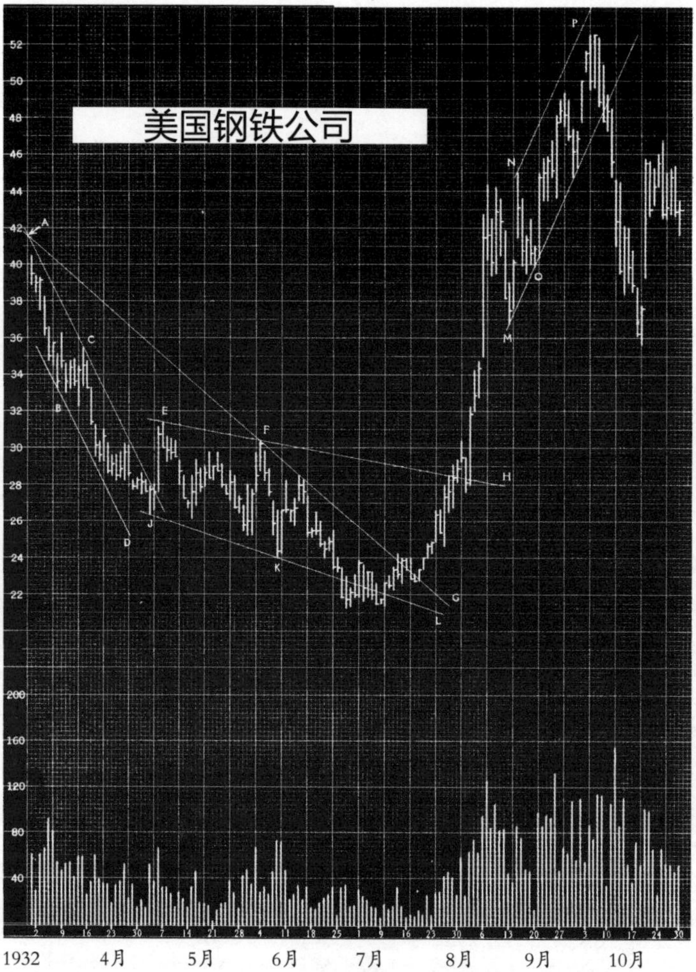

图15.8

第十六章
竖线图：图表研究（VI）

通过之前的学习可知，市场的运行要经历四个主要阶段：（1）吸筹；（2）拉升；（3）派筹；（4）下跌。

股票处于前两个阶段时行情看涨，处于后两个阶段时行情看跌。还有另一种情况，即投资者对股票没有兴趣，也就是说他们不操盘或不准备操盘，这是市场中立的情形（第十四章第137页和第十五章第141页）。

我们的目标是确定我们所有备选股票的技术位置，即确认它们是上述三种情形中的哪一种，以及各自所处的阶段进展到了什么程度（第十八章第192页）。为此，我们必须考虑三个基本的因素：（1）价格波动；（2）成交量；（3）价格波动与成交量之间的关系。

就价格波动而言，我们要考虑如下方面：

（A）相对强弱势；

（B）之前的支撑位和阻力位；

（C）上涨或下跌的速度——趋势线；

（D）震荡、拉升、超卖和超买情况。

因此，仅对价格波动进行分析，我们就能得到许多有关个股当前技术位置和可能趋势的有益信息。

然而，对成交量，或者说交易强度的分析，能够证实、修正或推翻根据价格波动做出的推断。

成交量因素在下列方面发挥着至关重要的作用：

（E）识别买卖高峰；

（F）判断支撑位和阻力位或供给线和支撑线附近的供需质量；

（G）当价格接近已确立的趋势线时，判断供需的质量（阻力和支撑）；

（H）确认震荡、终极拉升（见第二十一章第226页）；

（I）确认吸筹和派筹区间，判断股票震荡的时间，即何时股票处于中立位置或者何时股价交替回升和回落，且幅度大致相同；

（J）确定盘整是在为下一波上涨积蓄能量（新需求），还是为下一波下跌积蓄能量（新供给）；

（K）判断股价实现了既定目标后接下来的走势特征。

从价格波动和成交量之间的关系中，我们能判断出：什么时候开启新一波行情，什么时候结束，从而决定最佳的操作时间。

从上述内容我们可以看出，研究成交量的变化是何等重要，以及竖线图为什么能助力我们提高推断的精确度。

竖线图展示成交量和价格的变化，因此我们可利用它研究前面提到的三个基本因素以及（A）至（K）这些方面（第四章第36页）。

点数图只显示价格变化。如第十章至第十三章的研究所示，点数图对判断吸筹和派筹，或需求和供给的力量非常有帮助。因此，它们是预测股票、板块或大盘未来走势的合理而可靠的工具（第四章第37页）。

没有点数图时，可以通过观察竖线图中准备期的长度，近似地判断吸筹或派筹的重要性和程度，但最好还是运用点数图来判定市场的目标。经过三个月准备形成的趋势要比只经过三周准备形成的趋势更可靠，经过一两年准备形成的趋势要比经过一两个月准备形成的趋势更可靠、更持久。

虽然通常情况下，我们可单凭点数图判断股价接下来的走势，但很多时候，点数图会给我们留下不解之处，或者我们得等待很长时间才能获得明确的提示，读过第十一章至第十三章的内容你就会明白这一点。尤其是点数图上的震荡区，更令人疑惑。除非我们仔细研究成交量的变化，否则我们无法判定它代表的是吸筹还是派筹，是需求还是供给，或者仅仅表示中立（第十五章第141页）。

简言之，除非是经验丰富、高度专业的学员，一般人很难仅凭点数图确定可能的趋势，因此，我们需要竖线图的帮助，它能提供相关的成交量信息。竖线图（或其他具有类似功能的图形——第四章第33、34页）对确定大盘、板块或个股的走势很有必要。就对比强弱、确定趋势线而言，竖线图要比点数图更有效。此外，竖线图最适合预测小幅波动的转折点，比如3—5个点或者8个点的波动，也最适合解释低价股的走势。

接下来，如第七章一样，我们先根据上述原理解释竖线图的运用，然后如第十章一样，介绍单个点数图和竖线图（第十七章）的综合运用。但首先你要重温第九章和第十四章介绍的原理，这样你才能在接下来的学习中融会贯通。

我们从阿纳康达公司（Anaconda）的一小段交易区间（14.25—15.125美元）开始分析，在此之后，7月16日（周一），顺应大盘的走势，这只股票放量上涨，突破了这一区间（见图16.2）。此后股价一直面临下跌压力，没有任何回升的迹象，到了7月26日，股价急速下跌至10美元，而且成交量异常大增，我们认为这是抛售高峰迹象，意味着需求即将超过供给，而且随着股价从14.25美元下跌至10美元，这只股票已经进入超卖状态，我们预计，至少会出现一次技术性回升（与第七章第45、46页做对比，包括第45页的脚注和第52页，也见第十四章第130、131页）。

如果我们手头有阿纳康达公司以前的记录，我们就知道，1933年11月—1934年7月，其股价大部分时间在14—17美元这一区间波动。此外，10美元（1933年10月的价格）是一个支撑点，是股价从1933年7月的高点22.875下跌时触及的低点（见图16.1）。

了解了上述背景信息后，我们认为，不能指望股价在1934年7月26日之后持续上涨，因为抛售高峰已经不期而至。也就是说，考虑到在14—17美元的区间内被套牢的卖家的数量，我们认为这只股票的庄家不会为了解救那些受到惊吓的多方而马上把其价格操作到派筹阶段的水平。相反，如果想操盘的话，他们会让这只股票的交易保持低迷，将散户踢出局；或者他们会使价格震荡，让散户离场（第二十一章第225、226页）；或者他们会双管齐下，为股价以后的上涨奠定基础。

经验丰富的操盘手知道，通过让股票在相当长的时间内保持低迷和冷清，很容易让散户放弃手中的筹码。大多数的市场追随者，至少是消息不太灵通的股民，是出了名的没有耐心。他们渴望进行交易，认为买入了股票后，股价就应该立马上涨，特别是当牛市正在形成或者已经形成时，这类人会不断地买入活跃的股票。当股价没有继续上涨时，这些情绪化的买方会大失所望，把手里持有的股票抛售掉，这种“震仓”的效果相当好。若股价盘整一段时间或下跌，散户会对持有的股票失去耐心，并买入其他“将上涨”的股票，而且又是在高点买入的。很多时候，他们刚卖出股票，股价就上涨了，因为股票的庄家已经施计将那些不成熟的投资者踢出局了。同时，他们会把那些“看起来”出色、表现颇为强势的股票以高价卖给那些市场追随者。

因此，在了解了这些原理和看到阿纳康达公司的抛售高峰后，我们认为，这只股票还不具备大涨的基础，因为大量的购买还未出现，突破股价上限的力量还不够。我们认为，股价可能回升一部分，比如回升至15美元，但没有面临旧供给线阻碍的其他股票可能会提供更好的机会，至少在这个特殊的时刻是如此。

上述内容表明，在做出投资决策之前，了解个股、板块或大盘的历史非常重要。为了说明你选择的股票未能如预期的那样变化时你该如何操作，假设我们做出决策时不清楚过去的历史信息。相反，假设我们能在抛售高峰出现的第二天，即7月27日，买入阿纳康达公司的股票，那么可能出现两种情形：第一种，我们认为，当股价从15美元下跌至10美元时，可能会出现一次正常的修正性回升，此时可将股票卖出；第二种，买入股票具有更长远的目标，后续股票的走势表明前期走势只是为后期的大涨奠定基础。如果事实果真如此，我们可以较低的风险获益，因为我们为多头头寸设置的止损点离危险点很近，即9.375美元或者比7月26日的最低价低约半个点的位置（由于这是一只低价股，因此半个点的止损价位是合理的）。因此，我们以10.5美元的价位做多这只股票。

第二天（7月28日），股价稍有回升，但力度不大，成交量非常少，股价波幅非常窄，这导致我们认为，股价将出现回落。做出这一预测的另一个原因是，在周六的回升中，股价高点触及了供给线A—B—C。这条线连接着7月20日和23日的高点，因此大致描绘出了股价在14.25—15.125美元波动后显现的下跌趋势。

我们现在要观察，股价是在10—11美元区间盘整，还是会回升至11.5美元，若是后者，那么它将打破先前的下跌趋势，并确认7月26日形成的支撑线。请注意，画出A—B—C线的唯一目的就是确认突破趋势的可能（第十五章第147页）。

7月30日和31日，股价创下了新低，但成交量较少，这预示着下行压力并不太大，因此，股价不大可能跌破低点。在接下来的交易日里，股价回升至11.5美元，我们认为此次回升突破了下行趋势线A—B，7月31日股价回落至10.5美元，这是对之前低点的试探，而且由于这次回落结束于更高的支撑点位，5天的盘整（7月26—31日）形成了充分的支撑基础，或者说产生了足够多的需求，这将引发股价的进一步回升。股价的回升趋势一直持续到8月3日，但成交量仍然较少，这表明少数买家胆子比较小，他们不愿意追涨。

如果我们不知道接下来的股价走势，仅凭当天的走势无法做出明确的判断。股价接下来会如何变化，是进一步回升还是如8月3日那样，在成交量缩减时再次回落，一切都要看股票接下来的行为。换句话说，相对于7月的下跌，7月31日—8月3日的回升幅度较小，力度较弱。此次回升中，成交量没有增加，因此我们对看涨的判断产生了怀疑。这次弱势反弹在接近10美元的危险点处结束了，这预示着，在新的压力或强大的卖方影响下，股价很容易跌破7月26日的低点，释放出新的卖盘，这会导致股价进一步下跌（第十五章第142页）。

如果我们从事的是速战速决的短线交易，那么8月4日的股票走势就是在警示我们，要快速抛售它。如果我们买入这只股票是为了从以后的大涨中获益，那么我们应该等到股价触及9.375美元的止损点时再决定是否抛售它，如果股票趋弱，我们就应该抛售。若是进行短线操作，为了减少损失，我们必须果断抛售。

简言之，一切都取决于股价后续的走势。同时，我们认为，如果股价下跌，它可能在7月31日形成的支撑线（10.5美元）附近徘徊，否则，它可能回落至7月26日的低点附近。当然，我们更期望结果是前者。因此，我们是继续持仓还是不顾及之前的少量损失而抛售股票，这要看股票下跌的情况。在下跌行情中，承受少量损失要比冒大风险明智得多。

然而，8月6日（周一），股价在回落至10.625美元后立刻回升至当日的最高点。可以看出，从前一个支撑点来看，此次反弹相当强劲。对比从10美元到11.75美元（7月26日—8月3日）的正常修正性回升，此次回升速度很快，而且成交量略有增加，这意味着这只股票正在走强。

现在，我们比较综合平均指数和阿纳康达公司股票截至目前的走势，我们注意到，自抛售高峰出现以来，阿纳康达公司已经处于相对强势，因为在完成截至6日的回落时，价格比大盘更早遇到了支撑。我们据此推断，它已经遇到了一个试探性的支撑点。换句话说，它已经通过自身的行为表明，在10—11美元区间仍然存在优质需求，而且在这些买方力量的作用下，需求区域已经扩展至11美元附近，这足以维持另一波上涨行情——这可能意味着抛售高峰后的二次回落结束。

在接下来的2个交易日里，股价的最低价、最高价和收盘价均有提高，而且在8月3日股价回升时，成交量也有增加。而且，通过比较大盘指数可知，这只股票表现强劲（参见第八章第74、75页对电子车灯公司股票的分析）。

8月9日，股价仍在继续上涨，但我们不喜欢这种突然的上涨，也不喜欢与之相伴的成交量的突然增加。这看起来太像刺激导致的结果了，仿佛在7月26日的抛售高峰中形成的支撑点被抛弃了一样（第七章第45页的脚注）。我们现在要决定是将股票卖出还是等待并观察股票的后续走势，看这波突如其来的上涨行情是否预示着行情将下跌。

此时我们再考虑两种情况：如果在买入高峰（8月9日）出现后马上抛售持有的股票，我们可能几乎没有损失，因为持有股票5周后，其股价刚好下跌到了7月26日的价位；如果想在8月13日股价达到顶点之前的最后一个或半个点位再卖出股票，那么我们可能一无所获，即使在此后的2周里，股价一直保持在高点附近也是如此。

然而，现在假设我们在看到下跌迹象后没有立即售罄股票，而是等待逆转信号出现。8月10日和11日成交量迅速萎缩，股价从9日的高位回落，价格波动收窄，这表明股价可能会再次回升。事实果真如此，但到了13日，股价的上冲力度减小（第二十一章第226页），与之相伴的是成交量的激增，这是看跌的信号。股价已经完成了从15美元下跌至10美元后的修正性回升，8月6—13日的上涨速度和幅度都表明，它现在已进入超买状态，相应地，我们也为预期的股价回落做好了准备。

此次股价回落（8月14—18日）时，成交量非常少，而且在股价回落到之前的支撑点10.625美元（8月6日的低点）的途中，成交量越来越少。这说明股价可能再次回升。同时请记住，我们并没有理会7月持有的多头头寸。但现在，股价突然向前一高点13.5美元（8月13日）挺进，而且在股价上涨至8月22日的高点时，成交量突然增加，我们再次对看涨的判断产生了怀疑，并仔细观察股票接下来的走势。第二天，股价回落，成交量萎缩，在接下来的2个交易日里，股价又向以前的高点迈进，但成交量持续萎缩，这表明买方力量消耗殆尽，股价缺乏克服13.5美元附近的阻力所需的动量。

此时，还有一点令我们印象深刻，那就是自8月9日成交量激增以来，股价几乎没有实现上涨。同样，虽然它的表现一度比大盘强劲，但自8月13日以后，它就跟不上大盘的步伐了，因为平均指数继续上涨，但它没有随大盘上涨，而是出现了震荡走势。结果，当指数于8月25日涨至高点时，其股价只是回升到了8月9日和13日大量卖出时的水平。与此同时，股价似乎进入了转折点位置。如图16.2所示，经过8月6日和20日的2个低点画出一条支撑线F—H，我们能清楚地看到这个顶点是如何形成的。显然，价格在趋势线F—H和穿过13.5—13.375美元的直线之间运动时，它不用费多大力气就能穿透支撑线F—H。

此外，回顾股价自26日创新低以来的整体走势我们会发现，成交量的增加和价格上涨几乎不同步，这一事实给我们留下了深刻的印象。更确切地说，自8月9日以来的连续上涨都是人为刺激的结果，一些买家在股价上涨的诱惑下匆匆进场，以前存在的需求力量已在8月25日消耗殆尽，当日股价回升至高点、成交量明显萎缩即是明证。由于存在如此多的看跌迹象，我们判定，股票上行的可能性几乎不存在了，只是现在暂时还在上涨。因此，如果之前我们没有卖出股票的话，无论当初买入是为了进行短线操作还是长线操作，现在都应该卖出。现在股价已经在12—13.5美元的区间内波动2周时间了，如果它此时下跌，那么将是非常重要的变化。我们不想失去已获得的微薄利润，更何况我们已经得到了股价走势于我们不利的警示（第八章第76页脚注）。

8月27日，股价开始放量回跌，这证实了我们之前的看跌判断。股价在回落到前一个支撑点12美元附近后徘徊了2天（8月31日和9月1日），之后触及趋势线D—F（连接7月26日和8月6日的低点的线条）时，也出现了类似的情形。此时考虑到之前的支撑线和趋势线D—F的影响，我们预计股价将出现一次回升，或者一次回升试探。也就是说，如果股价此时处于技术强势阶段，那么在正常情况下，它会回升至12.5美元或更高的高价。但是，若股价没有实现这样的回升——回升是合理的预期，那么这意味着股价处于技术弱势阶段。

因此，当9月14日股价跌破低点，同时（明显）突破了趋势线时，尽管成交量少，我们仍然持看跌立场。股价行为明确告诉我们：不要让这点成交量愚弄了你，我现在下跌不是因为流动性压力，而是因为需求太少，没人愿意支持我。

9月5日股价快速上涨，但成交量非常少，之后又马上下跌，跌幅与之前涨幅相同，这凸显了股价的疲软态势，因此我们预计股价将会进一步下跌，还会试探10.5美元的支撑点，若股价跌破了这个点位，那么股价会继续试探7月26日形成的关键支撑点。

在接下来的9个交易日里，股价稳步下跌，没有看到任何支撑信号。9月17日和18日，股价出现了修整迹象，在10.5美元的支撑点位附近波动。我们从成交量的变化中看不出买入高峰迹象，17日的成交量仅略有增加。但是，自股价从13.5美元下跌以来，成交量一直比较少，我们据此判断，7月的低点很容易被突破，因为低成交量表明价格下跌是需求力量不足而不是供应增加所致。换句话说，这只股票的庄家似乎正在撤出他们的买盘，任由股价下跌，以此打击散户们对这只股票的兴趣，也就是说，他们想遏制外人吸收筹码，而且通过制造“股票看起来很弱”的表象促使多头出让筹码。因此，在截至9月15日的那一周里，尽管股票成交量仍然很少，但我们认为，若价格能在旧支撑点附近止跌，我们将冒险保留多头头寸，而且我们将止损点设置在7月的关键低点之下。我们的理由是，如果股价能在之前的低点附近止跌，那么这可能为未来的股价回升奠定坚实的基础，而且这一回升的幅度可能比8月的涨幅更大。然而，我们必须记住，我们的推断必须随股价走势的变化或逆转进行调整，因此我们不能顽固地坚持上述判断，一旦股价之后的走势推翻了或没有证实我们当前的结论，我们就必须做好出货的准备。

因此，当观察到成交量在股价回升至12美元时（9月19—22日）萎缩和股价的波动幅度在接下来的5个交易日内收窄时，我们判定这一周的走势与截至8月4日的那一周类似（见第157页）。9月29日的小幅下跌将股价带至静点。如果股价进一步下跌，无论是突破9月24日和25日的支撑点，还是突破10.5美元，我们都要准备马上将多头头寸清仓。这么做的另一个原因是，9月17—27日，大盘回升，但这只股票却没有上涨，这是看跌的迹象。

10月1日，股价跌破我们设定的支撑点，而且成交量增加（明显大于3周里任意一个交易日的成交量）。这样的事实明确提示我们：快出货吧。我们现在得出的结论是，如果现在处于吸筹阶段，那么上涨前的准备就没有完成。另外，股价倾向于向7月和9月的低点迈进，这说明这只股票的价格正步入震荡阶段。

换句话说，回顾自7月下旬以来这只股票的走势我们会发现，股价长期在10—12美元区间内波动，偶尔会高于这一区间，但其成交量一直比较低，这是吸筹阶段的特征。但显然，吸筹阶段尚未完成，供方的力量尚未耗尽，否则价格就不会反复向低点下探。如果由于持续的吸筹，供给开始变得稀缺，股价应该反弹才对，即支撑点或者周期性底部提高，而且它应该显示出随大盘回升的能力（见图9.1的M至Q和图17.6的A）。

但事实并非如此，从10月1日开始，股价下跌，但成交量增多，股价回升时多次在较低的高点遇阻，而且每次大盘下跌时，这只股票的价格就会跌至更低的水平，这样的状况一直持续到11月3日那一周，之后股价在7月26日的危险点附近徘徊。

此时，股票处在一个非常关键的位置。除非它能迅速从这个位置实现反弹，否则其股价将很可能再次震荡或者进入下一波下跌行情，因此，我们都不愿意在这个价位持有多头头寸。另外，大盘真正处于上行趋势中，我们不愿意持有空头头寸，原因在于：（1）这只股票长期处于下降波中，我们不愿意在其处于疲软状态时冒险出货；（2）如果最后的迹象表明股票将进一步走弱，我们可能错过下一轮反弹。当然，还有第三个原因，那就是，这只股票下跌至7月的关键支撑点后，可能会立即回升，而且回升速度可能非常快，因为到11月3日，股价处在了特殊的顶点或转折点位置。了解了形势之后，我们认为，我们应当持中立立场。同时，我们不能忽视这一事实：到目前为止，这只股票已经表现出了许多典型的吸筹症状。因此，自8月回升以来，股价一直处于低位，日成交量也一直保持在很低的水平。另外，现在股价在10—11美元的区间内盘整的时间已经超过3个月了。到目前为止，这些情况已经让许多在高位买入且被套牢的投资者疲惫不堪了。基于以上原因，我们密切关注着股价走势是否能证实我们的假设，即当前处于吸筹阶段。

11月5日（周一），股票在完成了4天的低成交量、窄幅震荡后[1]，接近了10美元的支撑点。股价连续几天站上这个价位提高了股价回升的概率。我们估计，如果股价确实回升了，那么它可能首先会在10月13日那一周的高点遭遇阻力，然后会在9月末的回升高点附近遭遇阻力。因此，当股价在下一个交易日突然上涨时，我们并未感到意外，但我们也不认为此次回升是看涨的信号，因为其突发性使得回升看起来更像是空头回补所致，因此是有泡沫的回升。无论如何，若股票确实为上涨做好了准备，那么它会尽力突破9月和10月的回升高点，以此向我们发出更明确的看涨信号。

第二天，在成交量相同的情况下，股价未能实现前一天的涨幅。之后股价开始回落，同时成交量下降，之后收盘价接近当天的最高价，这表明11月9日的上涨是技术性反弹。因此，我们期待下一次回升出现。在接下来的2个交易日里，成交量下滑，而股价在10月的回升高点附近徘徊，而且13日的收盘价接近当日的最低价，这标志着股价当天的上冲努力失败（见第159页）。显然，这只股票的庄家还不想让股价

[1] 窄幅盘整有时候会延续两三个星期的走势，价格会小范围地波动；之后是上涨还是下跌，还需要观察价格向上或者向下的突破情况。

——维克托·斯波朗迪

上涨，因此压制了股价的回升。我们现在要密切观察股价的走势，因为如果股价回落至10美元时成交量也减少，那么股价会步入一个“起飞”的好位置，这预示着一轮大涨即将出现。记住我们之前做出的这个推断：自7月抛售高峰出现开始，庄家就已经在吸收筹码了。因此，若股价的走势正常，我们应该买入。但股价没有在缩量的情况下逐步回落至10美元并进行修正（这本来是明确的看涨迹象），而是在11月14日以相当快的速度下跌了，当天的成交量仍然比较高。在接下来的几个交易日里，股价稳步下跌，再次回落至关键的10美元水平，这证实了看跌行情。11月26日，买方的买入量大增，价格突然回升。接下来是一周的缩量回落（这本是我们预计的于11月10—17日出现的走势）。为了说明问题，假设我们以11美元左右的价格（12月5日）持有多头头寸。买入是因为看到了如下的迹象：股价在11月22日和12月4日回落时均在这一价位中得到了支撑，并表现出了新一轮的上涨趋势，而且在过去的3周里，成交量逐渐增加，增幅比8月、9月、10月的要大，这意味着越来越多的人开始看涨。[1] 由于我们可以在11美元附近买入股票，而且可以将止损点设置在接近10美元的价位，我们认为持有多头头寸还是不错的选择。若上涨前的准备工作持续了5个月之久，那么之后的涨幅应是相当可观的，值得持有。

注意，做出买入的假设是为了说明和强调果断止损的重要性，当你做出了不成熟或不正确的判断时，或者当你忽视了一些推翻你论断的证据时，或者股票的走势与你预期的不相符时，你应该马上采取行动止损。

事实上，此时我们不应该买入，因为虽然存在许多吸筹

[1] 市场的突破主要来源于市场主要的共识，对于投资者来说，出现突破是很重要的走势。
——维克托·斯波朗迪

症状，但迄今为止还没有出现能让我们确认趋势的迹象。例如，股价12月4日的回落幅度异常，还有一个迹象是，这只股票无法对大盘的强势表现做出反应。因此，自9月中旬以来，指数多次创新高，支撑点也是水涨船高，但阿纳康达的股票却回落到了支撑水平。自8月13日以来，股价每一次回升都低于之前的高点，这些高点包括13.375美元、12.625美元、12美元、11.75美元、11.5美元和11.375美元。

在这种情况下我们必须认识到，若股价现在试图上涨（12月），那么它会在14—17美元的阻力区域遇到强烈的抵抗，在12—13.5美元区间内也会遭遇强大的阻力，这是8月股价上涨失败后产生的供给力量。因此，若股票后续的走势表明，其庄家不愿意接收这些供给，那么我们应该立即将12月5日以11美元买入的股票卖出。

12月6日和7日，股价触及旧的阻力位，成交量达到高峰，我们对上涨持谨慎态度。股价的涨幅与成交量的增幅不成比例，这是看跌迹象。12月8日股价大跌，使12月7日的涨幅化为乌有。假设我们想等更多的走弱迹象出现，我们就应该让股票回落至比上一个低点高半个点的位置，即10.5美元，看看对前一次的回升修正后股价会如何变化。如果股价跌破了10.5美元，那么这是确定的走弱信号，我们必须卖出多头头寸（如果有的话），以免夜长梦多。

在接下来的几周里，股票没有表现出明确的趋势。成交量时不时地突然增加，但无一例外都发生在股价回升至顶部时，之后股价会快速回落。尽管大盘稳步上涨，但这只股票的价格一直在支撑线10—11美元附近徘徊，这难免让人心生怀疑。

回顾2月下旬的股票情况，我们的印象是，这只股票的庄家一直在悄悄地吸筹，他们偶尔会提高价格以获得他们无法在底部获得的筹码，当需求导致股价回升时，他们会出手遏制，以此确保股价保持在低位，也使股票表面看起来处于疲软状态。而且每次买入后，卖盘就会撤出，股价就会回落，其交易就不再活跃，这既打击了散户的积极性，也让在上涨期间买入的其他交易员丧失了信心。换句话说，我们认为，股价偶尔回升显然会吸引外部投资者进入，因为每一次上涨时，成交量都大增，但保荐人通过反复打压轻易地遏制了股价的过早上涨（第九章第83页）。

2月18日股价还出现过另一次突然的放量回升，这是由大盘的突然上涨引发的，但自此之后，这只股票急剧下跌，一直到2月23日，此时它已经回升无力了，这警示我们，接下来股价将长期震荡。2月26日，股价如期急速下跌。

我们无法确认股价此次下跌后是否会进入震荡阶段，因为股价已经跌破了所有的支撑位。此外，我们必须考虑这一事实：大盘现在变得很疲软，而且有证据表明，大盘将步入下行通道。阿纳康达的走势不大可能与大盘背道而驰，因此我们要等等看，看这次下跌到底预示着什么。

起初来看，2月26日的暴跌可能确实意味着股价将进入震荡期，因为在接下来的4个交易日内，股价又回升至10—11美元，尽管成交量缩减，但最低价、最高价和收盘价屡创新高。

与此同时，指数的反弹力度非常弱，这提醒我们，指数还会进一步下跌。而从阿纳康达股票来看，到3月2日时，其股价已经恢复，成交量下降，股价已触及10—12美元交易区间的下限，这表明，此次回升已经将股价带入了一个强大的阻力区域，因此我们决定继续等待，看接下来的股价走势如何。

股价重返之前的支撑位后（3月12日），无力进一步回升，这表明这只股票仍然处于弱势。我们预计，股价会再次下跌，而且可能创新低。在截至3月16日的那一周早些时候，股价加速下跌，而且13日出现了小抛售高峰。

在接下来的几个交易日里，股价围绕着这一低点窄幅波动，我们据此推断，下跌遭遇了阻力。15日，股价强劲反弹，收盘价较高，成交量也比较大。特别值得关注的是，在这3天时间里，平均指数接连创下新低，而阿纳康达股票未呈现疲软态势（第八章第68、75页）。

此时我们再次对整个形势进行了全面的评估，我们认为，在2月23日—3月13日下跌期间，吸筹过程可能已经完成（我们之前曾以为自9月起才进入吸筹阶段），而且早在7月26日就出现了抛售高峰。我们进一步推断，3月13日股价直线下跌可能是震荡期的延伸，自此股票进入技术强势阶段，标志着股票运作第一阶段的顶点（第十六章第153页），第二阶段也由此开启。

自7月以来，股价已下跌了约7个点，对于一只低价股而言，这是相当大的跌幅，接近50%。股价跌破10美元的速度令人瞠目结舌，以至于连最坚毅的持有人都顶不住了，特别是那些因股价经常从在这一价位反弹而获得虚假安全感的人。此外，在股价下跌的过程中，止损单被执行也清理出了不少不坚定的持有人。因此，如果我们对迄今为止的股价走势的理解是合理的，那么我们可以断定，这只股票的走势现在必定由强大的多方所掌控。

根据上述推断，我们认为，此时一系列的看涨迹象已经出现，因此有充分的理由马上建立多头头寸。这么做的另一个原因是，有如惊弓之鸟的卖方（3月13—15日出现了3天的横向整理，股价波动区间不超过半个点）在大盘疲软的背景下，将这只股票推到了跳板位置。也就是说，只要一小波上涨就能打破自2月18日以来的下跌趋势，即供给线K—M—O。此外，从11.75美元急速下跌至8美元使股票处于超卖状态，而且8美元左右的价位处，股价正在脱离超卖位置线L—N。

现在很可能是震荡的最后阶段，吸足了筹码的人不会给空头任何机会弥补损失，也不会让股价再次回落。也就是说，为了锁定套牢的空头，同时将潜在的买方排除在外，他们现在可能稳步而持续地拉升价格，这样，当股价遇到阻力时，他们才有较大的回旋余地，才能吸引足够多的买方接盘，助力股票进入上涨阶段（第十七章第181页）。

因此，如果我们在抛售高峰出现时没有以8—8.5美元的价位买入，那么我们就应该在3月18—20日以9美元左右的价位买入，在这一价位上，股票突破了下跌趋势供给线K—M—O。无论是哪个时间点买入，我们的止损点都应该设置在7.375美元左右，即最低点以下约半个点处。我们承担的风险非常小，因为如果我们的分析是正确的，股价将立即上涨，而且在上涨期间不会回落（第九章第83页和第85页）；如果我们的分析是错误的，由于设置了止损点，我们的损失也会非常小，不会干扰或阻止我们利用下一次机会。

但我们的分析没有错。股价走势完全证实了我们的推断，3月18—23日，股价持续上涨，屡创新高，支撑点也不断提高，收盘价也是如此。我们预计的上涨如期而至。我们并不担忧低成交量，相反，我们更加坚定了看涨的判断，因为在当前情况下，较少的成交量最有可能是供给稀缺而非需求质量差导致的，过去的经验告诉我们，这样的成交量是牛市形成过程中的正常特征。操盘者现在还不想让交易活跃起来，不想在这么低的价位上给这只股票打广告，不想引起散户的关注。再过一段时间他们才会哄骗散户进场。

简言之，3月18—23日的强劲上涨与我们最初做出的股价将在成交量少（看跌迹象）的情况下实现回升的推断相矛盾，而且这样的上涨警示我们，我们必须重新考虑成交量的含义。思考后我们认定，股价上涨是因为供给变得稀缺所致，因此我们推断股价即将上涨。反过来，这也使我们更加确信，这只股票在大涨前准备了8个月的时间。如果我们的推断是正确的而且上涨行情真正开启，那么股价从低点上涨一段距离后（第十章第92页和第十九章第216页），成交量会开始增加，而且它应该与大盘保持同步上涨或者比大盘先上涨。在做好准备之后，这只股票能够成为这一上涨行情中的领头羊。

3月28日，股价再次恢复至10.5美元，这证明我们的预测是对的。之前表现不稳定的成交量开始稳步增加。当股价在10.5—10.625美元区间波动时，我们静观其变。我们预测股价在这个范围内会遭遇一点阻力，因为以10—10.5美元的价位买入股票的人此时会草率地卖出股票。但在遭遇阻力后，股价仅经历了3天的短暂回落成交量就急速萎缩，这显然是看涨的迹象。想离场的人卖出了股票，但庄家显然没有出货。在回落的第3天，股价就从低点反弹至高点附近，这证实股票处于强势，如果我们想加仓的话，此刻正是大好时机。

随着股价的上涨，成交量也在稳步增加。在截至4月20日的那一周内，股价回升至之前一高点附近，即12—12.5美元，波动区间再次收窄，成交量迅速下降，这意味着高点附近的供给要么在2—3月的下跌中被消化了，要么在这几天被消化了，股票现在已经站上了新一轮上涨的跳板位置。我们预计在这一轮的上涨中，交易会更加活跃（注意股价一直位于趋势线P—R—S之上。比较4月3—18日股价两次小幅回落与美国钢铁公司1937年1月的走势，后者见第八章第79页。也可以对比第七章第48页的脚注）。

因此，我们没有将4月25日的异常成交量值视为高峰，我们认为这是庄家在12—13.5美元的区间内吸收了所有卖单导致的（第七章第54页的脚注）。我们做出这一推断的原因是：（1）价格的波动区间扩大了，几乎扩大了2个点，与此相伴的是成交量的扩张；

（2）从上涨前的准备时间来看，庄家不会满足于股价仅从低点上涨5.5个点；（3）在进入快速的上涨阶段后，庄家会发力促使股价突破所有的阻力，达到预定的上涨目标。

4月5日的股价暴涨和交易活跃吸引了散户的注意力，自此之后成交量便大大增加，远多于吸筹阶段的成交量（第十四章第135页）。当初外部买家和交易员看到行情记录带上都是阿纳康达的交易数据时，一时冲动买入了股票，当他们在接下来的10个交易日里看到股价走势平缓时，内心未免感到失望。同时，空方和在3月、4月错过“上船”机会的人还能弥补过失。也就是说，股价修正一段时间会让那些在14美元左右买入股票的投资者失望，但股价不会回落到让第二拨人（被锁定的空方和已出货的多方）“上船”的程度。

因此，在上涨过程中，快速的上冲和盘整交替出现，直到5月16日，成交量达到高峰，这警示我们，股价的走势可能发生变化。股价可能正向峰顶迈进，至少从目前来看是这样。10个点的涨幅大于过去2个月内跌幅的2倍，从图形来看，上涨的角度很陡峭，这可以从调整后的趋势线R—T—U和V—W看出来。

我们把止损点调高至4月3日、4月18日和5月8日的低点以下1个点后，现在必须决定是在强劲的上涨波中卖掉股票，还是继续持有股票，并将止损点设置在回落幅度一半位置的1个点以下（位于高点18美元和最后一个支撑点15.125美元之间），并注意观察派发筹码的确凿迹象或股票交易强度未受损的证据。

5月17日，股价上冲失败，收盘时股价触底，成交量仍相对较高，但股价涨幅还不足1个点，仅为0.125个点，而前一天的涨幅接近2个点。这表明，上涨动力减弱，供给力量压制住了需求力量。

在之后的2天里，股价小幅回落，成交量显著萎缩，这预示着另一波回升将出现，我们可以利用这一机会卖出持有的头寸。在连续3个交易日里，最低点、最高价和收盘价都比较高，这使股价进入了新水平，但涨幅并不大，成交量更是无法与之前相比，这表明需求已经枯竭。简单回顾之前的走势可知，股价已在17—18美元的水平上徘徊了6天，而且成交量相对较高，但股价并未取得实质性上涨。需求减弱和供给增加导致股价横向盘整，这意味着此时股价的任何显著回落都会改变之前的上行趋势（第七章第59页和第十五章第140页）。

5月27日，股票已达到转折点，即18—16.5美元区间内的静点。如果我们在股价迈向18美元及更高价位的过程中没有卖空，那么此时我们可以这么做，因为我们将止损点设置在了5月最高价以上1个点处，我们认为上涨行情已暂时结束，若没有出现重大的趋势变化，股价将出现大幅回落，以此修正3—5月的上涨。

5月28日股价回落时，成交量极大，这表明这只股票的庄家在此之前已将价格拉升到了高位，且在高位附近卖出了部分筹码，现在他们想在股价回落的过程中将剩下的筹码出手，也就是说，他们想让那些等待股价回落买入股票的人接盘，这些人认为，近来股价在18美元附近波动，股价回落一两点后是比较便宜的。这些在“最后一分钟”接盘的多头，未能在3月以合理的价位入场，而且害怕在上涨过程中买入股票，他们错误地认为，他们现在抓住价格回落的时机“上船”了。经受过训练的投资者是绝不会这么做的。

与此同时，我们观察到，18日以来的股价回调相当迅速（5月28日—6月1日），我们判断，股票落入了超卖位置（第七章第52页），因此我们在5月初的高位或者比13美元稍低的位置寻找支撑线，4月29日—5月8日，股票曾在后一价位处两度得到支撑。

5月31日和6月1日，成交量急剧缩减，这表明销售压力减小。6月1日高位收盘标志着股价进一步下探失败，下跌（或回落）之后股价迎来了一次快速的反弹，回升至5月初的频繁交易区间，即13.125—14.75美元。这警示我们，小幅的逆转可能出现，回落结束了，一波回升即将开启。6月3日和4日，股价快速上涨，收复了前期跌幅（从18美元跌至14美元）的一半，这是正常的回升幅度，（至6月4日）成交量仍保持在较低的水平，这说明这波回升是技术性反弹。在接下来的3个交易日里，成交量萎缩，价格下探至14.625美元，虽然6月7日的跌幅超过了之前涨幅的一半，是股票趋弱的迹象，但我们还是认为，股价会再出现一波回升。在周六短暂的交易期间，股价快速回升至16.125美元，而且成交量比较大。因此我们得出结论，股价的突然回升具有买入高峰的性质，因为在5个小时的交易期间里，最后2个小时的成交量几乎是前3个小时的2倍（见第十九章第212页的脚注）。6月10日，股价出现震荡，第二天，成交量增加，股价上涨无力，无法突破16.125美元的阻力点，这意味着自6月1日以来的回升遭遇了强大的供应阻力。在接下来的3天里，股价小幅下跌，紧接着又出现了小幅回升，回升至比高点稍低的位置，成交量萎缩，这证实了我们股价回调的预期，并且意味着股价在回升至高点的过程中，需求已被逐渐耗尽。另外，这只股票似乎再次落入了转折点位置。鉴于价格走势和成交量的关系释放出了看跌信号，我们认为，股价还会下跌，而且会在6月1日的支撑点遭遇阻力。

接下来的4天里，股价迅速回落。当股价触及6月1日的支撑点时，股票出现了超卖情形，这预示着另一波回升将出现。而且，我们观察到，6月20日成交量激增，股价虽创出了这一波回调的新低，但却在收盘时涨至高位，我们由此确认，当天的走势意味着这一波回调的结束（第169页）。

我们之前将空头头寸的止损点设置在了稍高于6月中旬股价回升顶点（6月17日股价下跌后的回升）的位置上，根据回升幅度为之前跌幅一半的原则，我们将止损点再次下调至15.625美元。自股价达到18美元以来，回升的高点逐渐降低，这意味着股票处于下行趋势，这是由17—18美元区间的派筹行为导致的，同时，这只股票对大盘的上涨也不再敏感了。但现在，股价再次在14美元附近得到了支撑，19日股价回落，成交量达到高峰，这表明在这个价位，无论有多少股票被卖出，都有充分的需求将其吸收。因此我们必须考虑，股价从18美元回落至14美元是下行趋势的真实反映，还是只是长期上涨（从8美元涨至18美元）后的修正性回调。还有一种可能是，由于幅度偏小，此次回调有可能是为下一轮上涨做准备。到底是哪一种情况，我们需要观察股价在接下来的回升和回调中的表现后才能做出判断。

6月22日和24日股价回升，但成交量很低。这警示我们，股价可能会进一步下跌。未来的股价走势在很大程度上取决于其触及支撑线之后的变化。此后股价出现了3天（至6月26日）的下跌，成交量逐渐萎缩，我们认为这意味着新供给压力不足，股价不会跌破之前的支撑点。而且由于股票现在似乎正在迈入另一个转折点，只需股价实现一波小反弹便能打破股价自5月上涨到顶点以来的下跌趋势，我们将空头平仓，重新建立多头头寸，因为我们认为股价踏上了新的跳板位置，即将开启新一轮上涨行情。由于我们可以在股价向下波动时买入，因此我们将止损点设置在了5月7日、30日和6月9日低点以下的位置，这样可以降低我们的持仓风险。现在是我们理想的买入时机。6月27日股价进一步下探，成交量达到顶峰，股价在之前的低点遭遇阻力，这证实了我们的看涨推断。价格波动区间快速收窄（6月28日、29日和7月1日），成交量极度萎缩，这说明双方的力量对比发生了变化，也给了我们以14美元的低价买入的机会，这正是股票交易最不活跃的时候，预示着一个阶段的结束，另一个新阶段的开启，也就是说，下跌行情结束了（第十四章第134页）。

如果我们之前得出的结论是正确的，而且在14—16美元附近重新吸收了筹码，那么交易度不活跃意味着股价马上将回复上涨，它已踏上了跳板位置。① 那些在16—18美元区间买入股票的持有人因股票迟迟未能上涨，已在6月股票表现疲软（他们想象的）时出货了。

7月2日股价强劲回升，成交量适度增加，这印证了我们的看涨推断。接下来股价小幅回落，但形成了更高的支撑点，第二天股价快速回升，以高点收盘，这都是看涨的迹象。

7月5日、6日和8日，这只股票的交易极端低迷，股价波动区间收窄，成交量萎缩，这说明，由于股价很容易在高点得到支撑，股票的供给变得稀缺。不坚定的股票持有者都已经出局了。7月9日，股价快速上涨，以顶部价格收盘，而且成交量增加，这进一步证实了我们之前的推断。假如我们误以为这是买入高峰，那么一两天后我们就会发现，我们的看法是错误的，因为股价持续上涨了。而且，这只股票再次对大盘的涨势反应灵敏了。7月10—13日，股价的涨幅减小，成交量略降，这表明股价将会出现震荡和回调，

① 需要注意的是，当阿纳康达的交易陷入低迷时，大盘或股票的走势能帮助我们解读这一现象的正确含义。换句话说，仅凭自己的猜测，认为股票在筑底或供给在增加，就匆忙地得出股价将上涨或下跌的结论，是很危险的做法。例如，观察阿纳康达在16—18美元区间的走势可知，从很多方面来看，它与《纽约时报》50指数的走势相似。但是，1930年3月4日指数下跌后仍然保持颓势，但现在（1934年6月26日）我们发现，有很多迹象表明，阿纳康达的股价即将上涨。

在股价上涨至18美元时，有相当多的股票都被卖出，但阿纳康达的庄家看到了再次吸筹并重启一波上涨行情的机会，或者最初的操盘者已经清仓，其他散户正在吸筹，他们认为股价在突破之前的18美元高点之后，仍会继续上涨。

可能回落至6月的高点16美元附近（第七章第48页）。

然而，这一价位的需求似乎相当持久，因为在非常狭窄的价格区间内出现了一系列较高的顶点和低点。然后，到了7月15日，成交量急剧增加，我们认为这是庄家在16美元附近吸筹所致。如果我们对这种推断存在疑问，并将15日的成交量激增视为买入高峰，那么我们可以调高止损点并观察股票进一步的走势。7月17日，股价进一步上涨至高点，但之后的3天内没有再上涨，这预示着股价将回落。19日和20日，股价如期回落，但成交量迅速萎缩，这是看涨的信号。因此，尽管我们不知道回调已经结束，但我们仍然持有多头头寸。然而，当7月22日股价再次上涨，且在接下来的2个交易日内仍放量上涨时，我们回过头来发现，截至20日的那一波回落的幅度是非常小的，而且比正常幅度小得多。因此，7月15日的高成交量确实是庄家吸筹导致的，由此可知，截至目前的迹象均是看涨的。在接下来的几个交易日内，股价出现了更多的反复。然而，股价回升时成交量增加、股价回落时成交量下降，其间股价一直坚挺地位于16.5—18美元。当然，在这个价格区间内，那些急于出手的卖家的股票已经被消化了。

到了8月3日，股价波幅再次收窄，成交量再次萎缩，这提示我们，这只股票已经打算开启另一波上涨行情了，而且由于之前已经花了3周的时间吸筹（以5月高点的价位），接下来的涨幅可能很可观（第七章第48页包括脚注）。

此后，各种迹象均表明股价将上涨，成交量逐步增加表明，投资者对这只股票的兴趣越来越浓厚。自8月19日起的3天买入高峰使股价的上涨遭遇了阻力，但之后股价回落（至8月31日）时，成交量迅速萎缩，股价也下跌至我们预期的水平，即5月的高点（17—18美元）附近。自此以后，股价一直稳步上涨至30美元，直到被一波修正性回调所打断，并开始在26—30美元波动。经过一段时间的修正后，1936年4月，股价上涨至39.75美元，这是这一阶段的顶点，此时大盘也涨到了顶点。上面介绍了解读竖线图以及结合成交量分析股价走势的方法。要注意，解读个股竖线图的方法与解读大盘趋势图的方法是一样的（第七章）。但我们要特别强调，对成交量和相对强弱因素的分析能帮助我们判断股票何时会启动一波行情、何时会为新一波行情做好准备。技能高超的交易员和投资者非常有耐心，会等待明确的信号出现再采取行动，这大大增加了他们判断的准确性，降低了损失风险，而且最重要的是，他们不会被套牢，在股市中一旦被套牢，只有出现大牛市时才能解套。大多数投资者在股市中惨败的主要原因是未能意识到时机和选定正确股票的重要性。知道如何解读竖线图的人凤毛麟角，这一事实显然对你有利，因为如果你愿意花时间、愿意投入精力学本教程阐述的基础知识，你就会与大型操盘机构一样，在股市里如鱼得水，你会与内部人士的操作保持一致，而不是背道而驰，你不会像散户或绝大多数消息不灵通的交易员那样进行交易。[1]

此外，你还会提高思维的灵活性和在关键时刻预测股票强弱势转变的能力，这样，在趋势发生变化之前，你能够提前买入或卖出。按照我们推荐的方法操作，运用良好的判断能力，即使你的5次决策中有3次是错误的，你也能够获得丰厚的利润，因为你3次交易的损失额会非常小，但你在2次成功的交易中获得的收益很大。因此，即使你做出的判断仅有40%的正确率，只要你的风险控制策略得当，止损的时机和止损点的选择合理，那么，可以毫不夸张地说，你每年能确保获得20%—40%或更高的净利润率。

[1] 投资者的优势并不在于从华尔街投资专家那里获得所谓专业投资建议，而是不断积累知识和经验。如果充分发挥自己的知识和经验来投资，就很容易打败那些投资专家。

——彼得·林奇

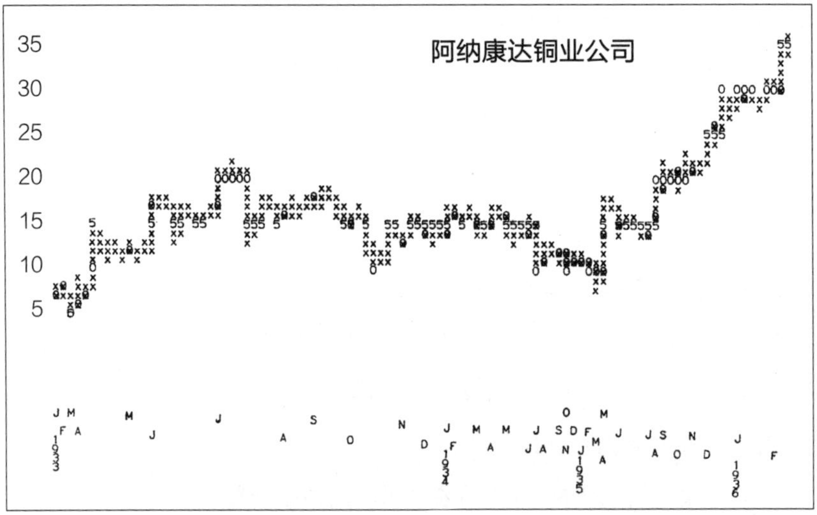

图16.1

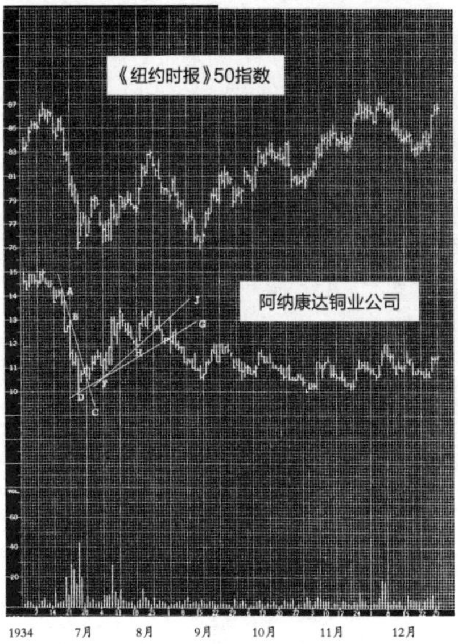

图16.2

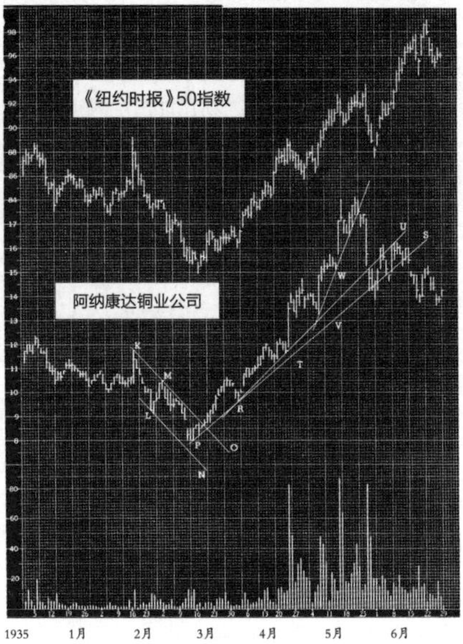

图16.3

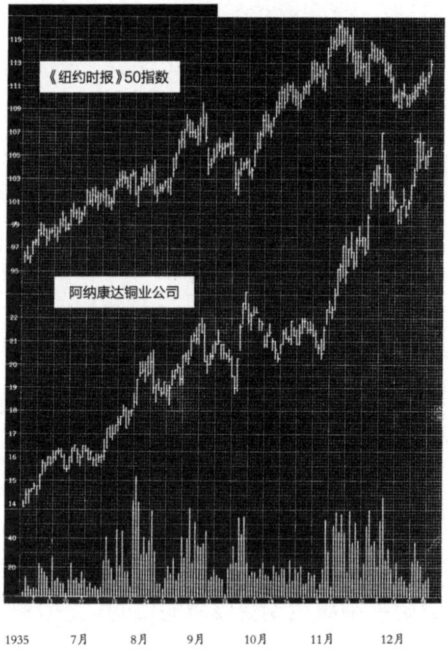

图16.4

第十七章
竖线图：图表研究（VII）

我们只运用竖线图分析阿纳康达铜业股票的目的是，让你集中精力学习运用这种图的原理和如何对低价股进行明智的分析。通常情况下，对这类股票运用点数图是不切实际的，因为点数图过于敏感，无法给出明确或及时的启示。事实上，由于前面章节阐述的原因以及与流行的观念不同的原因，对低价股做出成功的推断比对炙手可热的高价股（如美国钢铁公司股票）做出成功的推断，需要更多的经验和技能，也需要持更加小心谨慎的态度。但无论如何，将竖线图和点数图相结合能得到最佳结果。点数图对判断股价的涨跌幅度很有价值，它为我们全面和协调地诊断股票提供了工具，有利于我们做出更有效的预测。

我们接下来要介绍如何协调地分析这两类图。为此我们假设，现在是1936年6月初。我们的趋势图（图17.1）显示，大盘正在强劲上涨，我们刚刚了解这个情况，正在搜寻处于休整状态的股票或者那些尚未完全进入牛市周期的股票。

从公用事业板块的1点点数图（见图17.4）来看，5月该板块指数在触及1935年12月的吸收区域28—29后回升至了31，目前它似乎处在30—31的转折点上。公用事业板块趋势图（见图17.1）也显示了同样的信息，但同时也显示出了其他信息。竖线图显示，股价自35点以来的下跌趋势（见图17.4）始于2月17日的买入高峰，此后指数多次回升，但均在33点左右止步。到4月30日，板块指数突破了这一阻力位（四度突破33点），27—30日出现的恐慌性抛盘也没有引起指数大幅回落，而大盘也出现了变盘迹象（见图17.1）。

从公用事业板块股票的1点点数图来看，30点位线上有3个数字，这表明指数于5月27日回升到32（见竖线图）。5月2—26日的价格走势和成交量显示出看涨的迹象。随后出现了买入高峰。但我们也看到，6月6日成交量大幅萎缩（此时仍处于上涨行情），平均指数达到了静点，在30—31的价位形成了转折点。

了解了这些背景信息后我们（6月6日）认为，这一板块将快速上涨。重新审视1点点数图我们发现，在31点位线上有5个数字（3月至6月），这表明，若没有出现相反的证据，指数的下一个上冲目标是34—36，若把时间向前延伸的话，31点位线上有7个数字（1月至6月），指数的下一个上冲目标可能是36—38。再回顾11—5月的1点点数图可知，29的支撑线上有10个数字，这印证了38的目标点位的合理性。①

截至6月6日，其他股票和其他板块步入了更好的位置，我们认为，上涨5—7个点不一定能激发人们对公用事业板块的兴趣。同时我们认识到，这样的上涨可能意味着，一些个股的涨幅远远大于板块平均指数的涨幅。因此，我们有机会发现处于有利位置的一只或多只个股。

我们浏览了各个股票的点数图，随机选出了电力&照明公司（EL）的股票。截至目前，这家公司的股票表现相对强势。为了解其最近的行为和背景，我们分析了其点数图（见图17.4）。

1936年3月，这只股票的价格上涨至16美元，从而耗尽了1934—1936年在5美元价位水平上形成的基础（在最低价位2美元基础上上涨了14个点）。然而，自此之后，股价没有显示出在15—16美元区间内大量派筹的迹象（图17.5）。尽管在14—16美元的区间内（点数图），价位线上的数字有所增多，但股价还是出现了回调，甚至在大盘及所在

① 值得注意的是，如果我们把指数从22点下跌至15点（1934年6月—1935年1月）视为震仓的延伸，并因此将有14个22点的价位线（1934年5月至1935年8月）视为主要的支撑线，那么根据乐观的估计，36将成为这一旧吸筹区间的最高目标点位。如前所述，之后的吸筹区域28—29和29—31只是确认了最初的目标而已。

板块大跌的4月，这只股票的价格都没有回落至涨幅的一半，即回落至最后的支撑价位8美元。同样，当其所在的板块于5月回升至次低价位32美元时，这只股票表现相对强势，而且显示出了随大盘而动的倾向。其股价重返之前的高点16美元左右，这摆脱了板块低迷对它的影响。此时我们认为，股价的横向运动（从点数图上看在13—16美元）可能是重新吸收筹码的结果，或者是巩固从2美元涨至16美元的成果，而不是持有者在出货。

因此，我们继续观察EL的走势，以便确认其看涨的迹象。如上所述，截至目前，这只股票表现良好，展示出了相对强势而非弱势。到了6月6日，它似乎处在跳板上了（竖线图），但回顾3月以来的成交量变化，我们发现，股价在16美元附近会引发大量的卖盘出现，突破这一阻力价位可能很困难。因此，虽然根据初步的研究，我们将这只股票视为买入对象，但我们也认为，现在做出决定为时过早，我们是否放弃它，要看它在接下来几个交易日里的表现。

6月9日这只股票的成交量激增，这警示我们要更加小心：如果它能像点数图所预示的那样，很快上涨8个点，那么显然涨势会持续下去，而且成交量也会得以维持，或者至少它失去上涨势头。我们觉得最初的看涨判断不足信的另一个原因是，6月9日股价稍微回落，但成交量非常大，这表明看涨情绪缺乏，换句话说，股价剧烈波动，且没有实现预期的上涨，这表明上涨是刻意拉升所致，并不合情理。

这也许和4月15日的情形一样，是另一波虚假上涨的开始。在接下来的几个交易日里，尽管其他股票普涨，但这只股票的成交量快速缩减，交易陷入了低迷，我们的推断由此得到证实。

因此，我们决定，在这只股票出现确凿的好转迹象之前，我们将不得不在其他表现更优秀、更有可能上涨的板块中寻找目标。这是我们在考虑到EL股价触及16美元价位线的次数及其未能突破这一阻力位的次数，以及在此过程中成交量峰值出现的次数后做出的决定。尽管从1点点数图上看，在14—16美元的区间内有9个数字，但只有在看到了其惯性发生改变的令人信服的证据时，我们才相信它将上涨。

然而，为研究便利起见，假设我们继续每天更新这只股票的竖线图。随着时间的流逝，到了6月25日，这只股票的价格回落至14.875美元，如果股价能向16美元上冲的话，回落后的价位恐怕要比这高一些。而且，6月18日和25日，成交量出现了逢低价增加的情形。7月1日，股价突然回升至16美元，之后上涨至17.625美元（见图17.6）的新高时，成交量逐渐增加。尽管从表面来看，股票似乎处在了跳板位置，但我们仍然心存疑虑，因为：（1）7月1—9日的成交量相对较少（日成交量为2.2万—3.3万股，而在1—2月的上涨期间，日成交量为4万—9万股），这表明，与6月9日的上涨一样，股价上涨至17美元后，没有足够的动力突破3月上涨结束时形成的阻力，3月12日、13日、14日、15日的成交量分别为9.2万股、7.4万股、7.3万股和7.1万股；（2）7月9日的成交量为3.3万股，而前一日的成交量为2.5万股，增幅并不大，这表明供给的力量压制了需求的力量；（3）股价不能在已有的基础上乘胜追击，不能顺应大盘的走势实现强劲的上涨，或者不能顺应公用事业板块的走势实现进一步的上涨。板块指数显然正在实现预期的目标，即上涨至36—38点（第177页）。

基于上述的分析，我们认为，必须将7月9日的成交量激增视为买入高峰。在接下来的5个交易日里，成交量萎缩，股价波动区间收窄，这表明，股价回升至顶部时，需求量不断减少。一切都预示着，股价将回落，我们应避免买入这只股票。如果它没有顺应强劲的大盘走势实现上涨，那么它将是危险的：它的价格将回落，而且其回落幅度大于板块的，也大于大盘的，或者它可能与主要的趋势背道而驰。无论如何，在看到它准备好上涨的确切迹象之前，不要持仓。

7月14—24日，股票的最高价、最低价和收盘价都有所降低，而且波动区间很窄，这表明股价的上涨缺乏积极的支撑和意向。随着股价的下跌，成交量逐渐减少。乍看之下，你会认为这是看涨的迹象，但事实上，在股价上涨至16—17美元时，成交量已经多次异常地达到了顶峰（4月15日、5月27日、6月9日和7月9日）。我们由此判定，成交量少是散户的抛售遭到压制所致。由于股价多次回升失败，散户们深感失望。或者我们从另一角度看这只股票的行为，3月其股价上涨至16美元后，为了使散户出局，在股价每次上涨时，庄家都会抛售股票（第十六章第155、156页）。

7月27日，股价小幅回升至次高点，成交量突然大增，但第二天未能延续这种走势，这证实了我们的判断。当股价开始下跌时，成交量仍然比较高，而且股价在接下来的4

个交易日内继续下跌，供应量有所增加。

自此开始，我们没有观察到股票的异常行为，除了股价在4—6月的旧支撑水平（14美元）附近波动外，但波动区间很窄，连续几周内，波幅都在两个点以内，而且成交量很少。

偶尔股价会回升至顶部价位（16美元），成交量也会激增，但之后需求立即减少，股价下跌，交易极为低迷。

然而，10月7日，EL的股票交易再度活跃起来，这引起了我们的兴趣。自股价从17美元下跌后，这只股票经过了8—10周的低迷期。10月7日成交量达到了2.2万股，价格小幅上涨，这引起了我们的关注。1点点数图显示，股价在13—17美元区间内停留了近7个月的时间，近期没有下跌至14美元的价位线之下（这条线已经延伸，线上有13个数字），而且自股价上次从8美元上涨至17美元以后，还未出现过正常的、达到之前涨幅一半的修正性回调。

与此同时，随着指数大幅上涨并创下新高，一轮上涨行情已然开启（图17.2）。EL现在已经历了以下阶段：（1）7月从高点（17美元）开始下跌；（2）股价波动区间较窄，并且显然在底部的宽阔交易区内得到了支撑；（3）日成交量非常少；（4）在足够长的时间内使弱势持股人筋疲力尽，苦不堪言；（5）当连续性的修正性回调席卷整个股市时，股价有能力坚守14美元的支撑线而不是跌至新低点。这一组条件就是为新一轮上涨所做的准备（第九章第83页）。

然而，我们并没有根据这只股票10月7日的表现马上采取行动，因为当天成交量的激增意味着，这只股票的交易很活跃，很可能吸引了大量的交易员进入。如果交易活跃度的提高源于针对所有待售股票的竞标，那么庄家可能会以打压股价或者给股票交易降温的方式把这些跟随者踢出局；或者他们会操纵一波震荡；或者，若他们已经获得了足够多的筹码，他们会马上把股价拉升到16美元的阻力点，然后我们仍有时间“上船”。如果股价还未准备好上涨，并且我们不想冒在震荡期间被套牢几天或几周的风险，那么我们就要耐心等待进一步的看涨迹象出现。

这只股票的交易活跃度马上降低了，而且在接下来的两周内，价格一直处于跌势。

10月22日出现了一波小回升，此时似乎是较好的买入机会。但股价没有明显上涨，因此我们认为，这只股票的供给还未达到能启动一波上涨行情的稀缺程度。

回过头审视这只股票的竖线图，观察自8月21日出现抛售小高峰以来的股票走势，我们能发现，前后一共出现过4次明显的成交量激增，他们把价格推升至了16美元的水平，但很快就遭遇了阻力。在这种回升出现后的最近两次下跌中（10月14日和28日），股价已经表现出了在14.625美元获得支撑的倾向，这一支撑点高于8月和9月的支撑点14美元，这些都是不确定的看涨迹象。在10月28日最后一次下跌后，成交量萎缩至极低的水平，这表明股价回落时几乎没有待售的股票了。

我们可能会认为，此时是买入的时机，因为股价已处于静点位置了，这一点几乎位于14—16美元区间的中间，而且因为交易极度低迷，下跌行情似乎要结束了（第十四章第134页）。当股票之前的行为表明，它能够持续地得到支撑，而且有能力稳步上涨时，买入它是正确的操作。但是就EL而言，其股价近期上涨很缓慢，在几次小幅回升之后，上涨的动力已然消失，而它所在的板块也无法顺应大盘的强势，这导致我们对公用事业板块起了戒心，我们担心被它套牢。因此，在这样的特殊情况下，我们宁愿等待更有信服力的迹象出现。我们的理由是，由于还没有出现持续的需求迹象，这只股票的价格很可能在重返16美元之后再次下跌，这预示着另一波虚假反弹的开始。

10月29日，一波相当强劲的回升后，股价走出了静点或转折点位置。当天的波幅为1.125个点，成交量增加至1万股。在成交量较少的情况下，股价似乎轻易地实现了上涨（第十章第92页）。这似乎证实了我们之前的推断：低点附近的股票供给正变得稀缺。但我们能确定庄家已经获得了他们想要的全部筹码了吗？这次成交量增加是否像10月7日和22日的成交量增加一样是买入高峰？接下来一两天的股票走势会给出答案，因此我们继续等待。如果说庄家正在吸收筹码，上涨行情即将开启，那么股价将会很快突破16美元的阻力点，或者如果股价再次回调，它不会回落至14.5美元的起点，因为当吸筹阶段完成时，庄家合理的做法是快速拉升股价以锁定潜在的卖家并捕获蛰伏的空头。这些被捕获的空头会在一段时间内拒绝平仓，他们希望股价能够回落，以便他们全身而退。那些在底部错失了“上船”机会的潜在买家，同样会这样想，他们也在等待股价大幅回落，以便他们借机“上船”。问题是，只有这两拨人都放弃等待的想法时，“大幅回落”才有可能出现（第十六章第166页）。

第二天，股价突破了16美元的阻力点，成交量突然增加至前一个交易日的3倍多，且之后股价波动范围收窄。尽管收盘价接近当日的最高点，但我们仍然认为，上涨态势会继续维持下去，否则成交量高峰意味着另一波昙花一现的回升结束。同时，若高成交量意味着待售的股票被吸收，说明股价现正处于上涨阶段，不会再次回落。

此时我们可以买入EL股票，并将止损点（第二十三章第262页）设置在17.125美元处，因为如果上涨阶段已经开启，那么在现有的条件下，我们宁愿在上升波动中买入股票，因为经过10周的准备后，股价突破14—16美元的交易区间会使股票踏上跳板，我们仍然应该在接近底部的位置进行适度的防范。但是若股价真的回落，我们将静观后续的发展。

31日股价小幅下跌，成交量显著萎缩，这导致我们怀疑，股价回升至顶部时需求是否会减少，或者股价回落时成交量是否会缩减。第二天的走势澄清了这个问题，股价持续回落，成交量保持不变。显然，10月30日成交量大增是买入高峰。之后股价回落至15美元可能是一次正常的回调，但无论如何，我们不能对股价马上上涨抱太大的期望，因此我们决定再等等看，看股票接下来的走势如何。它可能停留在14美元或以上，也可能在这一价位附近震荡。11月3日，股价快速回落至14美元的支撑线，且成交量激增。从上一波回升的高点突然下跌，这可能意味着股票处于超卖位置，下行趋势在股价达到支撑线时结束。如果是这样的话，说明有人在股价回落时接盘。接下来几个交易日或者第二天的走势将告诉我们，这次成交量的增加是否是清盘所致，即股价是否会突破底部区间的下限，进一步走弱。

然而，股价没有出现进一步下探，相反，它立即实现了回升（收复了前三天75%的跌幅，而且成交量相对较大）。这提示我们，要准备好采取行动，因为股票显示出了强势迹象。我们快速浏览了这只股票近期的走势后惊讶地发现，它已经进入了一个新阶段。尽管日成交量的表现很不规律，但过去一周的交易比近三个月要活跃得多。近期成交量一直较大，价格也展现出了较高的弹性，即波动更频繁，波幅更大。交易从低迷向活跃的转变很明显。另外，结合趋势图（图17.2）审视这只股票，我们发现，截至目前，它还未表现出顺应大盘强势的倾向，同时，自股价从17美元下跌至14美元（7—8月）、交易变低迷后，在大盘回落期间，它多次站上了14美元的支撑位。公用事业板块（图17.2）仍然没有表现出打破均衡态势的明确迹象。事实上，这个板块的走势对多空双方均不利。但正如我们之前看到的，EL与其所在板块的走势存在明显的差异。后者从30点上涨以来，基本上在34—36点的狭窄区间内波动，而EL从16—17美元的高点下行，这一阻力位过于强大，很难突破，而且从最近几周的诸多迹象来看，股价已经准备好突破这一阻力点了。

如果不能识别这波正常的回落，这里的研究就没什么价值。我们观察市场行为和形势时，好像未来就在我们面前，但我们不知道接下来会发生什么一样。此外，假设我们在考虑竖线图之前从点数图中了解了大致情况。在这个例子中，大盘一开始就表现出了强劲的上涨势头（10月），我们可能马上得出这样的结论：公用事业板块已经在34—35区间内修整了三个月，现在已为上涨4个点奠定了坚实的基础（图17.4）。然而，从竖线图来看，我们得出的结论推翻了这一结论，因为板块的成交量只是零星地增加，价格波动区间依然很窄，板块也没有表现出随大盘的连续上涨而上涨的倾向。

与此同时，EL支撑线的变化也给我们留下了深刻的影响。这条14美元的价位线（图17.4）现在已经延伸到了包含14个数字的程度。这意味着如果根据竖线图得到的推断是令人信服的，即长期的横向整理是股价在7月从17美元下跌至14美元后的重新吸筹导致的，那么股价有可能上涨至28美元。而且我们还意识到，大盘的持续上涨会诱使大机构和各类股票的庄家搜寻上涨迟缓的股票，培育一些个股派发给散户。我们得时刻留意这样的机会，我们还会像6月那样持续研究电力板块的走势。只要板块的走势与操盘不矛盾，这个板块中个股的表现就会优于大盘。而且，如果我们每天浏览名单上200只股票的成交量信息，即使我们没有为它们绘制竖线图，我们也要注意EL的表现，因为10月7日，这只股票的成交量激增，显示出了交易“变活跃”的迹象。

从相对强弱的角度来看，EL股，特别是其板块，仍然没有显示出令人振奋的迹象。但我们的分析表明，目前（11月5日）EL股很有可能上涨，如果这只股票能进一步显示出上涨迹象，那么持有多头头寸是合理的做法。我们并不知道它会以什么形式表现出这样的迹象，也不知道它能否表现出这样的迹象。11月7日股价的回升势头逐渐减弱，成交量减少。第二天也没有什么亮眼的表现，到了10日，成交量大增，收盘价较低，这很像一次买入高峰，之后股价回落至14.25美元，在之后的两天里，股价波动范围不足1个点，成交量大幅缩减。

现在我们要打起精神留意可能出现的上涨信号并立即买入，因为我们的止损价位为12.875美元，承担的风险很小。上一次下跌使得14美元的价位线上多了2个数字，而且股价在14—16美元的区间波动了一周，这可能利于庄家吸筹。股价可能上涨16点，即上涨至30美元，因此买入很划算。如果我们的推断错误或者不成熟，我们遭受的损失也是很小的，因为我们设置了止损点，可以确保我们的损失不超过两个点，因此我们获利和受损的概率是8：1。而且股价下跌时成交量很小、股价波动范围很窄也表明压力枯竭（第十章第91页），如果股价的走势不能令我们满意，当其回升幅度足够大时，我们能利用这一机会出货，这恐怕就是最坏的情形了。

成交量增加、股价大涨后，我们多头头寸的风险就不复存在了，而且也证实了我们买入时机的选择是正确的。这只股票当天的表现，很容易让人产生另一次买入高峰的错觉。我们应该等等看，如果事实果真如此，我们就可以在股票释放出将回落至起点的信号时抽身而出。然而，由于价格波动幅度要比之前上冲期间大——量价的涨幅一致，这样的情形不大可能出现。也就是说，股价最终还是会上涨的，成交量的增加意味着市场愿意吸纳在16美元的回升高点供应的股票，而且股价近两个点的涨幅锁定了（第181页）空头，捕获了潜在的买家。这只股票现在处于跳板位置了（第七章第48页包括脚注和第十六章第167页）。

第二天，成交量继续增多，股价波动范围收窄，但这样的结果是庄家吸收了更多卖盘导致的，因此我们没有在意这一迹象，而是寻找进一步上涨的证据。如果我们之前没有买入股票，而是等待股票踏上跳板的明确迹象（预示着上涨行情）出现，那么此刻买入的时机到了。我们应该把止损点设置在14.625美元或15.375美元，因为如果我们的上涨预期是正确的，那么股价不会再回落至吸筹区，也不会跌破之前的回落价位。

自此开始，牛市特征显露无疑。股价强势上涨，其间几乎没有出现足以让空头回补或让潜在的买家“上船”的机会，股价在庄家的推动下一路高歌猛进。我们注意到，股价在连续上冲之后，波动范围逐步收窄，而且成交量逐步萎缩。震荡代替了修正性的回落：股价平稳下来消化了其涨幅，这表明大盘11月23日大幅回调时，这只股票的交易没有陷入低迷，其股价坚守在狭窄的范围内。事实上，上涨行情开启之时（11月16日），正是股价处于能够吸引广大散户追随的、容易被忽略的低点之时（注意1936年11月美国钢铁公司股票的类似走势）。

相比大盘，EL的表现更为强势，而且在12月16日之前，其表现比所在的板块更亮眼。12月16日，这只股票在经历了自大涨以来（从14美元开始）的第一次明显回调，较高的成交量未能推动股价创新高。这标志着股票行为的明显变化。第二天的快速上冲和接近低点的收盘价、成交量萎缩都警示我们要小心，因为供给的力量压制住了需求的力量。

股价每次上涨后，我们都会把止损点调高至修整区低点以下1个点位左右（11月23日、11月30日—12月8日和12月11日），现在我们将止损点调高至12月16日的支撑点以下1个点位以内，看看庄家是继续派筹还是会如之前一样，消化涨幅，然后冲击点数图所示的目标价位30美元。新的阶段可能从这里开启（12月16日），因为现在这只股票的交易变得狂热，成交量放大，日波动区间增大，价格越来越偏离之前的水平，回落幅度大于之前，这些都是明证。趋势支撑线A—B和B—C能帮助我们看出这些牛市迹象（回顾图8.1所示的美国钢铁公司3月的走势，即1937年高点附近的走势，进行对比）。圣诞节期间，综合指数大幅回落，而EL仅小幅回落至23.25美元附近。这打破了其股价从18.625美元（12月8日）上涨至23.375美元（12月19日）以来形成的趋势，但成交量快速减少，股价回落至主要的支撑线A—B以上便无力下探。这表明股票得到了支撑，而且股价可能再次回升。一切要看它是如何收复失地的。

1点点数图显示，24美元价位线上有6个数字，这似乎证实了我们最初设定的30美元的目标。然而，12月30日股价回落至25.5美元，成交量不足之前上涨期间日成交量的一半，结合其他看跌迹象（见184页），我们认为，需求可能已经耗尽，因此我们严重怀疑从点数图中得出的推断。

与此同时，公用事业板块没有给EL的操盘者带来任何支持，指数仍然保持在33—36点范围内，没有出现任何突破上限的迹象。因此，我们现在必须在这两个决策中做出选择：（1）股价在6周的时间里上涨了12个点，从中获得收益已经足够，让“其他人”去见证最后4点的上涨，我们在第二天开盘时卖出股票，这样我们获得的利润可能低一些；（2）我们仍然将止损点保持在22.125美元，直到我们能判断出这只股票更长时间的走势为止。1月2日，股价突然下跌至23.25美元，因为成交量大幅萎缩，我们预计股价会出现一波回升。在接下来的3个交易日里，股价缓慢上涨，成交量相对较少，这意味着抛盘压力有所增加，但到了1月7日，成交量突然增加。我们对这波突如其来的反弹感到非常疑惑，因为股价已经上涨至了之前的高点，成交量却低于12月上涨时期。第二天，股价没有取得实质性上涨，成交量也与前一天持平，这证实了我们之前的怀疑，即派筹阶段已经结束。随后股价出现了一波上涨（1月9日），上冲了不到一个点，创下了新高，但马上就回落了，而且收盘价接近当日的最低价。如果我们没有在这波上涨中卖出股票，那么我们必须寻找下一个机会。[1] 在接下来的两天里，股价继续回落，成交量增多。1月14日，股价快速上冲至26.625美元，我们抓住机会卖出了股票。这只股票的看跌迹象越来越多，在大盘开启了一轮强劲的上涨行情且板块相对强势的背景下，其股价在24.5—26.625美元的区间内波动了7天之久而未取得任何进展（注意这几天的收盘价也在这一范围内），且成交量相对较大。1月4日和9日，股价曾两度上冲至新高，但马上就回落了，而且这两天的收盘价接近当天的最低价。

[1] 像思考何时购买股票一样思考何时卖出股票。
——彼得·林奇

所有这一切均表明，这只股票的价格已经无力上涨了，它无法再回升至30美元了，而且还可能大幅回落或下跌。我们现在可能在1月14日的最高价以上一个点位附近卖出股票，因为除了上面提到的股票从强势转变为弱势的迹象外，股价突破从A上涨至B时形成的趋势和1月16日股价回升时成交量不足，无法将股价送至转折点，初步证实了在12月高点附近形成的初始供给线。鉴于股价在11—12月上涨了12个点，此后它很有可能回落至20美元。

随后（1月18—30日）股价的下跌没有达到预期，而且在2月初股价回落至22美元前，成交量多次大幅缩减。这提示我们对空头头寸进行回补，但我们认为，这一股票不再是理想的买入标的了，直到1点点数图中的22美元价位线上出现了7个数字，这预示着股价可能再次上冲至30美元，而且股价已在22—24美元的区间内震荡了几周（竖线图），这可能已经使那些在12—1月买入后被套牢的买家苦不堪言了。因此，当3月5日这只股票重新进入胶着区域时，尽管我们发现2月成交量的激增是间歇性的，而且成交量相对较多的那几个交易日的股价走势并没有显示出1936年8—10月那样的吸筹特征，我们仍然冒险做多了。另外，成交量于1月达到高峰后，公用事业板块一直处于明显的下跌态势。

然而，我们要再次强调，当你发现自己判断有误时，你应该马上运用商业智慧摆脱不利的情形，而不是顽固地希望你的判断最终得到证实，而且你要认识到，只看一种迹象就做出判断是危险之举（比如本例中根据点数图做出目标价位是30美元的判断），你还要考虑其他限定性、修正性或相互矛盾的迹象。因此，假设我们在3月6日以23.5美元的价位买入了EL股票，并将止损点设置在1月的低点之下，因为3月5日股价缩量下跌时，它正好位于之前交易区域的中间位置，即静点位置，我们马上做多。由于有进一步的迹象表明，股票正向前一个高点26美元迈进，我们相信2月22日以来的支撑点会相应提高。

3月8日，股价上涨至24.625美元，成交量显著增加，这让我们信心大增。3月9日，股价微涨，收盘价接近当日最高价，而且成交量增加，形势看似一片大好。但26美元是个很关键的阻力点，我们不喜欢大肆放量的策略，这会导致放量异常，我们也不喜欢跳涨，这可能引发过多虚幻的上涨和二次派筹，后者是为了捕获空头，让12月和1月没有抓住机会的多头出货。

我们认为，如果新的上涨行情已经开启，那么股价在触及旧高点后会出现波动，而且可能会回落，但不会回落至旧供给线之下。也就是说，我们认为，若股价此时或经过一波上涨后下跌至24美元以下，我们最好放弃多头头寸。3月10日，股价回升至26美元，成交量仍然很大，股价波动区间比较窄，上冲时间很短暂，而且以低价收盘。这些迹象导致我们怀疑，3月6日以来的上涨是人为刺激所致，但我们想看看股价回落时的表现。当股价快速下跌至24美元以下且收盘价为当日最低价时，成交量依然过大。看来我们之前做出了糟糕的看多推断。如果我们没有在3月9日股价虚涨至26美元时卖出股票，恐怕现在我们除了离场之外别无选择了。

然而，我们并没有马上卖出，因为股价快速下跌就跟它快速上涨一样，现在股票可能处于超卖状态，就像之前股价连涨三天达到26美元时股票处于超买状态一样。3月12日，股价回落至22.875美元，成交量缩减，价格接近了当日最高价。我们从这次快速的反弹中得出的结论是，股价准备回升了，股票要走出超卖状态了。在接下来的3个交易日里，股价波幅收窄，成交量很少，这证明股票缺乏走弱的动力和回升的机会，但却显露出新高峰即将出现的迹象，而且这种迹象在26美元的高点之下消失了。

与此同时，我们的趋势图显示，自1936年11月以来，经过一系列的派筹操作后，整个大盘一直处于弱势位置，因此我们现在决定卖空EL股票，因为尽管低价股的跌幅有限，也就是说，低价股不像高价股那样有较多的下跌空间，但价格并非我们考虑的首要因素。我们从股价的波动中获得了利润。从我们的1点点数图上的25美元价位线来看，股价可能从26美元下跌10个点。从穿过3月高点的价位线（24美元）来看，我们也能得到同样的推断。我们的止损点设置在26美元以上，这样，当3月19日股价上涨至25美元附近且成交量高峰出现时，如果我们卖空，我们就能把风险限制在2个点以内。股价是否真的会下降10个点，跌至16美元？由于缺乏相关的证据，我们必须观察股票的后续行为才能对此做出判断。

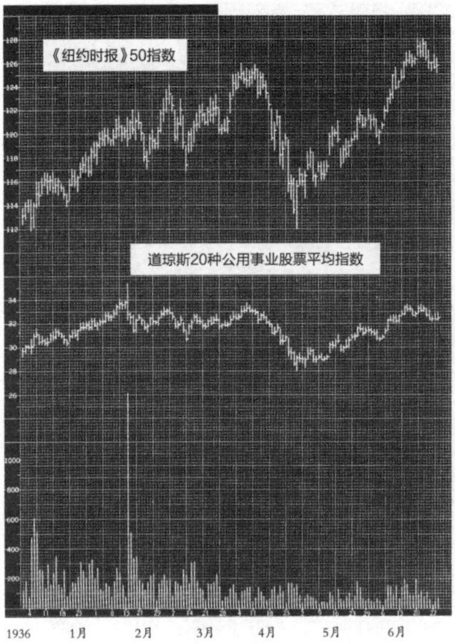

图17.1

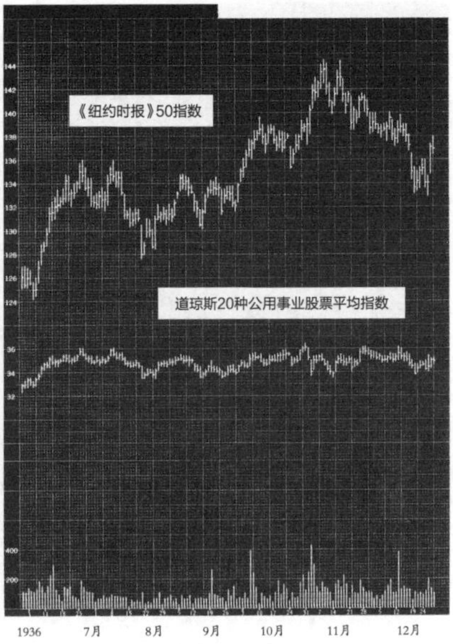

图17.2

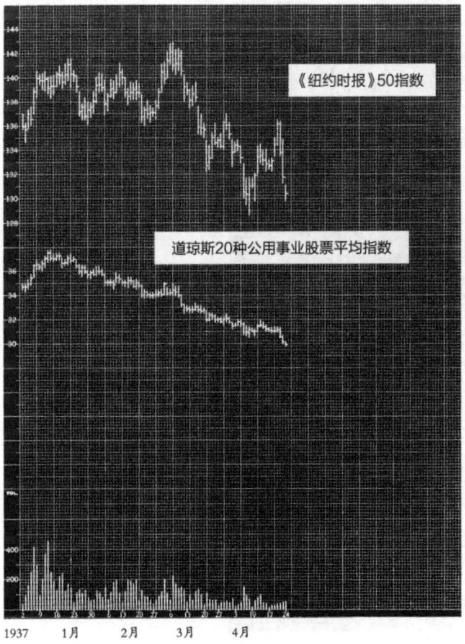

图17.3

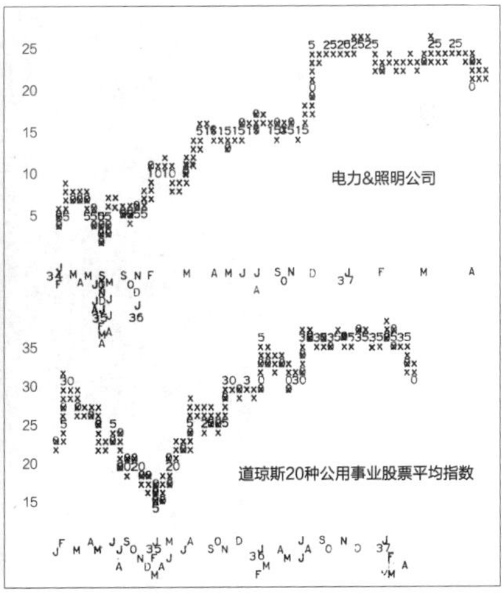

图17.4

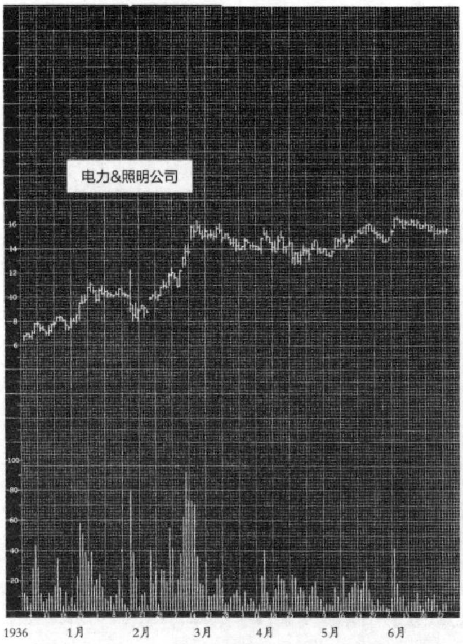

图17.5

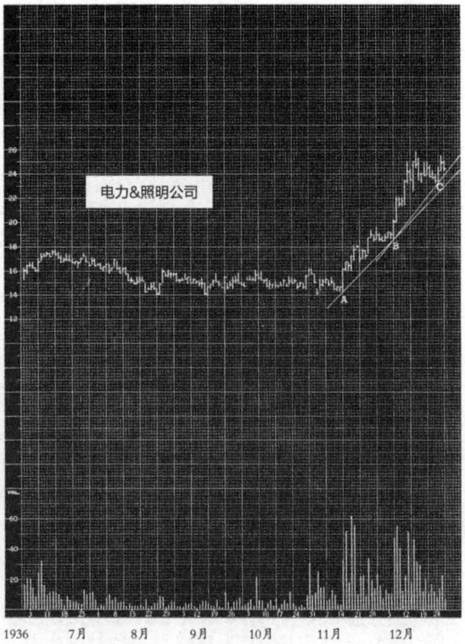

图17.6

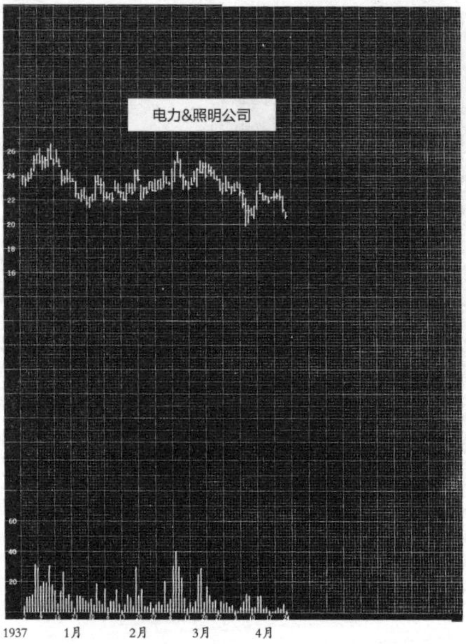

图17.7

第十八章
选择最佳股：位置表及技术位置晴雨图

我们可通过两种推理方法得出结论：（1）演绎法，即从一般到特殊的推理方法；（2）归纳法，即从特殊到一般的推理方法。

在之前的研究中，我们已经解释了第一种方法即演绎法。也就是说，我们介绍了先确定大盘的位置和趋势，然后确定各板块的位置和趋势，接下来确定个股的位置和趋势，将比大盘反应更迅速或者能顺应大盘的个股和逆大盘趋势而动或者没有反应的个股区别开来，最终确定个股涨跌的概率。

如果愿意的话，我们可以运用与此相反的推理过程，即从特殊到一般的归纳法。也就是说，我们首先分析个股的位置，然后将个股分门别类，确定不同板块的位置和趋势，接下来我们再确定各个板块上涨或下跌的概率，在此基础上预测整个大盘的趋势，从而得出我们的结论。

两种方法都很好，但从特殊到一般的推理方法需要运用更多的技能和判断，需要花费更多的时间。可能的话，最好同时运用两种方法，这样可以相互验证。

无论如何，只要你想在交易和投资中取得成功，你就必须学会如何选择最佳的个股，即变化最早、最快、幅度最大的股票。因此，你有必要学习和了解判断大盘走势的归纳方法。

为此，我们需要运用位置表（见表18.1）。利用这种表，你能快速、方便地对你备选名单上的个股进行分析。将这些股票按相应的板块分列在表格中，将每日的分析结果输入位置表相应的位置，你能一目了然地判断出各个板块的状况。

为了便于研究，我们这里的位置表仅涵盖20只股票。当你掌握了这种方法并打算将其应用于实践时，你的位置表至少要涵盖50只个股，若能涵盖100只或更多，则效果会更好，因为要选择出最佳的机会，选择面越广越好。而且，为了通过位置表判断大盘的走势，应有足够多的股票作为样本，也就是说，股票数量要能充分代表股市的各个领域。

如果你的时间有限，你可以稍后（全面地了解市场时）再决定是否使用位置表，因为你运用之前所介绍的板块平均指数也能得到相同的结果（第四章第34、35页）。每天投入一个小时或更多的时间就能完成一张位置表，有时间的话，你还是应该准备好它。位置表是非常有用的辅助工具，你可以利用它：(1）预测板块的走势；(2）选择最佳的机会；(3）判断个股走势的转折点；(4）分析代表不同行业的股票组合的趋势；(5）分析大盘的趋势。

我大约于15年前（1916年）设计了这种表格，自那以后，我运用它取得了巨大的成功。

编制和维护位置表时，你可以从点数图分析入手。每天收到邮寄的每日股票图表报告后，你可以轻松地在点数图上记录下50—100只或200只股票（如果你正处在学习阶段，可仅记录下20只）的变化情况，观察这些图，看是否有新的条目加入，即每只股票的技术位置。然后，你随意审视这些点数图，从中发现位置看好的股票，根据第四章介绍的方法绘制其竖线图，这样便于你更加细致地观察个股的行为，全面地分析涉及的所有因素。

每只股票的技术位置不外这三种：看涨、看跌和中立，但我们有必要知道具体的情况。

可运用本章介绍的方法绘制竖线图，确定每一只股票的技术位置。在你做出交易决定之前，先确定个股的位置，看它是否与大盘的趋势一致。如果答案为否，那么要寻找其他与现行趋势一致的股票。

确定了个股的位置后，请在位置表中对应于股票名称的列中做个“X”标记，结果如表18.1所示。

这样，位置表将记录下你根据竖线图对每只股票的位置进行分析后得到的结果。具体的位置及其解释如下：

位置1：股票应该有一波短暂的上涨行情，涨幅大致为当前市价的10%—15%，即股价小幅回升或上涨。

位置2：股票应该有一波长期的上涨行情，涨幅超过当前市价的10%—15%。

位置3：股票应该有一波短暂的下跌行情，跌幅大致为当前市价的10%—15%，即股价回落或小幅下跌。

位置4：股票应该有一波长期的下跌行情，跌幅超过当前市价的10%—15%。

表18.1

位置 1	位置 2		位置 3	位置 4
		铁路		
X		艾奇逊（Atch）		
X	X	巴尔的摩&俄亥俄（B & O）		
		加拿大太平洋（Can Pac）	X	X
		纽约中央铁路（N Y Cent）		
X	X	切斯和俄亥俄（Ches and O）		
X		宾夕法尼亚铁路（Penn R R）		
		联合太平洋（Union Pac）	X	X
		纽黑文（New Haven）	X	X
		铁路装备		
		美国机车（Amer Loco）	X	X
		巴尔德温（Baldwin）	X	X
		通用雷希（Gen Ry Sig）	X	

位置 1	位置 2		位置 3	位置 4
		汽车		
X	X	奥本（Auburn）		
		通用汽车（Gen Mot）	X	
		克莱斯勒（Chrysler）		
		轮胎		
		固特异（Goodyear）	X	
		卡车		
		马克（Mack）	X	
		烟草		
	X	美国公司烟草B（Am Tob B）	X	
	X	利格·迈尔斯B（Lig Myers B）	X	

位置 1	位置 2		位置 3	位置 4
		电报电话		
X	X	美国电话&电报（Am Tel & Tel）		
		国际电报电话（Int Tel & Tel）		
		西部联合（West Un）	X	X
		牵引机		
	X	Bkn人工运输（Bkn Man Tran）	X	
		燃气和电力		
X	X	美国&国外电力（Am For Power）		
		美国水工程（Am Water Wks）		
	X	Bkn联合燃气（Bkn Un Gas）	X	
		哥伦比亚燃气（Col Gas）		
		电力&照明（El Pow and Lt）	X	

位置 1	位置 2		位置 3	位置 4
		农用机械		
X		凯斯（Case）		
X		收割机（Harvester）		
		影院		
	X	罗维斯（Loews）	X	
		派拉蒙（Paramount）	X	
	X	雷电华（Radio-Keith）	X	
		杂项工业		
X		拜耳管业（Byers Pipe）		
X		美国管业（U S Pipe）		
		杜邦（duPont）		
		伊士曼柯达（Eastman Kod）	X	
		沃伦·B.帕夫（Warren B Pav）	X	

续表

1	2	位置	3	4	1	2	位置	3	4	1	2	位置	3	4	1	2	位置	3	4
		通用美国车厢（Gen AmTank）	X		X	X	雷诺兹B（Reynolds B）			X	X	联合燃气（Con Gas）			X	X	无线电公司（Radio Corp）		
		普尔曼（Pullman）								X	X	北美公司（No Amer）							
							糖业					国家电力&照明（Nat Pow & Lt）	X				办公设备		
							美国糖业（Am Sug）			X	X	新泽西州公共服务集团（Pub S N J）			X	X	布洛斯（Burroughs）		
		电力设备					加州糖业（C Aguirre）				X	联合公司（United Corp）	X				国际商用机器（Int Bus Mach）		
X	X	通用电气（Gen Elec）			X		波多黎各糖业（So P Rico）				X	联合燃气进口（Un Gas Imp）	X				美国现金出纳机（Nat Cash Reg）		
	X	西屋电气（Wes'house）	X																
																	建筑业		
							食品					汽车配件			X		美国散热器公司（Am Radiator）		X
		罐头				X	博登（Borden）	X		X	X	本迪克斯（Bendix）					约翰斯—曼（Johns-Man）	X	X
X		美国罐头（Am Can）					美国食品（Nat Bis）	X		X	X	电子车灯（El Auto-Lite）							
						X	玉米制品（Corn Prod）					史都华纳（Stew Warner）					餐饮		
					X	X	通用食品（Gen Foods）					铁姆肯（Timken）	X		X		蔡尔兹（Childs）		
		飞机			X	X	金粉（Gold Dust）										沙特克（Shattuck）		
X		联合航空（Un Aircraft）				X	好时（Hershey）	X				连锁店			8	4	总计	6	2
						X	美国乳业（Nat Dairy）	X		X	X	药品连锁店（Drug, Inc.）					第四列		

续表

位置					位置					位置					位置			位置	
1	2		3	4	1	2		3	4	1	2		3	4	1	2		3	4
		铜业			X	X	标准品牌（St Brands）					克罗格（Kroger）	X		位置			位置	
X		阿纳康达（Anaconda）									X	梅西（Macy）	X		1	2	总结	3	4
X		肯尼科特（Kennecott）								X	X	西夫韦（Safeway）			11	7	第一列	12	7
							化学品				X	伍尔沃斯（Woolworth）	X		11	12	第二列	11	0
		钢铁			X		联合化学（Allied Chem）								11	17	第三列	14	1
		美国轧钢厂（Am Ro Mills）	X		X		空气压缩（Air Reduc）					邮购商店			8	4	第四列	6	2
		伯利恒（Beth）	X	X	X		哥伦比亚复写纸（Col Carbon）			X	X	蒙哥马利沃德（Montg Ward）			41	40	总计	43	10
		美国钢铁厂（U S Steel）	X	X			联合碳化物（Un Carbide）	X		X	X	西尔斯罗巴克（Sears Roe）					趋势		
															1	2		3	4
		石油										机械和制造					平均指数		
		亚特兰大炼油厂（Atl Ref）					其他采掘业					美国机械制造（Am Mach Fdry）	X			x	提示	x	
X	X	新泽西标准石油（S O N J）			X		美国冶炼（Am Smelting）					阿利斯·查尔（Allis Chal）	X				汇总		
X	X	加利福尼亚标准石油（S O Cal）			X	X	国际镍业（Int Nickel）					福斯特惠勒（Fos Wheeler）				x	提示	x	
	X	得州公司（Tex Corp）	X				钒业公司（Vanadium）	X				沃思泵业（Worth Pump）	X				位置应为：		
11	7	总计	12	7	11	12	总计	11	0	11	17	总计	14	1		看涨	~~看跌~~——~~中立~~		
		第一列					第二列					第三列					日期：10月10日下午3点		

位置5或者中立位置：没有表现出明显的方向迹象，因此其位置是中立的。位置表中没有显示中立位置，若4列同时显示空格，则表明股票处于中立位置。

确定股票和大盘处于位置1和位置3的另一种方法是，看它们是否表现出了小幅波动的迹象，即小幅回升（位置1）或小幅回落（位置3）。对于低价股和中价股而言，这通常是指3—5个点或8个点左右的波动，具体还要看股票的特性。

位置2和位置4也可以被界定为股票涨幅（位置2）和跌幅（位置4）超过10个点、20个点或30个点时所处的位置，即股价经历了较大幅度的波动。

运用百分比衡量可能更合适，因为就高价股而言（股价为150—250美元的股票），其股价回升或回落10—15个点时，波动幅度不算大，因而处于位置1或位置3，而就低价股而言（股价为50—70美元的股票），10个点的波动就是大幅波动了，因此处于位置2或位置4。

因此，你在做出决策时，应每天或者每隔两三天，但至少应每隔一周在位置表中输入股票所处的位置。最好每天输入，因为股票的位置随时可能发生变化（稍后会介绍如何示例）。要随时为位置发生变化做好心理准备。

有时候一只股票从短期看处于看涨位置，但从长期看处于看跌位置，例如表18.1中第四列的美国散热器公司。这意味着其主要趋势是下跌的，但股价目前处于一波回升行情当中。

西屋电气处于位置2和位置3（见第一列“电力设备”板块的股票名称），这表明其股价经历了长期的上涨，但在我们编制位置表时，这只股票的价格正在回落。

股票处于位置1和位置2意味着，我们预计其涨幅将超过当前价格的10%—15%，其间不会经历明显的回落，具体能上涨多少个点要根据点数图做出判断，但正如我们在其他地方解释过的，你不能贸然做多，除非潜在利润是你所冒风险的好几倍。

股票处于位置3和位置4意味着，我们预计股价会大跌，而且其间不会有明显的回升。

一只股票可能同时处于位置1和位置2，或者同时处于位置3和位置4。也有可能同时处于位置2和位置3，这表示股票在长期上涨之前先经历短暂的下跌；股票同时处于位置1和位置4表示，股价在长期下跌前先经历短暂的上涨。但股票不可能同时处于位置2和位置4，也不可能同时处于位置1和位置3，因为它们的组合是相互矛盾的。

当股票从长期来看处于中立位置时，它可能表现出小幅波动（回升和回落）的迹象，这导致我们认为股票处于位置1和位置3，或者股票也可能处于位置2或位置4，但由于波动幅度较小，趋势不太明显，所以认为股票处于中立位置。

位置2和位置4最重要，因为它们显示了哪些股票表现出了长期趋势，它们的波动幅度大到了能保证出现中幅波动的程度，这些是能从中获得丰厚利润的股票。同样，它们也是普通交易员和投资者青睐的股票。普通的交易员和投资者指的是不能整天盯盘的人。

位置1和位置3的重要性相对低一些，它们的价值在于告诉你何时会出现回升和回落，这利于你抓住时机买卖股票。你应该尽量在股价回落至低点时买入，在股价回升至高点时卖出（第五章），这种短期的波动能够帮助你选定最佳的持仓时机。观察波浪图（第二十二章），参考展示股价走势的竖线图，是确定股票是否处于位置1和位置3的必经步骤，因为成交量的变化对判断小幅波动的转折点最有价值。当你技能娴熟时，你就会频繁地在这些小波动的转折点处进行交易，而且你不必整天研究市场。然而，在你经历了长期的训练和积累了丰富的经验之前，你最好不要冒险从事短线交易。

根据位置表判断大盘趋势的方法如下：首先考虑位置2所示的看涨走势和位置4所示的看跌走势，因为它们是最重要的。例如，我们从表18.1发现，第一列中有7只股票处在位置2，第二列中有12只，第三列中有17只，第四列中有4只。我们查看第四列“总结”栏下处于各个位置的股票总数后可知，处于位置2的股票共有40只。

就看跌的股票而言，我们发现有10只股票处于位置4，也就是说，这些股票处于长期下跌的态势；其中第一列有7只，第二列没有，第三列有1只，第四列有2只。

因此，总计有40只股票处于看涨位置，仅有10只处于看跌位置，看涨和看跌股票的比率为4∶1，显然看涨是主流。因此，我们在位置表右下角的“汇总提示”栏中的位置2下打“X”。我们查阅平均指数的趋势图后得知，趋势是上涨的，因此我们在“平均指数提示”栏中的位置2下打“X”。两个来源的结果均显示大盘是上涨的，我们判定市场是上涨的，因此我们在位置表右下方的“位置应为”栏下划掉“看跌”和“中立”

选项，只留下“看涨”选项。

顺便提一下，你编制位置表时可能出现这样的情况：汇总的位置数量显示股市看涨（位置2），但你从趋势图中得到的结论是股市将下跌（位置4），反之亦然。此时你最好重新审视你的推理过程。位置表和趋势图的结论相互矛盾的情况不大可能发生。

在确定了大盘的看涨趋势后，接下来我们审视各个板块（如位置表所示）的情况，以便找出展现与大盘趋势一致的板块。各个板块的情况为：

铁路板块：这个板块的股价很平稳，没有引起关注。

铁路装备板块：这个板块的大部分股票均处于跌势。美国机车和巴尔德温长期处于下跌态势，5只股票中有4只下跌了3—5个点。板块趋势与大盘趋势不一致，因此我们要避开该板块中的股票。

电力设备板块：通用电气处于买入的最佳位置，因为无论从短期还是长期来看，这只股票都是看涨的。而威斯汀豪斯的股价在上涨之前会回落。

罐头板块：这个板块仅有一只代表性股票，即美国罐头公司，从短期来看，它是看涨的。

我们接着审视下面的板块。石油板块的新泽西标准石油（Standard of New Jersey）和加利福尼亚标准石油（Standard of California）、汽车板块的奥本、烟草板块的雷诺兹B均处于位置1和位置2，因此我们把这些股票视为可能的买入标的。但是，在我们审视完所有的板块之前，我们并不能确定哪些是最佳的买入标的，我们要结合个股图从这些候选股票中选择出佼佼者。

浏览食品板块的股票可知，8只股票中有7只长期看涨；燃气和电力板块中的大多数股票也是如此，11只股票中，有7只处于位置2；汽车部件板块的4只股票中，有2只处于位置2；连锁店板块的5只股票中，有4只处于位置2。邮购商店板块中的两只股票均处于这一位置。

审核完清单上的所有股票后我们发现，最强势的板块是食品、燃气和电力、连锁店和邮购商店板块，因此我们决定将选择的备选目标锁定在这些板块，因为板块强势对我们从中获利有帮助：当8只股票中有7只长期看涨时，所有这些股票或者大部分股票可能对市场上的买入浪潮做出反应，而且对股价的回落有较强的抵抗力，我们买入这些板块中最早、最快地发生变化，而且变化幅度最大的股票，最好是处在跳板上的一只或多只股票，我们可借助板块自身的上涨力量获利。

现在我们将上述板块中处于位置1和位置2的股票列示如下：

食品板块：通用食品（General Foods）、金粉（Gold Dust）、标准品牌（Standard Brands）

燃气和电力板块：美国&国外电力（American & Foreign Power）、联合燃气（Consolidated Gas）、北美公司（North American）、新泽西州公共服务集团（Public Service of New Jersey）

连锁店板块：药品连锁店（Drug, Inc.）、西夫韦（Safeway）

邮购商店板块：蒙哥马利沃德（Montgomery Ward）、西尔斯罗巴克（Sears Roebuck）

如果想让选择面更广一些，可以将下列股票纳入候选名单：通用电气、新泽西标准石油、加利福尼亚标准石油、奥本、雷诺兹B、国际镍业（International Nickel）、美国电话&电报（American Tel. & Tel）、本迪克斯、电子车灯、无线电公司（Radio Corporation）和布洛斯加法机公司（Burroughs Adding Machine），尽管这些股票所在的板块不如上面提到的那些板块强势，但它们都处于位置1和位置2。

请注意，这里所说的并非这些股票现在的位置，而是它们以前的位置，现在它们的位置已经改变了，这里使用它们仅是为了说明问题。

接下来我们分析这22只股票的图表，并着重分析4个强势板块股票的图表，从中选定我们想买入的最佳股票。我们依次考虑每一只股票。假定我们想买入5只或10只股票：运用趋势图将它们互相比较（遵循第八章列出的原则），抛弃最弱者，直到剩下5只或10只股票。如果我们绘制出了板块指数的竖线图，那么要进一步比较个股与指数的趋势图，这样有助于我们做出最终的选择（第八章）。

决定购买哪些股票后，我们要根据波浪图的指示以及个股竖线图上显示的每只股票的技术位置，结合市场条件买入。[1] 我们的目标是在大盘的下跌波中买入（第五章）。但我们从个股竖线图发现，购买其中一些股票的时间并非购买其他股票的最佳时机（见图8.1至图8.7，对比板块走势），因此我们必须找准每只股票的最佳买入时机。如果有股票行情收报机，并且能够熟练地解读盘口，我们就可以通过观察一段时间内买盘和卖盘的波动情况来确定合适的买入时机。然而，普通的交易员和投资者不必担心做不到这一点。即使没有股票行情收报机、不去股票经纪人的办公室（第二十四章第272页），他们也能做得更好。他们可以高效地运用波浪图，根据波浪图上显示的股票走势的详细信息，他们在自己家里就能做出决策（第二十二章第232页）。

如果我们的研究显示，大盘暂时处于弱势，或者我们选择的一些股票在上涨之前出现了下跌的迹象，那么我们应该等到股价回落后再买入。但是，如果大盘走强，成交量增加，而且我们判断，以后买入股票将会支付更高的价格，那么我们就应立即以现行价格买入。

对位置表的内容进行修改时，最简单的方法是擦掉需要修改的部分而不是重新编制一张新表。因此，画“X”时应该用铅笔而不是钢笔，所以一张表能用很长时间。然而，在对个股的位置或者某一天的结论部分做出修改之前，为便于保存，最好把结论部分单列成一个表格，因为它是非常有价值的预测趋势的依据。例如，可参考表18.2，它是1929年编制的每日位置表的结论部分。表中的数字指的是处于位置1、位置2、位置3和位置4股票的数量，最左边一列是日期。

[1] 当投资者发现了合适的股票并且以合理的价格买入时，且市场所有消息表明这只股票将会越涨越高，这时候不应该抛售股票。

——彼得·林奇

表18.2

日期	回升	上涨	回落	下跌
1929年	位置1	位置2	位置3	位置4
3月1日	156	149	63	10
3月2日	125	143	68	11
3月4日	100	132	110	12
3月5日	97	130	110	12
3月6日	105	132	81	13
3月7日	101	132	81	14
3月8日	89	130	96	15
3月9日	86	127	106	16
3月11日	98	120	104	17
3月12日	106	111	100	18

根据位置表上的记录，将每日处于各个位置的股票总数整理在表格中，这些总数能够反映我们对变化的预测，即对趋势的预测。例如，从上（3月1日）至下（3月12日）浏览第三列，我们马上可以看出，处于大幅上涨趋势的股票数量逐渐减少，同时，处在长期下跌趋势股票的数量（见第五列处于位置4的股票）逐渐增加。这种趋势的转变为我们不断调整对大盘当前位置和未来趋势的判断提供了最重要的依据。因此，在表18.2中，处于位置2股票的数量减少和处于跌势股票的数量增加提醒我们，应对大盘的上涨保持警惕，特别是要警惕处于位置4的股票。

表格的第二列和第四列显示了处于位置1和位置3股票的数量每天发生的变化。当然，这些数字是对位置表上的数据进行加总得到的。它们体现的是我们根据完整的位置表对个股小幅上涨或下跌（回升和回落）的可能性做出的判断。这些总数的变化要比代表位置2和位置4的总数的变化更频繁、更不规律。但是，通过浏览位置表和观察每天的新变化，我们能够注意到股价在回升和回落时表现出的持续上涨或下跌倾向，而且我们能从中判断出大盘的位置是将走强还是走弱。例如，观察图18.3我们会发现，从3月1—12日，股价回升（位置1）的股票的数量持续减少，而股价回落（位置3）的股票的数量持续增加，这样的变化警示我们，大盘上涨即将受挫。

中国有句老话说得好，“一图胜过千言”，图片要比表格更能揭示一堆数据中的趋势。正因如此，与以表格的方式列示位置表中的总计数据相比，我们更喜欢以图的形式展示这些数据，这种图称为技术位置晴雨图。

我们可以在普通的纸张上快速而方便地绘制出这样的晴雨图，样图示例见图18.1。这类图包括两个部分，上半部分是表示处于位置1和位置3的股票数量的曲线，下半部分是表示处于位置2和位置4的股票数量的曲线，最左边是股票数量范围，例如，如果位置表涵盖100只股票，那么技术位置晴雨图中的数量范围标示将如图18.1所示，列出代表位置1和位置2的数量范围（从0线或基线向上）及位置3和位置4的数量范围（从0线或基线往下）。如果位置表仅涵盖25只股票，那么数量范围应该是从0到+25和从0到−25。

上述的技术位置晴雨图如图18.1所示，这张图是根据对360只股票1929年2—8月初的日分析结果绘制的。日期标示在图的底部。各个位置上的股票总数的变化由自左向右穿过方格的曲线体现。

图中的竖线表示的是日期，横线表示的是处于既定位置的股票的数量，将横线与竖线的交点相连接便得到了曲线。回头看看表18.2，3月1日的位置表显示，处于位置1的股票有156只；再看看图18.3，在时间轴上找到3月1日，然后用铅笔从图的底部向上画一条线，一直画到上基线之上，这样你就能绘制出体现处于位置1的股票数量的曲线。在此停留片刻，然后再次移动铅笔向上画线，直到画到水平线对面的点，它几乎对应着左侧的刻度数字156，在此处画一个圆点。以同样的方式确定3月2日、3日或其他日期的点。将这些点连起来就会得到一条曲线，这条曲线反映了处于位置1的股票总数逐日的变化。

表示位置2的曲线以相同的方式画出，即在图纸上高过基线的相应位置画出每一天的点，然后把这些点连接起来。但要记住，你必须在上基线之下绘制位置3的曲线，在下基线之下绘制位置4的曲线。对比图18.3中的点和表18.2中的数字能充分理解这一思想。

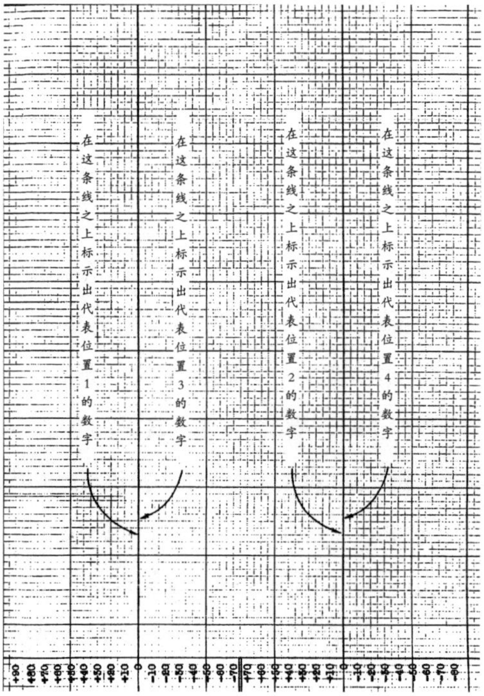

图18.1

表示回升股票的数量曲线（曲线1）绘制在上部基线或小幅波动基线（0—0）的上方，表示回落股票数量的曲线（曲线3）绘制在同一基线的下方。同理，表示上涨股票数量的曲线（曲线2）被绘制在下基线或大幅波动基线的上方，而表示下跌股票数量的曲线（曲线4）则被绘制在同一基线的下方。这样我们在图中画出了4条曲线，它们表示有可能出现大幅或小幅波动的股票的数量，就好像是根据位置表做出的预测一样。从这些曲线我们可以一目了然地看到处于小幅波动位置（位置1和位置3）或大幅波动位置（位置2和位置4）的股票数量每天的增减情况，这样我们可以相应地调整我们的投资决策。（将从图18.3得出的结论与从图18.2中得出的结论进行比较，注意技术位置晴雨图在提示我们即将到来的小幅和中幅波动中发挥的效力）

如果你愿意，你可以为各个位置再增加一列数据，即你预计的每只股票变化的点数。这样做的好处是，你可以直观地看出哪个板块或哪些股票能让你获得最大的利润，无论它们是发生了小幅还是大幅波动。

也可以采用其他方式达到这一目的，比如用红色或其他颜色标示出一只股票可能波动的点数，用带有颜色的数字代替仅表示方向的传统标记“x”，这样你就不必在位置表中加列了。

由于你每天都更新位置表，因此表示变化幅度的这些数字应当变成表示当前点位与初始目标相差的点数。也就是说，应该显示股票还有上涨或下跌多少点才能达到预计的目标。因此，为了记录最新的动向，你应当持续更新位置表。

在最短的时间内更新位置表的最简单的方法是，每天在输入各个项目之前就准备好它。利用图表观察每一只股票的变化，考虑这只股票处在1、2、3、4哪个位置，然后在位置表中做好相应的标识。如果股票的位置中立，那么不必在位置表中做任何标记。当你记录完当天的更改后，你就得到了最新的位置表。然后，你按板块研究位置变化的影响，注意你交易的股票正在走强还是走弱。

接下来注意处于各个位置的股票的总数，并将它们记录在结论部分。然后在技术位置晴雨图中把这些总数标示出来（按之前介绍的方法）。需要花一些时间来确定趋势是否有变。如果你没有绘制技术位置晴雨图，你可以比较当天和前一天位置表结论部分的数据并记录发生的变化。通过对比，你会发现，当天的变化是否对大盘走势产生了影响——大盘更倾向于上涨还是下跌，或者大盘进入了一个可疑的位置。这意味着你应当对市场持中立立场，应静观其变。

《纽约时报》50指数
（1929年）
256
252
248
244
240
236
232
228
224
3月
4月
5月
6月

图18.2

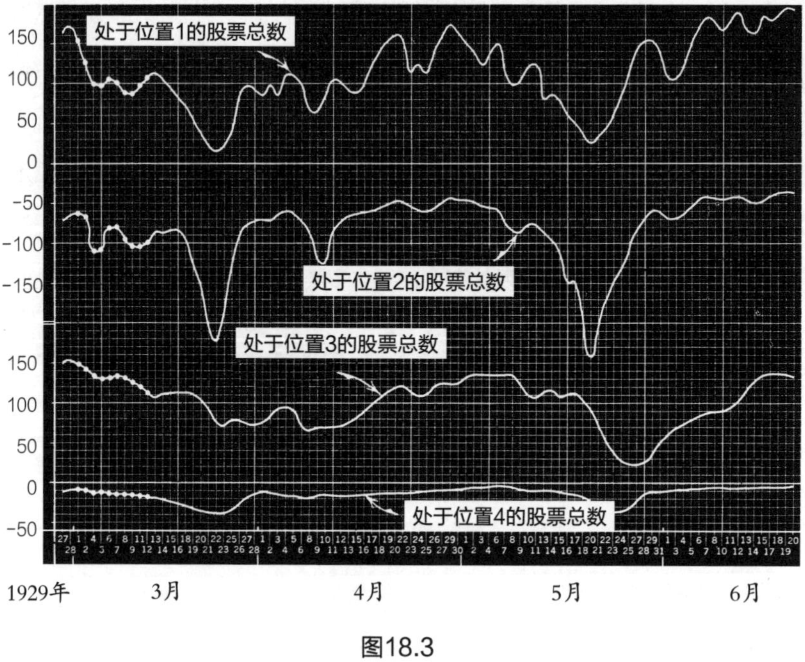
处于位置1的股票总数
处于位置2的股票总数
处于位置3的股票总数
处于位置4的股票总数
150
100
50
0
-50
-100
-150
150
100
50
0
-50
1929年
3月
4月
5月
6月

图18.3

第十九章
如何确定个股的技术位置

利用第十八章描述的位置表能确定任意数量股票的技术位置。我们在第十八章解释了股票可能处于的五种不同的位置或者不同位置的组合，下面我们将举例说明如何确定个股、指数所处的位置。为了分析方便，建议你把点数图从活页夹中取出来。

在确定股票和平均指数的位置时，我们必须运用在第十四章和第十六章学习的原理，因此在继续学习之前，你应该先温习这些内容。

温习前面的内容会让你获益匪浅。你可以通过竖线图判定小波动的转折点，但点数图不太敏感，对即将到来的微小波动的反应比较迟缓或者滞后，你不能依靠它预测转折点，或者有时候在你能做出决策之前，大部分的微小波动已经结束了。因此，你应该利用竖线图（或具有同等效力的工具——见第四章）确定位置1和位置3。

可以仅凭点数图对位置2和位置4做出初步的判定。随着经验的积累，你能根据点数图精确地判断出这些位置。即使如此，你也要借助竖线图（或等效的图表）核验你的结论。

从看涨面来看：要进入位置1，股票（或指数）必须表现出小幅上涨的能力，包括：（1）股价从低点回升；（2）在某个价位水平出现的小幅波动是大幅上涨的前奏；或者（3）在一定的交易区间内，股价在小幅波动中突破之前的高点。

要进入位置2，股票（或指数）必须表现出为大涨做准备的迹象，这些迹象可能是：（1）在下行的底部，出现了庄家正在吸收筹码的迹象；（2）在上涨之后的调整期内出现了庄家再次吸收筹码、为进一步上涨做准备的迹象。当股票通过自身行为表现出了持续上涨的能力时，即股价在连续的小幅波动中，高点和低点屡创新高，即使没有明显的迹象表明股票为上涨做好了准备，它也有可能处于位置2（第二十一章第226页）。

从看跌面来看：为了进入位置3，股票（或指数）必须表现出可能小幅下跌的迹象。这些迹象可能是：（1）股价从高点回落；（2）在某个价位水平出现的小幅波动是大幅下跌的前奏；或者（3）在一定的交易区间内，股价无力回升，而且股价在小幅波动中可能跌破之前的支撑线。

为了进入位置4，股票（或指数）必须表现出为大跌积蓄能量的迹象，这些迹象可能是：（1）在股价上涨的顶部表现出庄家派发筹码的迹象；或者（2）在下跌后的调整期内表现出遭遇新供给（再次派发筹码）、为进一步的下跌积蓄力量的迹象。或者，当股票表现出了持续下跌的能力，即在连续的小幅波动中，低点和高点屡创新低，即使没有明显的迹象表明股票为下跌积蓄了力量（派发筹码），它也有可能处于位置4。

简言之，只要股票行为导致我们认为，股价会出现小幅上涨或下跌，而且幅度符合第十八章的定义要求，我们就认为股票处于位置1或位置3。同理，我们对一只股票的行为进行分析后，预计它会出现大幅的上涨或下跌，只要幅度符合第十八章的定义要求，我们就说这只股票处于位置2或位置4。

值得注意的是，位置1可能演变为位置2，位置3可能演变为位置4，但反过来是不成立的，因此有必要：（1）去掉位置2或位置4；或者（2）将这些位置转变为中立；或者（3）将一只股票从位置2转换到位置4，或者做反向的操作，但不能将这些位置转变成位置1或位置3。例如，假设你已判定一只股票处于位置4并预计这只股票会下跌23个点，如果这只股票后来下降了18个点，那么不要将原先的位置4调整为位置3，因为这只股票还有5个点的下跌空间，仍然将它留在位置4，直到你确信它无法实现最初的预测目标，或者其行为已经变得不确定时（此时你应当将其位置调整为中立）。或者，这只股票确实下跌了23个点，那么继续让它留在原来的位置，直到其行为提示我们趋势即将发生变化为止。

最后提到的这种做法的优点是，当股票实现目标后进入修整期，而且之后在最初的目标基础上继续前进时，你之前为其设定的位置2和位置4将继续反映这种可能性。

如之前所解释的，当没有明确的迹象表明股票将去往哪个方向，或者当我们怀疑股票没有能力向任一方向前进时，我们就认为股票处于中立位置。可能是下列情形：（1）股价表现出了短暂的但并非完全令人信服的回升（位置1）乏力或回落（位置3）乏力的迹象，也就是说，我们对股价能否进一步回升或回落产生了怀疑；（2）在上涨（位置2）或下跌（位置4）到某个点时，股价开始徘徊，或者表现出了短暂但并非完全令人信服的趋势改变的迹象；（3）股价走势和成交量规模相互矛盾，或者我们无法从中得出确定的判断；（4）股价在狭窄区间内波动，交易低迷，或者股价在交易区内上下波动时没有显示出明确的趋势迹象。

与大多人的观念相反，我们认为中立位置很重要。它和其他位置的价值一样大，你可以通过它了解应避免交易哪些股票，反过来你也就知道应该交易哪些股票。你可以通过它判断离场、进场的时机。

认为无论市场情况如何，你必须一直待在市场的观念是极其错误的。认为你必须得出看涨或看跌的结论、除了这两种截然相反的结论之外别无选择的观念也是错误的（见第二十五章第286页）。

有疑问或者迹象不明时贸然采取行动必然招致损失。有时候持中立立场确实可能会让你错失机会，但以后还有许多其他好机会，每日、每周或每月都可能有，要耐心观察，等待新机会出现。你要学会等待时机。下单时要结合可能获得的收益，把止损点设在合理的位置。如果你错失了一次买入或卖出的大好机会，不要着急，继续保持中立的立场，直到你得到了另一次良机。换句话说，不要因为害怕以后没机会了就去追逐一只你本应远离的股票。让其他人去冒险吧，你要等待下一次机会来临时再买入，或者你可以寻找其他机会。

大多数人之所以持仓仅仅是因为，他们认为自己不这样做就会错失机会，他们害怕市场与他们渐行渐远，或者是他们害怕中立位置仅反映了他们的判断。这些人会承担未知的和不必要的风险。

在某些情况下，任何人都无法做出精确的判断（尽管你能找到很多愿意为你做出猜测的人，当然，你得承担费用）。在心有疑虑和不确定时，保持中立总是最好的方法。不要害怕在这样的时期脱离市场，这种情况很常见。当条件不利于庄家的计划时，他们不会推动股价发生变化，这乃人之常情。为了观察市场自身会如何运行，他们经常让市场自行修整。

经过一轮操盘后，市场会进入中立位置，一切都变得不明朗（第二十五章第283页）。

不要让政治或个人偏见影响了你的判断。任何时候，你持仓的动力都不能是为了挣钱或要买一辆新车或一套新衣服。如果这是你持仓的唯一动力的话，你的结果可能惨不忍睹，你赚的钱可能都买不下一个备用轮胎或一件衬衫。你只能按技术指标的指示做出买卖决策。要让市场成为你的老板，要服从它的命令。市场不会被你我的欲望所左右，不会被我们的希望或恐惧所左右。

现在我们举例介绍如何运用上述原理和知识确定个股的技术位置。

审视图9.1至图9.3及相关的文字内容我们会发现，根据竖线图记录的两周股价走势（复制点数图中最后两列的数据）判断，这只股票处于中立位置。之所以说它处于中立位置，是因为我们还没有看出它将去往哪个方向的明确迹象，仅从目前竖线图上记录的有限信息来看，这只股票的股价似乎在30—34美元的狭小交易区内波动。

然而，当股价上涨至35.5美元时（竖线图上的C处）时，我们得到了一些判断依据。我们注意到，价格连续4个交易日稳步上涨，而且在最后一天，成交量显著增加，这意味着一次买入高峰出现。接下来一个交易日的股价走势似乎印证了这一结论，因为股价冲高至35.625美元后出现了回落，使前几天的涨幅化为乌有，而且收盘价接近最低价，因此我们得出了股价处于回落态势的结论。我们暂时判定股票处于位置3，注意，这只是暂时而非确定性的判断，因为我们还没有足够的证据判定其回落幅度。若是正常的回落，那么股价会跌至32美元附近（回落幅度是之前上涨幅度的一半），因为在1点点数图（C—D）中，34美元的价位线上有2个数字。但要确认股票处于位置3，我们需要股价至少回落3个点，最好是4个点，这样才符合股价下跌10%的条件（第十八章第197页）。

在股价基本完成正常的预期回落（至32美元）后，这只股票仍然显示出了处于弱势技术位置的特征。也就是说，股价没有轻松地实现回升，而是开始在狭窄的区间内波动，同时成交量萎缩。正如第十章解释的，它现在进入了顶点或者静点（F处）。根据上面的解释和之前章节的内容，显然我们判定它处于位置3是正确的。另外，现在点数图显示，33美元的价位线上出现了3个数字，这预示着股价可能下跌至30美元。

在G处，我们打算取消股价处于位置3的判定，但终究没有这样做。想取消之前判定的原因是：（1）股价从D点开始下跌后，在最后一个阶段急转直下，触及了之前的支撑线，这可能导致超卖情形出现；（2）股价大跌至29.625美元时成交量增加，这意味着可能出现小抛售高峰；（3）第二天，尽管股价创出新低（H点），收盘价为最低价，但股价下探的时间缩短，成交量仍然相对较高，这意味着当天和前一天有人大量接盘，也就是说，大量的需求正在克制大量的供给，买入力量要强于卖出力量；（4）回落幅度符合从点数图中得出的推断。

如果上述推理不正确，也就是说，如果后来的事实证明，股价到G点时成交量的增加是清盘导致的，那么我们应当警惕，股价可能无力从30美元这一关键的支撑价位回升。我们不可能长期处于疑惑当中。若股价回升不力，就像在F处的回升一样，或者若股价仍然放量下跌，那么我们就必须坚持股票处于位置3的判断。但是，若股价波动趋于平缓且保持不变，我们必须判定，股价创下新低后就不会再继续下跌了。

在接下来的两个交易日里成交量较低，价格在很小的区间内横向波动。看起来好像卖盘压力在上升——股价回落至底部时，成交量减少。乍一看，股票在G处的行为似乎与在E处的行为一致，但二者存在一个重要的差别，那就是G处的变化更加关键，因为此时股票处在交易区间的底部，股价之前曾两度在此处得到过支撑，因此，如果股价再次得到支撑，那我们就获得了吸筹的证据。另外，此时股票可能被视为处于超卖状态，因此可能对空头不利。当专业的空头发现没有更多供给入市时，他们会想办法快速回补。还要注意，3天的横向波动（或者缺乏进一步下跌的势头——在G点右侧）使股票进入了突破从高点D到点F的供给趋势的位置。若股价开始回升，那么回升将打破股价从35.625美元下跌以来的趋势。

由于看涨和看跌的可能性大致相同，我们决定取消股票处于位置3的判断，将其位置调整为中立，同时我们等待更多、更明确的迹象出现。

1点点数图显示，30美元的价位线上有5个数字（A—G），但我们无法把它视为股价回升至35美元的依据，因为正如我们对竖线图的分析所显示的，一切要看股票接下来的变化。如果30美元附近的需求质量优于供给质量，那么股票有可能在第一阶段回升之前（D—H）跌幅的一半，但这不足以使股票进入位置1。另外，我们可以通过观察股价的回升方式和在正常的技术性修复后股价的回落情况来判断股票的位置。

第二天，股价的回升突破了趋势供给线D—F，这证实了我们的第一个怀疑（第211页）。在两个小时（周六）的交易时间里，价涨量增，这是看涨的信号。[①] 我们预计股价会继续回升，事实确实如此。在接下来的交易日里，股价进一步回升，但成交量激增，这警示我们逆转可能出现，特别是（在I处）股价已接近完成其回升目标了。股价可能继续回升，也可能立即回落，我们必须注意下一波回落，因为股价仍然接近30美元这一关键的价位，而且除非股价在这一价位再次得到支撑，否则我们将判定股票重回

---

① 武断地将所有周六的成交量翻倍并不合理。将两个小时的实际成交量翻倍能够更明确地显示周六成交量的变化，而且能为比较周六和交易时间达5个小时的其他交易日的成交量提供更加可信的依据，因此在分析成交量时，常常将周六的成交量做翻倍处理。

一种处理方法是，将周六的真实成交量标识在竖线图里，在竖线上方标出小写字母“s”，这个字母的顶端就是水平线，若将成交量翻倍，则垂线会达到底端。或者你可能喜欢只用竖线表示周六的成交量，那么你可以用下半部分的实线标识实际的成交量，上半部分的虚线表示翻倍后的成交量。

这一方法首次提到，但我们在绘制本书所有的竖线图时，已经使用了这一方法。

与武断地将所有周六的成交量翻倍的方法相比，这种方法具有优势，可以通过图9.2中F和O的例子看出运用这种方法的好处。首先，看F处周六的实际成交量，我们会立即发现，这只股票已经走到了静点或支点的位置，如果武断地将此时的成交量乘以2就不会有这样的印象了；其次，考虑实际成交量我们会发现，股价回升的幅度非常小；最后，另一方面，若考虑翻倍后的成交量，我们仍然会得出看跌的结论，因为从翻倍后的成交量来看，与之前的几个交易日相比，股价并没有放量上涨。换句话说，当天的价格仅仅比前一天上涨了0.125个点，而且价格波动幅度收窄，这表明尽管成交量相对较大，但股价上冲的时间很短。

同理，在O和P之间，我们会从实际的成交量中得到真正重要的、明确的结论，如果武断地将成交量翻倍，我们恐怕无法得到正确的推断。实际的成交量显示，在股价回落的过程中，成交量持续大幅缩减，这表明几乎不存在待售的股票了（股价上涨没有任何压力了）。如果机械地将成交量翻倍，那么我们将得不到股票步入静点的推断。

位置3。

在股价的回升幅度达到之前（D—H）跌幅的50%之前，股价快速从I处回落，这使前两天的涨幅化为乌有，如果我们之前看涨的话，现在的事实令我们很焦虑。成交量少，但不是特别少，而且收盘价很低，这使得股价在之前的低点附近徘徊。我们现在仍持中立立场，但我们对股票下一波的走势保持了高度的警惕。

两个交易日过后，我们（在J处）认为，股价将上涨，因此判定其处于位置1。我们的理由是：若这只股票的操盘者想拉低股价而不是支持它，它可能马上利用回升不到位（至I）的迹象吓跑股票持有人，后者可能清盘，致使股价回落至之前的低点G—H。但股价没有突破下限（J处），而是在更高的水平止跌，同时股价开始横向移动，成交量相当稳定，低点（J附近）也有提高的倾向，这看似买入而非卖出的好时机。在G点和J点，股价已经在30—35美元的底部价位横向波动了9天，已经为股价更大幅的回升（与之前至I的回升幅度相比）奠定了基础。从1点点数图来看，30美元的价位线上有3个数字(J处)，如果考虑整条30美元的支撑线（A至J）的话，我们发现共有7个数字，足以使我们判定股票处于位置2了（第十八章第197页）。

然而，我们并没有明确判定这只股票处于位置2，因为正如迄今为止我们的研究所揭示的那样（第十章第90、91页），我们不确定吸筹阶段是否已经完成。除非有其他迹象出现，而且我们有理由相信准备阶段已接近完成，否则我们不会做出看涨的判断。我们必须认识到，在买入的心理时间到来之前，股价可能出现一系列波动，而且我们不确定在多空博弈的早期阶段是否会出现大幅上涨。如果这只股票能如点数图所揭示的那样出现7个点的上涨，那么这可能意味着这一阶段的结束，我们想寻找更大的机会。综合考虑后，我们认为股票很有可能处于位置1。

第二天（J之后），股价轻松回升（高点和低点之间的差距较大），成交量相对较少，这表明前期的吸筹已造成了供给稀缺。这波上涨会改变股价的下行趋势（以调整后的供给线D—I表示）。而在接下来的一个交易日里，股票的上涨势头更猛，在之前的回升顶部（I）没有遭遇压力。

但在K处，我们调整了股票处于位置1的判定，再次将它置于中立位置。它在此处进入位置3是因为：（1）股价从J突然上涨至K，导致股票进入超买状态；（2）股价在之前的34—35美元高位区间（C—D）遭遇阻力；（3）股价上冲至33.875美元（K）后，上涨势头无法维持，立即回落，以当日最低价收盘；（4）在回升的顶部，成交量达到峰值；（5）股票已经完成了根据点数图推断的上涨目标（G—J）。

我们没有看到与股价回落幅度有关的迹象，但我们估计，回落幅度会是涨幅的一半，即回落至30美元以上。然而，由于我们怀疑操盘手正在吸收筹码，我们猜测他更可能让股价回落至30美元左右，他可能会让这只股票的交易陷入低迷和疲软，目的是打击那些因股价上涨至K而被吸引的外部投资者的信心。在此基础上，如果我们愿意，我们可认为这只股票处于位置3而非中立。

在L处，股票再次进入中立位置，这证实了我们之前做出的股价会回落至30美元的猜测，此后股票一直处于这一位置，直到经过两周的低迷期后达到M点。其间，股价快速回落至支撑线，但股票供给量没有增加（第十章第91页）。因此你可以根据这些看涨迹象的强度判断这只股票处于位置1，因为它已经做好了上涨且不经历大幅回落的准备。你也可以认为这只股票处于位置2。

从1点点数图来，30美元价位线上的数字已经增加到11个，包括4个空格。第二天，股价在N处回升，这使得30美元价位线上的数字增加到12个，包括5个空格，而且3点点数图显示，股价有可能上涨21个点。当股票处于位置1和位置2以及跳板上时，你当然可以根据第十章的解释做好买入的准备。

有了前面的详细解释作为基础，你应该能轻松地确认后续的位置变化。我们在此列出股票后续的位置变化，建议你自己分析股票位置变化的原因，这样既能获得必要的锻炼，又能加深你对原理知识的记忆。你应该先仔细阅读前面讨论的内容，重读时你可以直接在图表上标记各种位置，之后采用相同的方法在图中标记出股票自N处以后的位置。

这些位置如表19.1所示。

表19.1

在O处	小幅波动	趋势	中立	中幅波动	趋势	位置2
在P处	＂	＂	＂	＂	＂	位置2
在Q处	＂	＂	位置1	＂	＂	位置2
在R处	＂	＂	中立	＂	＂	位置2
在S处	＂	＂	位置1	＂	＂	位置2
在T处	＂	＂	中立	＂	＂	位置2
在U处	＂	＂	位置1	＂	＂	位置2
在W处	＂	＂	中立	＂	＂	位置2
在X处	＂	＂	位置1	＂	＂	位置2
在Y处	＂	＂	位置3	＂	＂	位置2 未变

这只股票在Y处进入位置3，因为：（1）股价暴涨后成交量大增；（2）这使得股价的涨幅达到了根据3点点数图推断的目标；（3）在成交量很大的情况下，股价出现逆转，且股价无力实现与成交量相匹配的上涨。但我们认为，股票仍处于位置2，因为目前我们还无法判断操盘手接下来的行为，也无法判断他是打算结束操盘，卖出手里其余的股票，让股价自50.75美元开始下跌，还是打算在股价回落时提供支撑，然后在股价回升至50—51美元时再卖出股票，或者他和其他有兴趣的投资者可能再次吸筹，为下一轮上涨行情做准备。

此外，我们从点数图中尚未看到顶部形成的证据，因此我们认为，股票仍处于位置2，我们要等待进一步的迹象出现。

股价自Y开始下行后，成交量仍然很大，这起初看起来像是股价从高点下跌过程中的派筹所致，若是这种情形，在点数图的高点附近没有形成交易频繁区域（或者水平形态）的情况下，股价会下降一定的幅度。因此，根据竖线图的提示，我们要么调整股票处于位置2的判断，将其位置改为中立，但不是改为位置4；要么仍然判定股票处于位置2，但在位置表中的“X”后标记一个问号（即这只股票的位置标志变成了“X？”），以表明我们内心存疑。当我们从长线交易中获利（第十章第93页）时，我们非常愿意静观股票接下来的走势。与此同时，股票处于位置3暗示股价很可能进一步受挫。

当股价持续回落至45.625美元（在Z处）且成交量萎缩时，我们认为回落结束了，我们预计股价将回升至之前的高点：在Z处，股价的小幅波动表明，股票仍处于位置1和位置2。

在AA处，股价的小幅波动表明，股票已经由位置3和位置2转变为位置4。

在BB处，股票重返位置1，位置4被取消，变成了中立。

股价在Z处得到了支撑，而且在BB处再次得到了支撑，这意味着46—50美元的交易区间可能是为股价上涨12个点做准备的吸筹区域，见点数图并回顾第十章第93、94页的内容。把这张图倒过来，在灯下从反面观察它，你就更能理解做出这一论断的原因。反着看这张图你会清楚地发现，股价小幅波动至Z和BB，仅仅是它在DD大涨前的修整。反着看能发现这一点，这样下行波动就成了上行波动，反之亦然，这种方法对判断转折点很有帮助。它能使你客观地看待市场的两面，而不会像某些操盘者那样，只从一个视角出发看问题，这会导致他们要么得了"看涨综合征"，要么得了"看跌综合征"。

在BB处，每日的底部价格有上涨的趋势，这意味着这只股票已被售罄。较低的成交量意味着较少的需求推动了股价上涨，这是股票售罄时的典型特征。空头突然发现，他们现在已经空空如也，因此想悄悄地、在不抬升价格的前提下完成回补，但由于供给稀缺，他们的回补导致了股价上涨，结果空头变得很焦虑。其他交易员觉察到售罄状况后，也开始悄然购买，这加剧了空头的焦虑，直到股票的操盘者利用他们的困境来抬高价格。于是争夺战爆发，需求变得活跃，成交量随之增加——但在股价上涨到一定幅度之前，这样的情形不会发生。因此，

在CC处，有迹象表明股票处于位置1和位置2。

在DD处，有迹象表明股票处于位置5和位置2。

在数字7处，有迹象表明股票处于位置1和位置2。

在FF处，有迹象表明股票处于位置3和位置5。

在KK处，有迹象表明股票处于位置1和位置5。

在LL处，有迹象表明股票处于位置3和位置5。

在MM处，有迹象表明股票处于位置5和位置5。

在NN处，有迹象表明股票处于位置3和位置4。

参考上面的范例，结合第七章、第十六章和第十七章的图和讨论内容，尝试分析股票的位置。反复阅读这几章的文字内容有助于你确定股票正走向哪些位置。在图中做出相应的标记，有利于你牢记确定位置的方法。

第二十章
买卖测试

阅读前面各章的内容，你可能会觉得，分析市场和个股的行为很复杂，需要投入大量的时间和精力。这是很自然的反应，所有人刚开始学习时都会有这样的感觉。因此，我们提醒你千万不要被吓倒，也不要希望走捷径。只有坚持不懈地学习才能理解所学的内容并取得最终的成功。[1]

为了理解本书的内容，我们必须做深入细致的讲解。当最初的热情逐渐消退，再加上学习的深入，即使是简单的算术问题，新手都会觉得非常难。但通过坚持不懈的学习和练习，他们最终会发现，一切复杂的问题都可以通过常规推理来解决。早期学到的复杂步骤会变得简单起来，会成为他们下意识的、自动的行为。他们也就不必小心翼翼地处理问题了。持续的重复操作会让他们牢记各种原则，遇到问题时本能地做出反应。久而久之，他们就可以跳过中间的烦琐步骤，轻松地找到问题的解决方案。

总而言之，不断在实践中综合运用学到的基本原则，新

[1] 投资是99％的汗水加1％的灵感，投资者需要非常勤奋和努力。
——彼得·林奇

手也能成为技能娴熟的数学家。股市也是如此。

现在我们简单总结此前学习的图表解读知识，这一总结也有助于协调你的推理过程，而且我们会以具体的实例进行解释。

表20.1和表20.2列出了确定最有利的买卖时机时应采取的步骤，无论是从大盘还是从个股或板块股来看均是如此。

表20.1 买入测试

	迹象	通过哪种图确认
1	下跌幅度达到目标	点数图
2	看涨信号——价涨量增，价跌量减	竖线图
3	初步支撑	竖线图和点数图
4	比大盘强势的信号——随大盘涨，不随大盘跌	竖线图
5	突破下行趋势线，例如突破供给线	竖线图和点数图
6	更高的支撑位	竖线图和点数图
7	更高的顶部	竖线图和点数图
8	底部成形	点数图
9	预期利润高于承担的风险	利用点数图估计可能的目标，利用竖线图设置止损点

上述的买入测试法通常适用于下跌之后的指数或个股，而卖出测试法通常适用于上涨之后的指数或个股。

做出买卖决策之前，一定要确保预估的利润（根据点数图推断的上涨或下跌目标确定）至少要达到正确地设置了止损点（根据竖线图）后承担风险的3倍。必须利用竖线图来确定合理的止损点。

艾奇逊公司（Atchison）的点数图和竖线图（图20.1和图20.2）就是典型的例子，这些图展示了：（1）如何运用买卖测试法；（2）如何将点数图分析和竖线图提供的关键信息相协调；（3）如何运用之前介绍的原理知识。

分析图20.1和图20.2时请参照下面的文字，这些文字简要介绍了艾奇逊公司的股票在走出1932年的超卖状态时表现出来的各种迹象，包括：

（1）股价从6月16日的31.5美元暴跌至6月28日的17.875美元，其间没有出现过修正性的回升，这导致股票进入超卖状态（第十四章第131页）。

（2）24—25美元附近的支撑线突然被突破，股价出现了震荡（第二十一章第225页），后股价（如3点点数图所预示的）迅速恢复。

（3）6月28日，股价急速下跌后，成交量增加异常（第七章第45页的脚注），这表明股价跌至谷底，初步支撑位形成——买入测试3。

（4）从1点点数图来看，股价下跌至18美元时已经实现了根据点数图上的供给线（29美元）估计的下跌目标——买入测试1。

表20.2 卖出测试

	迹象	通过哪种图确认
1	上涨幅度达到目标	点数图
2	看跌信号——价跌量增，价涨量减	竖线图
3	初步支持	竖线图和点数图
4	比大盘弱势——随大盘跌，不随大盘涨	竖线图
5	突破上行趋势线，例如跌破支撑线	竖线图和点数图
6	更低的顶部	竖线图和点数图
7	更低的支撑	竖线图和点数图
8	顶部成形（横向整理）	点数图
9	预期利润高于承担的风险	利用点数图估计可能的目标，利用竖线图设置止损点

根据上述分析，暂时将这只股票的位置判定为1（第十九章第207页），如果你已经能熟练地识别出转折发生的初步迹象，那么你可以在19美元附近买入股票，并且将止损点设置在危险点（如16.625美元）以下（第二十三章第265页）。

（5）股价快速回升至20.375美元，但成交量较少，这意味着供给稀缺，也确认了之前股价打破从B至C的大幅下跌趋势、股票由弱转强的迹象——买入测试5（第十五章第140页）。

这只股票表现出随大盘上涨而上涨的倾向。注意这一点：压力减轻时，《纽约时报》指数反应迟缓，但这只股票的价格由6月29日的低点上涨至了7月1日的高点——买入测试4（第八章第75页）。

（6）初步支撑的证据在1点点数图中表现得更加明显，因此当股价缩量回落至18.625美元时，我们可选择买入另一批股票并设置与前一批一样的止损点，如果我们错过了第一次机会，那么现在正是买入良机。而且，我们确定这只股票处在位置1。

（7）股价再次快速回升，成交量虽有增加，但仍然相对较少，这是股票力量增强的吸筹证据——买入测试2。这只股票显然比大盘强势，此时的大盘仍然在下探（第八章第75页）。

（8）股价从17.875美元的回升受到大盘持续疲软的影响，当股价触及下行的趋势线A—B时，回升受阻。若股价缩量回落至18—18.5美元的支撑区，那么我们可能有另一次买入机会，与之前一样，可将止损点设置在16.625美元左右。我们调整了对股票位置的判断（位置1），以此反映股价可能回落的预期。

（9）股价回落时成交量迅速减少，股价在较高的价位得到了支撑。这只股票的表现再次明显强于大盘。19美元的支撑线已经延伸，线上出现了5个数字，而20美元价位线的数字多达6个。股票重返位置1了。

7月9日，股价达到了顶点（注意价格的波动是如何收窄、成交量是如何萎缩的，股票交易陷入极为低迷的状态）。在转折点位置上的回升很容易突破供给线A—B（买入测试5），而且很容易使股价处在21美元的跳板位置上，如果此时我们发现之前的所有推断都得到了证实，那么此时也是买入时机。

（10）此时价格在成交量相对较少的情况下突然上涨，突破了供给线A—B，对大盘的上涨快速做出反应，从而使依据点数图确定的中期目标增加了一个点，而且低点和高点都有所提高，成交量仍然保持在牛市状态，这满足了买入测试6和买入测试7的条件。

因此，我们在低点附近看到了10个不同的买入信号。对比之前的分析并将你所学到的知识应用于对艾奇逊图表的分析，你会从这只股票的行为、其从低点上涨至高点的过程中发现大量其他明显的买入信号。例如，股价从7月9日的支撑点上涨了两天后完成了一波正常的修整，7月14日股价快速回升。再如，股价突破7月9—15日的支撑区域上涨时，成交量持续增加。

持续的看涨迹象还包括：

（1）7月18—19日股价触及了25美元的阻力点后出现了一波短暂的下跌，下跌幅度较小，成交量迅速减少；这样的态势一直延续到了竖线图上所示的8月6日为止。

（2）当股价恢复至7月21日的25美元时，从3点点数图可以看出，最后阶段的下跌（6月24—28日）是终极震仓（第二十一章第225页）。因此，若将24—25美元的价位线视为吸筹阶段的延伸，从3点点数图来看，股价的上涨目标区域是48—49美元；若把28—30美元的价位线视为吸筹阶段的延伸，那么目标区域可能是60—64美元。

（3）从1点点数图来看，由于22美元价位线上有10个数字，10加18等于28，因此第一个目标（股价上涨时遇到阻力的价位）是28美元；由于24美元价位线上有13个数字，因此37美元是股价上涨时冲击的下一个关键价位；24美元价位线上有29个数字，包括所有未了结的部分和空格，因此下一个目标价位是54美元。之后，在吸筹区域45—49美元，新的支撑线穿过了45美元价位线，这预示着下一个目标价位为58美元，等等。

当你在实际操作中遇到其他情形时，你可以运用前面所列的买卖测试法并参考上面的介绍进行分析。

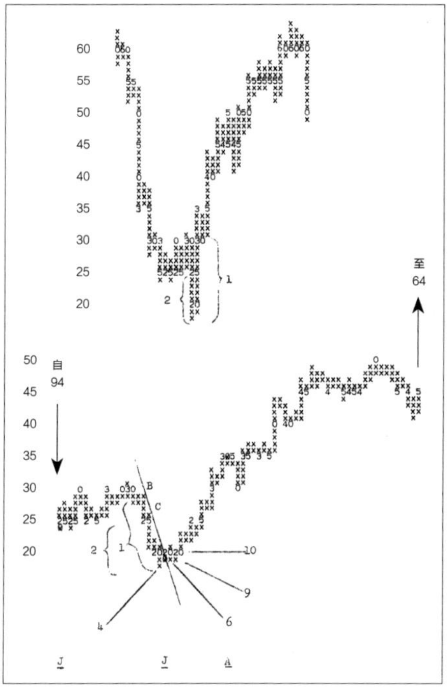

图20.1

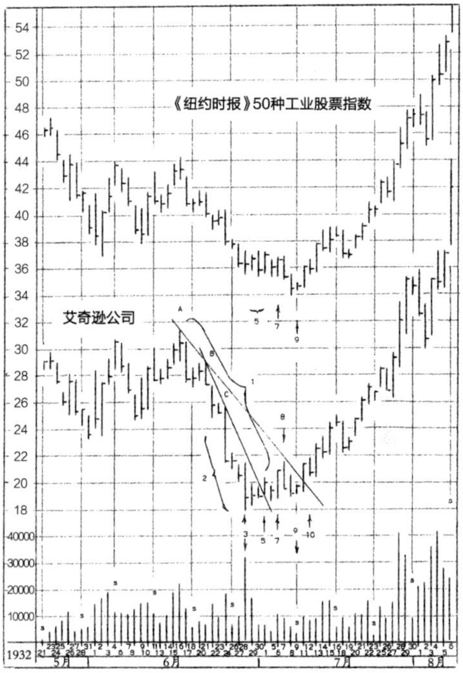

图20.2

第二十一章
知识提炼

本章简要讨论股市中反复出现的现象。

第一个现象就是我们之前经常提到的震仓（shake-out），它有两种表现形式：普通震仓和终极震仓。

第十六章阿纳康达铜业1935年2月26日—3月13日的走势就是终极震仓的一个绝佳范例（见图16.3），我们已经在该章介绍了如何识别终极震仓。另一个典型的例子是第二十章的艾奇逊公司股票，第三个例子是联合化学公司（图21.1），它同样显示了吸筹过程中的终极震仓。1932年4月，股价达到55美元附近时，吸筹阶段开启，此后股价持续下跌，到了6月下旬，股价急剧下跌至43美元。

5月和6月，股价在50—47美元区间内有4个支撑位。之后支撑位提高到了48美元这一更高的水平，直到股价回升至55美元后发生了终极震仓。

从下列变化中可看出此次震仓的端倪：股价上涨至55美元打破了其自1932年3月的高点87美元（图中没有显示）下跌以来的趋势。5月中旬，股价开始上涨，突破了之前在47—55美元区间内修整时形成并维持了几周的清盘警戒线的上限。从55美元至43美元的终极震仓完成了股票上涨前的准备工作。底部接盘和恐慌性的抛盘一直持续到7月，股票的供给耗尽，之后股价稳步回升。

因此，43美元的抛售高峰过后，股票交易进入了相对低迷的状态，在股价小幅回落的过程中，支撑价有所上升，成交量萎缩。最后一个低点44美元出现是因为股票除息出售所致。股票在踏上47美元的跳板之后不久就上涨至了49美元，之后回落了3个点，这给投资者提供了一个绝佳的买入机会。股价上涨至50美元且成交量增加这一事实确认了47美元是跳板位置。自此之后一直到1933年7月，股票的上涨趋势确定无疑，最终上涨至135美元，则非常符合根据1点点数图和3点点数图在55美元价位线上做出的估计。

从上面以及之前的例子中我们归纳出如下的一般性定义：

终极震仓是一种快速或急剧的下跌运动，一般发生在上涨准备期结束之际。在人为操纵的情况下，终极震仓的目的是迫使持股者卖出，捕获多头头寸的止损单，这些多头头寸的止损点被设置在吸筹区域的支撑线以下，换句话说，操盘者想以此获得尽可能多的廉价股，并鼓励散户在底部卖空。将弱势持股者和业余空头手中的股票尽收囊中之后，操盘手就会锁定空头，并且阻止抛盘，他们采用的方法可能是让股价逐步或快速地回升。[1]

震仓是人为操纵的还是由于陷入困境的多头做出的恐慌性抛售导致的并没有实质性的区别。无论哪一种情况，迫使股价加速下跌的抛售都是因为供给质量差导致的，而随后股价的回升是因需求的卓越品质导致的。

普通震仓和终极震仓的特征基本相同。主要区别在于，“终极”一词被用来区分大涨前发生的急剧下跌和在其他时间发生的类似现象，例如一轮夸张的抛售高潮（见图7.1所示的12月16日的情形）。一波小抛售高潮终结了股价的回落，

[1] 空头行情的尾声基本有几种现象，比如市场均衡，投机不活跃。之后投资者开始对市场充满信心，投机热潮带来股价膨胀，随之带来的是股价的上涨预期。

——维克托·斯波朗迪

致使走势图上出现了“U”形（见图9.2），这也具有震荡的性质。

我们已在之前的分析中解释过震荡的特征，上述讨论可为未来的分析提供参考。

猛拉与震仓正好相反。当股价急速上冲并突破修整区域，或者在交易区的顶部暂时形成凸起而无法长期保持时，我们称这种现象为猛拉、上冲或者终极上涨。例如，审视图7.1至图7.3显示的1月9日、6月27日和29日、9月23日和24日的股价变化情形。注意这些猛拉都无法持久，这是股票走弱的标志。

接下来我们要介绍的是，在没有出现惯常的或者至少没有立即出现明显的吸筹证据的情形下，股价急速回升或上涨并脱离超卖位置的现象。美国电话&电报公司股票就是一个好例子（图21.2）。尽管随附的竖线图（图21.3）显示了该股票由弱走强的许多特征，但仅凭其点数图就能说明我们的问题。对比艾奇逊的竖线图（第二十章），你就能明显看出这一点。

从点数图来看，这只股票的走势与联合化学的不同，在从7月的低点回升之前，它没有形成狭长的横向交易区间。美国电话&电报公司的股价下跌至70美元是1929—1932年熊市期间发生的几大令人震惊的事件之一。该公司的股价自135美元下跌以来，下跌态势持续了好几个月（到7月）。

然后，股价开始在70美元附近的较低价位上筑底。从表面上看，这只不过预示着股价会在71—72美元的基础上回升9个点，或者在75—76美元的基础上回升19个点，但这些迹象（出现在大盘和大多数其他股票迎来一轮大涨时）最有价值的特征是，即使股价回升9个点，即回升至80—82美元，这只股票也能打破此前的下跌趋势，只要股价能成功地触及80美元的价位线，它就会走出低迷状态。

因此，重要的特征不是在72—76美元附近筑底的宽度，而是股票突破了长期下跌趋势线的上限。考虑到这种可能性，人们会认为股价自6月初从83美元下跌以来和7月末回升至83美元的整个形态是可能的支撑区，股价自第一次达到83美元到最终下跌至71美元期间，吸筹的规模逐步减少。股票实现了根据1点点数图做出的保守预测，即上涨49个点（83美元的价位线上有这么多数字），也就是说，从71美元开始稳步上涨至1932年9月的121美元。

在3点点数图中，73美元价位线上有4个数字，表明股价可能上涨至83—85美元；76美元价位线上有6个数字，表明股价可能上涨至89—94美元；83美元价位线上有12个数字，表明最高上涨目标为119美元。从3点点数图来看，股价并没有打破下跌趋势线，但是，当股价从1932年7月的低点回升至83美元时，逆转信号终于出现了。趋势改变的进一步证据是，这只股票连续多周实现了强劲的放量回升。

西夫韦公司的竖线图（图21.5）展现了根据竖线图的形态做出推断时分析成交量变化的必要性。观察一个无知的或者痴迷于计算的“图表狂”会如何错误地解读1点点数图中的长期价格走势（见图21.4）。1935年1—9月，股价在37—42美元的区间内波动，似乎为大涨奠定了坚实的基础。然而，聪明的人会结合竖线图分析点数图，他们会马上注意到这只股票的行为异常。股票的行为没有证实从点数图中得出的庄家正在吸筹的推断。

相反，对竖线图的分析表明，点数图的形态（37—42美元）是扩展的交易区间，其中供需力量的微小变化在相当长的一段时间内相互抵消，直到最终供给力量占据上风并导致股价突然大跌。注意，在这个交易区间内，股价偶尔回升时，成交量会突然激增，而且价格变化缺乏一致性，在警觉的观察者眼里，这都是放弃多头持仓的信号，特别是在经过8个月的所谓吸筹阶段后（根据对点数图的粗浅解读得出的股票处于吸筹阶段的结论），市场上的其他股票都走强了，但这只股票依然表现疲软。

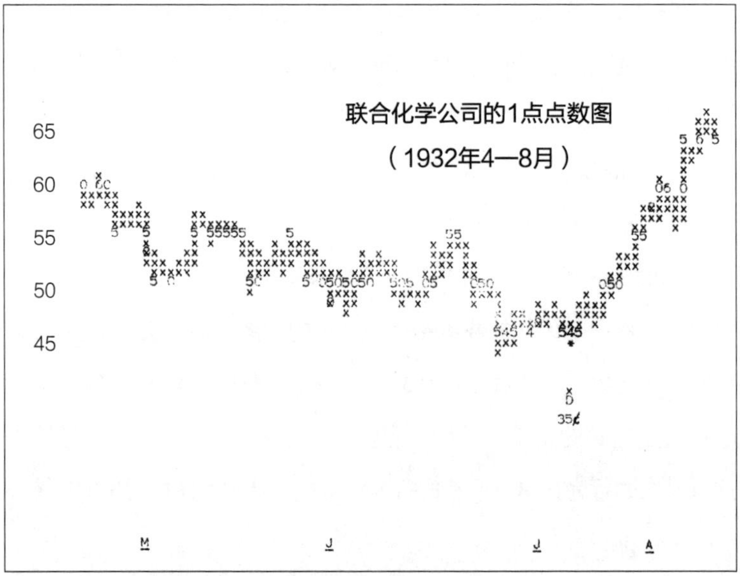
联合化学公司的1点点数图
（1932年4—8月）
65
60
55
50
45
M
J
J
A

图21.1

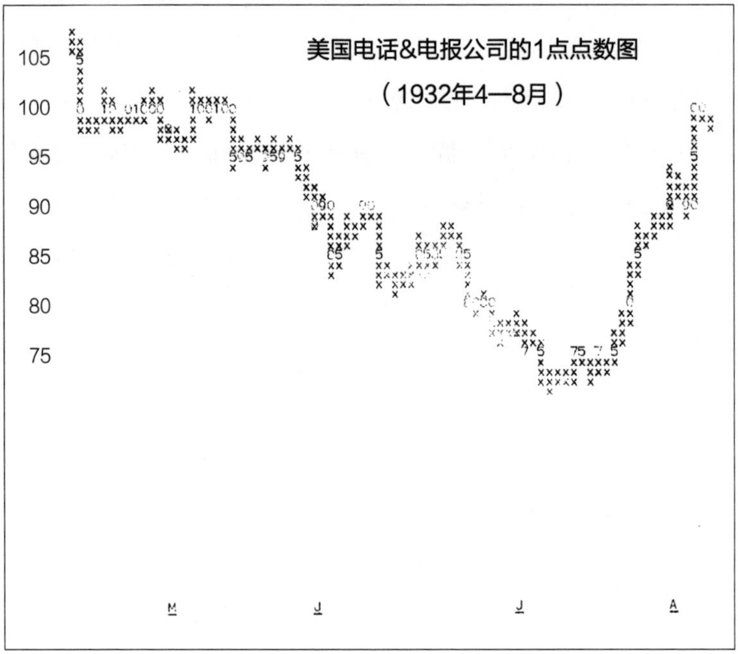
美国电话&电报公司的1点点数图
（1932年4—8月）
105
100
95
90
85
80
75
M
J
J
A

图21.2

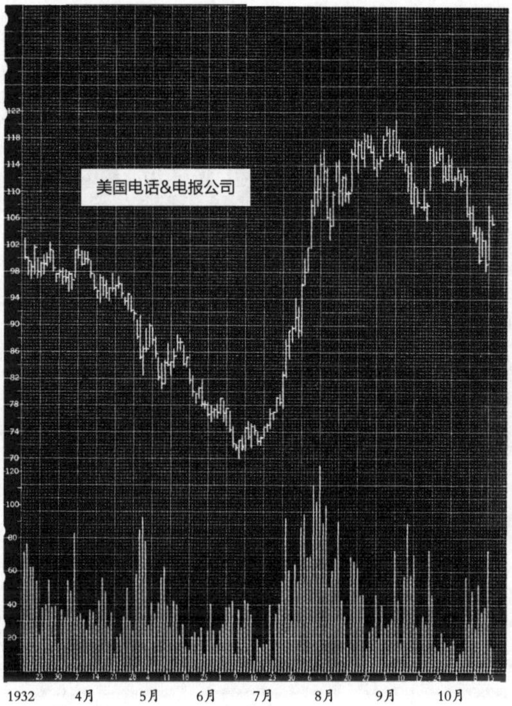
美国电话&电报公司
1932
4月
5月
6月
7月
8月
9月
10月

图21.3

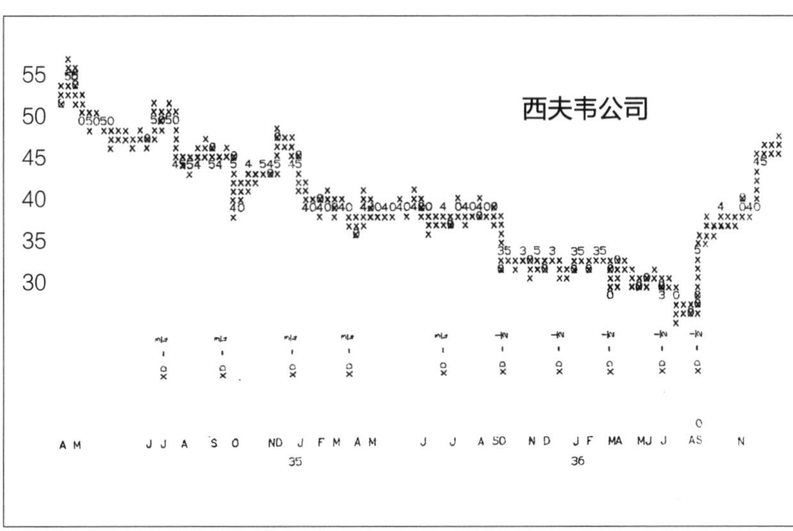
西夫韦公司
55
50
45
40
35
30
A M
J J A S O
ND J F M A M
35
J J A SO
N D J F MA MJ J AS
36
N

图21.4

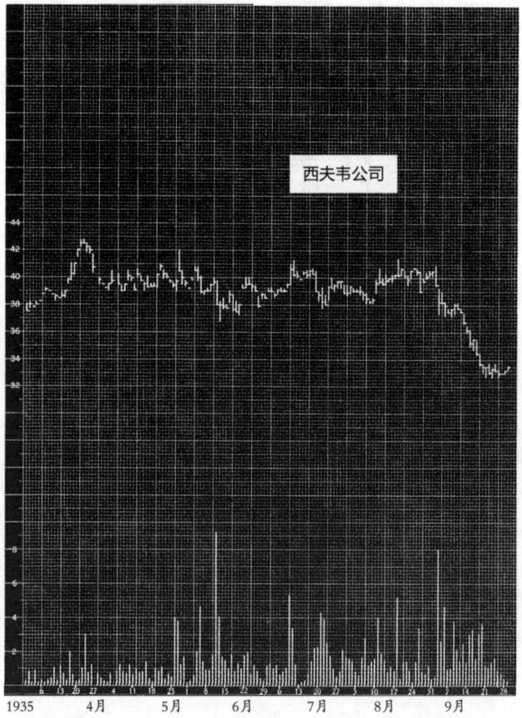

图21.5

第二十二章
波浪图

确定大盘的趋势是我们做出一切推断和交易决策的起点。正如第五章所解释的，这种趋势是由交替出现的买卖波浪决定的。在一天的交易中，买卖波浪此起彼伏，无休无止。小的波浪汇聚成中等幅度的波浪，后者又汇聚成大波浪，即形成幅度达10—20个点或更多点的波动。

因此，显然小波浪中的市场行为对判断未来的中期和长期趋势很有价值。

专业的盘口解读者具有的一大优势是，他们可以整天盯盘，可以观察每一波买卖浪潮中的市场行为，研究供需力量的相互作用。也就是说，他们能够判断出哪一方的力量促使场内和专业的交易员推动或抑制了价格上涨（第五章第38页），以及个股和板块如何对买卖力量做出反应（第三章第17页）。

专业操盘手的成功取决于他们在这些小波浪中吸引追随者的程度。他们是完全客观的，对他们而言，大盘上涨与下跌没什么区别。他们顺潮流而动，如果他们赶上了一股强流，那么他们会趁势立于潮头，你也必须这么做。当他们发现市场对需求的反应迟缓时，他们会马上出货并努力压低价格，以便市场上出现充分的供给，可借此机会回补，获得利润。或者当市场抵抗压力时，他们以最低的阻力价位买入，然后等未经受过训练的投资者和广大散户进场并把价格抬升至能让他们获利的程度时出货。

由于多空双方的斗争时刻存在，市场会在大幅的波动中达到一个位置，此时专业的操盘手将从中发现关键的弱势和强势。当关键的条件得到满足时，在较短的时间内，小幅的买卖波浪的显著变化通常预示着危机将至。因此，当吸筹阶段即将结束时，对市场小波浪的研究通常会揭示出大涨阶段之前供给的日益稀缺，或者当派筹阶段即将结束时，对买卖小波浪的研究通常会揭示出大跌阶段已迫在眉睫。

盘口解读者在一开始就能探查到这些关键的阶段，因此具有这些优势：（1）对买入和卖出时机把握得更准确；（2）承担的风险较低。既没有时间也不愿意每天花5个小时研究盘口的人需要运用一些便捷的方法才能达到同样的效果，利用波浪图可轻松地做到这一点（第四章第34页和第六章第41页）。

波浪图具有以下重要功能：

（1）它能使那些无法整天盯盘的人获得简明易懂的有关供需变化的浓缩记录，他们可在方便的时候随时研究这些记录。

（2）它是一种工具，通过它，你能拓展对市场在重要的转折点发生变化的理解，如果你愿意的话，它能够提高你的盘口解读能力，锻炼出如经验丰富的操盘手那样的直觉，也就是说，在没有刻意地进行推理的情况下，你就能预感到即将发生的变化。

（3）它能给你提供相当重要的信息，你可以依据这些信息熟练地判断出小波动中隐藏的转折点。这对你确认指数的技术位置（位置1和位置3，见第十九章）、确定最有利的交易时机非常有帮助。

（4）它提供了有关市场行为的基本信息，利用这些信息，你能够探查和预测到中幅和大幅波动中的转折点——在重要的指数，如《纽约时报》50指数、《纽约先驱论坛报》100指数和道琼斯指数等，表现出变化之前的2—4天（有时候是一周），给你提供警示。这对于确认综合指数处于位置2和位置4（第十九章第208页）非常有帮助，而且能帮助你确定最佳的买入时机。

（5）简言之，它能大大提高你判断和选择买卖时机的准确性，能够增强你对重要转折时刻的市场行为的理解，从而提高你预测未来趋势的能力，而且它还提供了一种发现变盘关键点的方法。

即使你想成为一名活跃的交易员，你也最好先学习如何根据波浪图而不是盘口本身分析市场行为。利用这些图你会成长为可靠的市场判断者，通过运用它，你能熟悉成功的交易涉及的所有要素：判断拉升力量与打压力量的强弱；市场对供需变化的反应，以净价变化和买卖波持续的时间判断涨跌速度，上涨和下跌期间活跃度和成交量的变化幅度反映出的买卖特征，尤其是由强转弱、由弱转强、再由强转弱的变化。

所有这些因素都可由波浪图揭示出来，它就是市场的脉搏。

利用波浪图多加练习，学会判断日常的小幅波动，然后你就能将同样的推理应用于3—5个点的波动，之后是10点、20点和50点的波动，最后，你可以分析长达数年的走势。随着时间的推移，你会在各类市场中操作得游刃有余。

由于无法通过个股的行为分析大盘的波动，而且编制涵盖大量股票的平均指数需要投入的时间太长，因此我们以5只龙头股的总价为基础研究买卖波浪。观察这些龙头股的行为还有一个好处，那就是市场不大可能在较长的时间内与龙头股的走势相背离，但短期内会出现这样的情况。大型机构会利用龙头股影响大盘，让大盘迈向更高或更低的水平。大多数情况下，龙头股会率先发生变化，如果这些龙头股不率先发动，那么整个市场就不会出现重要的变化（见第八章的“相对强弱势”）。[1]

我们根据近几个月的影响力选出了5只龙头股，其中，美国钢铁公司股票的表现最稳定，其他经常入榜的股票有：联合化学、美国罐头、美国电话、克莱斯勒、杜邦、纽约中央和威斯汀豪斯电力。我们会根据不断变化的市场条件对5

[1] 持有资金不多的投资者可以尝试“5股原则”，即将手中的投资组合限制在5只股票以内，若是投资组合中有1只股票上涨10倍，那么即使其他4只没有上涨，投资组合总体上也能上涨3倍。

——彼得·林奇

只龙头股做出调整，目标是选出持续活跃且能引领市场的股票。可按需要随时调整股票组合，只需要改变波浪图边上的数量范围即可，不会影响波浪图预示大盘走势的价值。如果5只股票的总价为390美元，调整股票组合后，股票总价变为375美元，那么只需要将总价范围调整15个点即可，近期的波动图形会随之调整。

如何绘制波浪图呢？拿出一张方格纸或者一张普通的纸，在纸上每英寸画10个方格。每一条竖线代表20分钟的时间间隔，每一条横线表示1个点的价格，将其标注在图的右侧（见图22.1）。

每天开盘时，计算出5只龙头股开盘价的总和，将这一开盘价用一个点标记在与10点钟相对应的线上。然后观察这些龙头股，直到它们出现了小幅的上涨或下跌。波动停止时，将一个点标记在相对应的时间线上，比如10：10、10：15或者其他以5分钟为刻度的时间线上。然后将5只股票的价格加总，标记在图中，并把开盘价格与这一价格连接起来，表示第一次波动结束（见图22.1及对该图的解释）。

在计算上升波的5只龙头股的总价时，将它们各自的最高价加总，包括小数。同样，在下降波中，将每只股票的最低价加总。你会发现这5只股票中，只有三四只对买卖波做出了反应，而另一只股票的股价在上升波中下跌了或者在下降波中上涨了。在这种情况下，你可以把这只股票前一次波动的价格加进总数，或者如果它对其他股票的走势做出了反应，你可以把它先前短暂背离趋势的走势视为延迟的交易所致，你可以等一等，等到这只股票顺应趋势的价格出现时，再把这一价格与其他股票的价格相加。也就是说，为了使总价反映真正的趋势，要对它进行调整。

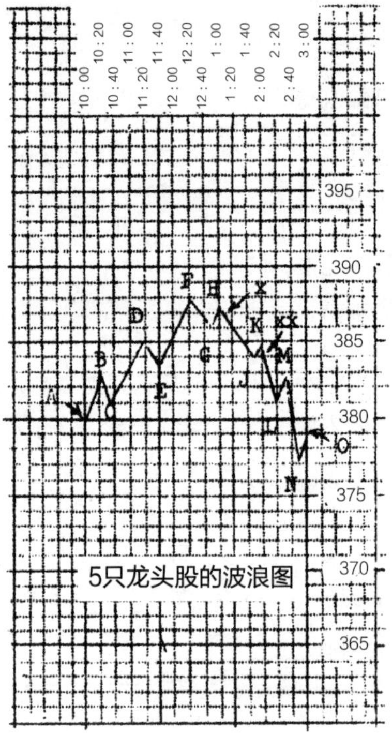

图22.1

如果5只龙头股的开盘价总和为380美元，那么在图上表示10点钟时间的竖线和表示380美元价格的横线的交点处标记一个点，即图22.1中的点A。假设开盘后股市上涨了20分钟，然后开始回落。现在把5只股票在股市上涨时的最高价加总，总和是383美元。在图中表示10：20的竖线和表示383美元价格的横线的交点处标记出点B，然后把点A和点B相连接。观察股价回落了多长时间，跌幅有多大。然后将它们在股市下跌期间的最低价加总。假定新的总价是381美元，下跌的时长是15分钟，那么要在波浪图的合理位置上标记出点C，并将点B和点C连接。继续这样的操作，直到股市收盘，将最后的价格加总，在图中3：00的时间线上标记一个点（O）。这一收盘价就成了第二个交易日的买卖波的起始价。这样你会得到一条连续的折线，它反映了价格行为在不同时间的变化。从这张图中，你能够判断出：

（1）价格波动情况——上涨或下跌的点数；

（2）每一波上涨和下跌持续的时间；

（3）每一波上涨或下跌行情中的拉升或打压力量。

我们根据图22.1依次分析这些方面。在从A至B的上涨波中，总价上涨了3点，持续时间为20分钟。从B到C的下跌波中持续了仅15分钟，总价下降了2个点，这表明买方力量比卖方力量更强大、更持久。由此可见，需求的力量大于供给的力量。

假设下一波上涨（从C到D）持续了45分钟，5只龙头股的总价涨幅大于第一次上涨，比如说总价涨至了385美元，这表明买方力量正在增强，因为此次的涨幅为4个点（C—D），大于之前的3个点（从开盘价A到B），而且买入波C—D持续了45分钟，但之前的仅持续了20分钟（A至B）。下一波回落（D—E）持续了20分钟，只比第一波下跌多了5分钟，但总价仅回落了1.5个点，之前是回落了2个点，这表明股市在走强。

接下来你会发现，E—F上涨波持续了40分钟，总价上涨了4.5个点；F—G下跌波持续了30分钟，比前一个下跌波（D—E）持续的时间稍长，总价下跌了2个点，此次回落的持续时间（30分钟）和幅度（2个点）均比前一次有所增加，这警示我们，要当心趋势有变。

此前我们仅强调如何解释波浪图，现在我们假设，你每日都要参与交易，当总价从G—H仅回升了1.5个点，且回升仅持续了10分钟时，你决定采取行动，因为上一次上涨持续了40分钟，这次持续的时间仅是上一次的四分之一，而且总价回升幅度也不及上一次。这说明买方力量已在之前的上涨波中耗尽了，市场无法在上涨时吸引追随者入场了，因此，你很清楚，供给的力量正在压制需求的力量，趋势正在转为下行。

因此，此时总价的下跌（H—J）是在提示你（假设你是一名投机型交易员）卖掉持有的股票（如果有的话），转而对5只龙头股做空（在X处），并且为每只股票设置的止损点应在两个点以上。

为了更清楚地说明问题，我们必须假设，你参与了这5只龙头股的交易，而且你卖出的5只股票数量相同，但为了简单起见，我们假设，你卖出了5只股票中的一只。

H—J的下跌波持续了50分钟，比前一次下跌波持续的时间长20分钟，总价跌幅为3.5个点，前一次为2个点（F—G）。之后总价短暂回升（J—K），持续时间仅有10分钟，这预示着市场走弱，因为总价只回升了1个点，而前一次回升了1.5个点（G—H），这是截至目前持续时间最短的一次，这表明市场已经没有买方力量了。如果你之前没有做空，那么你现在应该这么做了，也就是说，市场在K处犹豫并开始下跌后要立即这么做。如果你之前已经做空了，那么你现在可以在底部J点之下的××价位处第二次做空了，J点的位置由时间线1：50和384美元的总价线确定。

将第一笔卖空单的止损点降低至12：20的高点之上，将第二笔卖空单的止损点也设置在此处。

5只龙头股的总价下跌（K—L）了20分钟，但跌幅为4个点。之后的回升仅持续了15分钟（L—M），这说明，当回升结束时，你的空头仓位是安全的。之后股价下跌了20分钟，跌幅超过了6个点（M—N）。

接下来股价下跌至377美元（N点），下跌波于2：55结束。如果你推断这一价格以后会上涨，此时你可以回补头寸；如果你没有看到上涨的迹象，那么你就不要回补。你的止损点应该下调，这样你能确保获得大部分利润，而且不排除获得更多利润的可能性。

以上介绍了如何从价格走势、持续时间和提升力或阻力的相对大小这些方面解读日波浪图，以及当股价波动10—20个点或者更多个点，你要确认合理的买入和卖出时机，如何利用波浪图做出有益的决策（第七章第45页、第七章第62页的脚注、第十八章第200页）。

在研究大波浪时也可运用上述推理方法，即构成市场的短期、中期和长期趋势的波浪（第五章第39、40页）。[1] 随着分析波浪图的经验日益丰富，你能够观察出小波浪如何以及在何处汇集成大波浪的转折点（第231、232页）。

截至目前我们还没有考虑成交量和活跃度，因为从价格走势、持续时长、拉升力和阻力的相对强弱开始学习是明智的选择。

掌握了这些知识后，你应该开始分析成交量和活跃度（第239—242页），这将提高你的理解能力和分析能力。

由于普通的交易员和投资者没有足够的时间和设备来收集计算活跃度和成交量的数据，为了满足用户的需要，我们在每日的盘口解读波浪图中包含了这些重要的数据，而且我们还对每个交易日的市场行为做了详细的解释。

我们为每一名学员免费提供这些资料，将它们视为培训课程的一部分。

下面是我们绘制的一张完整的波浪图样本，它包含了上述所有的关键信息。

[1] 很多时候，长期趋势无法预测持续时间，只能事后验证；但投资者应该学会统计这些规律，并将此作为参考。

——维克托·斯波朗迪

威科夫盘口解读波浪图

市场的脉搏

周二　　　　1937年9月3日

阶段序号	时间	持续时长	价格		变化幅度	成交量	活跃度	FC
开盘价			1486					
1.	10:20	20	$1486\frac{1}{8}$		$+\frac{1}{8}$	232	4	--
2.	11:55	95	$1473\frac{3}{8}$	L	$-12\frac{3}{4}$	439	$2\frac{1}{2}$	1474
3.	1:10	75	$1482\frac{3}{4}$		$+9\frac{3}{8}$	251	2	1482
4.	1:30	20	$1476\frac{7}{8}$		$-5\frac{7}{8}$	55	$1\frac{1}{2}$	1477
5.	3:10	100	1487	H	$+10\frac{1}{8}$	392	2	1487
6.	3:30	20	$1483\frac{1}{4}$		$-3\frac{3}{4}$	121	$2\frac{1}{2}$	1484

威科夫波浪的竖线图

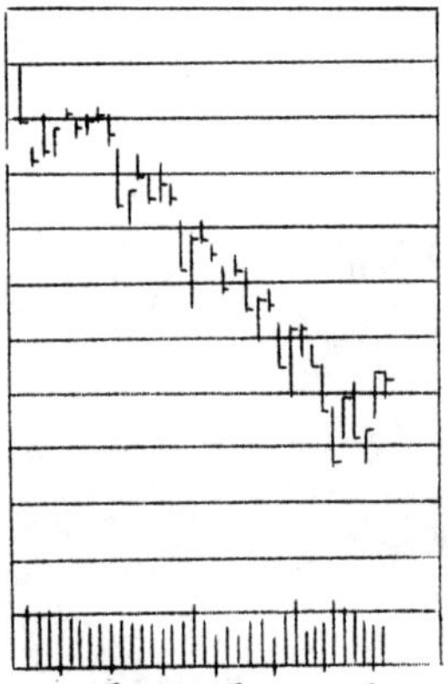

7月　8月　9月

修正后的威科夫5点点数图

7月　8月　9月

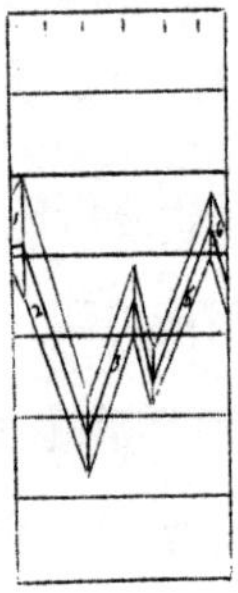

周三 1937年9月3日

成交量 1490

图22.2

（1）波浪图的这一部分是根据本章前述的方法绘制的。我们运用了5只股票的总价而非指数，因为这是一个更加敏感的指标。价格范围显示在波浪图右侧，每条水平线表示的是5只龙头股总价的5个点的变化。正如图22.1所示的，波浪图被绘制在方格纸上。为了简单和方便，我们下发的纸上打印好了小方格，但尚未绘制波浪图。这样，每5条水平线表示5个点的波动，具体可见图22.2和我们邮寄给客户的日盘口解读资料（见样图）。

盘口解读

市场的脉搏

根据盘口的信息对纽约证券交易所的买卖波进行的日分析

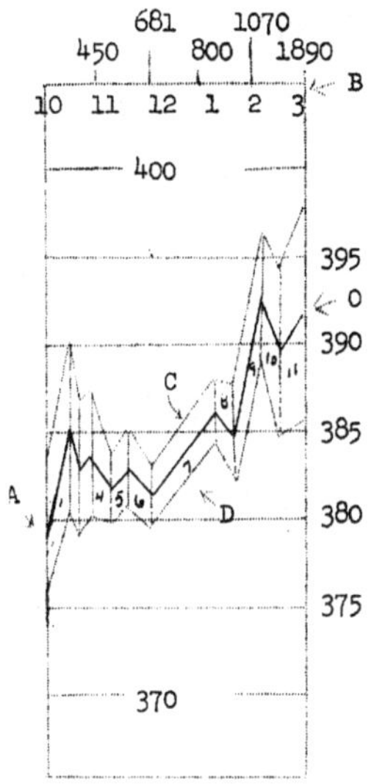

阶段序号	时间	持续时长	价格	变化幅度	成交量	活跃度
开盘价	. . . .		$379\frac{1}{2}$			
1	10:25	25	$385\frac{1}{2}$	$+6\frac{7}{8}$	271	$5\frac{1}{2}$
2	10:35	10	$382\frac{3}{4}$	$-2\frac{3}{4}$	75	4
3	10:50	15	384	$+1\frac{1}{4}$	88	4
4	11:15	25	$381\frac{3}{4}$	$-2\frac{1}{4}$	82	2
5	11:35	20	$383\frac{1}{4}$	$+1\frac{1}{2}$	120	3
6	12:00	25	$381\frac{1}{4}$	-2	68	2
7	1:20	80	$386\frac{3}{8}$	$+5\frac{1}{8}$	238	2
8	1:40	20	$384\frac{3}{4}$	$-1\frac{5}{8}$	76	3
9	2:15	35	$393\frac{3}{8}$	$+8\frac{5}{8}$	360	4
10	2:30	15	$389\frac{1}{4}$	$-4\frac{1}{8}$	186	5
11	3:00	30	$391\frac{7}{8}$	$+2\frac{5}{8}$	325	6

图22.3

（2）时间。时间单位为小时，见图22.3顶部的短竖线，每条短竖线表示1个小时。

（3）成交量。位于波浪图顶部时间之上的是成交量。盘口显示了股票的数量，然而，由于市场可能在一个小时内上下波动数次，纽约证券交易所的报告并没有显示出每个买入和卖出波中完成的成交量。

因此，我们在波浪图右侧的表格中列出了各个买卖波中完成的所有股票的交易总量（见第6列）。记录的数字接近千股。顺便提一下，这是我们盘口解读服务特有的功能，其他机构无法提供。

（4）活跃度。市场的活跃度，即交易强度，由表格中的第7列数字和波浪图中的两条不规则的虚线描述，一条在上方（C），另一条在表示价格路径的实线的下方（D）。市场的相对活跃度，即交易的速度，由表格中（第7列）数值的大小来反映，它们与活跃度的变化成比例。因此，数值1或2表示活跃度低迷，数值3或4表示活跃度适中，数值6和7表示活跃度高。在极其活跃的市场中，当记录延迟时，活跃度指数可能会达到10或者更高。

活跃度的变化在图中以与价格线转折点上下等距的垂线表示。

例如，图22.3中，阶段1结束时（上午10：25）的价格为385.5美元，我们经过表示这一价格的点画垂线。由于这一阶段的活跃度5.5（见表中第7列），我们从这一点向上量5.5格，向下同样量5.5格，这样，转折点上下的长度相等，即385.5美元的价格线位于垂线的中央。

阶段2于10：35结束，价格为382.75美元，在图中经过转折点画出另一条垂线表示这一阶段的活跃度，即在这一点的上方量4个格，下方量4个格。最后将这些垂线的端点用虚线连接起来。这样通过观察图中虚线的范围就能了解每一个买卖波中市场活跃度的变化。当活跃度提高时，虚线离价格线较远，如阶段9；若活跃度下降，虚线离价格线较近，如阶段6。阶段7的虚线是平行的，这表明，与前一个阶段（6）相比，交易的速度几乎无变化。①

应注意，波浪图上表示活跃的竖线也表示每个上涨或下跌波结束的时间，因此，竖线之间的水平距离表示的是每个买卖波持续的时间，对应着表中第3列的数字。

为了清楚地标记交易日内回升（上涨波）和回落（下跌波）发生的时间，我们在

① 关键的买入波中的需求质量和关键的卖出波中的供给质量是判断趋势的重要因素。如果上涨波中完成的大部分交易都是100股的小单，那么这表明上涨不大可能持续，因为这说明参与买卖的都是不重要的主体，因此需求的质量较差。但是，如果上涨波中的交易大部分是1000—2000股或5000股的大单，那么这表明需求来自重要的交易者，需求质量较高。卖出适用同样的推理，小单表示供给质量差，大单表示供给质量高。

通过比较（不一定需要严格的数学计算）活跃度和买卖波中的成交量与持续时间，我们能够判断供给和需求的质量高低。例如，假如股票又出现了两次买入波，每一波的持续时间为10分钟，成交量为10万股，再假设第一波的活跃度为5，第二波的活跃度仅为3。显然，第一波的需求质量比第二波的差，因为虽然第一波的市场更为活跃，但在持续时长和成交量一样的情况下，第一波较高的活跃度是通过更多的小单交易实现的。

只有当市场行为变得至关重要时，才应当进行这样的比较。对每一次买入和卖出波做比较会导致混乱，也会浪费时间和精力。

顺便提一下，应当注意的是，活跃度与波浪图中记录的价格走势没有什么关系，它只与市价和成交量存在间接关联，因为它体现的是订单流入市场的速度，而非时间和成交量的比率。

图中从左至右依次表明了序号。由于模板的空间有限，我们省去了一些标注。

数据下面是波浪指数的变化，分别显示了5点、10点和25点点数图的信息。将价格指数分别除以5、10和25可得到这些数字，也可以获得修正后的点数图，从而将其与第四章描述的点数图区分开。

修正后的点数图对于研究高价位或期货的宽幅摆动很有价值。运用3点点数图和50点点数图研究较小的阻力或支撑水平或重要的供给或需求水平时可适用相同的原则。

修正图目标点位的计算方法与常规点数图目标点位的计算方法一样，都是以某一价位（或点位）线上出现的该价位的数字个数（包括空格）乘以3、5、10等。

我们在本书的其他地方展示过乐观—悲观指数（Optimism–Pessimism Index）。当日邮寄的数据资料和0.5个点的变化显示于波浪指数的价格变化幅度下方。根据0.5个点的变化幅度很容易绘制1点和3点点数图。

波浪指数的竖线图和乐观—悲观指数的连续线显示在日报告的右侧。在深入地研究图表之前，要对大盘做出快速的评估时，你可以借助这种图。

另一个好方法是把根据这些样表绘制的波浪图紧挨着放在一起或者把波浪图绘制在一张大图纸上，这样就形成了连续的盘口解读价格走势图，每隔几天或几周，可对价格范围调整一次，如图22.3和图22.4所示，也可将各个交易日的图按时间顺序紧挨着粘贴在一起，图太长时可将其折叠。

以这样的方式保存每日的波浪图后，你能够观察到供给和需求的力量如何导致重大变化的发生，以及微小的买卖波如何汇聚成3—5点的波动然后再汇聚成10—20点或30点甚至更多点的波动。将这些图粘贴在一起，结合对成交量和活跃度的研究、对盘口解读的1点点数图和3点点数图或5点点数图的分析，你能够对市场的行为做出合理的判断。

当你学会以整合的方式正确地利用这些工具后，你的判断能力将大大增强。你会发现，无论市场出现何种变化，它都会透露出有关未来走势的信息。知道市场的下一步走势是华尔街的投资者梦寐以求的事情。或者当你对市场的走势心存疑虑时，你可以静观其变。[1]

在进一步对这些记录做出解释之前，我们必须先考虑成交量、活跃度、支撑位和阻力位的重要性。

将价格走势线图并排粘贴在一起能使你获得有关市场行为的完整记录，你从中能观察到成交量、价格趋势和活跃度之间的关系是如何变化的，并由此判断市场是走强还是走弱。通常情况下，当以5只龙头股为代表的市场临近之前的支撑点和阻力点时，这些关系会变得至关重要。

活跃度、成交量和价格趋势之间的关系。[2] 如前所述，在交替出现的小买卖波浪中，市场活跃度的变化由虚线与价格线的远近来表示，我们很容易用肉眼观察到。当然，也可以把图中的线条变化与表中的数字进行对比（第7列）。通过对比，我们能清楚地确认股价的回升或回落与活跃度的提高或降低之间的关联。

记住，股价上涨时活跃度增加，股价下跌时活跃度下降，一般来说这是看涨的迹象，除非某些条件导致活跃度提高异常。在这些情况下（股价上涨或下跌时市场异常活跃），活跃度突然提高可能是价格波动到变盘点的迹象。股价下跌时活跃度增强或者股价上涨时活跃度降低通常是看跌的迹象。

同样，价涨量增或者价跌量减通常是看涨的迹象，除非放量异常，后者可能是价格波动到变盘点的迹象（此时回顾一下第七章的内容你就会明白其中的道理，也见第十四章有关成交量分析的论述）。

同理，下跌波中的放量、上涨波中的缩量通常是看跌的迹象，除非放量不正常，此时异常放量可能是价格波动临近或达到变盘点的迹象。

[1] 经常重新评估所有投资，观察随着具体情况不断发展变化投资前景是否已经改变。

——伯纳德·巴鲁克

[2] 任何一张股票价格走势线和收益线并列的股票走势图上，都能反映出收益的重要性。

——彼得·林奇

支撑位和阻力位。观察5只龙头股的波浪图时，观察它们下跌时在哪里得到了支撑非常重要，支撑位表明了主力愿意以什么价位买入股票，而且通常体现了主力和大型操盘机构对整个大盘的态度（参见第233页）。同样，观察龙头股上涨时在哪里遇到了阻力也很重要。这是精明的持股人出货的价位，而且如果在股价上涨时就有大量的股票入市，这强烈地预示着内部人士和大型操盘机构正在利用广泛的活跃市场吸引散户接盘（第八章第71页）。

在交易中，股票的价值就是你在一分钟内可获得的价格，因此内部人士愿意买入或卖出的价格和他们愿意以该价格买入或卖出的数量决定着股票近期的走势。也可以结合5只龙头股的连续波浪图和1点点数图来研究支撑位和阻力位。

下面将举例介绍如何解释波浪图以及投资者和交易员如何在股市操作实践中综合考虑各种因素。为了简化研究方法，我们拓展了对单一交易日的波浪图的研究，在时间、价格走势、提升力量和阻力的相对强弱等因素基础上，增加了对成交量、活跃度、支撑位和阻力位等因素的考虑。图22.4是为了强调上述因素以及经验丰富的操盘手如何判断市场走势而构造的一个例子，这里再次假定你是一位每天都参与交易的人，从股市开盘到收盘期间，你要根据波浪图做出推断。

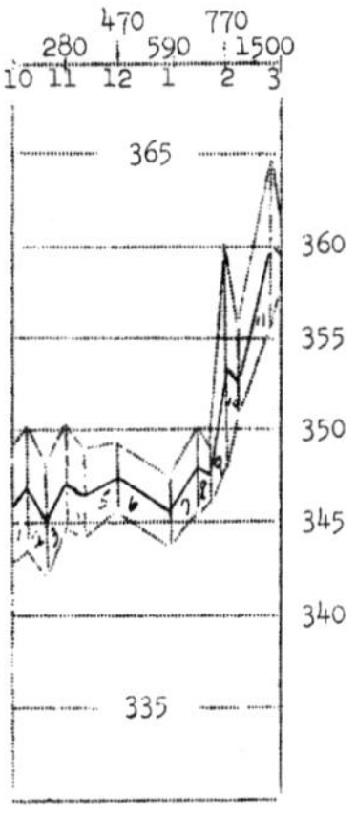

阶段序号	时间	持续时长	价格	变化幅度	成交量	活跃度
1	10:20	20	347	+ 2	142	$3\frac{1}{2}$
2	10:40	20	$344\frac{7}{8}$	$-2\frac{1}{8}$	65	3
3	11:00	20	$347\frac{3}{8}$	$+2\frac{1}{2}$	73	3
4	11:20	20	$346\frac{1}{2}$	$-0\frac{7}{8}$	55	$2\frac{1}{2}$
5	12:00	40	$347\frac{1}{2}$	+ 1	135	2
6	1:00	60	$345\frac{1}{2}$	- 2	120	2
7	1:30	30	348	$+2\frac{1}{2}$	72	$2\frac{1}{2}$
8	1:45	15	$347\frac{1}{2}$	$-0\frac{1}{2}$	23	$1\frac{1}{2}$
9	2:00	15	$353\frac{3}{4}$	$+6\frac{1}{4}$	85	$6\frac{1}{2}$
10	2:15	15	$352\frac{3}{4}$	- 1	53	$2\frac{1}{2}$
11	2:50	35	$360\frac{1}{8}$	$+7\frac{3}{8}$	597	5
12	3:00	10	$359\frac{3}{4}$	$-0\frac{3}{8}$	80	2

图22.4

从图22.4可以看出，上午10点至下午1点的小买卖波的成交量和活跃度都很低。当天开盘后，股价出现小幅回升，但马上小幅回落。在这段时间里，多空双方的实力相当，哪一方都无力推动大盘向有利于自己的方向前进。供需处于均衡状态，因此你应该持中立立场，静观其变，等待明确的迹象出现。

在阶段2的第一波下跌之后，多方试图拉升价格（阶段3），但他们未能吸引追随者入场，因为股价上涨时，活跃度并未提高，而且他们无力将价格指数拉升至上午10：20的高点处。也就是说，股价在之前向高点（10：20）回升的过程中，需求已逐渐减少。阶段4的股价小幅下跌引发的抛盘很少，而且股价回落时在更高的支撑位遇到了支撑，这一支撑位高于上午10：40的低点，这鼓励了多方再次尝试拉升股价（阶段5），但他们再次失败了，没有追随者入场。促使此次股价回升的力量在前两次高点附近消失（阶段5的活跃度是截至目前最低的），所以直到下午1点之前空方都在试图以降价抛售股票（阶段6）的方式打破僵局。这样的操作相当成功。此次下跌波持续的时间比以前长，但活跃度没有提高，成交量也不多，这提示我们，供给的质量不高，仅有小交易员在抛售（第240页的脚注），因此我们认为股价能在阶段2和阶段4的支撑位上站稳脚跟。事实确实如此，价格指数在早上的低点之上停止了下跌，市场由此逆转。

现在似乎出现了看涨的迹象，因为从我们迄今为止的观察中可知，空头无法在股价回落时引导他人出货，另外，市场交易近乎陷入停滞，这提醒我们要为变盘做好准备。也就是说，在阶段6结束之际，市场已经达到了转折点，现在一切都取决于多空双方哪一方能唤醒追随者。我们判断，这种僵局将会被股价上涨所打破，因为从1点钟的股价走势来看，空方似乎心有余而力不足了，在这波下跌中，卖盘的质量很差，在60分钟的时间里，仅成交了12万股，而在前一个上涨波中，成交量为13.5万股。因此，如果我们想从事短线交易的话，此时正是买入时机，尽管我们可能更愿意等待进一步看涨的迹象出现。

现在轮到多方再次发力了，这一次（阶段7）需求力量更强一些，成交量相对较大（在前一波下跌中，60分钟的成交量为12万股，这一波上涨中，30分钟的成交量为7.2万股），这表明买盘的质量有所提高，大量的股票正在转手。股价突破了之前的高点（显示拉升力量有所增强），活跃度有所提高，这表明股价在上涨的过程中吸引了一些追随者入市。

我们预计这次仍会像阶段1、阶段3、阶段5那样，价格指数达到顶点时会徘徊甚至回落，因为市场在前3次上涨中均出现了这样的情形，但若这些抛售波中活跃度有所下降的话，多头可能会变得更加激进。

我们并没有等多久，由于主力注意到了上午的阻力位，股价在接下来的15分钟里（阶段8）仅略微下跌。在这一波下跌中，成交量非常少，交易几乎停滞，这正是我们一直在寻找的机会。如果我们在第一次看涨迹象出现时没有买入的话，那么这次令人信服的迹象出现时我们必须买入。股价下跌时交易极度低迷（活跃度低），成交量很少，这警示我们市场上的卖盘很少，阻力已不复存在，这个价位上的股票已变得稀缺，之前股价回升时遇到的阻力位上的供给已经枯竭，或者供给已经被吸收。因此，我们充满信心地买入进场，其他精明的交易员在看到市场压力缺乏或供给稀缺时，也会买入。

股价在阶段9急剧上涨，这证实了我们此前的判断。随着活跃度的提高和股价突破之前的高点，有关上涨的疑问都不复存在了。多方现在吸引了大量跟随者，击退了空方。随着股价的上涨，成交量和活跃度相应提高，这表明需求的质量较高，而且需求越来越紧迫（第240页的脚注）。

将近下午2点时，多头暂时修整了片刻，因为此时价格指数已经上涨到了上周五和周六的市场转向水平（图中未显示）。如果这些高点附近的供给力量仍然很强大，那么市场可能会迅速回落，迫使多头放弃涨幅，但股价并未急速回落，而是在回落中表现出了相当强的韧性，这一点可通过成交量和活跃度的迅速降低得到证明。此外，股价的跌幅微小和回落持续的时间很短暂，这都证实之前的供给已经被吸收了，显然目前股价上行没有压力，少量卖盘在此价位被吸收，我们继续持仓并等待多头进一步推动价格上涨至更高的目标，这个目标在股市临近收盘时达到了。

在上面及之前的例子中，我们解释了如何以波浪图分析股市的日内交易行为，现在你要准备运用波浪图的下一个也是最重要的功能，即运用它分析股市10—20个点或更多点的波动，为此你要将每天的价格走势图并排粘贴在一起，还要参考表现5只龙头股的1点、3点或5点以及10点点数图。

不是每天的波浪图都能给出明确的指示，因此，不要错误地认为每一张图都能给你积极的提示。某些时间段的波浪图可能会给你留下自相矛盾和混乱的印象。遇到这样的情况时，你必须等待其他明确的迹象出现。但是，当趋势发生转折时，市场通常会处在关键的节点，其行为必定会传达出非常重要的信号（第232页）。在这些节点上，波浪图能发挥最大的作用。

例如，从图22.4来看，阶段1和阶段5的波动幅度很小，我们无法从中判定未来的趋势，而阶段6和阶段7的市场行为警示我们，变盘即将发生。因此，在幅度较大的波动中，接连几天的市场行为可能显示不出未来趋势变化的迹象，但如果你保持警惕，且接受过适当的训练，你终会从市场一个或数个交易日的行为中获得未来趋势变化的信息。

■ 运用波浪图分析更大幅度的波动

观察图22.7（1）会发现，在字母A之下，5只龙头股的价格在409—419美元的区间内上下摆动。1933年夏出现大跌之后，股价自7月21日的低点反弹形成了这样的交易区间。5只龙头股的股价走势图（见图22.5）表明，8月股价上涨至顶点时，尽管日总成交量不如7月股价上涨和随后下跌时多（当时的日成交量达到了600万—900万股），但日成交量的增幅还是比较大的。这本身就表明，由于之前的投机行为过度以及7月18—21日的暴跌，现在（1933年8月）公众的购买力或者市场的吸收力大幅降低了。

8月的复苏将市场重新带回至一个非常强大的阻力区域。我们此时面临的问题是，确定股价将进入新的高点还是再次下跌，完成7月的大派筹过程。

为了说明问题，我们假设，现在是1933年8月29日（周二）晚上，我们面前摆放着过去几周的股市记录。比较1点点数图上[见图22.7（1）] 5只龙头股在点A的表现和8月25—28日的日波浪图（见图22.5），显然股价在压力下正试图上涨。也就是说，股价走势（以曲折的实线表示）表现出了平缓或横向运行的趋势。相对较高的活跃度表明，市场处于狂热状态。而且，尽管成交量相对较多，但股价没有实现应有的上涨。

同时点数图表明，多头发现保持股价上涨十分困难，在409美元处[图22.7（1）中的A点之下]，股价突破了之前412美元的支撑位（或低点）。这与图22.5所示的8月28日阶段3的走势相对应。多头利用自己手中的筹码向空头发起反击，挫败了空头对股价的遏制，再次成功地推高了价格。但在点数图中的416—418美元附近，他们犹豫了，显然，他们已经耗尽了手中的弹药，从点数图可以看出，在前一个高点（419美元）之下，他们的势头已大大减弱，这表明他们已经无力推动股价上涨了。

现在我们结合连续的股价走势图（图22.5）仔细地审视点数图的这一部分。8月28日，股价在高点附近时，成交量出现了萎缩，前一天的成交量为350万股，当天为212万股。在后半日（阶段5至阶段9），活跃度未能在上涨波中提高，这是看跌的迹象，证明了多头的力量在减弱，因为迄今为止（8月24日和25日）的波浪图显示，活跃度一直随股价上涨而提高。同样，在之前的下跌波中，活跃度要么降低，要么保持不变。这表明，虽然之前股价上涨时多头能够吸引追随者，而且卖方不愿意降价，但现在买方变得谨慎了。波浪图显示，有越来越多的证据表明股市将由强转弱。

到8月28日收盘时，需求仍足以使价格指数维持在416—418美元的范围内。但第二天，多头觉察到了买家现在不愿意买入的事实，因此想再次放手一搏。8月29日上午，他们成功地突破了空头的阻力线，推动股价再创新高。从点数图上看，价格上涨至421美元（A之下）。散户和其他交易员认为这一突破是多头胜利的信号，因此纷纷进场，形成了一个波幅广阔、交易活跃的市场，剩余的购买力由此被消耗殆尽。当精明的多方和空方出货，而这些买家接盘时，活跃度达到了顶峰（见阶段3，龙头股之前的涨幅消耗殆尽，而成交量和活跃度依然非常高）。这是一个上攻失败并形成上涨顶点的范例（第二十一章第226页）。

在认识到变盘点可能出现的迹象后，我们将8月29日阶段1—3视为未来趋势由牛转熊的关键阶段。波浪图上对当日其余交易时间股价走势的记录有力地证实了这一推断。在阶段2供给激增阻止了股价的上升，此后仍然维持了这一态势。股价在10:30—10:40下跌时，成交量和活跃度并未降低，这表明卖方正在出货。在11—12点（阶段4）之间，卖方进行了修整，这让多方组织了一次反攻，但这次股价的回升暴露了反击者的弱点，因为活跃度马上降低了——买家都已经买入了足量的股票，无法再吸纳更多了。

在这个非常关键的区域，股价回升未能吸引高质量的需求，这种情况已是第二次出现了（第一次出现在8月28日的阶段4），这鼓励了空头再次发起攻击，他们在阶段5抛出了大量的新卖单，价格指数跌破了周一的支撑位（409美元附近）。在此价位之下，阻力再次减轻，另一波回升出现了，但回升幅度低于正常值而且活跃度降低，这再次证明了多头的弱势，也是股价进一步下跌的证据。

然而，在下一波的下跌中，活跃度降低（阶段7）。由于此时价格接近8月24日的低点，空方现在变得谨慎了。此外，自早上开始的下跌非常急速和严重。在这样的条件下，我们预计，由于场内交易员的回补，另一波技术性反弹将会出现。1点点数图也显示，几只龙头股已经达到了它们的目标价位，因为我们有了一条穿过418美元价位[见图22.7（1）的A点]的供给线，股价有可能回落至406—403美元的区间。

周二晚上或周三早上在家里静静地审视这4天的记录（8月24—29日）并回顾上述的推理过程后，我们发现，波浪图提醒我们，即将发生的趋势变化相当重要。它告诉我们，在这几天里，市场已经表现出了派发筹码的特征，而且派筹可能是在7月初股价达到最高价位时发生的，它可能是一个月前或更早之前没有出货的多头故意为之的结果。因此，我们在审视了周二的股票行为后，决定将多头头寸清仓（如果有的话）并于第二天（8月30日）开始做空。

8月29日阶段8的回升没有给我们留下什么印象，尽管拉升力量看起来不错，但这一波反弹看起来更像是交易商的空头头寸回补或者是仍持有股票的多头在最后放手一搏的结果。注意，此次上涨波中，活跃度没有提高，这是第三次出现股价回升没有吸引优质需求的情况了。这样的情况多次出现表明股市上涨乏力，我们认为最后的一次回升表明市场上的股票供给已经饱和。在这种情况下，我们预计多方不可能突破415美元左右的阻力线（见点数图）。相反，最后一次上涨很快结束表明，他们可能正利用暂时出现的超卖情况、空头的回补和看到快速获利机会的场内交易员的新买盘，尽快结束他们的操盘。观察3点点数图（图22.8）可知，418美元价位线上有7个数字，415美元价位线上有10个数字，这表明股价可能下降至400美元，也可能下降至391美元。这可能意味着其他指数将出现一次大跌，或者根据其他记录显示处于弱势位置的个股和板块将出现一次严重的下跌。

从1点点数图观察此后的股市行为可知，股价在401—400美元附近出现了一些支撑线，根据3点点数图也能做出这样的推断。但是，当股价回升了12个点，即回升至413美元时，卖盘再次出现，而且在1点和3点点数图上，出现了穿过410美元价位的新供给线，这比之前的供给线高出了20个点，比之后的供给线低了24—33个点。价格指数的跌幅超出了最保守的估计，下跌至390美元。点数图显示，在这一价位上，有充足的新需求可以使股价回升至408—416美元。随后在415—419美元附近出现了更多的卖单[图22.7（1）中的C处]，股价下跌至399美元（D点之下），紧接着股价在刺激之下上涨至了次高点417美元（D），这为股价一路下跌至321美元[图22.7（3）中的H点之下]埋下了伏笔。

通过研究连续的价格走势图（图22.6）和1点及3点点数图的K处[图22.7（4）]，并运用上面介绍的原理，你会发现波浪图是如何揭示市场行为的关键细节的。当市场行为变得至关重要时，在市场趋势发生重大转变之前，波浪图会提前给你相关的启示。我们建议你仔细探究这类图，遇到问题时可向我们的指导人员求助。

图22.7（1）至图22.7（4）中画出了趋势线，还附有注释，它们能帮助你挖掘隐藏在这些资料里的重要信息。从这些注释中你会发现，解读5只龙头股运用的原理与分析其他图表运用的原理相同（第七章至第二十一章）。

我们以图22.10举例说明如何利用连续的日波浪图解释关键阶段的市场行为细节，如何研究这些图表提供的有关即将发生的变盘的重要线索，从而不断积累经验。

例如，观察9月3日和4日的波浪图你就能发现仅靠平均指数无法获得重要的细节信息。从后者来看，市场似乎从8月31日的低点回升了，而且成交量非常少。重要的是，要知道这样的低成交量是因之前股价回落、供给变稀缺所致还是因需求质量较差所致，若是后者，则意味着股价将进一步下滑。

审视9月3日和4日的波浪图可知，在这两个交易日里，股价下跌时没有出现更多的卖盘，因为活跃度仍然非常低。换句话说，低活跃度表明空头无力提供足够多的卖盘使股价跌破8月28—29日的支撑位。因此，我们必须得出结论，股票已经变得稀缺。

我们认为，9月股价的下跌是技术性的，这一轮下跌已经结束，新一轮上涨正蓄势待发。相反，当平均指数在495附近创下新高时（B以下），审视9月17—19日的日波浪图可知，股价上涨未能吸引更多的追随者。特别注意的是，9月19日开盘时股价的上涨再次高点遇阻，上冲遭遇了卖盘的阻击，这些卖盘是在阶段2的下跌波中因持续的高活跃度形成的。这种表现标志着上涨达到顶峰，大幅度的回落即将开启。

对派筹区域的说明：无力消化卖盘，股市走弱。展示了波浪图如何揭示中期趋势发生转变之前市场行为的重要细节信息[对比图22.7（1）中的A点]。

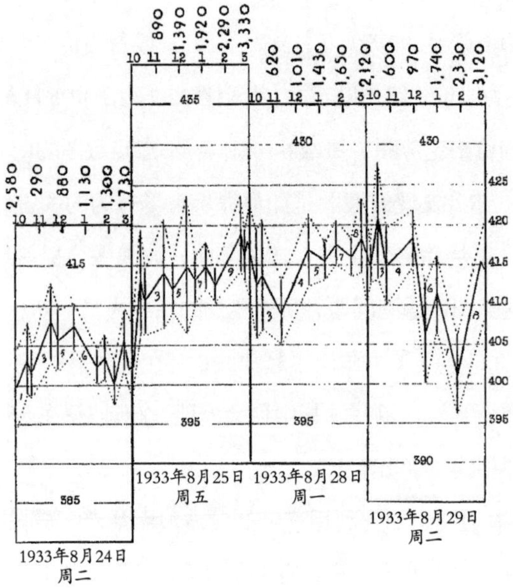

图22.5

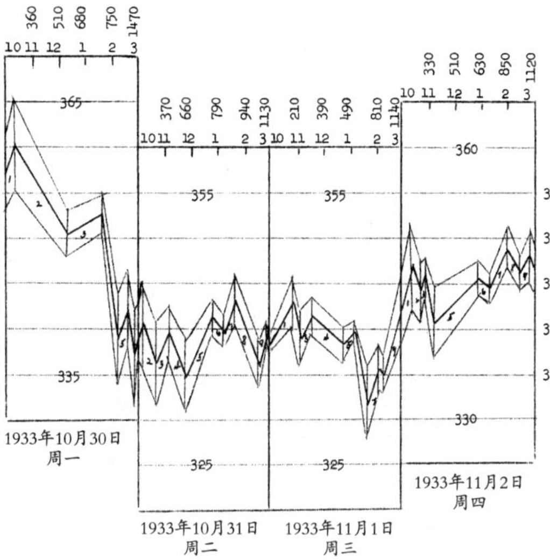

图22.6

对支撑区域的说明：有能力消化卖盘，股市走强。展示了波浪图如何揭示中期趋势发生转变之前市场行为的重要细节信息[对比图22.7（4）中的K点]。

5只敏感龙头股的1点点数图（1933年8月28日—11月9日）

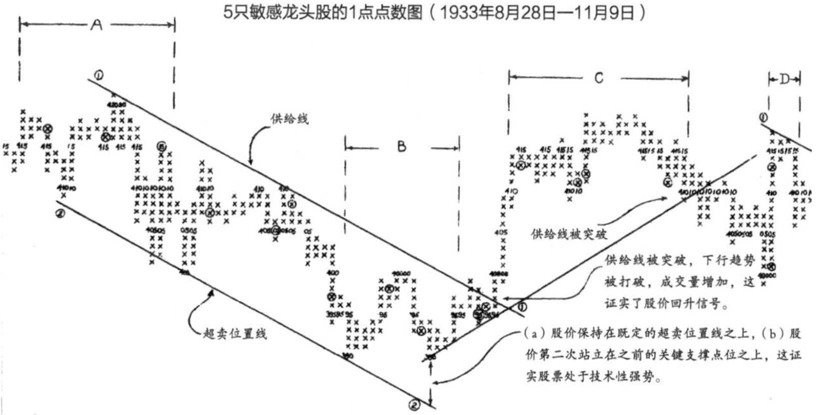

A—供给区。市场无力在7月份的高点之下消化卖盘，股价未能实现放量上涨，在连续的买入波中活跃度不断降低（见图22.5中连续价格走势线的细节），这些均表明股票处于弱势。

B—临时支撑区。

C—供给区。市场无法吸收在之前关键的供给区域出现的卖盘，这发出了卖出信号。

D—股价快速上冲以捕获空头，股价短暂回升至第三高点，这说明经过A和C处的派筹之后，整个股市趋弱。

注释：小圆圈表示交易日结束。

图 22.7（1）

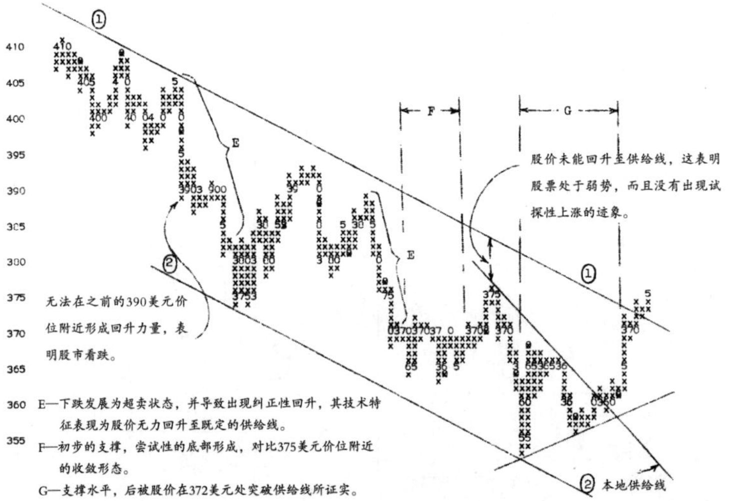
F
G
E
股价未能回升至供给线，这表明股票处于弱势，而且没有出现试探性上涨的迹象。
无法在之前的390美元价位附近形成回升力量，表明股市看跌。
E—下跌发展为超卖状态，并导致出现纠正性回升，其技术特征表现为股价无力回升至既定的供给线。
F—初步的支撑，尝试性的底部形成，对比375美元价位附近的收敛形态。
G—支撑水平，后被股价在372美元处突破供给线所证实。
本地供给线

图 22.7（2）

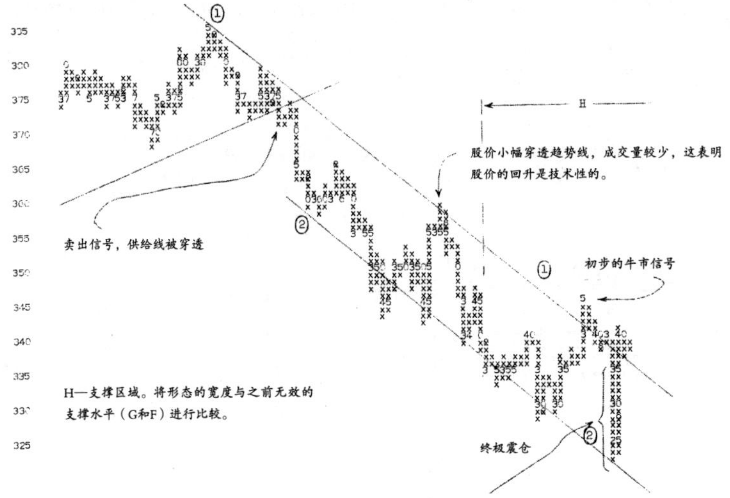
H
股价小幅穿透趋势线，成交量较少，这表明股价的回升是技术性的。
卖出信号，供给线被穿透
初步的牛市信号
H—支撑区域。将形态的宽度与之前无效的支撑水平（G和F）进行比较。
终极震仓

图 22.7（3）

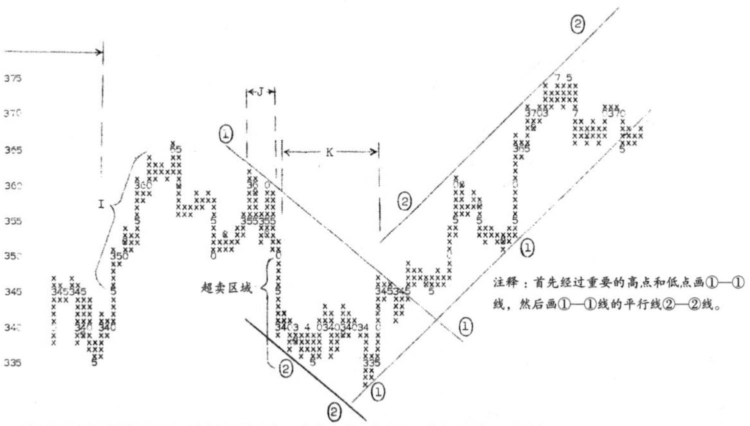

I—股价急剧上涨形成超买状态，引发了正常的（50%）技术性回落（从365美元下跌至350美元）。

J—在正常的修正性回落之后无法恢复上涨态势，这是股市走弱的迹象。

K—在之前的330美元—335美元区间之上出现支撑，这是看涨的信号，并为后续的扩展奠定了初步基础。（见图22.6显示的股价在该处的表现）

图 22.7（4）

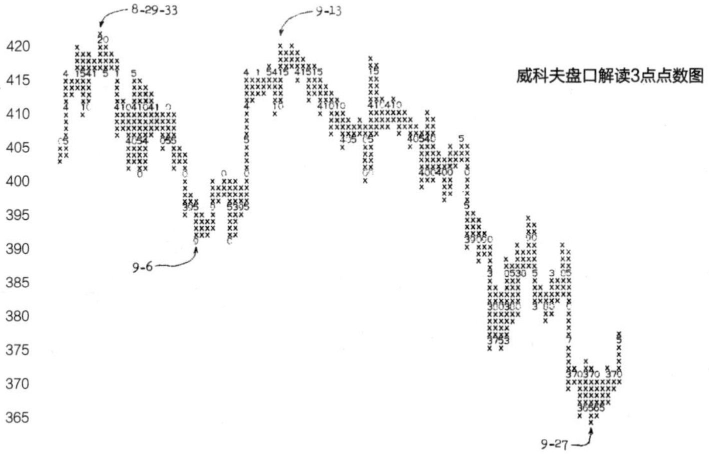

图 22.8

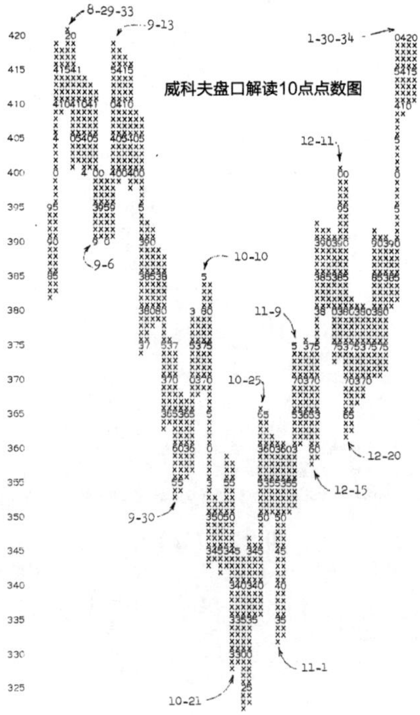
威科夫盘口解读10点点数图
8-29-33
9-13
1-30-34
12-11
9-6
10-10
11-9
10-25
12-20
12-15
9-30
11-1
10-21

图22.9

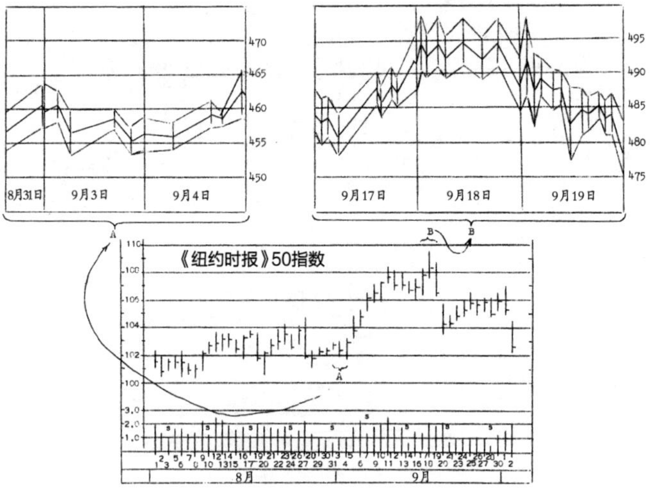
8月31日
9月3日
9月4日
9月17日
9月18日
9月19日
《纽约时报》50指数
8月
9月

图22.10

■ 如何利用理查德·D.威科夫盘口

解读波浪图估计《纽约时报》平均指数的日常变化。

股市一收盘，我们就会将日点数图报告邮寄给你们，而《纽约时报》和《纽约先驱论坛报》平均指数的报告一般会延迟一天邮寄，因此一些读者问我们，该如何应对这种时差造成的困难。

为此，我们提出了如下建议。根据这些建议，你能够对《纽约时报》50指数每个交易日的最低价、最高价和收盘价做出合理的估计，从而在第二天开盘前更新平均指数的竖线图。

首先请注意我们的“盘口解读价格指数”（TAPE READING PRICE INDEX）中的价格变化幅度（见波浪图右侧表格中的第4列）。这一比例大致为4.5：1。也就是说，盘口解读价格指数中4.5个点的变化大致相当于《纽约时报》平均指数1个点的变化。

因此，将盘口解读图中的最高价、最低价和收盘价除以4.5，你就会得到《纽约时报》平均指数的最高价、最低价和收盘价的近似值。但要注意，这一比率时刻在发生变化，这是因为盘口解读指数非常敏感，有时候它的波动要比《纽约时报》指数更剧烈。

为了反映这些可能的变化、每天对比率进行调整，你需要将盘口解读指数中记录的收盘价除以当天的《纽约时报》平均指数的收盘价，运用这一比值并以第二天的盘口解读指数为基础确定《纽约时报》平均指数的最高价、最低价和收盘价。

例如，1934年1月18日，盘口解读指数记录的当日收盘价为404.375，《纽约时报》平均指数当日的收盘价为90.44，将404.375 除以90.44得4.47。

现在看第二天的盘口解读表中（1月19日）第4列中的数据，我们发现最高价为414，最低价为407.375，收盘价为411.5，将这几个数字分别除以4.47后得到92.6、91.1和92.1，它们就是我们为《纽约时报》指数估计的最高价、最低价和收盘价，与官方公布的最高价92.95、最低价90.76和收盘价92.43相比，估计值的近似程度还是比较令人满意的。

第二十三章
如何止损

交易和投资成功的首要法则是：减少损失。

曾在证券交易所担任经纪人的E. H.哈里曼（E.H.Harriman）说："要想成为成功的股票交易员，你就必须消除损失。"当亏损幅度达到0.5—1个点时，场内交易员通常会抛售掉股票，支付全额佣金的你不在场内，不能像场内交易员那样及时止损，但你可以把损失控制在一定的范围内，从而确保你的投资和交易免受严重的损失；否则，股价经历几轮波动之后，你的业绩可能惨不忍睹，最终你手里只会剩下一些"曾经业绩辉煌"的股票，而且你只能以它们"有朝一日会风光再现"为你遭受的损失找借口。

防范方法是：首先，无论你是投资还是投机，在确认股票的风险之前，决不能贸然出手；其次，若股票的走势与你的预判一致，那么你要计算获利的可能性，要使获利高于承担风险的三倍；最后，在买入或卖出时，预设止损点（买入时将止损点设置在买入价之下，卖出时将止损点设置在卖出价之上）。

如果你观察了一只股票一段时间后，认为存在合理的买入或卖空机会，你一定要耐心等待它满足上述三个条件后再买入或卖出，若这些条件未得到满足，请另寻其他机会。

换句话说，你要以止损价来测试投资的可靠性，这样你总是有三倍的获利机会，等待这样的机会是值得的。[1]

在股市中，你必须时刻保持警惕：要做好一切皆有可能发生的心理准备，因为无论是投资还是投机，每笔交易都存在风险。

但是，当你针对每一笔交易预设止损点时，你就把风险限定在一定的范围之内了。这样可以确保你把大损失转变成小损失。简言之，你要想方设法“消除损失”，而且，你总是“自由自在”的，你的资金永远不会被套牢，你永远不用苦等手里的股票再现昔日的辉煌。由于你的投资和交易账户没有因利润受损而遭受限制，你总是能为新机会做好准备。你的资金不会被冻结。

事先对交易的风险、可能获得的利润做到心中有数，一旦事实证明你的判断出错了，你就会自动退出。拥有良好的判断能力时，你不可能一而再、再而三地犯错。但若真的出现了这种情况，你可以利用止损单将每笔交易的损失降低两个点。你的本金仍然完好无损，仍然可以投资于其他机会，此时你只需要获得8个点的收益就能跑赢大盘。但是，如果你的第一笔交易因未设置止损点而损失了10个点或更多，那么一次有风险的投资就可能将你套牢或者将你踢出局，即使在最好的情况下，你也需要花很长的时间才能恢复元气。

所有的交易（或投资）都是有成本的，成本涉及交易的费用，还有经纪人的佣金、转让税和利息支出等。当止损单被执行时，你不要抓狂，而是应该持感恩的心态，你要对自己说：我开始做这笔交易时判断出错了，不利用止损单的话，我恐怕要损失10个或20个点，几个点的损失要比这好得多。

止损指令没有任何神秘或复杂之处。止损指令，顾名

[1] 如果我们能够在股市由涨转跌之前及时脱身从而避免损失，那就简直太棒了，但这很难，必须要设置止损。

——彼得·林奇

思义，指的是发给经纪人的一项指令，指示经纪人在股价跌至事先约定的水平时卖出100股或更多的股票。如果你以50美元的价格买入了股票，想把你的风险限定在2个点的范围内，那么你可以向经纪人发出这样的指令："以47.875美元的止损价位卖出100股XYZ。"（第264页）这意味着当股票价格触及47.875美元时，为了降低你的损失，经纪人将以市价卖出100股XYZ。或者如果你以50美元的价位卖空了XYZ股票，你想把损失限定在两个点之内，那么你可以向经纪人发出这样的指令："以52.125美元的止损价买入100股XYZ。"这意味着，当股价触及52.125美元时，经纪人会以市场上最优的价格回补（买回）100股。因此，"止损"这个词凸显了止损指令与普通买卖指令间的区别。

止损指令通常被视为"取消前一直有效"的指令，这意味着在被取消或执行之前，该指令一直有效，其简称为GTC。如果你的经纪人不遵循这一原则，那么你要明确告诉他，你希望他遵照这一原则行事，你这样做是为了保障你的投资不受严重损失。

如果你愿意，你也可以设置"当周有效"（Good this week，GTW）或"当月有效"（Good this month，GTM）的止损指令。限定止损指令生效的时间能避免发生此类情形：你的立场发生了变化，但你忘了取消GTC指令，该指令生效后，你感到懊悔不已。如果你把止损指令生效的时间限定为一周或一个月，那么若止损指令没有被执行，你在下一周或下一个月初就必须重新预设。这就降低了被遗忘的"取消前一直有效"的止损指令被意外执行的可能性。然而，如果你之后仍然进行交易，无论做多还是做空，你都绝不能忘记更新你的GTW或GTM止损指令。

预设止损点是防范风险的最佳保障措施。

止损单是一种形式的保险，利用它能防范巨额损失、错误的判断和不可预知的意外情况。你支付保费为房屋投保火灾险，当然，你的房子也可能不会被烧掉，但节省少量保费会让你冒遭受巨大损失的风险，止损单也是如此。回顾过去几年里你遭受的所有重大损失你会发现，它们都是因为你未设置止损点造成的。

许多人不相信止损的威力，这可能是因为他们的止损指令不时地被执行了。由于他们不了解市场，也从未认真地研究过市场，他们不知道如何交易或何时开启交易所冒的风险最低，也不知道该如何明智地运用止损单。当然，即使判断力极佳的人，其部分止损指令也可能未被执行，判断力不佳的大多数人的止损指令更有可能被执行了。

其他人没有设置止损点是因为他们认为专家影响了市场，导致了他们的止损指令被执行。这种情况只发生在流通量非常少的股票上，或者发生在交易非常低迷的专业市场上，或者同一价位水平附近积聚了大量的止损单、场内交易员寻求交易这些止损单时。对于流通量很大的活跃股票，止损不可能不成功。

我们强烈建议你：（1）在做出每一笔交易后立即挂"取消前一直有效"的止损单（或前述的其他类型的止损单）；（2）调整止损点，要使你支付的佣金和税金得到保障；（3）当市场出现了有利于你的变化时，明智地调整止损点以最大限度地保护你的利润。

止损点与当前的市场价位越接近就越能降低风险。对此的另一种解释是：你的止损点与当前价位越接近，你获得的利润与你承担的风险之比就越高。比如，一只股票可能下跌10个点，你可以卖空这只股票，并将止损点设置在离危险价位1个点的位置（第七章第46页和第50页），你获得的利润可能是你承担的风险的10倍，这要比可能盈利5个点、将止损点设在离当前价格两个点处的交易划算多了，因为此时预期的利润仅是承担风险的2.5倍。

将每次交易后设置止损点变成一种规则和习惯，这样你就不必为损失担忧了，你不必时刻盯盘，时刻观察你所交易的股票的走势，你可以去忙其他的事情。你的经纪人接到止损指令后，会自行负责它的执行。不论他因何种原因没有执行指令，他都要对你的损失负责。

在你与经纪人开始打交道时，如果你向他发送了信件，指示他将你所有的止损指令视为"取消前一直有效"的指令，而且你收到了他的回复，他在回复中承认并接受这些指示，那么他永远不能声称"你的止损指令仅在当天有效"。当然，如果你每周或每月均会续订止损单的话，你就不会遇到这种情况了。

运用止损单能让你变得更理智，这是非常重要的（第二十五章第281页）。

半个世纪之前最成功的棉花期货操盘手狄克逊·G.瓦特（Dixon G. Watts）在谈及投机成功的主要原则时说："只有保持清醒的头脑，才能做出值得信赖的判断。"

如果你开始交易时清楚风险的大小，那么这说明你的头脑是清醒的。但是如果你忘记了设置止损点，放任你的损失超过你可能获得的利润，那么说明你的思维是混乱的，而且你很有可能在关键的时刻做出错误的行为。因此，永远不要放弃使用止损单。

你可能认为自己腰缠万贯，不会遭受损失。

1929年有3000万人都是这么想的，其中几乎无人使用止损单。

我知道，这些人中有几位的损失额高达1亿美元，他们都没有使用止损单。

不要听从任何人的劝告停止使用止损单。有时候，好心的经纪人可能会暗示他们不赞成使用止损单，这是因为，他们见惯了未经过训练的散户们的随意操作，与这些散户们的看法趋同了。

利用止损单可以：（1）控制风险；（2）降低风险；（3）确保利润；（4）在高于或低于当前市价的基础上开展新交易。

可利用止损单控制风险，如前所述，在完成一笔交易后，要立即挂止损单。

当股票行为促使你将止损点设置在离市场价更近的位置时，止损单能够降低风险。在不危害交易的情况下能做到这一点时就应该这样做。冒1个点的风险优于冒2个或3个点的危险，但不要草率地调高或调低止损点，要观察支撑点和阻力点的变化情况，在设置或改变止损点时可以它们为指导。

当然，如果你能在保障成本或销售价格或佣金的基础上调整止损点，那么调整就没有风险，你将确保获得100%的预期利润。

设置止损点的一个好规则是，做多时，在市场允许的情况下，可将止损点设置在高于成本价0.5个点或0.75个点的位置，卖空时将止损点设置在卖出价之下0.5个点或0.75个点的位置。0.5个点的利润足以支付整手（100股）交易的佣金，0.75个点的收益足以支付非整手（少于100股）的佣金。

经纪人不一定按止损价执行止损指令，特别是在整数股的情况下。如果多头交易的止损价为58美元，经纪人必须在股价首次触及58美元时卖出你的股票。如果当时市场的最高出价是57.75美元，而且他无法诱使出价人支付57.875美元，他必须以57.75美元的价格卖出整数股票。在非整数股的情况下，如果止损价是58美元，整数股按此价格被出售，你的止损指令会在整数股价格的基础上被执行，即57.875美元（整数股的价格减去非整数股卖家的差额）。记住这一点：止损单是止损价被触及时以市场价格成交的单子。

因此，如果经纪人未能按你设置的止损价执行你的止损指令，你不要责怪他。

对于浮动供给较少或者交易低迷的股票，止损指令的执行不一定令人满意。这类股票的波动幅度较大，交易量很少，交易这类股票时，你或多或少地受其保荐人和交易员的支配。后者受雇于你的经纪人，因为经纪人不能站在人群中（即在证券交易所的一个位置上）观察你的止损单，因此你会发现，对于交易低迷的股票，如果你设置的止损价位是70美元，止损单可能以69美元或68美元的价格成交，对于交易量极少的股票，止损单可能以65美元的价格成交。

这类股票的波动幅度很大，这使它们看起来很吸引人，因为大多数人都喜欢采取行动，但从长远来看，龙头股的止损指令能得到更好的执行，止损单的成交价一般等于或接近止损价，这些股票不大可能跳涨跳跌，因此你可以按最近的价格买入或卖出。

运用止损单确保收益。没有人能预测出股市何时逆转，这样的逆转会使你之前的账面收益荡然无存，甚至可能使你扭盈为亏。投资和交易委托中均会出现这样的情形。

请记住：每一笔交易都蕴含着风险因素，不存在“一劳永逸的”投资这回事。认识不到这一事实是投资者受损的最大原因之一，这些投资者每年损失的账面收益和资本缩水幅度大于他们获得的股息。

其中表现最差的是那些本来能获得10—30个点的利润，但由于忽略了保障措施，使收益缩水了三分之一或三分之二的人。当市场转向时，由于他们认为“这只是一次小幅回落”，因此无法当机立断地做出卖出的决策。收益缩水时，他们仍继续持有股票，因为他们认为股价会反弹。

再到后来，他们会担心卖出的决定有误，因为他们认为股价已经跌到位了，“马上就要复苏了”，而且他们“讨厌在底部卖出股票”。或者如财经评论员所说的那样，他们仍然被最近上涨的宿醉效应（hangover effects）所迷惑，错误地认为，“这只是大牛市中一次健康的中期回调而已”。[1]

最终，账面收益变成了账面损失。然而，投资者以“这只是账面上的损失”为由来安慰自己。每次大牛市后，你知道有多少人最终将这种“账面”损失变成了实际损失呢？

如果你知道10个点的收益要比持有大多数股票一整年得到的股息高该有多好啊！15个点或者20个点的收益足以让在你清仓后离开股市三年了，三年的股息恐怕才能赶上你获得的收益。因此，要运用止损单保护你的收益。

从吸筹或派筹点起算，股价向有利于你的方向波动10个点后，通常会出现3—5个点的反弹，你必须结合反弹的幅度来判断止损点的位置。最初的波动幅度越大，反弹的幅度就越大。即使你认为股价可能向利于你的方向变化20个点，你也要确保10个点的账面收益。有利的变化可能只是暂时的，股价从60—70美元开始上涨并不能保证它接下来不会下跌至50美元。

以高于市价的价格完成新交易时可以使用止损单，但是，除非你有丰富的经验并且清楚自己的目的是什么，否则最好不要这样使用止损单，不然你会面临巨大的风险。

以高于当前市价的价格买入股票时可使用买入止损单，你的经纪人可按惯常的方式在场内挂出这类止损单。

以低于市价的价格卖空股票时可以使用卖出止损单。按照证券交易所的规则，卖出止损单不得被用来开启低于市价的新交易，因此，如果你想对空头头寸止损，就有必要运用“实地”止损单，即告诉你的经纪人盯紧股票，一旦在盘口发现了你指定的价格，就要立马卖空。这是一个卖空的市场订单，而不是挂在场内开启新卖空交易的止损单，因此满

[1] 回调的时候，我善用大局观来看股市，坚定长期投资股票的信心，那么收益率也会提高；相反，听信那些评论员或专家的悲观言论，会因害怕而抛售，那么收益率会低于坚定信心长期的投资股票。

——彼得·林奇

足了证券交易所的要求。在此过程中，经纪人保持机敏很重要，当看到股价触及你指定的价格时，他要立马出手。

当你有理由相信，股价的回升有可能引发进一步的上涨或者开启新一轮大涨，且不会出现大幅回落，同时你也要相信，除非你抓住了大涨前的时机，否则你会失去它或者将来要支付更高的价格（第十七章第182页）时，你可以使用买入止损单。涉及的情况包括：（1）在派筹或吸筹阶段的末期，股票即将进入跳板位置时；（2）股票处于转折点，即处于静点时；（3）股票处于交易区间内，并体现出了能够克服先前阻力的迹象时。

你的理由是，如果一只股票在上涨过程中触及了某个点，它将会继续上涨；如果它无法达到那个点，那么你宁愿等它发出上涨的信号后再采取行动。假设你了解第九章假设的那只股票的吸筹情况，只要其股价跌至30美元左右，它就会得到强大的支撑。你认为，股价在M处快速上涨至32美元是股票进入跳板、即将上涨的迹象，股价放量跌破29美元或28美元是进一步大跌的迹象。你不确定股价接下来的走势，你也无法盯盘。你认为股价更有可能上涨而不是下跌，因此你向经纪人发出了这样的指示：“股价达到32.125美元时买入100股XYZ。”如果股价没有触及32.125美元，你的这一指令不会被执行。但是，若股价触及了这个价位，无论你是否在盯盘，你都会在这个价位或邻近的价位买入股票。因此，若股价在同一天内继续上涨至33美元或34美元，由于你已在此之前买入了股票，你避免了以更高的价格买入。

这种做法的缺点是，由于新交易总是伴随着风险，因此在你买入之后，你必须设置新的止损点，就像你买了房子后要为其投保火灾险一样。设置这个止损点是为了控制风险，因此必须将其设置在28美元以下的位置，因为你的买入止损指令必定会在上涨波中被执行，相比你在30美元价位完成的第一次买入（第十章第91页）你的风险增加了。因此，如果股价只是短暂地上涨至32.125美元，之后转为下跌，那么由于经纪人已经在28美元的价位执行了你的卖出止损指令，你会承受较大的损失。

卖出止损与买入止损刚好相反，当你相信股价回落至一定的价位预示着它将进一步下跌或大跌，而且其间不会出现大幅的回升时，你就可以完成一笔新的交易，并设置卖空止损点。

卖出止损的优点与买入止损的优点相同。你认为，除非股价达到某一特定的价位，否则不大可能开始下跌，此时你使用卖出止损单，而且，当股价触及这一价位时，你认为它会继续快速下跌，因此执行自动卖出的指令是较好的选择，否则等你确认了全部的下跌迹象后再行动会承担很大的风险。

这类止损的缺点与买入止损的缺点相同，即当你的保护性买入止损指令（当你卖空股票后必须马上设置止损点以控制风险）因你的错误判断被执行时，你可能遭受双重损失。

有时候，当你持有的股票接近危险点时，你认为如果股票突破了那个价位，你就必须做空而不是做多。比如说你以61美元的价格买入了100股，危险点是59.75美元，你认为，如果股价跌破这个危险点，你就必须卖出股票转而做空。你向经纪人发出了这样的指示："以59.75美元的止损价位卖出200股XYZ，并在此价位之上2个点处为做空的100股挂止损单。"

如果你做空的股票接近了危险点（在上涨波中），而且你认为，若股价突破了阻力点后，你就做多而不是做空，那么你可以将上述程序反转。比如说你在73美元的价位处做空了100股，阻力点为75美元。你会指示你的经纪人："以75.125美元的止损价位买入200股XYZ。并在此价位之上2个点处为做多的100股挂止损单。"

最好不要在90美元、83美元、72美元、41美元等价位上挂止损单，因为在这些整数价位附近积累了很多的订单，而且，当对保荐人、庄家和场内交易员有利时，他们就会推动股价上涨或下跌以执行这些订单。如果你之前以65美元的价位买入了股票，请不要将止损点设置在64美元或63美元，而是要设置在63.625美元或62.875美元。之后，当股价下跌至64美元时，可能还有很多人想入手股票，需求可能大于供给，这样你的交易就得到了保护。只有当所有的买家以64美元的价位买入并且至少有100股是以63.625美元的价位完成交易时，你的止损指令才会被执行。

我们对公众挂出的大量止损单进行研究后才得出这一技术性启示，公众最喜欢在整数点位上挂止损单，接下来是二分之一点位，比如25.5美元、50.5美元等，然后是四分之一点位，使用最少的是其他小数点位，如0.375和0.625等。

从上述的解释中我们可以看出，针对多头交易在整数之下的小数点位上挂止损单和针对空头交易在整数之上的小数点位上挂止损单的好处。我们在前面的图表研究章节中已经展示了为保障交易挂止损单、为降低风险和保护收益而调整止损点的方法。从这些实例中可以看出，随意设置止损点是不明智的，比如将止损点设置在距离交易价格2个、3个点的位置上。

只有当盘口或图表上没有显示出支撑位或阻力位，也没有迹象表明合理的止损点时，才能设置2个、3个或者更多个点的止损价位。

请记住，你的目标应当是把止损点设置在接近危险点的位置，这样你才能得到合理的保障。对于价格非常高的股票，可把止损点设置在支撑点或支撑位以下或阻力点或阻力位之上3个、5个点处，或者设置在股价回落一般幅度的点位之下或回升一半幅度的点位之上3个、5个点处；或者设置在明确的趋势支撑线之下或明确的趋势供给线之上3个、5个点处。对于价格适中的股票，止损点应该设置在2个、3个点处，而对于股价在50美元以下的股票，止损点应设置在1个、2个点处。

止损点的位置与你参与的交易类型有关。在短线交易中，你追求的是3—5个点的收益，因此你最初的止损点可能离危险点很近，与10—20个点或者更多点的中幅波动相比，这样的止损点能快速地调整，更利于降低风险。区别在于，在短线交易中，你追求的是较少的利润和更快的资金周转，因此控制风险时，你必须将止损点设置在离危险点更近的位置，而在长线交易中，你希望股价出现修正性的回升和回落，或者股价上涨和下跌速度发生变化，同时当既定的趋势出现轻微的逆转时，你不会被踢出局。总而言之，要根据你最初的交易目的设置止损点，根据股票和大盘的后续行为调整止损点。

始终牢记这一点：止损点的调整不应该增加你的风险，所有的调整都是为了降低或消除风险或者确保获得部分账面利润。

如前所述，最好将止损点设置在旧阻力或支撑位之上1.375—2.625点处，但仍有非常多的交易员将止损点设置在了1点处。因此，在许多情况下，你的止损点位于专家和场内交易员寻求的止损单交易区域之外。

当股价偏离了你买入或卖出股票时的点位时，你必须记住，股价偏离得越远，它就越接近回落点或回升点或者转折点。股价越倾向于你有利的方向前行，它就越接近你估计的回升点或回落点或者转折点，你的止损点就应设置得与市场价格越接近。

如果你预计股价将向有利于你的方向移动15个点，那么不要等到最后再出货，当账面上获得了10个点或12个点的盈利后，若股价出现犹豫或出现初步的逆转迹象，你要立马将止损点设置在市价之下。股票越犹豫，越可能出现逆转，你的价格就越要与市价相接近。

在上述这种情况下，最好以止损价离场而不是卖出全部股票，因为运用后一种方式会让你失去进一步获利的机会，但如果你将止损点设置在离市场价一个点左右的位置，或者股票行为表明的最佳位置，那么你还有机会获得更多的利润，而且你也保住了已获得的大部分收益。

然后，高效地处理止损事宜就跟高效地处理股市中的其他事务一样，需要你培养良好的判断能力。一般来说，按你自己的判断，你会觉得卖出全部股票要比以止损价离场更令人满意，这是因为多头交易的止损指令必须在下跌波中被执行，即在股票趋弱时被执行，而空头交易的止损指令必定在上涨波中被执行，即在股票趋强时被执行。凭借良好的判断力，你的目标是在下跌波中开启多头交易和回补空头，在上涨波中关闭空头交易或者抛售多头头寸。你凭借良好的判断力持仓或清仓和以止损单进入或退出市场产生的利润差异不应当被视为损失。相反，它只是投资者或交易员的运营费用，即为防止更大的损失而支付的保险费，这样你以很少的保费得到了方便的保障。

当然，即使我们做出了最佳的判断，对止损点的设置也很合理，我们仍然可能陷入尴尬的境地。例如，你的止损指令可能被过早执行了，但你后来发现股票行为与你最初的判断一致，那么你要恢复原来的仓位就需要多破费一些。但是，重新建立仓位时，你也必须设置止损点，而且你不能以之前买入股票的价格或执行止损指令的价格作为依据。

止损指令被频繁地执行有以下三个原因：

（1）太快做出交易。这可能是交易者没有耐心造成的结果，交易者选择了错误的时机或者未能等到合理、确定的迹象出现，或者没有遵循本章前述的原则。

（2）逆趋势而动。

（3）对止损点的设置和调整不合理。

如果你的止损指令经常被执行，那么请仔细审视你的交易，确定错误是否是由上述原因导致的。然后阅读本章提出的建议，避免未来重蹈覆辙。

如果你的交易时机和止损点的设置很合理，那么止损指令被频繁地执行可能是在警示你，你的所作所为与市场趋势不协调。如果你坚持在上涨趋势中卖空股票，那么你的止损指令很有可能被执行。如果你在股价回落时持续地买入股票，但你发现你的止损指令接连被执行，这种现象表明你对市场的判断是错误的，市场趋势是下行的，那些所谓的“回落”实际上是清盘波。这样的错误判断有时会导致我们放弃使用止损单。没有什么比这样做更危险了。

一些活跃的交易员喜欢运用心理止损法（mental stops）。我们发现，他们中的许多人不持续盯盘，他们忘记了这一点：当他们不盯盘时，市场走势可能会出现严重不利于他们的变化。有时候，盘口的记载比市场延迟几分钟，心理止损法在这种情况下无用武之地。除非你能一直盯盘，否则不宜运用这种方法。如果你做不到这一点，那就给你的订单职员一个指示，指示他当盘口出现某个价格时，以市价出售你的股票。交易价格可能高于也可能低于这个价格，但若你能按此方法行事，当你判断错误时，你就不会蒙受巨大的损失。每个人都可能犯错，特别是在学习如何交易的时候。

永远不要放弃使用止损单。相反，当你的止损指令被频繁地执行时，请你清仓，远离市场，直到你能做出正确的判断、通过向我们的老师求教找到问题的根源并纠正它时再进场。简言之，直到你了解透了市场并且能将本书所学到的知识运用于实践时再入场。

不使用止损单就相当于抛弃了本书中最重要的部分。不论从事何种业务，成功的秘诀都是控制损失。不使用止损单意味着你特别相信自己的判断，认为自己不可能犯错。

第二十四章
一般性说明和警示性建议

能学习本书介绍的方法，证明你想改变盲目跟风炒股的做法。与其他任何业务或专业、艺术与科学一样，在开始实践之前，打好基础是关键。要成为一名牙医，你不可能一开始就给患者拔牙；要成为一名律师，你不可能一开始就出庭辩护（即使律师协会允许你这么做）。你首先得学习，在学习中积累经验，然后再参与真金白银的实战。

要为日后的成功奠定坚实的基础，首先要进行模拟交易。这是一种能让你获得经验并测试你实际应用能力的低成本方式，一些人反对运用这种方式，他们认为模拟就好像玩没有赌注的扑克，没有刺激性。说得没错，但我们提醒你：最大的刺激莫过于你第一次完成了实际交易后，你发现自己的一系列操作都是正确的。当你成功地完成了一系列交易，而且发现你再也不会遭受重大损失时，你会更加兴奋。若你为了暂时获得一点小小的刺激而放弃了从成功的交易中获得满足感的话，你可以无视我们提出的从模拟交易开始的建议。但是，如果你想享受成功后的满足感，那么你就要从模拟交易起步。

直到你学会了选择交易的股票和交易时机时，你再参与真实的交易。当你决定买卖某只股票时，把它记下来，就好像你在向经纪人写指令一样，然后向经纪人打电话或者查阅晚报或晨报确定你的成交价位。有疑问时，以对你最不利的价位为准。把这个价位记录下来，同时加上买卖的手续费。结束这笔交易时，计算出买卖佣金和税费，计算净收益或净损失。要在损失一栏中计入6%的利息，它是股票成本的一部分（若是长线交易），一切操作就如同你真的通过经纪人买入了股票一样。

研究令你受损的模拟交易，并将其与成功的模拟交易进行对比，以便你找出失利的根源，下次进行模拟时要纠正错误的做法。无风险地模拟50次或100次交易后，你就知道自己能否在合适的时间选择合适的股票了。必须研究你的弱点。

进行模拟交易时，就如同真实的交易一样，要针对每笔交易设置止损点。止损点对模拟交易和实际交易一样重要，因为通过它你能获知你的判断何时有误，而且在做出错误的判断后，你就要承担损失的惩罚。

在成功地完成模拟交易和投资训练后，你就要拿真金白银参与实践了。不要急躁，不要急于出手进行交易或得到结果。哪怕是进行一次模拟交易，你也要做好充分的准备。在参与真实的交易之前，要留出足够长的时间进行模拟交易，直到确认你的判断是正确的为止。

不要在任何事物或任何人的影响下贸然参与真实的交易。如果你看完了本书，但没有资金实践，那么你可以在参与真实的交易前先进行模拟交易，决不可仓促入市并为此承受极大的财务压力。

投入真金白银要比模拟交易更能测试你的能力，因为当你的资金处于危急关头时，你多多少少会受到贪欲和恐惧这两大股市邪恶力量的摆布。

因此，当你开始实际操作时，无论你的资金规模有多大，我们都建议你从10手或15手的交易开始。记住，你现在还处在学习阶段，不应该以赚钱为目的，锻炼自己才是最重要的。记住，根据书中介绍的方法，你学习交易和投资方法时不需要任何资金，理解和掌握股市技术要比一开始就投资重要得多。

学习本课程的时间越长，你就会变得越专业。不要指望在几周或几个月内成为一名技能娴熟的操盘手。在熊市出现之前，牛市可能持续多年，即使是经验丰富的交易员也可能在下一轮熊市到来之前忘记上一轮熊市中学到的技巧，反之亦然。因此，如果你在一个周期的早期或中期阶段开始交易，你可能要等很久之后才能学习如何处理另一个周期的交易，所以，你应该通过不断练习来完善你的判断。不能过于重视本课程的某些方面而忽视另一些方面，要全方位地学习，这样才能从中获益。过度交易是自杀行为，这是散户常犯的第二大错误。在你完成了足够多的模拟交易，为实际的交易和投资奠定了坚实的基础后，你可由小规模的交易开始操作。资金充裕时，你的心情会比较放松。如果实际的交易结果不如模拟交易，那就继续进行模拟，然后再参与真实的交易。尽量从利润中积累资金。

即使一开始就赚了钱，你也要等到资金充裕后再从事大额度的交易。在走路之前要先学好爬行，在你变得更为专业之后，你有足够多的时间从事更大额度的交易。无论如何，市场就在那里，初期你要做的最主要的事情就是为未来的成功奠定坚实的基础。如果你在这一阶段或其他阶段交易过度，或者精力过于分散，那么你可能被套牢，而且会因早期的经历而气馁和沮丧。大多数没有学习过股市技术的人都有这样的经历，他们在知道如何交易和投资之前就血本无归了。我强调这一点就是希望这样的事情不要发生在你身上。对每只股票的交易数量应保持一致，成功的交易指的是，买入或卖出等量的一系列股票，扣除佣金、利息和税款后，所得利润超过损失的交易。每笔交易都盈利的人是不存在的。在交易中受损是对错误判断的惩罚。交易员的判断越准确，他承受的损失就越小。例如，选股100%正确，意味着交易之后，股票价格不利于你的变化幅度不会超过0.125。这是你应该追求的标准，越接近这一标准，你年底得到的净收益就越高。[1]

交易等量股票的原因是：大多数人持有25股或50股的某只股票，却持有100股或500股的另一只股票。通常他们会对

[1] 选股既是一门科学，又是一门艺术，而过于强调其中任何一方面都会非常危险。

——彼得·林奇

价格最低的股票加仓，这类股票最具投机性且风险最大。最终的结果是，重仓股受损，轻仓股盈利。好的做法是从事等量的交易。随着你变得越来越专业，你会发现，无论以点数还是以百分比来衡量，你的盈利幅度是你亏损幅度的好几倍。

如果你的目的是投资，即你着眼于中幅或大幅波动的交易，那么你可能更愿意以等额的资金投资于不同的股票，而不是投资于等量的股票。投资于等级更高的股票是可取的，不要将过多的资金投向“廉价”股。

无论你从事短线还是长线交易，最好分散投资，不能专注于一两只股票。[1] 换句话说，将资金分散投资于3只、5只或10只甚至20只精选的股票，具体投资于多少只股票取决于你可用资金的规模。假设你选中了5只股票，而且你最多同时只能投资于5只股票，那么即使你拥有绝佳的判断力，对其中一只股票的判断也可能出错，而另一只可能无法像你预期的那样成功。但你从其他三只股票的投资中获得的利润在抵消你的损失之后还有盈余，而且你可能拥有至少“一只白马股”。但是，如果你持有100股的某只股票，而不是持有各为20股的5只股票，那么，这只股票是业绩最差的还是最佳的，就要看你的运气了。

同时，多元化投资也可能被操作得如同单一投资一样极端。如果你的投资过于分散，要观察的股票过多，你的判断可能会因担忧或缺乏时间而受到不利的影响。

当然，你不一定同时完成5只股票的交易，如我们在其他地方论述的（第八章第73页），你完成第一笔交易的那一天可能不是交易其他股票的最佳时间。假设5只股票是你投资种类的上限，而且你已经选定了一两只股票，那么你不能

[1] 最小化股票下跌引起的投资风险的办法之一，是将所持有的资金分散投资到几种不同类型的股票中。

——彼得·林奇

将所有资金都投入到这一两只股票中。要保留余下的资金，等待合适的投资时机。也有可能出现这样的情况：在你完成第4只股票的交易后，你对第5只股票的走势不甚满意，此时你应该放弃这只股票，保留资金，寻找走势符合你预期的股票进行投资，是卖空还是买空它，视具体情况而定。

在哪里研究市场呢？可以在私人办公室内，也可以下班后在家中或者利用业余时间在其他地方进行研究。

如果你打算以股票交易为职业（如“盘口解读和积极的交易”部分所述），研究盘口的最佳地点是私人办公室，最好是自己租用的办公室。办公室的空间可能非常小，你只需要一部行情报价机、一部电话、一张桌子和一把椅子即可。在办公室的门上贴上“私人”标志，不张贴你的大名，就不会有人来打扰你。

若你给的佣金到位，你的经纪人会很乐意为你提供免费的私人办公室和全套设备。

无论是职业的还是业余的交易者，就选股或研究市场或实际的操作而言，经纪人的接待室都是差劲的地方。在那里，你的经纪人及其助手忙着处理订单，其他人则闲聊着市场话题。有的提出了愚蠢的问题，有的传达着诀窍。每次跨力士（Trans-Lux）股票交易数量达到100股时，就有人大喊大叫。在这样的环境下，你无法将精力集中于非常困难和复杂的盘口解读问题。他们会混淆你的判断，极具破坏性，会误导投资者和交易员。我们应该像雌鸟学习，在安静的巢穴里产蛋。你必须学会产蛋，而且经验表明，最好要独自产蛋（第二十五章第282页）。

判断股市需要综合运用个人的能力，在经纪人的办公室内做出的判断不可避免地会受到偏见的影响。在一个安静的场所独自开展研究，可以免受这些因素的烦扰。

在经纪人的办公室研究市场的另一个坏处是，你会有频繁交易的冲动。人们在买进卖出，进办公室的人会带来最新的消息和谣言，新闻会激发你的好奇心，让你误入歧途，这里的一切都在鼓励你多做交易，鼓励你在准备不充分的情况下率性而为。

对于你而言，每个月完成一笔有利可图的交易要比日日交易日日亏损好得多，最有利可图的不一定是日内交易。如前所述，市场的重大变化需要经过一段时间的准备后才能显现出来，如果你想获得收益，你就必须要有耐心。在经纪人的办公室很难保持耐心，但在私人办公室很容易做到这一点，或者是在晚上，你可以投入一个小时研究市场和规划你的行动。

如果你没有私人办公室，只能在工作之余研究股市，那么，即使是活跃的交易者，你也是很走运的，如果倾向于投资，那你就更是如此了。你可以在晚报或日报上找到当天多空双方厮杀的记录和结果。从这些记录[①]和波浪图中，你能够获得需要的信息。可以参考这些信息在家规划你的活动，然后通过邮件、电报或电话向你的经纪人发出指示。在第二天晚上看到当天的交易结果之前，你就不需要再关注市场了。当天的交易结果可能证实也可能推翻了你之前的判断，或者让你对之前的判断产生怀疑，那么此时，你要平仓并保持中立立场。

每天花一个小时关注市场。当我每天只投入一个小时研究市场、计划我的行动和发出指示时，我取得的交易结果是最佳的。忙于可能阻碍研究盘口的事务时，如我在《华尔街40年投机和冒险》一书中所说的："一段时间之后我才发现，每天投入一个小时能促使我集中精力研究市场及其行为。这种方法可能对积极的交易员不适用，但就确定市场的趋势、预测转折点和选择最有利可图的股票而言，它是理想的方法。"每天研究时我都会与前几天进行对比，确认相对强势和弱势、市场对看涨或看跌影响的反应、操纵的性质以及操纵者的目的。

几年前，我曾在股票行情报价牌前观察著名的股票操盘手詹姆斯·R.基恩（James R. Keene）如何进行交易，我发现他仔细审视盘口两三分钟后就会跑回自己的办公室内待两三分钟。每次回到报价牌后他都能观察到市场特征和某些股票发生的变化。他能在行情记录带上看出他仔细分析和看重的股票的一系列微小变化。当他来回走动时，他可以进一步思考他观察到的结果并得出结论。

---

① 也就是说，从价格和成交量表中获取信息，不要浪费时间去阅读财经行文和八卦专栏，你对这些知道得越少越好。这些材料大都受作家的观点和偏见的影响，而这些作家的专业是新闻而非预测。财经记者的职能是收集新信息，你不能指望他总是知道一则新闻或八卦何时受一些别有企图的人的影响。另外，他总是向公众提供有关市场上涨或下跌的编造的最佳解释。这满足了大多数人，但对你没有任何价值。你想在道歉和解释发生之前做出明确的抉择。你是否曾想过有多少人与你同时阅读同样的新闻，而且以同样的方式对新闻做出反应？你不想随波逐流，而是要逆潮流而动。

我建议时间不太充裕的人每天能花一个小时专门研究市场，对于那些从事其他正当职业的人而言，傍晚或晚上投入一个小时就足够了。一般说来，一天投入一个小时的人要比那些在经纪人办公室待一整天的人更成功，但不如那些整天待在自己的私人办公室里研究行情记录以及股票图表的人。

有一段时间我也是一天投入一个小时研究市场，当时我有一名助手密切关注着市场的动向，我不在场时，若有任何特殊的变化发生，他都会提醒我，同时他还负责绘制图表。有一天我对这个男孩说："你在我这里学到的知识有一天能让你赚100万美元。"那是15年前，我说得没错，现在他早已赚够100万美元了，主要依靠的是当时在我这里学到的知识。

对许多人而言，做空要比做多困难，这是一个很大的障碍，我建议你进行做空模拟，直到你能熟练地做空，使做空与做多一样容易为止，也就是说，你做空和做多时的心理自在程度是一样的。

只会做多的交易员仅算得上半个交易员，他眼中只看得见牛市，认为一切都是看涨迹象，他从来都看不到熊市中的获利机会。事实是，长期的熊市比长期的牛市能提供更多的获利机会。

散户的投机性交易行为促成了牛市。除了大牛市外，这些散户每年都会损失惨重，即使赚了钱，也只是暂时性的。

华尔街的历史表明，在长期的牛市后，他们大都将之前获得的利润损失了，而且损失得更多。如果这些人能看到熊市中的获利机会，当时机来临时适时地做空，那么他们可以将一大部分损失转化为利润。

重要的不是你创造了什么，而是你保留了什么。

许多人怕陷入绝境而不敢做空。看看过去50年的历史，你会发现，100万人中没有一个是因做空而陷入绝境的，而且可以通过为每笔交易设置止损点的方式杜绝此类事件发生。

华尔街有句老话是这样说的："股市上涨是被炒起来的，下跌却是股市自己的行为导致的。"做空时赚大钱的速度是最快的。在1929年10月和11月的股市恐慌中，两个月的跌幅抵消了之前14个月的涨幅。这意味着，空头能抓住时机，利用糟糕的技术形势和大量的散户快速地赚大钱。如果当时出现了更多的空头，股市就不会崩盘。如果有很大一部分交易商在1929年的高点区域（如7月、8月和9月）做空，那么股市就会平衡得多，这不仅能抑制股价过度增长，而且在股价下跌的过程中也会提供强大的购买力，在一定程度上防止股价的大幅跳跃。

在一般的商业交易中，买入在先，卖出在后，但在股票交易中，既可以先卖出，也可以先买入，二者的最终结果没什么区别，目标都是卖出的价格要高于买入的价格。

当你卖空时，你的经纪人借来与你卖空的数量相等的股票凭证进行交割。对于借出凭证的经纪人来说，他可以市场价卖出凭证获得现金来保障自己的利益。

有时候，当难以借入某些股票时，你有必要为使用这类证书支付额外费用。费率会在新闻报道和金融类报纸中公布。收取额外的费用可能预示着存在额外的卖空利息，但这并不能保证股价不会下跌，但是若你设置了止损点，那你就没什么可担心的了。

交易员必须避免做空交易低迷的股票，因为这些股票某个早晨的开盘价可能比前一天的收盘价高出几个点，从而使止损单在比预期高得多的点位上被执行。

有时候，纽约证券交易所禁止卖空或者对此类交易进行了限制，这使空方处于劣势。在这种情况下，你最好推迟交易，直到市场恢复正常。

持续在市场中搜寻以找到最佳的交易股票。图表在手，你会如虎添翼。

要重点关注适合大规模交易的股票，它们的交易通常比较活跃，能以最接近上一次交易的价格买入或卖出，而且能安全地利用止损单。

不要仅仅因为某只股票处于看涨态势就买入它，或者仅仅因为它处于看跌态势就卖出它，要等到股票的准备阶段结束并且处于跳板位置时再出手，在此之前静观其他人操作即可。这样你的资金是自由的，在你获利之前可以避免被交易低迷的股票所困，而且你还不会因为过早进入而错失了获利机会。

要适时地采取行动，不要因为股价的变动导致你买入或卖出，而应该是在一个仓位持有许多天甚至几个星期。

选出变化最早、最快且变化幅度最大的股票。

控制你的损失，确保你的收益。[1] 这是华尔街交易的基本原则，在你能遵循这一原则之前，不要碰股票。

散户在股市中损失惨重的原因是，大多数人都违反了这一原则，他们在获得微薄的收益之后，任由损失扩大，直到最终破产。

决定做一笔交易时，也要确定你会承担多少风险。比如，你根据某只股票的行为判断，其股价会在有利于你的方向上移动10个或15个点，那么冒3个点的风险是合理的，因为预期收益必须是所承担的风险的3倍。必须按这一原则设置止损点。若股票的走势对你有利，那么你要调整止损点，以便降低甚至消除风险，然后，在市场允许且账面盈利的情况下，你要进一步调整止损点，以此确保获得的部分收益。

上面要表达的意思是：错了时要快速抽身。当股票的走势于你不利时，这说明你的判断出错了。出错无可厚非，但让损失扩大最终导致惨败和灾难就不明智了。试想一下，如果每笔交易或投资的风险都得到了控制，那么在1929—1931年的股市大跌中，散户能避免多少损失呢？

交易一段时间之后，如果你发现，你的止损指令被频繁地执行，这意味着你最初做出交易决策时不够谨慎，此后出现了更多的偏差。要选定最佳机会，排除掉其他机会。要耐心等待最佳机会出现。尽可能以接近危险点的价位进行交易，可根据图表或盘口的信息判断危险点，根据情况设置止损点（第二十三章）。反思犯过的错误，从中吸取教训。清楚你开始交易、持仓和离场的原因。

下订单。几乎所有情况下，以“市场价”下订单都是最好的选择，当然止损单是例外。通常情况下，不建议下限价

[1] 控制损失很重要，不仅仅是成功投资单只股票的方法，也是成功管理投资组合的方法。
——彼得·林奇

订单，但这也不是绝对的。

经过一段时间的观察后，你发现一只股票正在为大涨或大跌做准备，而且你发现它在85.5美元的价位上突然变得非常活跃，那么以这一价位或者其他限定价位下订单是错误的，因为你的经纪人可能无法以这一价位完成交易，甚至无法以85.75美元或86美元的价格完成交易。你会为了省点小钱而丧失了大好的机会，也就是说，捡了芝麻丢了西瓜。

如果你正在等待股价回升时卖出股票或股价下跌时买入股票的机会，而且图表显示，只有当股价达到目标价位时你才应该进行交易，那么使用限价单是合理的做法。比如，一只股票经过准备阶段后，其股价从86美元上涨至90美元，你从这只股票的行为和市场上其他股票的走势来看，其股价在再次上涨之前会经历一两个点的回落。你可以在88.25美元的价位上（高于整数价位，原因见有关“止损单”的分析）挂限价单。

如果你挂出的是第二天执行的单子或者你无法在白天查看行情记录或你的图表，那么运用限价单就是合理的。然而，如果你在晚上确定某只股票处于看跌态势或者处于大跌的边缘，那么你要指示经纪人在第二天开盘时以市场价格卖空，此时不要使用限价单。

限价单意味着订单会以限定的价格或更有利的价格被执行。若是买入订单，执行价格会低于指定价格；若是卖出订单，执行价格要尽可能高于指定价格。

不要以相同的执行价格同时买入和卖出。做多一只股票的同时做空另一只股票不是明智的做法，除非你经验丰富，而且遇到任何情况你都能镇定自若。

当下跌趋势显现时，你应当做空。

当下跌已经持续了一段时间时，你应当回补：如果出现了趋势逆转的迹象，你应当同时做多。

当股价仅小幅回升时，你应当静观其变，直到真正的买入时机出现。若你判断股价将大幅回升，你应当回补，而且当股价达到回升的高点时，如果你判断趋势仍然是下行的，你应当再次卖空。

不要试图捕捉每次反转时机，而是要抓住最佳的时机。

我短线交易做得最成功时，平均每月交易一次，其中有五六次是亏损的，但由于对每笔交易都设置了止损点，因此损失比较小，等到年底时，我获得的净收益非常令人满意，收益通常是风险的好几倍。

不使用盘口或图表，根据从报纸上获得信息判断市场：当你熟练掌握了波浪图和其他方法后，你可以轻松运用相同的原理分析日报上记录的股票行为（第四章第33、34页）。

挑出几只龙头股进行研究，观察它们与大盘之间的关系：它们在下跌时是否得到了良好的支撑？大盘回升时，它们是引领者还是跟随者？与整个大盘相比它们的成交量如何？在大盘上涨或下跌时，它们的成交量是多还是少？等等。

考虑所有重要的技术点位，尽可能多地运用它们。

如果你绘制了点数图，而且有充足的时间研究它们，那么你就把它们记在脑海里。你可以盯着点数图看一会儿，你的眼睛就如同摄像头，会将图片摄入你的脑海里。当你手边没有图时，你的记忆就会派上用场，助你研究市场。你能从报纸上得到一些信息，你可以利用这些信息更改你脑海里的图表。

股息。仅为了获得股息而在除息日之前买入不是好做法，许多人这样做是因为，他们错误地认为他们能因此获得更多的收益，而且由于这类买入，股价在除息日之前可能上涨，但在接下来的交易日内，这点涨幅会消失殆尽。

在牛市中，股息通常会反映在除息日后一两天的市价中，但从长期来看，这些收益会化为乌有。因此，为了获得股息而买入股票是错误的想法，体现的是赌徒的心态，股价会很快回落。

如果你在除息日当天卖空股票，你必须支付股息金额，或者更确切地说，你的经纪人将从你的账户中扣除股息。如果你判断股票的跌幅会超过全部股息，那么你仍要坚持卖空。因此，在熊市中，当股息拉低股价时，股价会比平时下跌得更快。也就是说，在除息日，股票不仅可能跌掉股息，而且由于长期持有股票的人想获得股息，股价可能多跌掉几个点。因此，无论是做空还是做多，最好不要考虑除息日。

金字塔式操作法①。掌握了金字塔式操作法后，你可以通过在某些特殊的价位设置止损点而获得更多的收益。

还有一些时候，准备阶段已完成，股票已经踏上跳板，重大的变化即将出现，而且积极的信号被释放，那么此时是运用金字塔式操作法的最佳时机。具体的做法有如下这两种：

（1）一开始卖空（或买入）300股（或者30的任意倍数股），当市场变得对你有利时，股价每变化一个点，你就加仓100股（或10股）。对最初的那笔交易设置的止损点应该在交易价格的3点之内，对之后的每笔交易设置的止损点也应该在交易价格的3点之内。股价每次下跌时，300股的止损点应该下调。100股的止损点也应该下调，但不能高过300股的止损点。

（2）最初交易100股，当股价向有利于你的方向变化一个点时，加仓100股，对每一笔交易设置止损点，并按上述方法进行调整。

当盘口或者图表上的信息提示你关闭此类交易时，你按提示操作即可。

不要因为一只股票显示出了明确的上涨或下跌迹象，你就认为应该进行金字塔式的操作了。只有具备某些条件时，这种做法才是相对安全的。我这里用“相对”这个词是因为没有人能百分之百地保证交易成功。

如上所述，当股票的压力非常大，而且底部的支持比较薄弱，以至于股票显示出突然和急剧下跌的迹象时，以金字塔式操作法做空是理想的，或者对股票的需求突然持续大增，出现了不可抗拒的提升力量，股价即将突然大涨时，可采用金字塔式操作法做多。

有证据表明股价将出现至少10—15个点的变化时，运用金字塔式操作法是合理的。

对于后来增加的买入或卖出订单应该设置止损点，这样，当止损价格被触及时，金字塔交易会被自动执行。

---

① 这里是为了说明基础原理。在当今利润目标比较高的背景下，金字塔式操作法在看涨的条件中不太实用。

拉平价格。永远不要在股价出现了不利于你的变化时加仓。

让股价在不利于你的方向上移动多个点是糟糕的操作，此时为了拉平成本而买入或卖出是最糟糕的操作。

如果你的判断一开始就错了，那么你就应该及时止损。如果你没有设置止损点且价格出现了不利于你的变化，这说明你大错特错了。为什么要坚持错误的判断呢？

你可能认为90美元的股票很便宜，80美元的股票更便宜，但要记住，它们的股价可能跌至25美元或10美元。没有交易员或投资者在股票出现了不利于自己的变化后还去买入它，所以，打消拉平价格的念头吧，绝不要做出这样的愚蠢行为。

清仓离场。根据盘口或图表的指示做出离场的决定，就像开始一笔交易时应该有充分的理由一样，关闭你的交易时也应该有充分的理由。

市场在不断地告诉你该做什么：做多、做空或保持中立。

当市场提示你"保持中立"时，你应该离场，无论此时是盈利还是亏损。[1]

如果你没有在股价上涨、回升或股市繁荣时卖出股票，那么你就没有资金在股价下跌、股市恐慌和萧条时期买入股票。

而且，当你做空时，若不能在股市疲软时进行回补，你将丧失最佳的机会。

詹姆斯·R. 基恩曾对我说："最好的买入时机是所有股票都走弱时，最好的卖出时机是所有股票都走强时。"[2]

[1] 截断亏损，让利润奔跑。
——伯纳德·巴鲁克

[2] 为了获利，投资者必须在正确的时机及时买入和及时卖出股票。
——彼得·林奇

第二十五章
警示性建议（续）

要想在股市中取得成功，两个因素至关重要：（1）掌握本书介绍的原理；（2）正确运用这些原理。著名的操盘手狄克逊·G.瓦特（Dixon G. Watts）就表达过这样的思想：投机者（和投资者）必须具备的素质是判断力、自主性、勇气、谨慎和灵活性。还应当再加上一点：耐心。简言之，严格自律是成功的一半。

我们可以训练你的判断力，但为了提高你的决策能力最终取得成功，你必须多锻炼自己。这意味着你不能被感情因素所左右。在实践中，你要像在模拟交易中一样做到不偏不倚，沉着冷静。如果你能坦诚地面对自己，你就可以做到这一点。对自己的心路历程进行分析，研究自己的心理缺陷。只有了解了自己的缺点，你才能克服这些缺点。如果你发现自己没有勇气，不自主，缺乏耐心，不够谨慎，不灵活，那么你要刻意地培养这些素质，不具备这些素质就贸然进入股市打拼是愚蠢之举。

当你进行股票交易时，你应当把它看成有风险的普通商业交易。若交易结果让你获得了收益，那就最好不过了。如果交易让你遭受了损失，那也没什么大碍，因为你已经运用止损单将风险控制在了一定的水平内，而且你事先知道，做任何事情都可能遭受挫折，你已为此做好了心理准备。

因此，你不会因损失或失去机会而懊悔不已，不会因此而浪费时间。错误的唯一价值是你能从中吸取教训，因此错误发生后，你唯一的想法是研究错误铸成的原因。懊悔不会对你有任何好处，只能给你带来极大的精神痛苦，干扰你的自控力。

一旦你完全掌控了自己的情绪，你会惊讶地发现，你的判断能力提高了。你的判断力越强，你就越自信，越看不上他人的意见。在这里，我要提醒你注意另一个成功的重要因素：自我决断的能力。

委员会或群体做出的决策并不比最差劲的散户做出的决策好多少。股市中有一个奇怪的现象，那就是笨蛋总是长着一张大嘴，他们总是能忽悠很多人。这样的观点可能有些刺耳，你现在不一定能看出来，但以后你就明白了。

你也不应该寻求让其他人确认你的决策，除非你确信他们与你是同道中人，即他们理解并遵循的原则与你相同。即便如此，你也要多加小心。一个人可能以投资者的眼光看市场，而另一个人可能以日内交易员的眼光看市场，你同时向两个人求教时可能获得相互矛盾的看法。在某些人眼里，这两个人的看法都很有道理，但它们都不是你需要的。另外还可能出现这样的情况：你对某只股票进行了深入细致的研究后，向另外一个对这只股票一知半解的人征求意见。出于礼貌，他随意给你提了个意见，这让你动摇了原来的想法。结果是你遭受了损失或失去了一次获利机会。事实上，我们知道，两位经验丰富的操盘手可能对股票的涨跌做出截然不同的判断，当然是针对不同的股票，他们都从中获利了。但是，如果他们当初对比了自己的分析结果，交换了彼此对市场的看法，那么结果可能会让人困惑，他们有可能丧失交易机会，变得心神不安。因此，请务必自行得出结论。

股市操盘手与其他人讨论股市时，必须像煮了5分钟的鸡蛋一样坚硬，像鱼一样冷酷，听不进一切谣言，对新闻充耳不闻，而且要像门把手一样木讷。

在开始真正的交易之前，你必须具备资金和勇气。你必须有资金和勇气去实施自己的决策。

随着持续的研究和实践，你的自信心将不断增强，当你看到机会时，你会鼓足勇气去把握它。如果你发现自己没有勇气去参与真实的交易，那么就先进行模拟交易，直到你恢复了信心为止。更好的方法是，离开股市几天或几周，在此期间不做任何交易。

当你重返市场时，你会发现你的判断能力增强了。

谨慎。不要在成功的诱惑下投入过多的资金进行交易。如果你的可用资金为10000美元，你在一系列交易中投入的资金不要超过1000美元，不要碰剩余的9000美元，直到你确认了之前投入的1000美元是否成功为止。如果你投入的这1000美元损失了，那么请再投入1000美元，不要碰其余的资金。

每次发生损失时做记录并分析原因是个好习惯，这有助于你未来取得成功。

你最初的交易规模可能很小，但起点对你非常重要。记住，“枝怎样弯，树就怎样长”。

抑制住赚大钱的冲动，不要想着一夜暴富，要细水长流，努力获得一致的投资回报——20%—40%或者更高的年收益并非不合理的目标。当你的初始目标定得不太高时，你会惊讶地发现，你能快速地获得收益。专注地学习，不要像散户而要像专业人士那样做交易。

不要像外部人士而要像内部人士一样操作。试着理解大人物的观点，思考你身处他的位置时会做什么。当你打算买入时，会尽力压低价格；当你要卖出时，为了诱使其他人接盘，你会通过新闻机构散布看涨和利好的信息，由此建立一个利于你卖出的好行情。这正是大庄家们玩的游戏，当你理解了其操作方法，而且能追踪到他们的动向时，你就能让他们为你工作，并借助他们的操作获利。这样你盈利的机会就会不断增加。

你的投资额度永远不要超过你能承受得起的损失。

当你投入的资金大于你能承受得起的风险时，你的判断会被扭曲。对损失的恐惧会导致你判断出错。贪欲会让你坚持本应该关闭的交易。

灵活性。如果你无法摆脱希望或恐惧的影响，那么等到你有了能承担风险的充裕资金和研究市场的时间后，你再进行交易，此时你可以保持平和、冷静和泰然自若。可以通过模拟交易为实战做准备。

有疑问时离场。没有什么比保持中立更让人头脑清醒了。原因是，投资者或交易员对其持有的股票存有偏见，当他们做多时，他们认为自己持有的股票应该上涨，他们的这种希望会影响他们的判断。当他们做空时，他们经常担心股价回升时止损单被执行。利弗莫尔（Livermore）曾说："别人心存希望时，你必须心存恐惧，别人心存恐惧时，你必须心存希望。你肯定会担心自己的损失加剧，肯定会希望收益增多。用常人的方法在股市赌博绝对是错误的。"①

每当你发现希望或恐惧扭曲了你的判断时，无论是盈利还是亏损，你都要以市场价格结清所有的头寸，然后离开市场几天或一周或更长的时间，直到你觉得自己可以回归市场、你的决策受你的判断力而非希望和恐惧支配时为止。这两种情绪是许多股票交易失败的原因。[1]

只有在交易和投资中克服了希望和恐惧的影响，你才能取得应有的成功。

在我从事咨询服务的几年时间里，我发现我成功的一个重要原因是，当趋势不明朗时，我会退出股市数天或数周。我们的客户经常抱怨这一点，他们声称，他们已经支付了一年的费用，让他们什么都不做就是在剥夺他们的交易机会。对此我的回复是，我能给出的最佳建议就是什么都不做。我不同意他们一直留在市场内。我的目标是，到年底时，扣除损失额、佣金和其他费用后仍能获得丰厚的利润。

我知道有些人一年内做不了几笔交易，他们经常离场。我记得有一年，我忙着处理其他事务，无法将精力集中于股票业务。那年我做了3笔交易，没有一笔亏损，全都盈利了。收益是初始本金的7倍，而且还不需要额外的保证金。

预期利润。做出任何交易时，不要死守预期的利润目标。在做出交易之前，你会根据图表估计出盈利的概率。永远不

[1] 人性会在股市中体现得淋淋尽致，尤其是在担心害怕、扬扬自得、灰心丧气这三种情绪中变化。当股市下跌或者经济不好的时候，会特别关注股票，但因非常担心股市进一步下跌，所以不敢此时以低价买入；直到在股市开始上涨时，不得不以较高的价格追涨买入。

——彼得·林奇

① 见《股票作手回忆录》（*Reminiscences of a Stock Operator*），爱德温·李费佛（Edwin Lefevre）著。

要说你将从某只股票的交易中获得20个点的收益，因为这仅仅是你的希望，它可能导致你的持仓时间太久。即便是最有影响力的银行家、操纵者和操盘手也不知道交易的结果会如何。市场形势瞬息万变，在你完成交易后的24小时内，可能会出现令你关闭交易且逆转投资方向的原因，你必须保持灵活，果断地根据新的迹象调整操作。

绝不要逆市场而动。今天的交易是一番景象，明天的交易又是另一番景象，你要培养感知交易趋势并顺势而为的能力。

耐心。如果你发现好几次本应获得10个或20个点的收益时仅获得了5个点的收益，那么这很可能是由于你缺乏耐心导致的。你的图表显示你在不该退出的时候退出了，你应该等到有明确的迹象表明一波行情已经结束，逆转即将发生时再行动。

耐心是闯荡股市必须具备的要素：要耐心地等待机会出现，等待获得可观的利润。利弗莫尔说，当你学会在股价回升和回落期间持仓，有了坚实的理由才平仓时，你才能成长为成功的交易员。

不要因为你手头有闲钱就急于入市，要等到真正的机会出现时再进入。假设你有5000美元的资金在3个月的时间里是闲置的，如果你不投资的话，按6%的年利率算，你会损失75美元的利息。一年做一笔好交易能使你得到比这高好几倍的收益，但仓促的交易可能让你损失12个月的利息，更别说对你的信心会造成严重的打击了。

同理，一旦你确信股价正迈向顶部，不要急于回购你刚刚从中获得可观利润的股票。如果它再涨几点该怎么办呢？让其他人为了那八分之一的盈利概率去赌吧！如果股票的走势正常，那么你肯定还能以较低的价格再把它买回来的，即使需要你等待6个月或1年。

要耐心地观察形势的发展，直到你看到行动的时机成熟后再采取行动。不要讨论是否该等到证明你决策正确的有利证据出现时再行动，等到你100%确定时，股价已经开始变化了，你的机会也就消失了。如果已经发生了这样的情况，不要再紧咬着已经失去的机会不放，因为此时你的判断力会有意无意地受之前失误的影响，你可能无法冷静地行事。最好遵循这一理念：股价越高我越不想买入股票（看涨时），或者股价越低我越不想卖出股票（看跌时），因此，我要等待下一个机会。

永远不要认为你必须一直待在市场内。事实上，在某些时间段你应该保持中立立场，让你的资金保持完全的流动性，这是好习惯。这样做的目的是防止你思想僵化，保持视角清新、明确。

除非你对某只股票的走势、背景和现状进行过透彻的研究，否则永远不要交易它。如果你没有这只股票的图表，你要提前绘制好。

不要仅因为你觉得某只股票不错就买卖它，或者仅因为你“听说它不错（或很差）”就买卖它，或者仅因为朋友推荐或者仅因为你的经纪人“听到”大人物的评价就买卖它。

如果你必须依靠咨询服务，那么在采取行动之前要斟酌一下听到的建议和意见，不要不假思索地赞同咨询服务机构的建议。咨询人员的判断不一定比你的好，而且等你完全掌握了本书介绍的方法后，你的判断将远胜于他们的。

自主性。千万不要询问你的经纪人或其他人对市场的看法，或者请他们建议你接下来做什么或者询问他们是否同意你的计划。形成自己的看法，尽量让自己的分析准确可靠，这样你会越来越自信。除了你自己的意见外，不要在意其他人的意见。[1]追随他人只会削弱你的判断力，你不应该这样做。通过持续地培养做出准确判断的能力，你也会不断提高盈利能力。

坚守这一原则：永远不要让你的经纪人或客户表达意见，除非你特意提出了要求，否则不要让他们给你报价。将这点视为你的铁律，而且你要清楚，你的经纪人除了接受和执行你的指令外，什么都不做。他的权利仅限于此。

当你询问他人的想法或者他认为哪只股票最适合买卖

[1] 市场中任意一家公司都不会提醒投资者购买其股票，当投资者考虑买入的时候也总会顾虑，同时还会受到投资专家等人的言论的影响。这时候，投资者需要丰富知识，自己去研究事情的真相。

——彼得·林奇

时，你是在把他的判断与你的判断相混合。大多数情况下，他的意见只不过是猜测的结果，但你的意见是以事实为基础的，因为你研究了盘口和图表。如果你能按照本书建议的规则多加练习，你的判断会越来越可靠。要学习、练习、交易，提高你的判断力、远见和自主性。新学员特别不应该问经纪人这个问题："市场这是怎么了。"这会引发经纪人的长篇大论，学员马上就会被带偏。

虽然有人要求经纪人提供意见和建议，但经纪人并不喜欢这么做。正如阿瑟·布里斯班（Arthur Brisbane）所写的："建议出色时，提供建议的人会被遗忘，买方独享功劳；建议糟糕时，提供建议的人会遭人恨。"

经纪人更喜欢知道自己想做什么以及何时去做的客户，这样的客户从不向他们征求意见，能清晰、明智地下达指令。经纪人只负责执行指令并为客户提供融资。询问经纪人买卖什么股票或者期望经纪人告诉自己应该做什么都是不合理的，客户支付的佣金并不涵盖这些服务。

不要把基本面信息、统计数据、阅读刊载国内外政治事件的报纸头条后形成的意见与银行家、经纪人或商业伙伴讨论的内容相混淆，否则你的观点会被扭曲，你的判断力会被削弱。

不要在偶然看到盘口数据后就预判市场。首先，除非你是一位活跃的交易员并且每天能投入5个小时盯盘，否则你压根就不应该看盘口。但是，如果你可以打电话给经纪人，那么你就远离盘口。在午餐时间看盘是非常糟糕的做法，这就如同你去电影院看惊悚片，正当女主人公被坏蛋绑在了铁轨上时，你却被叫离了电影院一样。你在离开的时候会想，女主人公恐怕要完蛋了，你不知道后面男主人会来到现场。

注意不要将小幅摆动与中期趋势迹象相混淆，也不要将短线交易与注重长期走势的投资相混淆。如果你的目的是获得5个点的收益，那么当盘口数据显示你已经实现目标时，你必须结束交易。同时，如果你的目标是让股价实现10—15个点的变化，那么当图表显示你的这一目标实现时，请结束交易，不要跑到经纪人的办公室去查看盘口后再做决定。短线交易需要更高的技巧，这些技巧不一定适用于中期交易。因此，当你把二者相混淆时，你肯定会遭受损失。也就是说，你总是会追涨杀跌，你支付给经纪人的佣金会更多，但你的获利不会增加。

因此，不要混用交易方法。

偶尔我们会发现，有新学员正努力将本书介绍的方法与他之前学习的其他思想或理论（特别是当前流行的对几何图形的研究）相结合，他们认为这样做能够发现在股市中取得成功的捷径，这纯属愚蠢之见。股票交易艺术最明显的一大特征是不能将其简化为机械的几何线条和呆板的数学公式。简言之，你无法以计算器解决股市投资问题。

我们的经验表明，那些抛弃了其他方法、思想和理论（尤其是道氏理论）的人获得的结果最佳。有这样一个案例：一位学员正确地预测到了大盘的上涨，而且他精确地预测出了一组龙头股将上涨的点数。但是，当大盘的涨幅达到目标涨幅的一半时，他根据道氏理论预测大盘将下跌，于是他卖出了持有的股票并转而做空。结果是，他踏空了。他因为没有按照我们的方法操作而错过了另一半的涨幅。不仅亏了钱，还失去了在顶部出货的机会，也错失了在股票下跌时做空可产生的利润。

那些从零出发学习的学员取得的进步最快，因为他们100%地接受了本书的内容，很快就获得了立竿见影的效果。因此，我们希望你不要把我们传授的方法与其他方法混用，因为我们的方法源于实践，是真正的操盘者根据自己的专业经验总结而来的，不像某些股评家、统计学家或自封的“专家”那样堆砌漂亮的理论。我们讲授的知识和方法很完整，涵盖了分析股市各个阶段所需要的各种知识。经过25年的发展，这套方法经过了各个市场的测试，事实上，它们与市场本身一样古老。成千上万的人利用这套方法获得了丰厚的收益。你在实践中不要把这些方法与其他方法混用，否则，就如同找两个医生看病一样，他们开的药方会互相矛盾，无法根治你的疾病。你只需要让一个医生开出药方然后按药方抓药即可。事实上，我们认为，除非你学会并运用了本书中介绍的方法，否则你最好远离股市，专攻你理解的其他业务。

不要急着从事交易或者急于获得好结果。即使是在开始模拟交易之前，也要吃透本书介绍的原理知识，这样才能为未来的交易奠定坚实的基础。在参与实际的交易之前，要投入足够长的时间进行模拟，直到你具有了可靠的判断力为止。

有时候学员在没有通读本书的情况下（仅阅读了部分内容）就开始参与交易，为了公平起见，我们建议学员们遵循这一原则：阅读、研究和学习方法。在熟练掌握这些方法前先进行模拟交易，之后开始参与小规模的真实交易。

我们的学员中有一位医生，他坚持认为自己应该马上参与交易。我们问他："你开出第一张真正的处方之前学了几年药物学？"这位医生回答说："五年。"我们说："为了你好，我们要求你在下一次交易之前先学习三个月合理吗？""似乎很合理。"他承认道。

THE RICHARD D. WYCKOFF METHOD OF TRADING IN STOCKS

第二部分

盘口解读与积极交易

第二十六章
第二部分概述

采用我们方法的大多数人每天会投入一个小时左右的时间研究和计划他们的交易。但我们得知，越来越多的人希望持续地从事交易，而且无论是经纪人办公室还是私人办公室都配备了行情报价机和其他设备。这些交易员要求我们提供更多的盘口解读信息，而且由于积极交易的盘口解读技巧与课程第一部分介绍的技巧有所不同。为了满足这部分人的要求，我们准备了第二部分的内容。

与第一部分一样，第二部分也要介绍如何根据技术位置做出判断，即根据供给与需求——支撑和阻力做出判断。

我们不需要考虑新闻、利润或其他公司或基本面统计数据，只需要考虑与价格波动、成交量和时间有关的因素。

积极的交易员是只关注由市场上的小幅波动形成的短期趋势的盘口解读者。每天10点钟证券交易所开盘后不久，我们就看出这种趋势，它可能由涨转跌，也有可能由跌转涨，而且在一天的交易中，趋势可能逆转1—3次。

我们指导交易员如何顺应这种趋势，在出现交易机会时如何改变或逆转他们的持仓。

在大多数情况下，这类交易员会在当天结束交易，但若理由充分，他们也可能持仓过夜。

关于如何选择最优股及如何抓住最佳的交易时机，我们都给出了细致的指导，在交易和咨询工作中，我们成功地应用这些方法20余年。

每一笔交易都要挂止损单，止损点应该设置在偏离买卖价的0.5—1个点处。必须时刻关注这些止损点，为降低风险、保护利润，市场条件允许时要快速调整它们。

这类交易不考虑大盘的长期和中期趋势，它是交易员利用股价的技术性回升和回落时机，在一个交易日内通过买卖股票盈利的交易形式。

盘口解读是根据盘口显示的市场行为判断股价的即期走势和趋势的技艺，它旨在探查接下来几分钟或几个小时内股价可能发生的变化，以便在股价开始发生变化时进入，在股价达到峰值时退出。

这需要交易员保持头脑清醒和灵活，随时准备改变或逆转看法，还需要交易员有魄力、沉着自信、果断、敏捷、勇敢，能独立自主地做出判断。[1]

盘口解读的目的是使交易员从一系列的交易中获得平均利润。通过将风险控制在最低水平并且不断努力降低风险以及明智地调整止损点，确保获得的收益大于佣金、税收和遭受的损失。

所有的买卖都是暂时性的，交易员的持股时长通常仅有几个小时，他们想利用股价短时的小幅波动获益。

掌握了这套方法后，你可以寻找即刻获得收益的机会。大多数情况下你喜欢在回家时一身轻松，既不持空头头寸，也不持多头头寸。这样，第二天在开始交易时你只需要考虑

[1] 我认为股票投资成功所必需的个人素质应该包括：耐心、自立、常识、对于痛苦的忍耐力、心胸开阔、超然、坚持不懈、谦逊、灵活、愿意独立研究、能够主动承认错误以及能够在市场普遍性恐慌之中不受影响保持冷静的能力。

——彼得·林奇

新信息即可。由于你的立场是中立的，因而你的判断是客观无偏见的。

每天早晨股市开盘时，你可以快速地分析市场，感知趋势的变化，确定表现最佳的股票，而且条件有利时，你可以买卖股票。然后你可以观察市场，确认你的立场是否正确。你也可以调整止损点、关闭交易或者将止损点调整到接近市场价的位置，这样可为获取更高的利润留下余地，或者你可以在接近最高点或最低点的位置执行止损单并离场。

从事这类交易时，你从股价的小幅波动中得到的机会与你从股价10—30个点的大幅波动中得到的机会一样多。

当交易的结果不理想时，无论是不盈不亏还是遭受了一点亏损，你都可以马上抽身。对任何交易都要设置止损点，因为你必须把风险控制在最低水平，这样你才不会遭受大损失和被套牢，还可以在顷刻间离场。你可以根据需要盯盘，时间可长可短。这类交易与第一部分介绍的交易完全不同，后者旨在让交易者从10个点、20个点和30个点的波动中获利。这类交易适合那些希望能持续地参与交易的人。

第二部分将以某些股票的交易详情为例，让你感知到股价的即期趋势，找准止损点的确切位置，让你了解当市场出现了有利于你的变化时，为降低风险你应当将止损点调整到什么位置。第二部分还介绍了如何根据盘口解读图表的提示抓住最有利的时机离场，如何在接近上涨的高点和下跌的低点处及时抽身。

按照这里介绍的方法，你可能要在一个交易日内变换1—3次立场，具体要看市场的活跃度。就我了解的情况来看，这种方法与证券交易所的实际交易最为接近。

但是，将盘口解读与长期的波动交易法相结合的最大好处是，你能获得更高的利润。第一部分的第十一章和第十二章介绍了如何确定哪些股票的股价会在某一方向上变化3—5个点。你可以运用盘口解读法抓住最有利的时机进行交易，而且你以0.5—1个点的小风险所持的股票此后有可能进入看涨的位置2，也有可能进入看跌的位置4，而且可能出现10个点、20个点或30个点的利于你的变化。通过这类初始风险不超过一个点、但利润有望扩大为多个点的交易，你能大大提高收益。因此，将盘口解读技巧与长期波动预测相结合，将大大提高交易者获利的概率。

第二十七章
判断即期趋势

为此，我们运用5只交易活跃的龙头股的波浪图进行分析。将这5只龙头股的价格加总后，标注在方格图上。纵轴表示价格，横轴表示时间，如图27.1所示。

股市的所有波动都是买卖波浪交替出现引起的，我们以波动的距离和幅度来判断市场的强弱。我们会研究每一次波动的幅度及其持续的时间。

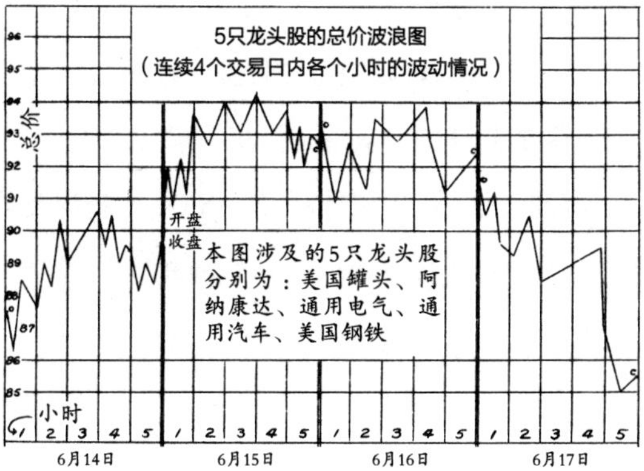

图27.1

若买入波持续的时间比卖出波持续的时间长，且波动幅度大，那么我们就推断即期趋势是看涨的。若卖出波持续的时间比买入波持续的时间长，且波动幅度更大，那么我们就推断即期趋势是看跌的。无论何时，只要买入波和卖出波互相抵消，看不出股市强弱的迹象，我们就推断即期趋势不明朗，此时我们应当保持中立。

选定5只龙头股。股市开盘时，将这5只股票的价格加总，包括小数，在图中相应的位置标示出总价。接下来观察上涨或下跌的趋势是否即将结束。若看似即将结束，就在图中与时间和价格水平相对应的位置标出一个点。若市场改变了方向，这证明标记的点的位置是正确的。若市场仍沿着原来的方向前行，那么改变标注的点，直到走势再次不明朗并且表现出逆转迹象为止。

然后观察新波浪，直到其结束，在图中相应的位置标记出一个点。市场的变化会确认或推翻你对转折点的估计。继续这么做，直到你判断和记录了每一波行情的开始、持续和结束。

买卖波一结束，即期趋势就会显示出来。然后你就知道了买卖双方哪一方的力量更强大，你能做的就是顺应强势的一方。

但你必须留意即期趋势的变化。在一个交易日内，即期趋势可能发生1—3次变化。探测变化的方法是股市上涨期间，卖出波的持续时间延长、幅度增大，或者买入波的持续时间缩短、幅度减小。出现任何一种迹象或者同时出现这两种迹象时，说明趋势即将发生变化。同样的推理也适用于股市下跌期间。密切观察这些变化，因为你能从中发现买卖的最佳时机，知道什么时候做空，什么时候做多，什么时候关闭当前的交易并改变立场。关于波浪图的其他细节信息，见第四章。

记住现在讨论的内容与其他类型的趋势无关，也就是说与波动幅度达10—30个点的中期趋势和长期趋势无关。后两种波动见第一部分的介绍，从事这类交易涉及的问题完全不同，需要投入的时间和精力也比较少，但其目标利润比较高，可能高达10个点、20个点或30个点，而且会挂两三个点的止损单。有关上述波浪图的更详细的内容见课程的第一部分。

尽管买卖波足以使市场在收盘前向着某一特定的方向变化，但这并不意味着市场第二天仍然会沿着前一天的方向变化，也不意味着你应当为此持股过夜。第二天的趋势由当天的波动确定，而且最好不要持股过夜，除非你从市场行为中看出了需要这么做的特殊理由，比如，在既定的方向上，股市活跃度增加，成交量放大，股票在回升或回落中遇到的阻力很小，一波大涨或大跌行情似乎将要开启。在这样的情况下，多头持仓的止损点可能会被频繁地上调，原来0.5—1个点的止损点可能调整为几个或多个点的止损点，这样，你当月的交易净利润均值会增加。这种情形发生时，那些了解大幅波动交易方法且能够预测到股票上涨点数的人受益最大。根据我们在第一部分介绍的方法，一旦这类顺应强势方的交易完成，股价就会发生10—30个点的变化，若交易者能遵照我们的方法操作，最终必获得丰厚的利润。

波浪图有助于理解盘口解读方法。运用了这种图形一段时间之后，你就不再需要它了。你会把目前波浪图上标记的内容记在脑海里。在从第一阶段进入第二阶段后，你会形成一种直觉，依靠这种直觉就能判断出即期趋势什么时候会发生变化，就像高尔夫球冠军不需要考虑各种动作就能打中球一样。但不要过早地抛弃波浪图，在积累了丰富的实践经验之前，不要指望你能拥有这样的直觉。

这5只龙头股在股市中要具有代表性。当铁路板块的某只龙头股具有较大的影响时，应当将其纳入。当公用事业板块的股票，比如联合天然气公司，表现出色时，可以用它代替其他股票。选择龙头股时要考虑它们在板块中的拉动力量，它们就如同5匹马。如果你发现有一匹马总是落在后面，而另一匹总是一马当先，那么你会将前者替换掉，并认定后者是真正的领头马。在选择股市中最具代表性的5只股票时也是这个道理，选择时要看它们对其他股票的影响力。每天都要权衡取舍，要剔除表现差的，即对其他股票失去了影响力或者交易变得低迷的股票。

股市开盘时还要观察前一天的波浪图，这样你就能看出股市前一天的走势与当天的走势之间的联系。

在第一部分第四章，我们介绍了运用波浪图的前一部分内容，本章将详细讨论第二部分的内容。我们可借助第一部分的内容进行讲解，或者，如果你喜欢，你可以将这两部分的内容放在一起学习，这样你就学习了完整的波浪图理论。

在第一部分我们介绍了如何从价格变化、每个买卖波持续的时间和相对支撑点或阻力点几个方面解释波浪图，下面我们将详细介绍如何分析小波浪中的成交量和活跃度。

由图27.2我们可以看出，从上午10点至下午1：40，在微小的买卖波中，成交量和活跃度双双下降。当天股市开盘时股价出现了一小波回升，之后马上小幅下跌。从这一点来看，多头和空头的力量显然不相上下。

第一波下跌后（阶段2），多头试图拉升股价，但他们未能吸引追随者跟进，活跃度没有增加证明了这一点。需求于上午11：00左右（股价达到高点时）逐渐耗尽。然而，在阶段4，股价小幅下跌时几乎没有出现多少卖盘，这鼓励了多头再次尝试拉升股价，他们又未能吸引到追随者。在阶段5，股价回升至前两次的高点附近时遇阻。空头想在1点钟之前提供更多的卖盘（阶段6），以此打破僵局，此次尝试算是成功了，但活跃度并没有增加，而且股价下跌至早晨的低点左右时遇到了支撑，这是试探性的看涨信号。

在一点上，市场交易接近停滞，此时一切都要看多空双方吸引追随者的能力，要看是空方能突破支撑位还是多头能把股价拉升到突破午前高点的程度。下午1点时，空头失败了，多头再次发力，这一次需求稍显强势，股价上涨至略高于前一高点的位置，且活跃度略有增加。

若我们从事的是短线交易，那么此时我们得到了准备出手的提示。若在下一次卖出波中活跃度降低，那么我们估计多头会变得更加积极。我们没有等待多久，在接下来的15分钟里，股价小幅下跌，但股票交易几乎完全停滞。这正是我们等待的结果，这意味着之前股价回升时多头持有的股票已在股价小幅回落时被吸收了，因此，我们信心满满地买入了，而且我们马上就得到了回报，因为股价在阶段9快速上涨了。

随着股价突破之前的高点，活跃度大增，这一波上涨的有效性也得到了证实。下午2点钟过后不久，多头稍作了修整，因为此时大盘上涨到了关键的点位，遭遇了上周五和周六积累的卖盘（图中未显示）。显然，这些卖盘已经被处理掉了，因为活跃度快速下降至另一次临时性抛售的水平。显然股价上涨已经不存在压力了，几乎没有卖盘了，因此我们仍然看多并等待多头将股价拉升至更高的价位。在收盘前不久他们实现了这一目标。

在本章和第一部分的例子中，我们主要从短线操作的角度考虑波浪图的用途。在分析股价的中期和长期波动时，你会发现波浪图对绘制盘口解读1点点数图很有帮助。

综合运用第一部分第十章、第十二章、第十四章、第十六章和第十七章的原理分析波浪图，详细的展示见图27.3（1）至图27.3（4），这些图中附有解释性的注释。

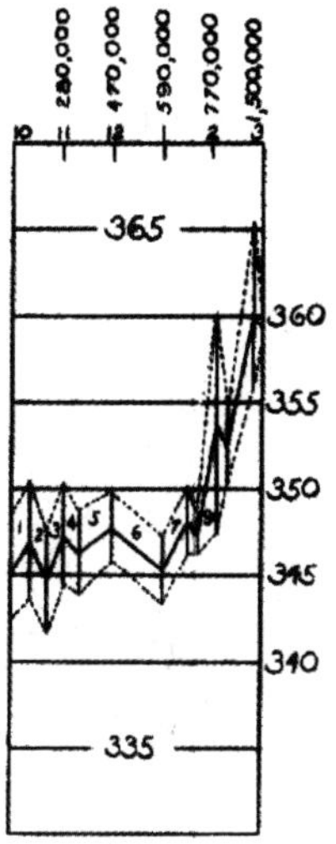

FIG.1

图27.2

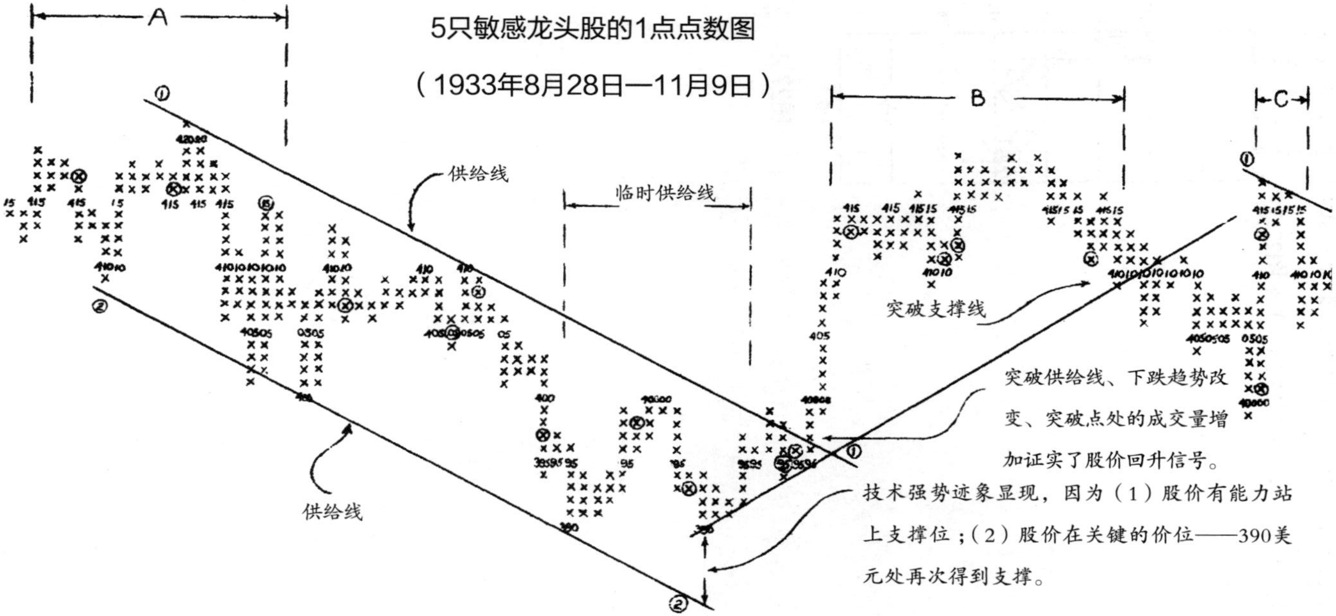

A——供给区。股市无力在7月高点之下的区域内吸收卖盘；无法实现放量上涨；在连续几个买入波中活跃度降低，这些都是股市趋弱的迹象。

B——供给区。股市无法在之前的关键供给价位吸收卖盘，这是卖空迹象。

C——快速上冲捕获空头。股价短暂回升至第三高点凸显了股市在派筹之后（A处和B处）的疲软态势。

图27.3（1）

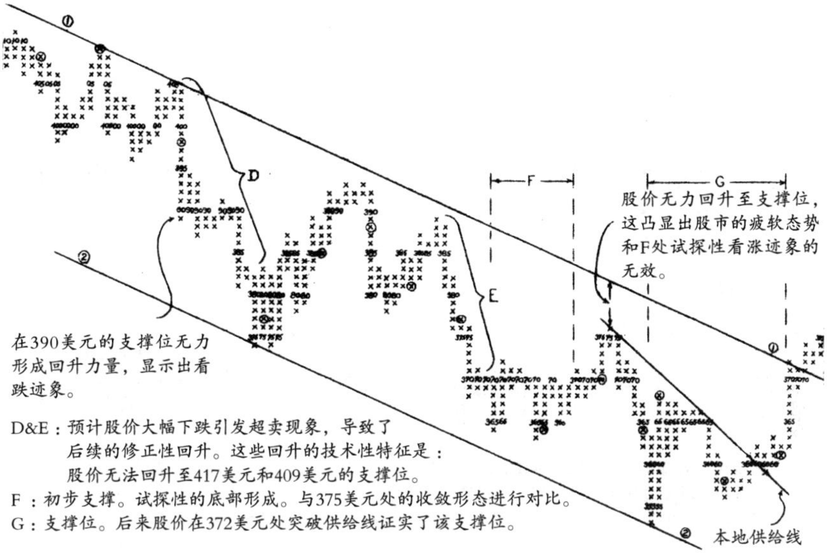
D
E
F
G
股价无力回升至支撑位，这凸显出股市的疲软态势和F处试探性看涨迹象的无效。
在390美元的支撑位无力形成回升力量，显示出看跌迹象。
D&E：预计股价大幅下跌引发超卖现象，导致了后续的修正性回升。这些回升的技术性特征是：股价无法回升至417美元和409美元的支撑位。
F：初步支撑。试探性的底部形成。与375美元处的收敛形态进行对比。
G：支撑位。后来股价在372美元处突破供给线证实了该支撑位。
本地供给线

图27.3（2）

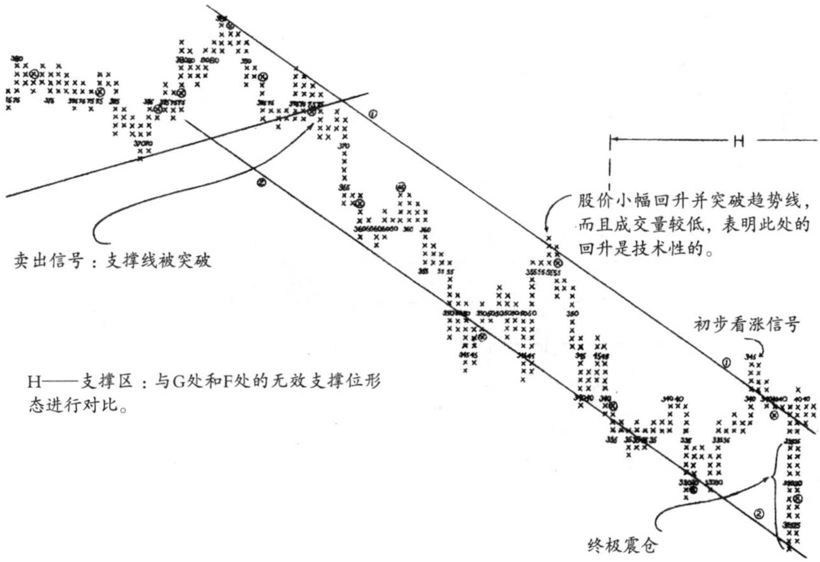
H
股价小幅回升并突破趋势线，而且成交量较低，表明此处的回升是技术性的。
卖出信号：支撑线被突破
初步看涨信号
H——支撑区：与G处和F处的无效支撑位形态进行对比。
终极震仓

图27.3（3）

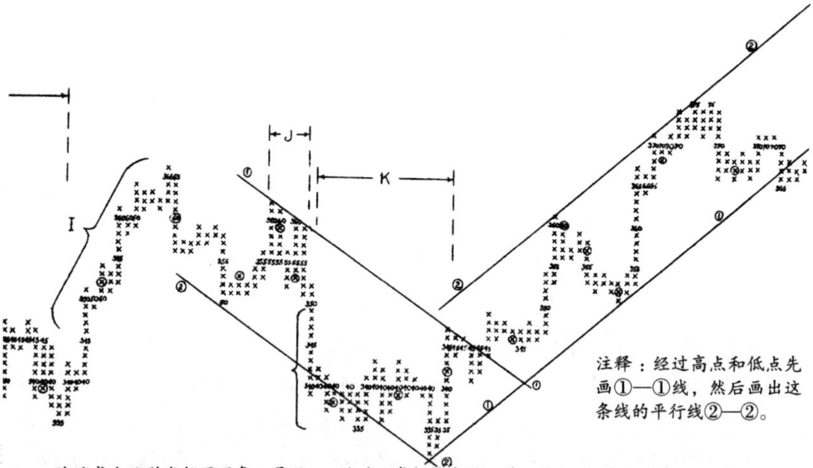

I——陡峭式上涨引发超买现象，导致50%的（正常）技术性回落，即从365美元回落至350美元。
J——正常回调后无力恢复上涨态势，这表明股市趋弱。
K——在之前的330—335美元底部之上出现了支撑位，这形成了看涨信号，而且底部范围扩大（见图2.5趋势线在该点处的变化）。

图27.3（4）

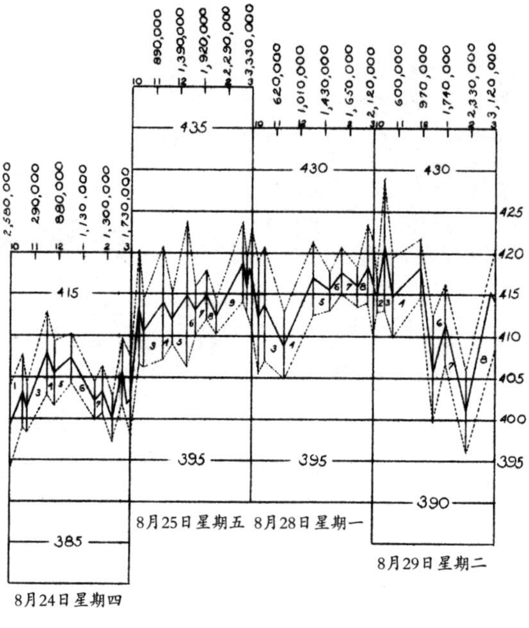

图27.4

派筹区：无力吸收卖盘，股市趋弱[与图27.3（1）中的A处比较]。

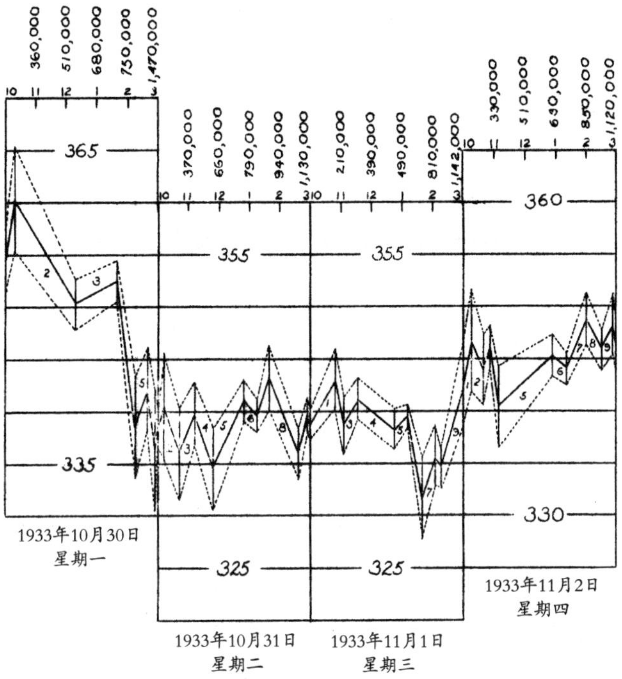

图27.5

支撑区：有能力吸收卖盘，股市趋强[与图27.3（4）中的K处对比]。

第二十八章 如何利用波浪图分析交易的股票

上述波浪图是根据5只活跃龙头股的价格波动情况绘制的，如果你想马上交易这5只股票，那么你可以参考上述波浪图，尤其是图中显示的转折点，但我们建议你一开始最好先交易一只股票。

观察这5只股票中哪一只的走势与波浪图最接近。你的5只龙头股中可能包含其他股票，通过观察和测试找到最适合你的股票。你可能需要考虑股票的种类，比如，你可能将奥本公司的股票纳入，它能够提供其他方面的启示，或者你可以纳入一只铁路板块的股票，比如联合太平洋公司，这样可以改变平均指数的成分股。

当你发现某一只股票最符合你的意图时，你要仔细研究它各方面的表现，观察对它的操盘特征。在研究期间为其绘制不同的图表，比如竖线图、连续线图（见图28.1），以及显示价位和成交量的综合图，我们将在之后的章节做介绍。这些图能帮助你了解股票的特殊行为，使交易对你更有利。

无论是为了学习还是实践，你都要在波浪图上标出股价的变化。在图表的右侧标注出这只股票的价格范围，在左侧标注出5只龙头股的价格范围。

现在结合波浪图所显示的即期趋势的变化研究你交易的这只股票的行为。

你会发现，当平均指数变化时，这只股票的趋势也在发生变化。如果这种关系继续保持的话，你会知道什么时候买卖它合适。但你也可能发现，这只股票的变化与指数的变化正好相反：当波浪图上的价格指数上涨时，你的股票可能开始下跌了。要根据实际情况进行交易。或者你可能观察到，你的股票比5只龙头股发生转折的时间早一些或晚一些，只要你了解股票的惯常走势，而且能以有利的方式进行交易，你就不必在意这一点。

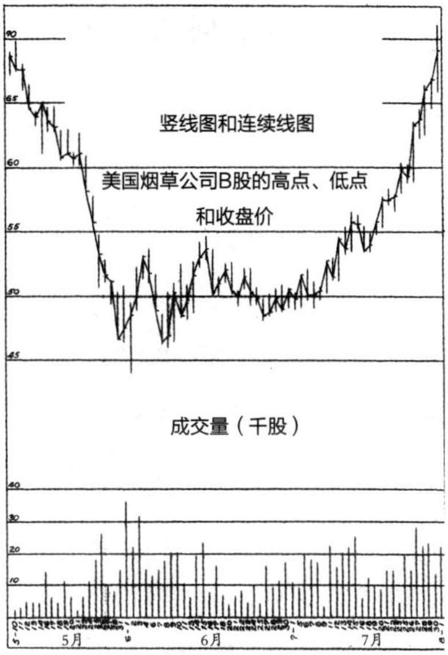

图28.1

在勤加练习和实践后，你的技能会大大提高，对股票交易会更加胸有成竹。分析波浪图时，你也不只限于运用供需法则，它就像展现股市剖面的一幅动态图。我设计这幅动态图的目的就是帮助你从交易中获利，请利用好你的机会吧！

第二十九章
交易区及如何从中盈利

观察股市一段时间后你就知道3—5个点的股价波动有多频繁了。对于大多数想大赚一笔的人而言，这样的事实令他们很灰心，因为市场只能给他们提供赚小钱的机会。但正所谓积少成多，小幅收益最终也能汇聚为丰厚的利润。我们看看如何从3—5个点的波动中获利。

用竖线图显示知名平均指数的走势，比如道琼斯、标准统计（Standard Statistics）、《纽约时报》《纽约先驱论坛报》指数，只要报纸上公布了这些指数即可。运用它们显示大盘位于交易区的时间或者大盘的涨跌。你不必在意这些指数往哪个方向变化或什么时候变化，你在意的是这些指数所代表的整个大盘的走势，这是各种潮流和涡流汇聚的结果。潮流是短期、中期和长期趋势，涡流是交易区间，就如同溪流中的旋涡和急流间的平静水域。

平均指数的竖线图也要显示当日的成交量，即当日的总销售量，这一点非常重要，因为成交量信息有助于你判断现行趋势。你的个股图也要显示当日的成交量数据，这样你可以观察股价上涨或下跌时成交量的增减。成交量增加是牛市或熊市进一步增强的迹象，成交量减少是在提醒你，股价走势可能发生逆转。我本应该详述这一点，实际上可以单写一本书，但这里就长话短说了，不要因为篇幅少就忽略其价值。

当平均指数在交易区内来回波动时，你通常会发现，个股也是这种情况，但也有例外。众所周知，股票的走势不一定都一样。当均值处于交易区时，其他股票可能出现小幅、中幅或者大幅的波动，但它们对平均指数的波动没什么影响。你的股票可能不是平均指数的成分股，无论是与否，记住你交易的是个股而不是平均指数。

交易区的上限和下限代表的是供给超过需求的价位（高点）和需求超过供给的价位（低点）。除非你所交易的股票的行为表明（以我们将要介绍的方式），它即将走出目前的交易区，否则你应该在这些短波段的底部附近买入，在顶部附近卖出。这似乎是很简单的道理，但鲜有人能做到，这是由于他们没有得到正确的指导，或者他们得到了正确的指导，但没有经过充分的研究和实践。我们将向你展示如何根据我们的盘口解读图做到这一点。据我们所知，这是为那些查看盘口、在办公室或者在证券交易所进行交易的人设计的。我们将在第五章介绍它。

交易股票时还要考虑股价在交易区的位置。如果股价在30—35美元区间波动，那么，当股价邻近30美元时，你应该更加关注股票的买入机会，当股价邻近35美元时，你应该更加关注股票的卖出机会。这并不意味着你一定要在这些价位附近买入或卖出股票，而是说你要观察波浪图和盘口解读图上显示的股票行为，从中发现获利的机会。你永远都不知道一只股票的价格何时会突破交易区的上限和下限，因此在你从波浪图或者盘口解读图中看出明显的迹象之前，绝不可贸然采取行动。

任何高点或低点都是小转折点，而小转折点有可能演变为重大的转折点。

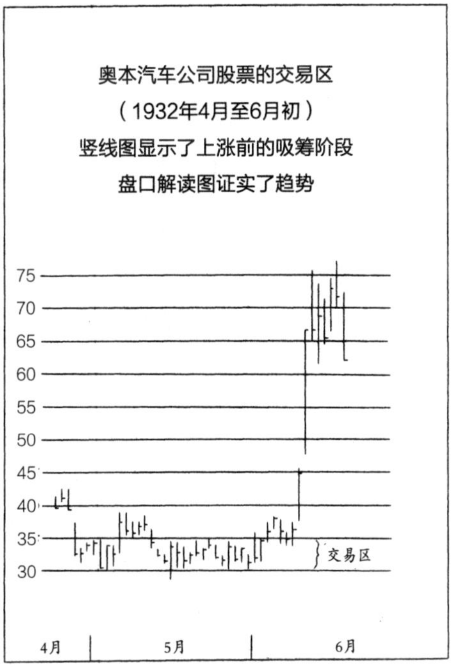

图29.1

第三十章
盘口解读图

自我第一次根据盘口数据预测股市走势已过去了25年。刚开始时，我需要做很多记录，但随着技能的逐渐提高，我慢慢地减少了做笔记和图表的次数，也简化了笔记和图表的内容。

学习解读盘口并锻炼自己的判断力和直觉是一回事，教授学员、把所有方面讲清楚、讲得接地气是另一回事。我认为，教他人学习盘口解读技巧时，最简单的方式就是利用盘口解读图，掌握这种图是学习盘口解读技巧最简单的途径。

这种图涉及三个重要的因素，把价格变化、成交量和时间这三个要素以特定的方式结合，交易员一眼就能看出某只股票的状况，它在股价回升或回落时的表现如何；每一次交易的成交量；上涨和下跌的幅度；回升和回落幅度与之前波动幅度的比例；供给线和需求线；止损点的最佳位置；确定何时调整止损点及调整幅度的途径等。这种图将盘口解读者需要的信息汇聚在了一张纸上。

可以用方格纸绘制盘口解读图，如果是长方形方格纸，可以在一张纸上绘制出两个波浪图：一个是5只龙头股的，一个是某只股票的，这样可以把整个大盘的走势与盘口解读图相结合。如果把个股的波浪图单独绘制在一张方格纸上，那么可将5只龙头股的波浪图绘制在透明纸上，只占半张纸的篇幅，这样便于把它放在个股图之上，观察个股相对于5只龙头股的表现。

现在我们分析盘口解读图的结构（见图30.1）。为理解方便，你可以把这张图从活页夹中取出，放到文本内容旁边。该图的左侧是价格范围，整数在一列，小数在另一列。图中记录的数字是每个价位上成交的总股数。价格变化时，将新价格点上的成交量标注在图中相应的位置。当价格跳跃却没有任何成交量时，在相应的位置标注零。现在要非常小心这个点，因为你绘制的图是否正确取决于你的起点是否正确，开始时很简单，但如果你搞不清楚这一点，那么你的盘口解读图就不会正确。股票以某一个特定的价格出售后，如果在相应的价格水平上有空白位置，无论价格高低，你都要在同一列中标记下一次销售的数量。若那个空间已经有数字了，你就要在右边邻近的空位置上标记数字。等你阅读了下面的详细解释后，你就明白是怎么回事了。

假设盘口解读图记录的是J.I.凯斯（J.I.Case）股票的走势，起始时间是上午10点，当时的股价是40美元，总的销售量是900股。这900股可能是好几笔交易的总量，只要这一价位上的销售继续，就应该继续将销售量加总，一直到价格发生变化时为止，也就是说，直到你确认在这一价位没有销售时为止。

下一波销售量是40.25美元的100股，在40.125美元上没有任何销售量，那么在图中相应的位置上标记0，在40.25美元销售量位置上标记1。现在第一列有三个数字，即40美元的9、40.125美元的0和40.25美元的1。

下一个销售价位是40.125美元，销售量是100股；接下来是40美元的200股。必须将这两个数字放到第二列，因为第一列的这两个价位上已经有数字；接下来是40.125美元100股，再接下来是40.375美元200股（40.25价位上的销售量为0）、40.5美元100股、40.625美元无销售量、40.75美元2100股、40.875美元0股、41美元200股、41.125美元无销量、41.25美元200股、41.375美元200股。所有这些数据都记录在第三列，因为股价直接上涨到了41.375美元，其间未回落过。

下一笔交易的成交量是100股，价格是41美元，因此必须在第四列41.25美元和41.125美元的相应位置标记0。接下来的销售量是41.125美元的100股。由于之前这一价位上已经标记了0，因此必须在下一列标记数字，而且当以41美元的价位成交股票时，也要在同一列下方标记数字。从上述解释中可知如何绘制这类图，实际上，这种图是综合了成交量和价格变化的0.125点点数图。我们接下来介绍如何在实际的交易和预测中运用这种图。

1932年1月19日，凯斯股票的开盘价是40美元，此时我们的立场是中立的。只要这只股票显示出某种倾向，无论是做多还是做空，我们都希望达成一笔交易。我们假定，开盘后波浪图显示出了看涨的迹象，但我们想等到股票自身释放出明确倾向的信号后再做决定。开盘后股价有所上涨，但这可能不是其真正的走势方向，因此我们继续观察股票的走势，直到其显示出有望波动一定幅度的迹象。由于要支付0.5个点的佣金和税费，因此若这只股票的变化幅度达不到3—5个点，我们最好不做交易。如果我们前一天已经交易了这只股票，那么我们可能对这只股票此刻的走势有了更全面的了解。但要从头开始，在进行交易之前，我们必须等待这只股票自己告诉我们，它将要做什么。

在学习如何解读这些图时，最好用一张纸遮盖住它们，查看时从左至右移动上面的纸，一次只露出一列数字，这样你就不大可能过早地做出判断了。在学习了各种形式的图表后再运用这种方法，在开始学习之前，不必特别在意图的一般形态。

开盘后40美元上的成交量为900股，盘口显示的交易明细为：40.25美元100股、40.125美元100股、40美元200股、40.125美元100股、40.375美元200股、40.5美元100股、40.75美元2100股，然后是41美元200股、41.25美元200股、41.375美元200股，股价自开盘后上涨了1.375个点。后股价回落至41美元时成交量为100股，这表示当天截至此时，41美元是1.375个点的交易区间的界限。我们想等到这只股票表现出突破这一交易区间的明确迹象时再做打算。这一区域内的交易不能给我们足够的回旋余地，而且我们还要支付0.5个点的税费。

接下来记录单上的交易明细依次为：41.125美元100股、41美元100股、41.125美元300股、41美元300股、41.125美元300股、41.25美元100股、41.125美元200股、41.25美元100股。交易区收窄为0.25个点，我们仍然不确定股价走势。接下来的交易记录是40.75美元1000股，这是股票趋弱的信号，因为在41.25—40.75美元没有销售量，这表明交易低迷。接下来的盘口记录是：40.625美元900股、40.5美元800股、40.375美元500股、

40.25美元300股。成交量总共为3500股，成交价都在40.75—40.25美元。其间虽然出现过强势迹象，但都是临时的支撑所致。图表必定会告诉我们内部人士打算用他们的股票做什么。他们支持股票是因为他们想以更高的价格卖出，还是他们想获得更多的筹码？他们以40.5美元的价位获得了900股，从而在这一价位附近获得了4400股的筹码，然后以40.625美元拿到了300股，以40.875美元拿到了300股，以41美元拿到了1000股。也就是说，在股价下跌至40.25美元和上涨至41美元的过程中，他们拿到了6000股。这看起来不像是为了吸筹而买入。如果他们确实想要吸收这只股票的筹码，他们不应该报高价，而是应该遏制价格上涨才对。因此，我们推断这些人的目的是卖出而非买入。我们形成了初步的看跌判断，并静观市场的下一步走势，看这一判断能否被证实。

接下来的交易记录为：41.125美元400股、41.25美元600股、41.5美元1400股。此时股价创下了当天的新高，庄家为了吸引外部买家入场人为制造了股价上涨的表象。为了把股价拉升1.25个点，市场需要吸收8400股。这并非上涨的预兆，而是下跌的预兆。除非这只股票继续上涨，而且成交量随股价的上涨而增加，否则我们将寻找做空的机会。

接下来的盘口交易数据为：41.375美元700股、41.5美元400股、41.375美元400股。股价上涨遭到了遏制。庄家或某些人在试图出货，因为记录单上显示了如下记录：41.25美元800股、41美元100股和40.875美元400股。股价从40.25美元上涨至41.5美元后出现了回落（幅度是之前涨幅的一半）。此次回落证实股价上涨遭遇阻力，交易区收窄为0.625个点，即在40.875—41.5美元。由于股票走出了这一区域，我们应该出手了，也就是说，我们应当在股价上涨时卖空它，以尽可能高的价格做空它，这样可以使我们的风险保持在最低水平。记住，我们现在的止损点在0.5—1个点处，而且止损单最好不要被执行。

之后股价出现了0.375个点的回升，在41.25美元的价位仅成交了100股。这看起来是庄家在拉升股价，或者是专营零股的经纪行为平衡而做出的买入举动。之后在41.125美元的价位成交了100股，在41美元的价位成交了600股。这只股票的压力很大。我们预计股价会出现一次便于卖出的回升。事实果然如此，接下来在40.75美元的价位上销售了700股，这一价位比之前的低点低0.125个点，然后是40.875美元100股、41美元200股、40.125美元100股——在股价回升过程中，成交量不断萎缩。此时我们挂出了卖出单，并以41美元成交。我们设置了1个点的止损点，即止损价为42美元（见图中的S点）。在这一价位又卖出了300股，总计卖出了400股，然后是40.875美元100股和40.75美元800股。

盘口解读图上出现了平缓的下降形态，这是几个较低的高点导致的。股价回升至41.25美元，成交量较少，这证实了之前做出的看跌推断。一些人以41美元的价格卖出了300股，之后又以40.875美元的价格卖出了100股。股价触及41.125美元之后出现了0.25个点的回升，回升幅度最小。然后出现了如下的交易：在41美元的价位成交了300股、40.75美元200股、40.625美元100股——这是自股价达到41.5美元后创下的新低。此时的需求量较少。之后股票报价突然上涨了0.625个点，以41.25美元成交了1300股。这看似人为拉升股价的结果，股价随后快速下跌至40.625美元证实了这一点。接着股价回升了0.125个点后达到40.75美元，然后又回落至40.625美元的低点，成交量为100股。股价再次回升至41美元（更低的高点），之后真正的下跌开始了。

股价达到40.5美元时，我们将止损点调低至41.5美元，这样我们承担的风险仅为0.5个点的管理费用。

此后股价出现了仅0.125个点的回升，在40.375美元的价位成交了100股。然后，股价创下了39.75美元的新低，之后回升了0.125个点，在39.875美元的价位成交了400股，接着又降至39.5美元的新低。注意，在股价下跌的过程中，成交量有所增加。以40美元以上的价位成交的股票很少，大多数股票是在40美元及以下成交的，加上以39.75美元成交的股票，总的成交量为4400股。但这还不足以吸收全部的供给，股价降至新低证明了这一点，在39.875美元的价位上，成交量为1100股。此时，我们将止损点调低至40.125美元。

股价继续下跌了0.75个点，在39美元的价位成交了2300股，然后下跌至38.625美元，接下来的交易记录依次为：38.75美元200股、38.875美元200股、38.75美元100股、38.625美元600股。接着股价回升了0.25个点后达到38.87美元。注意，此时的卖盘数量很少了，也就是说，这个价位附近的成交量很少了。当股价再次下跌至38.625美元时，我们将止损点调低至39美元，因为我们不想股价回升哪怕是0.125个点，即回升至38.875美元之上，这样我们就得不到收益了。此时已经临近下午3点钟了，我们不能在回家之前让收益不翼而飞。股价随后回升至38.875美元，成交量为100股，此后的交易记录显示为：38.75美元100股、38.875美元400股、39美元500股。我们的止损点被触发，我们得到了当天的收益。

我们最初承担的风险是1个点，算上管理费用的话是1.5个点，之后我们将风险降低至0.5个点，最后降低为零——净价交易（指的是卖出价格），然后将止损点调整至40.125美元，这能确保我们获得0.875个点的毛收益，然后调整至39美元，这个价位与当日的最低价仅差0.375个点，我们以这个价格了结头寸离场，当天获得了1.5个点的利润。

临近收盘时股价回升，此时待售的股票已经很少了，但我们并没有从中得到对第二天的交易有帮助的启示，事实上，当天离场时我们不会考虑这些迹象，我们更愿意在第二天早晨股市开盘时对其持客观公正的立场。

其他图及其解释见附录的图表研究，以后我们还会增加对其他股票的分析。第一部分也包括许多有关图表分析的详细介绍。

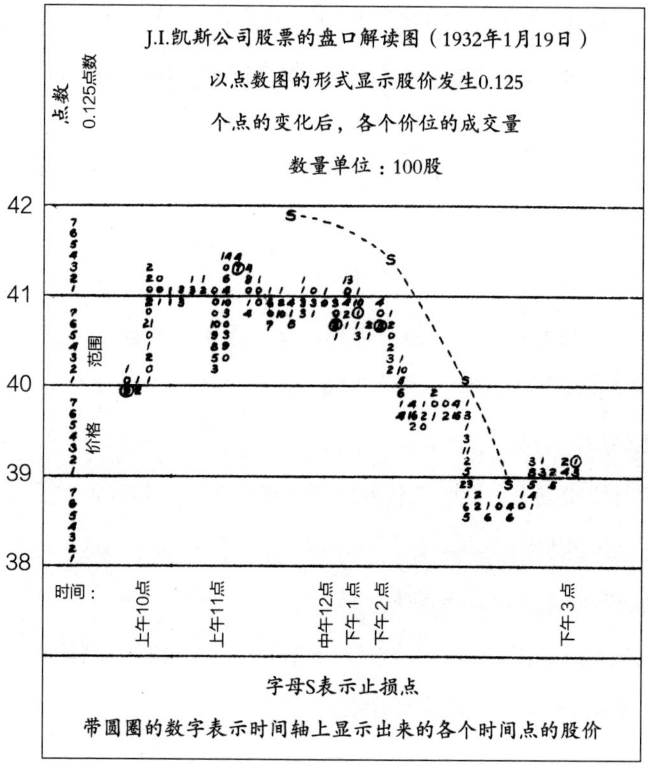

J.I.凯斯公司股票的盘口解读图（1932年1月19日）
以点数图的形式显示股价发生0.125
个点的变化后，各个价位的成交量
数量单位：100股
点数
0.125点数
范围
价格
42
41
40
39
38
时间：
上午10点
上午11点
中午12点
下午1点
下午2点
下午3点
字母S表示止损点
带圆圈的数字表示时间轴上显示出来的各个时间点的股价

图30.1

第三十一章
把握买卖时机

我们在解释盘口解读图时已列举了很多设置止损点的例子，但还有一些地方需要我们做出更详细的解释，其中之一就是：我们必须学会预测股价一天之内的高点和低点，根据盘口解读图分析各种因素，最终得出一个确定的结论。如果我们确信这一结论是合理的，那么我们就做出相应的交易。由此可知，这涉及两个重要的步骤：做出诊断和按诊断结果采取行动。

市场会不断地给出与其技术位置有关的信息。通过波浪图这一提供背景信息的工具，你能够预测即期趋势。如果你能将拟交易的个股的波浪图与5只龙头股的波浪图绘制在同一张纸上，那么你会从中得到更多的信息。除此之外，如果你能把这只股票的盘口解读图也绘制在同一张纸上，那么你得到的信息会更丰富。有了这三幅图，再加上盘口记录，你的装备就相当齐全了。

你也就没有理由从事追涨杀跌的交易了，这样的交易只会让你亏损，不会给你带来盈利的机会。如果你在股票疲软时卖出，并且设置了止损点，那么你的止损单被执行的概率会增加。

但是，如果你得出了看跌的结论并且在等待股价上涨和持仓的机会，那么你就有可能盈利。必须考虑所有的技巧，想方设法提高你的胜算。

一个最重要的方法是在股价被压低时买入，也就是说，在卖出波结束前一分钟买入，此时卖盘压力仍在，而不是在看到股价犹豫时买入，是要在犹豫前一分钟买入，因为你的订单被执行需要花一分钟时间（如果需要的时间超过了一分钟，这说明你的经纪人动作缓慢或者他手头的业务太多，无法及时执行你的指令）。

在股价被拉升时卖出同样重要。某只股票大多数的上涨都是由庄家、主力、操盘手和场内交易员引诱外部人士买入导致的。当你能识破他们的伎俩时，你就能让他们为你工作而不是被他们“割韭菜”。

利用散户追涨杀跌的习惯，反其道而行之。早离场要比逗留过久好，散户们通常都会逗留过久。

观察波浪图，从中寻找线索。如果你想买入，而且5只龙头股显示当前为上涨态势，那么你要等待卖出波来临时再行动。回顾之前的下跌波持续的时间，并根据盘口信息判断当前下跌波的幅度。观察你正交易的个股的波浪图，也观察盘口解读图中显示的成交量、相对强弱和解释其他图表时提及的技术要点。学会综合分析各种指标，从中得出一个可靠的结论，并规划好发出指令的时间，就好像你为了打中高尔夫球而谋划好击球的时间一样。

观察预示着买卖波结束的停顿点，这些停顿点预示着导致买卖波产生的力量已经枯竭。有时候，即使在相当活跃的市场，股票行情收报机都会很平静，就像一个段落行将结束，新的段落即将开始一样。

当一只股票犹豫时，说明它已经丧失了沿着原来的方向前进的势头。你应当快速地决定是否需要买入或卖出并设置相应的止损点，任何停顿点都可能是股价走势的转折点。如果你学习了第一部分的内容，并且知道了如何判断一只股票变化的幅度，你就会很清楚这一点，你也很容易区分停顿点和可能的转折点。停顿点比转折点多。犹豫期通常是即期趋势发生逆转的迹象，它们通常也标志着新交易区间开始形成。

每一次变化都始于上一次变化的结束。如果有迹象表明，即将到来的变化很重要，那么要利用好这一变化。如果没有迹象表明它很重要，那就不必在意它。

变化无时无刻不在发生，要始终保持警惕，危险的信号一出现，就要马上关闭你的交易（见盘口解读图中的展示）。

即使你设置的止损点与市场价很接近，当你确实想关闭交易时，也要尽力在高点卖出、在低点买入。

当上涨或下跌的力量耗尽时，从盘口解读图上就会看出，股价上冲或下探的时间缩短。

除了某些特殊的情况，比如你通过金字塔式操作法进行交易或者你已经获得了丰厚的账面收益，永远不要急切地触碰一只股票。即使是这些情况，你也有机会在股价突破上限后回落时买入，或者在股价突破下限后回升时卖出。

第三十二章
判断强弱

我们并不认同作用力与反作用力在股市中具有相同的作用这一理论，因为我们很少发现这一理论有效，即使该理论在股市中有效，我们也不清楚如何利用它牟利。但是，通过观察股价回升和回落的幅度，我们能够判断出股票是处于强势还是弱势。

当一只股票在上涨了2个点后回落了1个点时，我们称之为正常的回落，但是，如果回落的幅度小于1个点，那么这是股票趋强的迹象，如果回落幅度大于1个点，这是股票趋弱的迹象。

因此我们可将一半的回升或回落幅度视为衡量股票强弱的标准。我们之前在解释盘口解读图时列举的很多例子都证明了这一点。

也可能出现一些极端的例子，比如股价沿着某一方向前进了三个点，最后出现了三个点甚至更多点的反向变化。一只股票之所以上涨是因为买方力量强于卖方力量，但是，当买方力量无法支撑股价上涨，股价马上逆转，且跌幅等于甚至大于之前的涨幅时，这就说明，有人利用了之前的股价上涨出货，而且他们的出货量大于买方愿意接受的量。

股价下跌3个点后回升了3个点也是同样的道理，这是股票走强的迹象，因为同等幅度的反弹表明，股票处于强势，这是看涨的信号，因为此时卖方力量已经耗尽，被买方力量所压制，而买方在股价恢复的那一刻，已经处于相对强势的位置。[1]

他们已经在股价下跌时将所有待售的股票收入了囊中，为股价上涨扫除了障碍，因此浮动供给减少，卖盘价格高到了他们不愿意入手的程度，这为股价的进一步上涨打开了大门。

研究和琢磨这些技术性价位，考虑大盘的一切信息，思考它们是支撑股价上涨的证据还是打压股价的证据。持续对比买卖双方的力量强弱，充分运用你的判断和推理能力，通过不断的学习和实践提高你的判断力，使你的判断由普通到优秀，由优秀到卓越。

当你的判断能力达到卓越时，记住，通过锻炼你的直觉，还能使自己的判断力更上一层楼。经过一段时间的实践后，你会对市场规律了如指掌，不需要刻意地进行推理，你就能找准最佳的交易时点。你可以学着按直觉行事，之后为了确认你的直觉是否正确，可以再回过头进行推理。

1◢ 一只好股票出现价格下跌，不需要后悔，后悔的是投资者在下跌后低价卖出，而不是追加买入。很多时候，股价下跌正是买入价低质优股票的时机

——彼得·林奇

第三十三章
管理好风险

可通过控制、降低和消除风险的方式确保收益。这意味着：（1）每次交易后必须马上挂止损单；（2）在不影响交易周期的情况下，根据市场条件调整止损点以降低风险；（3）进一步调整止损点以保障买卖成本；（4）无论何时，只要有机会确保部分或大部分利润，就必须进一步调整止损点。这四个步骤对日内交易至关重要，除非你能客观、持续、坚定地贯彻执行（没有贪欲或恐惧），否则你交易成功的概率将大大降低。

你可能希望股价在一个或者两三个交易日内波动3—5个点，根据你的意图，你可以在离成交价0.5—1个点的位置设置止损点，这样做可以将风险控制在较低的水平，但是如果你没有按之前介绍的方法设置止损点，你承受的风险可能大大增加。

0.5个点用来防止风险，0.5个点用来支付佣金和其他费用，如果你能在第三次交易中获得3个点的利润，那么你在3次交易中可以出两次错。在前两次交易中，每一次交易都让你损失了1个点，两次交易总共损失了2个点，但在第三次交易中，除去0.5个点的费用外，你赚了2.5个点，因此你这3次交易的净利润是0.5个点。

从理论上来讲，想要获得5个点的收益，你就要承担1个点的风险，如果你错了两次，每次损失1个点，那么你可能损失2个点。如果你第三次交易的利润是5个点，那么你必须减去前两次的损失（2个点）和3次交易的费用（1.5个点），用5个点减去3.5个点，你3次交易的净利润是1.5个点，每次交易的平均净利润是0.5个点。

我们并没有声称你可以做这样的扣减，但我们想强调的是，在核算时你必须考虑到损失和费用，要计算出你的净利润。从事积极的交易要考虑买入权和卖出权，要让交易向有利于你的方向发展，直到你发现，股价已经变到了合理的幅度为止。因此，有些时候，你对交易利润的最初预期是一两个点，但最终的利润可能高达好几个点，这能够拉升你当周或当月的平均利润率。

同时，你从一开始就严控风险，因此风险永不会增加，反而经常下降。许多时候，由于你调整了止损点，你的利润增加了，这是你对成功的期许所致。你做交易是为了获得更大的利润而不是为了损失。因此，要确保一定比例的收益。

记住，我们要以这种方法消除所有的猜测，杜绝在诀窍、贪欲、预感、传闻、新闻、消息、统计数据的基础上进行交易，我们要以股市分析技巧为基础进行交易，而这些技巧植根于供需法则。供需法则是形成可靠分析方法的唯一根本法则。

第三十四章
交易活跃股

决定交易哪只股票时，其实市场本身就会告诉你机会在哪里。

你观察着盘口数据，之前没有做过任何交易。一张绘有5只龙头股的波浪图的纸摆在你面前。盘口信息从你眼前滑过，你在等那只令你心动的股票出现。

突然你发现，有一只股票波动比较频繁。当它的走势与5只龙头股的走势一致时，无论是做多还是做空，你会马上进行交易，而且你会在离成交价0.5个点、0.75个点或1个点的位置处设置止损点。然后你继续观察盘口数据并绘制出了这只股票自开盘或自某个重要的时点以来的盘口解读图。当高点和低点出现在盘口时，你可以在盘口解读图的左边标注出这些数据，这便于了解当天的价格范围，然后你又绘制出了这只股票的竖线图，你根据该图研判这只股票目前的技术位置，看它是处于狭窄的交易区，还是突破了交易区的上限或下限，达到了新的水平。

你之所以进行交易，是因为你发现这只股票之前一直在非常狭窄的区间内波动，而且成交量很少，但现在它变活跃了。活跃度增强意味着有人正忙着交易它，而且你推断，这样的人知道可能影响这只股票供求的信息或者这只股票的技术位置，使其认为其股价可能变化到一个能让他从中盈利的水平。因此，你交易了这只股票，并与能决定其走势的人一道前行。此后你就可以让他们为你工作了，也就是说，你已经登上了一列特殊的火车，但车费是其他人支付的。

你的盘口解读图会告诉你所有的细节信息。可根据操盘手的所为和所不为做出判断，他的欲擒故纵伎俩对你有借鉴作用。比如操盘手本来打算压低价格，但为了吸引买家，他的报价会比当前价格高一两个点，之后在股价上涨的过程中或者在股价刚达到顶点时，他会将大量股票抛售。若他的意图是拉升股价，他首先会压低价格，以便捕获低价位的止损单，并以低价获得尽可能多的筹码。因此，为了防止股价突然发生逆转并引起巨大的损失，你必须特别注意止损单的设置和调整。

然而，如果操盘手确实想拉升这只股票的价格，而且没有改变最初的做法，那么，只要你的止损点与股票的价格不是特别接近，不会在股价小幅回落时被执行，你的止损单就是安全的。要将你的止损点设置在合理的位置，如果是多头交易，应该将止损点设置在股价前一次下跌的底部价位以下；若是空头交易，应将止损点设置在股价上一次回升的顶点之上，直到临近关闭交易时。

观察你的盘口解读图和5只龙头股的趋势图，确定当日不会出现转折点。比如，如果你持有多头仓位，而且波浪图显示股价即将回落，那么谨慎的做法是卖出股票离场，当波浪图显示龙头股的下跌力量已经耗尽、复苏即将到来时，你可以再次买入。

你这么做的原因是，操盘手在看到股市即将大跌的迹象前不会持续买入，相反，他会做我刚才告诉你的事情，也就是说，当他看到股市开始趋弱时，他会短暂地拉升股票价格，然后尽可能卖出所有股票，当股价跌至低点时，他会再次买入。你紧跟他的步伐即可，当你的盘口解读图显示他正在买回股票时，你也要这么做。

这些交易观点都是熟悉股市游戏规则的专业场内交易员、庄家和其他重要的操盘手在多年实践经验基础上总结得来的。如果想赚钱，你就绝不能像散户那样操作，绝不能在买入后坐等馅饼从天上掉下来，你必须像技术高超的专业人士一样操作，在适当的时候买入和卖出。

增强判断能力是你始终不渝的追求，只有这样你才能保持头脑清醒，才能秉持客观公正的立场，才能做出坚定而不失灵活的决策。不要因偏见作祟而看跌或看涨，否则，如同一艘离岸太近的轮船，当潮水涌来时，你就会搁浅。

根据活跃度寻找交易机会的一个好方法是，准备大量标注出成交量的竖线图。这并不意味着你或你的助手每天都得绘制大量的这类图，你可以从图表服务机构（Graphic Chart Service）订阅，订阅价格低廉，还每日进行更新。

如果你有助手，你可以让你的助手记录下每分钟盘口显示的信息，这样，当某只股票开始变得活跃时，你马上就能确认其技术位置。

第三十五章
通过测试和反应判断市场

股票价格操纵者为了了解多头和空头的反应，会不断地测试市场。他们想知道，他们是能在工业、铁路板块吸引散户跟进，还是在公用事业或其他板块吸引散户跟进。

想象一下，如果整个市场被我们所称的“综合操盘手”（Composite Operator）所控制，而且股价的每一次变化都是其操盘的结果或者是受其影响的人导致的结果，整个股市会是什么样子？假设这位操盘手持有大多数龙头股，为了使自己获利，他会在任何可能的时候拉升股价。他就像一位将军，会一马当先地冲入敌人的阵地。他的盟军就是所有的多头，他的敌人就是所有的空头。他的目标是击溃空头，无论何时他拉升股价都是为了实现这一目标。

现在假设，股市开盘时，这位操盘手想知道公众的情绪是看涨还是看跌。首先他将联合太平洋公司的股价拉升了一两个点，以此测试铁路板块的反应。通过观察这一板块其他股票的价格变化，他能实现自己的目的。如果其他股票的价格没有跟涨，另一只龙头股只实现了微涨，而且没有人从操盘手的动作中得到提示并拉升铁路板块的股价，那么操盘手就会确定，暂时不宜在这一板块进行更多的操作。

接下来他会以同样的方法测试钢材、电话或罐头板块。罐头板块吸引了一些跟进者，电话板块跟进的较少，钢材板块没什么反应。然后他又试了试公用事业板块，得到了一些看涨反应。

经过这一系列的测试后，他发现，目前最好的选择是推动罐头板块上涨。他摸清楚了其他可能对罐头板块领涨股做出反应的股票，以便从中得到帮助或者至少得到一些支撑。综合估计了反应结果后，他针对那些反应最佳的股票（最有可能对其他股票产生影响的股票）进行操作。

他选择了阻力最小的板块进行操作，避开了铁路板块，因为在这一板块里，他只能唱独角戏。他也不想持有大量的股票，其他人可能这么做。他的标的是价格最容易被拉升的股票，也就是说，能以较少的买入量拉升股价的股票。在他完成测试操作，股价小幅上涨后不久，大量的场内交易员和散户就跟进了。这样，成交量会增加，股价涨幅会扩大，上涨态势形成。

操盘手会尽全力助长涨势。如果他看到某些股票或板块落后了，他会让一名经纪人混入人群中提高报价。当市场表现出疲软态势时，他就会给予支撑。就像一位优秀的将军，他总是会守住防线，以免被敌人攻破，而且会尽力把防线往前推（高点）。

假设市场已经连续上涨了几天，在经过一系列的测试后，操盘手发现买方力量暂时变得有些枯竭，也就是说，大多数能被影响的人都已经买入进场了，他们不可能再花同样多的钱买入了，而且其他买家也很少了。总之，一句话，需求缩减了。

现在他打算出货了，他在股价高点附近以及股价下跌的过程中尽其所能地卖出了他持有的股票。如果平均指数之前上涨了10个点，那么在指数回落6个点之前，他可以一直卖出。他也可能回购卖出的股票，但不会抬高股价买入，而是以市价买入。此时市场上的供给量为1000股，他可能买入600股或700股，给市场留下300股。他再次吸筹的举动不明显，尽管他在股价回落时买入了，但市场上的供给量仍然很大。

当股价回落至之前涨幅的一半左右时，他吸收了市场上大多数的供给。现在卖方力量逐渐减弱，事实上，操盘手有能力买入他想要的全部筹码，因此他压低了几只股票的价格以完成他的吸筹过程，压低股价也是他的测试举措。这几只股票处于弱势，但由于他提高了买入限价，其他股票的价格略有上涨，而平均指数几乎没什么变化。

看跌几只弱势股票的人认为，市场会进一步走低，因此他们做出了卖空的决定，这有利于操盘手吸收更多的筹码，他将这些人的股票收入了囊中。

随着股价止跌，待售的股票减少，市场进入了“售罄”（sold out）的技术位置。所有在股价回落过程中出现的卖盘均被吸收了，因此，平均指数的上涨几乎不存在压力了。而在此过程中，为了不拉升股价，操盘手的加仓行为很谨慎。

平均指数恢复了3个点之后，操盘手替换了所有的股票并开始快速全面地拉升股价，股价因此上涨至之前的高点。之前有很多人以这一价位买入股票，在股价回落时没有卖出，此时他们卖出可以解套或者获得少量利润。这导致股票交易活跃度大大提高，股价在高点附近窄幅波动，以至于有观察家认为，此时出现了双顶，持股人应当卖空。但操盘手发现，买空加卖空不足以阻止股价的上涨，市场上出现了一股蛰伏的购买力量促进股价上涨。为了鼓励这股外部购买力量进入，他对某些股票报出了更高的价格。

强势蔓延到了其他股票，而且大盘在突破之前的高点后仍在上涨，发现自己判断有误的空头开始回补，他们的很多止损单被执行，之前就买入了股票的多头再次加仓。看涨面更宽，涨幅更大，也就是说，市场上有了更多的买家，也有了更多被交易的股票，而且操盘手持有的所有股票的成交量都增加了。

操盘手继续拉升操作，此时股市各个阶段的特征大体相似，只是细节有所差异，这样的局面一直维持到上涨波持续了很长时间，上涨态势扩展到很多股票、许多买家入场时为止，到了这个时候，操盘手不仅能够卖出他持有的全部股票，而且由于他的供给量超过了市场上的需求量，他还惹怒了一众空头。他一直出售股票，直到高价位上的需求均得到了满足。现在市场上的股票已经饱和，没有任何购买力量了，要让市场消化这些股票，就必须将股价拉升到新的水平。

操盘手看到这种情形后，知道收获的时候到了。他将几只龙头高价股拉升到了新水平，散户们都认为，指数创下了新高，他们应该加仓。

同时，由于操盘手卖出了如此多的其他股票，以至于这些股票的价格都处于下跌态势。操盘手继续出货，不仅如此，他还做空了这些股票，加大了股票的供给，股价的回落导致散户们心生怀疑，进而产生了恐惧心理。他们害怕市场走低，但同时又希望股价回升以便他们出货。[1] 散户们的这种情感冲突导致他们无所事事，贻误了时机。

市场继续走低，仅有极少数买家买入股票，股价大幅下跌，供给大大超过了需求。操盘手需要做的只是静待空头持仓的丰厚利润到手，而在此之前他已经靠多头持仓大赚了一笔。手握巨额的利润，操盘手可以在股价下跌至底部时买入巨量的股票，而买入价格远低于他卖出的价格。

通过我的上述解释，想必你已经了解了股市背后发生的一切。虽然这位操盘手是虚构的人物，但从盘口信息来看，银行家、庄家、大型操盘机构、场内交易员和散户合力操作的效果与一个人的操作效果是一样的。从这个角度观察市场很重要，而且在进行交易时，不仅要根据市场的特征，还要根据供需法则进行操作，无论何时，供需的变化是一切股价变化的根源。

这一法则将永远发挥作用，考虑问题时不可脱离它，买入或卖出是真实的还是人为的（被操纵的）并不重要。

利用能显示供给和需求力量相对强弱的波浪图与能体现供需规律的盘口解读图，结合盘口信息，我们能使这一规律为我们所用。如果你能遵照本部分教授的方法，运用这些工具不断地进行研究和实践，假以时日，你的交易效率必定大大提高。

市场也在不断经受着各类新闻和事件的测试，它们会影响个股、板块，甚至金融或商业形势。[2] 通常情况下，任何股票或市场的强弱都可通过它们来判定。例如，1932年6月，联合化学和美国罐头公司决定不派发股息的谣言四起，两只股票面临的压力非常大。

[1] 投资者有一种心理倾向，即觉得股价走势已经变得这么糟糕了，那么将来不可能变得更糟糕了。

——彼得·林奇

[2] 投资之门会像天气变化情况一样紧紧地追踪金融市场的变化，无论是上升、下降、低潮，还是震荡，都来预测未来市场行情会如何变化

——彼得·林奇

在派发股息的消息公布前约一个小时，联合化学的股价创下了43.625美元的新低，而且，当正常派发股息的消息宣布后，其股价也只回升到了47美元，在很短的时间内就导致了巨额损失，这堪称是对市场情绪的一次测试，而测试的结果是看跌。看涨信息只对这只股票产生了短暂的影响，对其他股票几乎没有产生影响。盘口解读者从中得到的启示是，要么卖出这只股票，要么卖出它强势时其他反应比较弱的股票。

关于这些测试，我们再多说两句。无论做出测试的是谁，也就是说，不管是综合人（composite man）、庄家、大型操盘机构还是资深的场内交易员，测试的结果会马上显示在盘口。坐在收报机前的你能马上观察到测试是引起了看涨的反应还是看跌的反应，然后你就可以根据测试结果采取行动。因此，永远不要忘了观察盘口的细节信息，否则，你永远都不知道测试的结果及其重要性。我从大多数人忽略的盘口信息中获得了很多利润，如果你能重视这些信息，你就能像我一样获得丰厚的收益。

第三十六章
可积极交易的最佳股票

这类股票主要满足两个条件：（1）日波动幅度大；（2）封闭的市场——这一点能保证交易者以临近上一次销售的价格进入或退出。第三个重要的条件是，股票交易量比较大，这是活跃度的保证，能保证有大量的投资者和交易员参与股票交易，从而有助于维持封闭的市场。

日波动幅度较大是一个至关重要的条件，如果这一条件得不到满足，扣除管理费用后获得利润的概率就很小，买卖股票的概率就很小。日均波动幅度仅有1个点的股票不是我们的交易对象，因为要实现0.5个点的净利润，我们就不得不在最低的0.125点买入，在最高的0.875点处卖出，还得扣除0.5个点的佣金等。因此，应该避免交易这类股票。波动幅度比较大时，股票作为交易媒介的吸引力会增大。

股票的封闭市场主要靠其活跃度来支撑，因为活跃度高能够吸引大量的场内外交易者进入并展开博弈。场内交易员比其他人更早获知股票的买价与卖价，因此可利用股价的微小变化获利，所有这一切都确保了市价非常接近上次的销售价。这里的市价指当时的买价和卖价，上次的销售价不是当时的市价，是历史上的市价。

全国大多数主要日报均会在周一刊登前一周的完整交易清单，从这些清单中能马上看出哪只股票的波动区间最大、成交量最大，它们就是前一周的佼佼者。你可以把这些清单保存下来，并用黑色或彩色的铅笔圈出5只或10只龙头股。

表36.1显示了5只交易活跃的龙头股在1932年4个月内的日波动区间（最高价和最低价之差）。

表36.1 5只龙头股的日波动区间（1932年3—6月）

	美国电话	联合化学	美国罐头	联合燃气	美国钢铁
3月	3	2.625	2	1.75	1.75
4月	2.75	3	2.375	2	
5月	2.25	2.375	1.875	1.875	1.375
6月	2.875	2.625	2.125	2.125	1.625
平均	2.75	2.625	2.125	1.875	1.5

有时候，日波动幅度有可能高达4—7个点，如果交易者判断正确，他们在这些交易日的获利就更多。注意，上述平均值对未来并无启示作用，只是为了进行对比。

在此期间的很多天里，交易最为活跃的美国电话股票的波动区间收窄为1个多点，其他股票也是如此。有时候一些股票的最高价和最低价之差不足一个点，但平均来看，这5只龙头股的交易是活跃的，足以使交易者在一天之内多次进入和退出，获得高于管理费用的利润。

5只龙头股中不包括奥本公司，因为它自成一组。有时候它是相当封闭的市场，特别是在重大的变化发生之前的准备阶段或者在修整阶段，但是交易者永远不清楚下一次销售价与上一次销售价是相差0.5个点、1个点、2个点、3个点还是5个点。如果你了解这只股票的特性并能根据其特性进行交易，那么交易它的风险并不比交易其他股票的风险大，只是需要你采用不同于其他龙头股的交易策略而已。

不是每个人都有能力驾驭它，我们建议，除非完成了充分的模拟交易，否则不要轻易触碰它。我们会逐渐习惯这只股票无规律的变化，这是因小资本额和极为有限的浮动供给导致的。经常操纵它"抽市场鞭子"的人会让那些想从其回旋周期中获利的人错愕不已。

从表36.2可知，有66%未中断的波动幅度仅为1个或2个点，幅度达到3个点、4个点和5个点的波动仅占28%，事实上，这是非常合理的比例，接近三分之一。算上奥本公司后，这一比例增大了，如果不算该公司的数据，这一比例为27%。近三分之一的波动提供了有利可图的交易机会，即使不一定能在一个交易日内获利。换句话说，3—5个点的波动幅度是值得交易的。交易者持仓后，如果他估计股价的变化幅度比预想的大，他只有通过调整止损点来确保利润。

表36.2 股价波动1—10个点且反弹不超过1个点的次数

（1932年5—6月的约8周内）

股票名称	1	2	3	4	5	6	7	8	9	10	总波动点数
奥本	19	111	72	43	25	14	11	8	6	4	463
联合化学	66	42	29	12	3	1	1	—	—	—	154
美国罐头	59	25	14	9	4	—	—	—	—	—	111
美国电话	58	36	22	12	5	5	3	2	—	—	143
联合燃气	47	26	14	9	5	3	1	—	—	—	105
美国钢铁	25	23	8	6	1	1	—	—	—	—	54
总计	424	253	159	91	43	24	16	10	6	4	1030
各波幅占比	41	25	15	9	4	2.4	1.6	1	0.6	0.4	100%

除了奥本外，5只龙头股的价格在变化了5个或6个点后大多中断了，可能是出现了1个或2个点的反弹。如果把中断的波动也列在表格里，那将是另一幅有趣的画面。

在那些喜欢股价快速变化的人看来，现在（1932年6月）的奥本是有吸引力的。也就是说，如果他们的交易技能娴熟，而且当止损价在偏离成交价1—5个点的位置处被执行时，他们无所畏惧，那么奥本对他们就非常有吸引力。从表36.2可以看出，奥本在1—10个点的区间内波动的次数是美国钢铁的10倍，是美国罐头和联合燃气的4.5倍，是美国电话和联合化学的3倍。其波幅是不可预测的，因为5月和6月正是这只股票波幅显著增大的时期。

第三十七章
止损单和其他要点

利用止损单：止损单应当被视为防范巨大损失的保险，完成交易后应马上挂出止损单。

怎么强调止损单的重要性都不为过，因为要运用积极交易法，对风险和损失的控制比任何其他因素都重要。

止损单可以：(1) 挂在场内；(2) 留给订单处理员；或者 (3) 自己持有。

场内挂止损单意味着，当一笔交易以你设定的止损价成交时，你的止损单马上会被执行，止损单就变成了市价单 (market order)。

当你把止损单交给了经纪人办公室的订单处理员时，这意味着你指示他，一旦他看到股票收报机显示，一笔交易以你设定的止损价成交了，他就会以市价执行你的止损单。这类止损单的执行稍慢一些，但有时候会令你更满意。试试看吧!

当你把止损单留在自己手里时，这样的止损单被称为心理止损单，也就是说，当你看到收报机上显示出某一成交价格时，你就会给订单处理员发出执行止损单的指令。在此情况下，你必须毫不延迟地去执行你的决策，否则你可能会犹豫过久或者你可能将你的心理止损价位调整到远离成交价的位置，这就犯了此类交易的大忌，因为止损的目的是控制和降低风险，若你犯了这类错误，你就无法控制风险，反而会增加风险。

危险信号一出现，你的止损单就应马上被执行，这样你就可以抽身离场，等危险过去后，你还可以再次进场。

设置止损点时要为正常的股价回升和回落留下空间，也为获得更多的利润留下空间，但是如果股价回升或回落的幅度大于正常的幅度，你应该调整你的预测和行为。

不设置止损点时，不要持仓过夜。第二天早晨你可能被其他事务缠身或者生病了，而且股市发生逆转可能导致你损失几个点。

自动止损指的是，你指示经纪人把止损点从记录的最高价或最低价自动移动一定范围的点数。

以书面形式指示你的经纪人并请他确认，你所有的止损指令均被视为“取消前一直有效”的指令。

任何情况下，保持安全是第一要务，不要心存侥幸不设置止损点，要尽可能地降低风险。

★★★

判断你的效率。做出一系列交易，交易的股票数量要相同，目的是从中获利。做出交易时，我们都不知道最终结果会如何，我们只能运用我们的判断力且不断提高它，这样才能不断提高我们的净利润率。

衡量交易结果好坏的标准是，每100美元的利润加损失额中，利润的占比是多少。意思是，假如你完成了两笔交易，一笔的净损失是25美元，另一笔的净利润是75美元，那么你的利润率就是75%。利润与损失相加得100美元，其中有三分之二是利润。通过这种方法你可以判断你的进步有多大。无论何时，当你发现利润占比降低时，要回过头去进行模拟交易，并分析你损失的原因，直到你的判断力增强为止。

★★★

交易相同数量的股票。每笔交易的股票数量应当保持一致，这样你的利润和损失比率就不会受交易数量的影响。当你扩大了交易规模时，仍要保持数量的一致性，否则记录会不精确。结果要按点数衡量。

★★★

道琼斯平均指数。现在许多经纪人的办公室里每半个小时报告一次该指数，指数的涨落以类似于波浪图的方式记录，这便于无法时刻盯盘的人参考。当然，买卖波的持续时间不一定是半个小时，因此，这些平均值虽然并不能替代后者，但它们还是具有一定优点的。

★★★

模拟交易。当你第一次运用本书中讲授的方法时，不要用真实货币，而要进行模拟交易，直到你学会了这种方法为止。决定进行模拟交易时，要将你的止损指令写下来，就如同要给经纪人发出真实的指令一样，而且要根据盘口信息确定一个合理的价格，即止损单被执行的价格。有疑问时，可选择结果最差的交易，这样你的记录就会比较保守，不会自欺欺人。记住挣钱不重要，重要的是开个好头，这样一旦学会了如何交易并获得了净利润，你就能扩大交易规模，还不伤及老本。

★★★

以市价交易。几乎在所有情况下，你的订单都应以市价交易，限价订单应少用。

当建仓或清仓的时机到来时，绝不要犹豫不决，要当机立断地以市价完成交易，进入或退出市场。

★★★

为交易设定时限。当交易出现了问题或者跟不上形势的变化时，你没有任何理由死守着它不放。你是在股票显示出一定的强势迹象时才持仓的，你应当为其显现出预期的强势设定一定的时限。如果它们的表现不够好，你要么离场，要么将止损点设置在离市场价比较近的位置，为获得更多的利润留下余地。

根据波浪图和盘口解读图中显示出来的特定迹象，你做多了股票，然后坐等良好的迹象出现。如果买入波持续走强，卖出波变弱，这是好现象。但是，如果买入波衰竭，而且你的盘口解读图显示，供给超过了需求，那么你要快速出货，不要干坐着什么也不干，不要奢望有奇迹出现，按照盘口信息做出决定。若它们指示你做空而不是做多，你就要照做，这才是科学的交易方法。

当有明确的迹象表明你需要做什么及其原因时，你只需要照做即可。当盘口数据显示，形势不明朗时，关闭所有的交易，持中立立场。在盘口看出明显的指示前，什么都不要做。“有疑问时离场”是古老的可靠原则，它能让你避免诸多损失。

★★★

素养。成功的投机者自主性强、判断可靠、勇敢、谨慎、头脑灵活。

你必须独立思考，形成自己的结论，提高判断力，这样你的自主性自然会增强。[1]

★★★

永远不要征求他人的建议。你根据盘口记录和图表做出的推断要比从其他人那里得到的建议更有价值。

有句话说得好：盘口永不撒谎。

你应该以可靠的前提为基础做出判断。所有的事实都已经摆在了你面前，你要收集整理好它们，自行做出诊断。确认形势要求你做什么，然后鼓足勇气去实施你的决策。勇敢而不莽撞，保持警惕和警觉。注意不期而至和不可估量的事情发生。

学会及时思考和行动。你的决策会变成交易指令。挂好止损单后，不要害怕修正你的意见。你必须灵活应变，不能僵化，不能仅因为你交易了某只股票你就看涨或看跌它。

市场会告诉你做什么，它会不断证实或推翻你之前的推断。它会要求你进场、离场、调整止损点、关闭交易、保持中立、等待更好的机会。市场会持续地给你留下印象，你必须根据市场行为（盘口显示的）做出实事求是的判断。

当你认为你比市场更了解市场本身时，你的判断力会变差。从那一刻开始，你的交易结果会变得不尽如人意，因

[1] 当投资者决定依靠自己进行投资时，就应该努力独立思考。因为这时候投资者需要依靠自己的研究分析进行投资决策，而不是听从市场消息，或者投资经理等投资建议。

——彼得·林奇

为在交易中，盘口才是老板，你必须学会服从它的命令，它让你做什么你就做什么，只有做到这一点，你才能踏上股票交易的成功之路。

管理费用。每次交易时要考虑0.5个点的管理费用，包括买卖佣金、给政府上缴的税费以及利息和“看不见的0.125个点”（买卖报价的差别）。你的交易记录会显示0.5个点的管理费用是否合理，这要看你从事的是隔夜交易还是持续几天的交易，还要看你交易的股票类型，一些股票的交易佣金比其他股票的低。

当股票的价格接近均衡价位时，你的买价或卖价可能会使市价上涨或下跌0.125个点或更多。因此，当你卖出时，你的卖价可能比上一笔交易的价格低0.125个点；当你买入时，你支付的价格可能比上一笔交易价格多出0.125个点，这一价格差被称为“看不见的0.125个点”。当一只股票的交易陷于停滞时，比如说买价是53.125美元，卖价是53.25美元，如果要买入，你通常必须支付卖价，因为已经有人先你一步报出了53.125美元的买价。如果你持有股票半个小时，当买价和卖价相同时，你必须以53.125美元的价格卖出。买价和卖价的结合才是真正的市场，不要因上一笔交易而困惑；你不能以上一笔交易的价格成交，而只能以当时市场的买价和卖价成交。因此，在考虑管理费用时，不要忘了这0.125个点的不可见的价格差。

★★★

拉平价格。完成一笔交易后，如果股价的走势与你预想的不一致，这证明你当初的判断是错误的。拉平交易价格意味着你坚持错误的交易而不是从头开始。

你的利润并不是由一次交易决定的，而是由一系列交易的净利润均值决定的。永远不要有拉平价格的念头。

★★★

需要的资本。除非你有稳定的收入来源，否则在开始交易前，要留出足够的生活费用，这样你的生活就不必太依赖股票交易，你的判断就不会受影响。为生活所迫不得不进行交易，试图通过股票交易赚钱的想法都是错误的，这样的想法会让你的判断出现偏差，做出错误的行为。

在你具备充足的资本之前，也就是说，在你赚钱的心态变平和之前，最好先进行模拟交易。可以尝试着用10股的实际交易测试你的判断能力，不要一下子买入大量的股票，因为你的资金还有其他用途。要考虑到连亏多次的可能性。

当你完成了多次模拟交易，且交易记录良好时，你可以从事少量的实际交易，但是，即使你在这些交易中赚了钱，也不要急于扩大交易规模。你要为未来奠定坚实的基础，因此，每一步都要小心谨慎，特别是在面对扩大交易规模这样的重大事情时。

获利后，不要把所有利润都投入到交易中，只投入一半，将另一半用作初始资本，直到你的交易基金都由盈利构成为止。一直遵循这一方法，你会拥有充足的备用资金。

★★★

如何积累利润。如果你每天能从100股的股票交易中获得50美元的利润，那么20个交易日里你的获利将高达1000美元。我指出这一点是为了说明，当你持续交易时，不一定每天都要获得巨额利润。但是，只要你能持续地学习、实践、锻炼你的判断和直觉，你也没有理由一直把每天获得0.5个点的微薄利润当成目标。运用我们的方法时，我们不希望你被赚大钱的思想所束缚，你可以积少成多，细水长流，最终必会获得丰厚的利润。

我们在介绍如何进行波动幅度高达10个点、20个点和30个点的交易时，已介绍过提高平均利润率的部分方法。铭记这些知识，结合当前的指导，你可以建立仓位，而且当出现有利的迹象时，你可以为了大幅的波动持仓。根据盘口解读图的启示，你最初承担的风险是0.5—1个点，但你最终获得的收益可能是你承担风险的好几倍。

当你能够判断出股价在某一方向上移动的近似点数时，你会有勇气入场，并且你会进行金字塔式操作，一直到股票证实了你的判断或者向你发出它无法如你预计的那样变化的警示时。知道股价的变化幅度要比其他因素更能提高你的平均利润率。

本部分也建议你在一定的水平和符合一定条件的情况下运用金字塔式操作法，因为这样做可以让你获得更多的利润。

★★★

在哪里交易。可能的话，最好拥有一间自己的私人办公室，并在办公室里安装好行情报价机和电话。

最好不要让你的朋友知道你的办公室在哪里，以防他们在交易日打扰你，为了获得最佳结果，你要集中精力研究盘口数据。

在股市开盘期间，如果你无法一直盯盘，可以让一位年轻的助手为你绘制图表，这样你可以在方便的时候介入并查看最新的信息。这样的安排非常有利于你获得最佳的结果。

如果你的交易数量足够多，你的经纪人可能乐意为你提供一间小型的私人办公室，里面配备有股票行情收报机和电话。如果没有这样的待遇，你可以在客户的房间里开始交易，随着交易次数的增加，你一定会发现，在一个僻静的场所进行交易非常有益。在这里，你听不到谣言，也不会受到那些试图给你出谋划策、向你提供信息的人的影响。当然，以你目前的修为，你不会受到干扰，但大多数人都会被带偏。

在时间允许的情况下，尽量多绘制图表，或者让助手为你绘制。图表绘制得越多，你选择的范围就越广，你的资本可利用的机会就越多。进行模拟交易时，这一点特别合理。与1幅图相比，10幅图能让你参与更多的练习，积累更丰富的经验，100幅图的效果是10幅图的10倍。

★★★

经纪人的选择。在你发出指令1分钟或1分半钟以内，你的经纪人应当及时地、令你满意地执行你的指令。执行时间延长有时是因为场内交易过多或者由于活跃在市场上的每个经纪人要处理数以百计的订单，线路很挤，电话占线所致。然而，在一般的市场上，一分钟左右足够让你的经纪人处理交易，除非你特别信任经纪人，让他在以买价或卖价进行交易前，自行等待最佳的市场机会。

告诉经纪人你的想法，让他了解你的要求。在交易积极时，你会支付很多佣金，因此，对经纪人而言，你要比那些偶尔买卖的客户更有价值。他应当特别关照你。你可以向经纪人建议，在他把订单挂到场内时，让订单处理员给予你特别的照顾。从长期来看，这小小的举动会使你的利润增加不少。

★★★

剖析亏损的原因。所有的交易都是你经过推理之后决定的——你尝试和测试过这套推理方法，因此你知道哪些有效，哪些无效。当你发现结果不如预期时，你应当研究和分析原因，这可能是你尝试了太多的新想法导致的，果真如此的话，请回过头来运用已被证实的想法。

控制你的损失，利润自然会得到保障。在你记录的结果数据下方留出空间，以便交易出现损失时，将原因记录下来。

你可能会发现自己连番亏损，特别是在真正交易的起步阶段或者开局良好之后的阶段。不要气馁，回过头去进行模拟交易。

依靠均值法则和明智操作，让你的利润超过损失。

永远不要在乎一时的得失，重要的是净交易结果和一系列交易后的长期结果。你从损失中学到的要比你从利润中学到的多，损失会告诉你，做什么是大忌。

★★★

不断实践。你投入到股票交易中的时间越多，从中获得的利润就越高。方便时，可将图表放在口袋里随身携带，以便你在闲暇时研究它们。可要求你的经纪人提供盘口信息，把它们带回家研究。你能从中看到当天的交易信息，观察你可能错过的细微变化。

针对其他股票而不是你实际交易的股票进行模拟交易。不景气的市场也能给你提供充分的机会。持续地收集这些市场的所有信息，阅读所有可获得的出版物，从中获得有价值的意外信息。

附录1

附录部分的内容、第一部分第二十四章和第二十五章的内容与本书其他部分的技术分析内容一样重要。

我们建议你重复阅读最后三部分的内容，直到你将它们烂熟于心为止，而且每隔一段时间你还要进行温习。

我们之所以这样建议，是因为我们发现那些善于分析技术细节的学员常常搞砸了交易，因为他们无法时刻对股市保持新鲜感。

■ 为什么我们不提供建议

我们的目的是教授你股票交易和投资的技巧。我们想协助你培养判断能力，让你能独立做出判断，最终不用再问我们。当你能做到这一点时，你就彻底理解了我们的方法。

如果我们告诉你何时买入或卖出何种股票，那么我们就是在害你而非在帮你。判断的质量不应由一条建议来衡量。当我们向你提出了建议时，如果我们对了，这并不证明我们使用了好方法；如果我们错了，那也不证明我们的方法是糟糕的。良好的判断只能由一系列建议及根据这些建议完成的交易的结果来衡量，如果大部分交易都产生了收益，那么就说明判断是出色的。

今天给出的看涨推断到了明天就可能是错误的，市场趋势瞬息万变，任何股票的技术位置也是如此。因此，提供建议的人要考虑形势的变化，而且要明确指出市场走势是确认还是推翻了他们的建议，否则这些建议没有任何价值。

任何有价值的建议总会涉及正确的止损点的信息。而且要紧盯市场，随时根据需要调整止损点。只说“买入这只股票”会被视为一系列建议的一小部分，不完整的小建议没有任何价值。从提供者和接受者的角度来看，这样的建议比无用的建议更糟糕。

向我们咨询时应该说明问题，我们将尽力提供有用的建议。之后的市场行为会确认或推翻这些建议。有时我们会就股票或大盘的位置发表看法，这只是为了提高你的判断质量，而且这些看法只适用于你的模拟交易。永远不要以它们指导你真实的交易或者根据它们持仓，我们是在教授方法，不是在提供建议。

完成模拟交易后，你的判断力将大大提高，你可以完全依赖自己的判断，不再需要我们提供任何指导。为了确认你的判断力状况，你可以问自己：“在一系列的模拟交易中，我的净收益大于净损失吗？”如果答案是肯定的，那么你准备好用真金白银进行交易了；如果答案是否定的，那么就说明你对本书所介绍的方法理解的还不够透彻，还无法保证你在真正的交易中获利。

■ 指导

在学员的配合下，我们的训练服务（通过私下交谈或通信）成了理查德·D.威科夫操盘法培训课程中最有价值的部分之一。我们建议你把问题编号（保留一份副本），以便我们按顺序回复。清楚地表述你的问题有助于我们及时做出回复，并能使我们提供明确、简洁的答案或讨论。我们更喜欢标出全称信头的邮件，因为这便于我们处理和归档。

获得完整指导的保险做法是，将一两次模拟交易的详细信息发送给我们，我们将对问题进行深入细致的讨论，说明本书涉及的所有原理的运用。

充分利用我们的指导服务，随时致电垂询。由于本书可能决定你未来的财务状况，可能的话，请务必亲自来我们的办公地点，我们诚挚地邀请你光临。你会发现，与你的收获相比，你花在本书上的时间和费用是微不足道的。

我们几乎每天都会与远在旧金山、墨西哥城、温哥华、大不列颠哥伦比亚省的学生和潜在的订阅用户进行交流。他们了解我们的课程对他们的帮助有多大，了解个别指导服务是我们课程的一大特色，他们已从中受益了，没有人对我们的课程失望。

我们很乐意随时回答你的所有问题，但我们强烈建议你，在尚未完成理论知识的学习之前，不要为了获得个人指导而千里迢迢到我们的办公地点。也就是说，你要从头至尾学几遍课程知识，这样，当你来我们纽约的办公地点时，我们可以有针对性地进行个别指导。

■ 获得个人指导的方法、时间和地点

我们所有的学员可随时与纽约办公室的人员取得联系，沟通和讨论所有的技术性细节问题。

我们设有一个技术部门，可以与学员讨论技术性细节问题，而且该部门有一份通信文件，上面详细地记录了学员的学习进度，指导老师可根据这些记录了解学员目前遇到的困难及其对这门课程一般知识的掌握情况。直接联系能避免交流困难和误解，保证学员不受其他未经授权或无资质的人或机构的影响或者受到不正规的培训机构的影响，避免学员的判断力遭受损害以及避免他们对股市产生偏见或错误的理解。

我们的技术部门认为，针对每一种市场情况都有一种最合乎逻辑的一致解释，我们希望学员们能随时与该部门联系，讨论遇到的问题，并做出相应的推理。

还要记住，我们的办公地点有完整的技术记录和其他设施，它们能提供最新最重要的信息，为供需法则提供最有新意的合理解释。

■ 位置表

我们的订阅用户经常向我们索要位置表，我们不发行这种表。我们发现更好的做法是，将你对技术位置的估计结果发送给我们，由我们判定其对错。这种方法对确定位置的作用不应被高估。如果我们直接给出了对股票位置的估计，那么我们就剥夺了你自行估计的机会，这不是什么好事。

为了帮助你确定个股的技术位置，你可以运用我们的“订阅用户的位置表”（列出了10只有代表性的活跃股票及位置表的使用建议）。尽可能根据表中列出的项目确定个股的位置并按指示进行记录。务必解释你做出每一个推理的原因，这一点非常重要。除非你能说明理由，否则我们无法纠正你的误解和误判。向我们发送的位置表中涵盖的股票不要超过20只，因为我们不大可能一次确认如此多股票的位置。

■ 你正在应用本书所阐述的可靠原则吗？你是否忽视了它们

我们对一位订阅用户的早期交易操作进行分析后发现，他不合理地运用了本书阐述的原则，因此我们总结出了下面这些建设性的评论和建议供你参考和借鉴。

亲爱的E先生：

我们审视了您过去几个月的交易记录后发现，您与其他人一样，在交易过程中存在如下错误：

（1）您只根据个股点数图进行交易；

（2）您没有顺应大盘的走势做交易；

（3）在从事真实的交易之前您没有完成一段时间的模拟交易；

（4）您经常建仓太晚，也就是说，您通常在股票已经开启了一波新行情或者实际上已经完成了一波行情才建仓；

（5）您赚钱的愿望太强烈，这导致您的判断出现了偏差；

（6）您常常缺乏耐心，过早进行交易；

（7）在进行交易之前，您没有正确地估计股票变化的幅度；

（8）您没有绘制股票位置表，选择股票时根据直觉而非严格的计算；

（9）从事真实的交易后您没有继续进行模拟交易，实际上您仍然需要模拟；

（10）您常常追涨而不是在股价回落时买入；

（11）您在同一天内会完成两三笔交易，由于学习和实践不充分，这些交易失败的概率很高；

（12）您没有运用竖线图，至少您应该分析您交易的股票的竖线图和点数图；

（13）在艾奇逊股票的例子中，买入迹象出现后，股价上涨了20个点以上时您才买入，您的止损单自然被执行了；

（14）您没有挂止损单并根据实际情况调整止损点；

（15）有几次您致电经纪人征求他们的意见，之后您按他们的意见行事，以底部价格卖出股票，在本应卖出的时候买进。他们不假思索的意见令你心生恐惧，并抛弃了自己完全合理的决策；

（16）还有一次，您幸运地听到了一些市场传闻，认为股票必然会在“国会休会时”触底反弹，这导致您放弃了本应该持有的空头头寸；

（17）您听到朋友们口口声声谈及“双顶”“岛形缺口”和类似的图形，他们试图从中预测股价走势，但没有给出有价值的理由。

这些是您遭遇挫折的主要原因，用一句话概括就是：您没有按照本书中阐述的原则践行我们教授的方法。

我建议您从头再来。首先重新学习本书，然后根据教材中的指示进行模拟交易。必要时可进行数百次模拟，直到您发现自己的判断能力不断提高，获利的概率大于损失的概率为止。然后从事少量的真实股票交易，直到您能从中提高盈利水平为止。

您现在必须改正之前许多错误的做法，就好像改掉打高尔夫球时的一些坏习惯一样。按照本书介绍的程序行事，慢慢提高能力，最终必然会盈利。若不能遵循这些原则，我们建议您停止一切交易，并打消成为成功的股票操盘手的念头。若最终的结果是这样，我们对此深表遗憾。我们相信，若您能完全遵照本书中讲述的原则行事，那么您肯定能取得成功。许多资质一开始不如您的学员都运用我们的方法取得了成功。

敬启

理查德·D. 威科夫

■ 日常操作程序

（1）将波浪图和趋势图（综合指数和板块指数）置于图表簿的上端。首先观察它们，这样你会对整个股市的走势有一个明晰的印象。你不能靠观察一只或少数几只股票来了解大盘走势。你必须依靠波浪图和指数来判断大盘即将上涨还是下跌，以及变化幅度是否达到足以保证你建仓的程度。因此，要保留平均指数的竖线图，而且图中要标明成交量，还要保留平均指数的点数图。二者相结合能为你的预测提供坚实的基础。

（2）接下来在每只股票的点数图和竖线图中标注出各项目。时间有限的话，可减少股票的数量。

（3）记录下每天的变化后，在位置表上标注出每只股票现在所处的位置（位置1、位置2、位置3和位置4）。不需要每天都绘制新表，用铅笔做出标记，改动时擦掉旧标记，做出新标记即可。

（4）完成点数图、竖线图和位置表的修改后，增加评论栏并观察总结部分是否证实了你对平均指数趋势的推断。在技术位置晴雨表中标出相应的数值。总数的变化非常重要，因为它们可以警示你即将到来的趋势变化。最好将它们显示在晴雨表中，但编制一张能显示总数变化的表格也是简单有效的。

遵循上述程序，你应该能获得最佳的结果。

附录2

▪ 1932年6月2日美国电话&电报公司股价探底

（在这些例子中，我们将展示平庸的判断和出色的判断导致的不同结果。我们举这些例子不是为了告诉你应当做什么，而是想通过展示我们可能做的事情，启发你学会如何在实践中不断提高交易效率。）

图1显示的是自6月1日下午2：30开始的美国电话&电报公司股票的变化情况，当时这只股票的价格从前一天的91.375美元下跌至了86.375美元，这表示，这只股票的支撑力量很小。我们假定，我们持有空头仓位，而且持仓过夜了。股市收盘时，这只股票的价格仅回升了0.25个点，达到了85.125美元。

6月2日，这只股票的开盘价为84.25美元，一夜之间下跌了0.875个点，成交量为3100股。虽然压力不算太大，但它仍然缺乏支撑。股价在下跌至83.25美元之前仅回升了两次，每次的回升幅度仅为0.125个点，之后股价出现了两次幅度为0.25个点的回升，接下来股价下跌至83.375美元，这表明股价出现了轻微震荡的态势。

然后股价下跌至82.875美元，并出现了0.375个点的回升。现在交易区被限制在0.375

个点的区间内，即82.875—83.25美元之间，股票在这一区间得到了一定的支撑。83美元上的成交量为1000股，接下来以83.125美元的价位成交了300股。然后股价出现了两次小幅下跌，成交量均很少，接下来的交易明细为：83美元1700股、83.125美元100股、83美元600股、83.25美元300股、83.125美元700股、83美元600股、83.125美元100股。我们发现，以83美元和低于83美元的价位成交的股票总数为6300股。这只股票的价格两度在83美元处得到了支撑，而且83.25美元上的销售量发出了上涨的信号。我们为空头持仓（如果有）设置的止损点现在应该调低至83.375美元，而且如果价格触及这一数字，我们将转而持多头仓位。这意味着83.375美元是双重买入止损点。价格随后触及了83.375美元，我们回补了股票并以此价位持有多头仓位，将止损点设置在了82.875美元之下的0.25点处，即在82.625美元处。

现在，美国电话&电报公司的股票除了在83.5美元的价位上成交了1400股外，其股价一直在0.25个点的范围内波动，而且成交量很少。现在的支撑价位在83.25美元，而且成交量很少。在83.5美元的价位成交了1200股后，股价突破了上限，涨至了84美元。我们将止损点上调至83.125美元。之后股价上涨至84.75美元，后小幅回落至84美元。84美元之上的支撑力量比阻力强得多。股价再次上扬，一直上涨至85.25美元。我们也相应地将止损点上调至83.75美元。

在85.75美元的价位上，需求量较少，因此股价出现了0.625个点的回落，即股价下跌至85.125美元，然后又回升了0.5个点，即上涨至次低点85.625美元。85美元之上的形态并没有显示出任何大跌的迹象。股价出现近3个点的回升后，一般会出现大约1.375个点的回落，但股价仅回落了0.125个点就结束了，即股价下跌至84.5美元处。下跌压力不大不小，是正常的回落。

导致股价回落的力量逐渐枯竭，需求超过了供给。不仅卖出价超过了85美元，而且股价持续上涨至了86.5美元，创下了新高，我们将止损点调高至84.25美元并静观下一步走势。在86.5美元的价位上，该股票的成交量为1600股，之后股价下跌了0.375个点至86.125美元，这一价位的成交量是200股。在下一波上涨中，股价仅回升了0.75个点。

股价达到86.875美元时，成交量为500股，上冲势头减弱，这表明股价会再次回落，因此我们将止损点上调至86.375美元处。将上面的成交量数字加总后我们会发现，进入市场的股票有10000股，而且因为我们坚持到了交易的最后一小时，我们现在可以卖出了。如果我们不这么做，那么当我们的止损点被触及时，我们会得到这样的结果：以83.375美元的价格买入，以86.375美元的价格卖出，利润为3个点，扣除0.5个点的管理费用，当天我们获得了2.5个点的净利润。

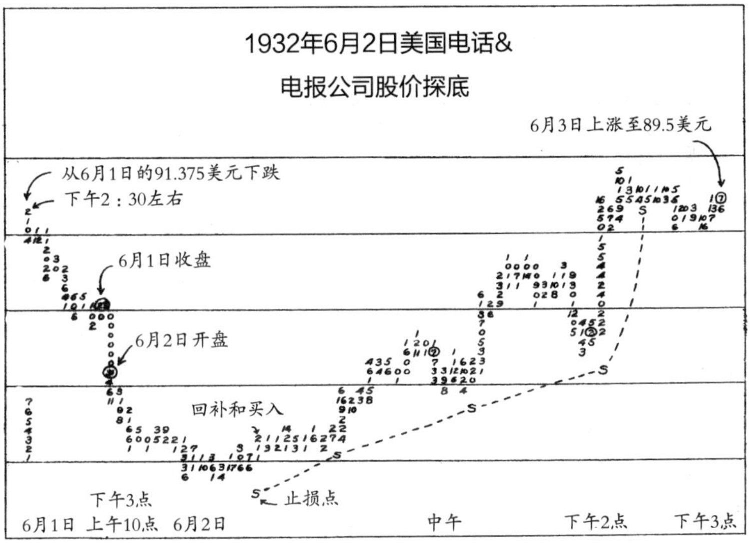

图1

▪ 1932年6月15—16日美国电话&电报公司股价回升至顶部

图2显示的是自股价从6月9日的81美元上涨至86.25美元之后的情况。波浪图显示，开盘时股价上涨了，我们没有做任何决定，直到在86.625美元和86.75美元的轻微压力之下出现的明确支撑线提示我们做空时，我们将止损点设置在86.625美元之下的0.25—0.5点处。如果我们在股票处于或接近低点时下订单，那么我们可能支付87美元的价格，我们的止损点就应该设置在86.375美元处，也就是说，我们承担0.625个点的风险。

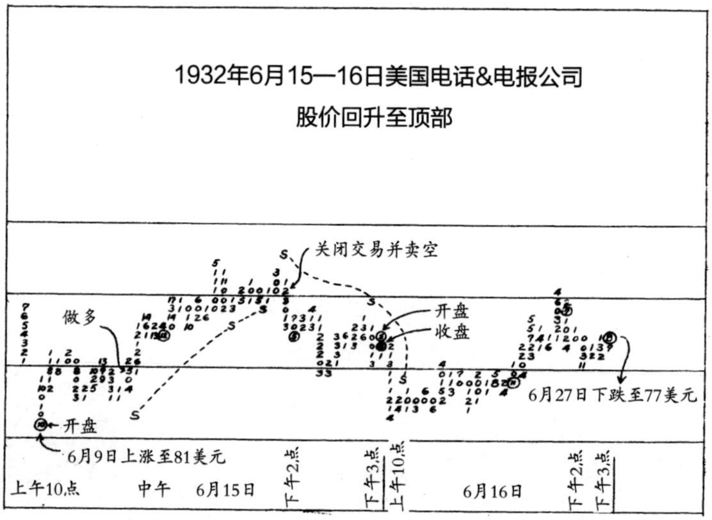

图2

股价突破交易区上限后回落至87.5美元，并在此处得到了支撑，成交量为2500股。之后股价上涨了0.5个点至88美元，我们观察到，供给增加了，因为87.75美元上的成交量为1400股，87.875美元上的成交量为300股，88美元上的成交量为1700股。股价仅从87.75美元上涨了0.25个点，但回落幅度为0.375个点，即股价回落至87.625美元，成交量为1000股，而且这一价位是下跌的底部。此后股价回升了0.375个点至88美元，然后出现了0.25个点的下跌，这是较高的支撑位。接着股价上涨至88.5美元，在这一高点，成交量比较少，只有500股，之后股价马上回落了0.625个点。

现在交易区变成87.875—88.5美元。股价最后一次下跌至88.25美元，成交量为1100股。在88.125—88美元没有任何需求，这是股票趋弱的迹象。我们现在将止损点调高至87.625美元，因为我们对看涨持怀疑态度，我们决定，在股价下一次上涨时卖出股票，或者进一步调高我们的止损点。接下来股价上涨至88.25美元，我们将止损点调高至前一低点（88美元）之下的0.125点处，即87.875美元处。当股价以很少的成交量上涨至88.375美元时，我们将止损点调高至88.125美元处，而且我们卖出的股票数量是我们持有的股票数量的2倍。这样我们就以88.125美元的价位建立了空头仓位。我们对这一仓位设置的止损点离成交价高0.5个点，即在88.625美元处。我们从多头交易中获得的净利润是0.625个点。

此时这只股票的成交量很少，至少技术性回落的迹象已经出现。

之后股价下跌至87.5美元、87美元。一开始股价的回升幅度很小，然后在87美元的价位上出现了0.75个点的回升，而且股价回升至高点时，成交量逐渐减少。之后股价经历了0.625个点的下跌和0.25个点的回升，到收盘时股价为87.375美元，成交量为800股。由于出现了看涨迹象，我们将止损点调低至88美元，并持仓过夜。

第二天（6月16日）开盘时的股价为87.5美元，而且股票马上恢复了下跌态势。非常低的成交量让我们对股价的回升产生了怀疑，因此我们告诉经纪人，只要股价从新的低点回升0.5个点，我们就回补。股价跌至86.25美元时出现了0.375个点的回升，然后回升幅度扩大至0.75个点，我们的止损单被执行。

不久股价就回落了0.125个点，但更高的支撑位出现了，这个支撑位至少比之前的低点高出了0.125个点，之后又高出了0.375个点。成交量很少，看似一波回升即将出现。我们并没有因为看涨迹象出现而做多。我们只希望避开回升，得到更高的新支撑点。我们想看看股票在下一次上涨时的表现，看它有没有力量突破88美元，或者看供给能否再次超过需求。我们的止损单在86.875美元的价位上被执行，我们获得了1.25个点的净利润。

在这一波上涨中成交量略有增加：88美元600股、88.125美元400股、88美元200股、87.875美元700股。但现在已经是下午2点了，交易正逐渐趋缓，股价似乎无法在接下来的一个小时内实现良好的波动，因此我们打定注意关闭交易，这使得我们获得了0.75个点的净收益。早晨股价从87.125美元下跌至86.5美元时，为了获得更多的收益，我们本应当以稍低的价格回补，或者将我们的止损点调低。

■ 1936年6月2日联合化学公司股价探底

这只股票从6月1日下午2点的51美元下跌至48美元，之后又下跌了0.375个点，然后回升了0.875个点，在48.5美元的价位成交了1200股。然后股价在48.5—48.75美元的区间内波动，后下跌至48.125美元，这一价位的成交量为600股。之后股价以较低的成交量回升至48.875美元，这也是这只股票当日的收盘价。

6月2日开盘时股价走低1.25个点，以47.625美元的价位成交了1300股，接下来的交易记录为：以47.5美元的价位成交900股、以47.625美元的价位成交400股、以47.375美元的价位成交1100股、以47.25美元的价位成交100股、以47.125美元的价位成交500股、以47美元的价位成交400股。随后股价回升了0.375个点后又下跌至47美元，这形成了0.375个点的交易区间。我们观察股价会从哪个方向突破这一区间。最初的信号是看涨的，在47.5美元的价位成交了100股，股价上涨了0.125个点。下一个支撑位在47.375美元，股价又上涨了0.125个点，这仍然是看涨的迹象。股票形成了47.375—47.625美元的交易区间，然后股价下跌0.25个点至47.125美元，支撑点比之前的低点高。如果股价没有跌破47美元，那么这是看涨的迹象。接下来股票在47.25美元的价位成交了500股，在47.5美元的价位成交了100股，也就是说，股价下跌了0.5个点后上涨了0.375个点，这仍是看涨的迹象。

当股价再次回升至47.5美元时，我们预测交易区间会被突破，而且无论股价从哪个方向上突破，我们都决定跟进。我们以47.75美元的止损价位挂了做多单，以46.75美元的止损价位挂了做空单。我们的做多止损单被执行了，这导致我们的卖空止损单被取消。我们马上指示经纪人卖空100股，并且将止损点设置在成交价之下1点处，即46.75美元处，这样做是为了把做多的风险控制在1个点之内。

股价突破了交易区的上限后涨至48.375美元，之后下跌了0.125个点，但在47.25美元的价位上出现了另一波回升。股价的波动幅度通常为0.125—0.625个点，这些波动发生在近期下跌的底部，这表明下跌压力比较轻，这是看涨的迹象。自股价回升至47.75美元后，接下来的交易记录为：以48.875美元的价位成交500股、以48.25美元的价位成交400股、以48.5美元的价位成交100股。

现在回头看看股价最后这几次波动，股价近期触底时的成交量为100股，比上一次的成交价下跌了0.75个点，之后股价下跌了0.625个点，成交量为400股。然后股价经历了0.5个点的回升，成交量为100股，接着股价下跌了0.75个点，成交量为200股。显然，有人为了引诱卖盘在压低这只股票的价格，这意味着他们想获得这只股票，此时买入胜过卖出。

之后股价上涨至49.75美元，接着回落至49美元，此价位的成交量为1300股。然后股价一路上涨至50.25美元、50.375美元，此时我们将两笔持仓的止损点均调高至48.75美元。成交量足以导致股价回落至49.625美元，但股价仅从高点下跌了0.25个点。越来越多的强势迹象导致我们持仓过夜，将止损点调高至49.375美元，这样，当止损单被执行时，能确保获得1.625个点的利润。当然，这一利润永远无法得到100%的保证，尤其是像联合化学这样的股票。如图3所示，这类股票有无数的跳动点，这表明其市场不是封闭的。然而，这只股票的交易比较活跃，这有助于降低交易风险。

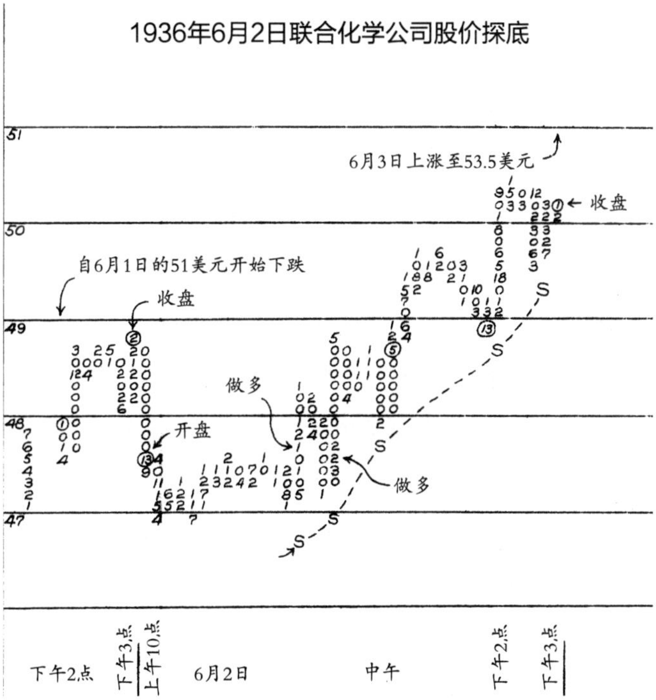

图3

■ 1932年6月15—16日联合化学公司股价回升至顶部

6月10日，这只股票创下了47美元的新低，6月11日股价回升至54.5美元，6月13日回落至50美元，6月14日的收盘价为53美元，6月15日的开盘价为53.75美元，我们持中立立场。在第一波买入浪潮中，股价上涨至53.625美元，随后下跌，然后出现了0.75个点的上涨波，之后股价正常回调了0.375个点。从截至目前的走势来看，股票是看涨的，因为其股价已经突破了0.75个点的交易区上限。我们发出了买入的指令，并以54.25美元的价位成交。我们的止损点设置在53.5美元处。

接下来股价回升至54.625美元。上涨势头不是特别强劲，而是震荡上扬的，这说明上涨力量较弱。上涨幅度比较小，成交量也少。在55美元之上，股价出现了横盘走势。此后股价下跌0.5个点至54.5美元，较小的支撑力量出现，这是股价再次上涨的迹象，后股价上涨至55.5美元，在55.25—55.5美元，这只股票的成交量是900股。在55.15美元的价位上销售了100股和在54.75美元的价位上销售了200股后，这只股票的回升结束了，这是股票趋弱的信号。我们必须在下一次股价回升时出货。接下来的交易明细是：以55美元的价位成交1200股，以55.25美元的价位成交700股，以55.375美元的价位成交200股。我们发出了逆转仓位的指令（即关闭我们的多头仓位并且卖空同等数量的股票），我们以55美元的价位完成了第一笔交易，以55.125美元的价位完成了另一笔。我们将空头交易的止损点设置在离成交价0.625个点处，即55.75美元处。现在，股票的走势就像一个箭头，55.125美元的价位就是箭头的顶点。它现在应当突破交易区间的下限，除非之前的趋弱信号有误。

当股价下跌至54.875美元并回升至55.25美元时，交易区间收窄。注意，在这一波下跌中，股价突破了55.125美元的关键价位，后仅回升至55.25美元。这么小的回升幅度表明，力量的天平仍然偏向下行一方。

之后股价进一步下探至54.375美元，而后出现了0.5个点的回升，然后在54美元的价位上，成交了两笔交易。此后股价回升至54.625美元，由此形成了54.25—54.625美元的交易区间。此时我们将止损点调低至55.125美元（我们的卖出价）并且持仓过夜。自股价从6月10日的47美元处回升以来，股价已经上涨了8.5个点，预计接下来会出现几个点的回落。

第二天开盘后第一笔交易的成交价是54.75美元，成交量为500股，然后股价直接跌至53.5美元。后股价经历了0.75个点的回升和0.5个点的回落，以54美元的价位成交了200股。股票走势形态变成了楔形，其顶点在54美元左右。我们将止损点调低至54.25美元，以此保护股价回升时承受的损失。止损单在54.5美元的价位上被执行，我们获得了0.125个点的净收益。现在我们持中立立场，等待新的迹象出现。

回升的力量不断累积，我们想知道上涨的力量是否足以使股价达到新水平，即上冲至55.5美元之上。之后股价出现了两次回升，第一次回升至54.875美元，第二次回升至55.25美元，但回升之后马上就下跌了，这是股票走弱的信号。

现在我们等待股价上涨时卖出的机会。股价再次上涨至55.25美元后又快速回落至54.75美元，这表明，供给已经大于需求了。我们挂出了卖空单，并以54.5美元的价位完成了交易。我们设置的止损点是55.5美元。股价仍在稳步下跌，且当天的收盘价仅高出最低价0.125个点，即收盘价为53.625美元，成交量为500股。我们将止损点调低至我们的卖出价格（54.5美元），并持空头仓位过夜。

竖线图显示了股票后续的走势，6月27日，其股价下跌至43美元。盘口解读图对这两天走势的刻画展示了一次正常的回落演变为大跌的例子。

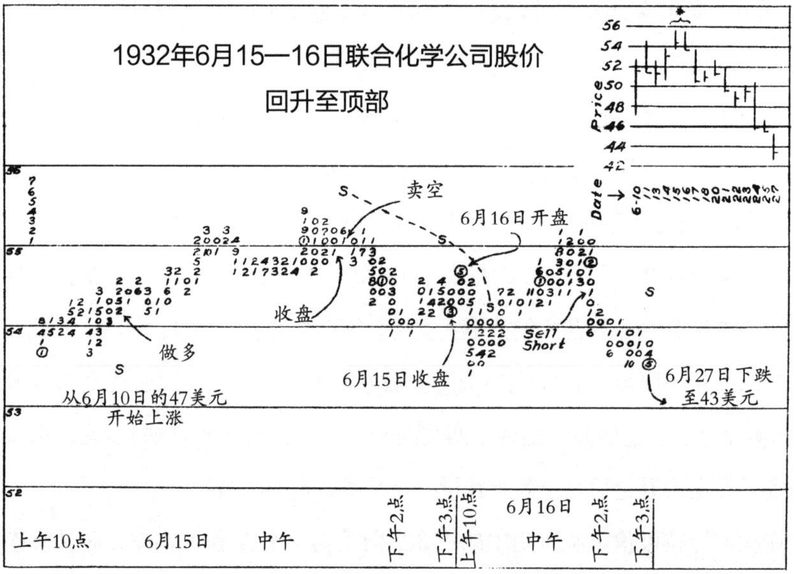

图4

▪ 1932年3月14日J.I. 凯斯公司股价回落

这只股票的开盘价为37.5美元，之后下跌至37美元，但马上回升，回升幅度超过了下跌幅度0.125个点。然后股价下跌至37.125美元、37.5美元，这都是股票趋强的迹象，原因在于：第一，股价显示出了较强的回升能力；第二，股价下跌0.25个点后，马上恢复至了开盘价，这更多地显示出了走强而非走弱的迹象。

我们以37.5美元的价位做多，并将止损点设置在36.75美元处。37.5—37.75美元的交易区形成，股价下跌了0.125个点之后上涨至37.875美元，这一价位的成交量为1500股。股价再次下跌0.125个点，在37.875美元的价位上又成交了1300股。接下来股价大幅上涨至38.75美元，成交量大大增加。之后股价回落了0.125个点，接着又回落了0.25个点，在回升了0.125个点后又回落了0.25个点，38.375—38.75美元的交易区间由此形成。上午11点和中午，股票交易比较低迷，这是股价回升过程中的看跌信号。从盘口解读图向右看，我们发现，在股价上涨过程中，有大量的股票成交，在38.375美元及以上的价位上，股票成交量为8600股。

股价第一次上涨时我们将止损点调高至37.125美元，然后又调高至37.75美元。我们现在将其调高至38.25美元，这样，我们两笔持仓的止损点都在这个价位，因为8600股的股票成交后，股价不会再进一步上涨了，我们预计它会下跌。而且即使股价下跌0.125个点，它也会跌破38.375美元的支撑位，我们想将多头仓位清仓并转而做空。

股价触及38.25美元时，我们将股票卖出，获得了0.25个点的净利润，而且我们在此价位上建立空头仓位，止损价位为39美元。

此后成交量变少，总的来看，当天的股价下跌了，价格触及了37美元，是开盘下跌时的低点，与当天的高点相比差了1.75个点，正常情况下这会导致0.875个点的回升，但股价的回升幅度不足跌幅的一半，比正常幅度差了0.125个点，成交量很少，这是看跌的迹象。我们先将止损点调整至38.25美元，当回升力量消失时，我们将其下调至37.875美元。自此之后，股价接连创出新低，回升力量非常弱。我们继续调低止损点，先是调整为37.375美元，然后是36.75美元、36.25美元，再接下来是35.75美元，最后调整为35.25美元。到此为止尚未发生让我们感到忧心的事情，股价从37美元回升了0.75个点，此后的回升幅度分别为：0.25个点、0.25个点、0.375个点、0.25个点、0.25个点、0.125个点、0.125个点、0.5个点、0.25个点、0.25个点、0.125个点。现在的股价为34.25美元，在这一价位上，我们能够获得4个点的毛利润，我们的止损价位是35.25美元，这样我们能确保获得3个点的净利润。

我们可以在下午2点左右的下跌波中明智地进行回补或者将止损点调低0.25个点，因为我们不认为股价会一路下跌而不出现回升。但是股价回升0.75个点至35美元的事实警示我们，股票在这一点之下遇到了更多的阻力，而且当股价再次跌至34.5美元时，我们发出了以市价买入并撤销止损单的指令。我们必须以35美元的价格买入股票，这样我们可获得3.25个点的利润，或者2.75个点的净利润。当天余下的时间里，我们静观其变。

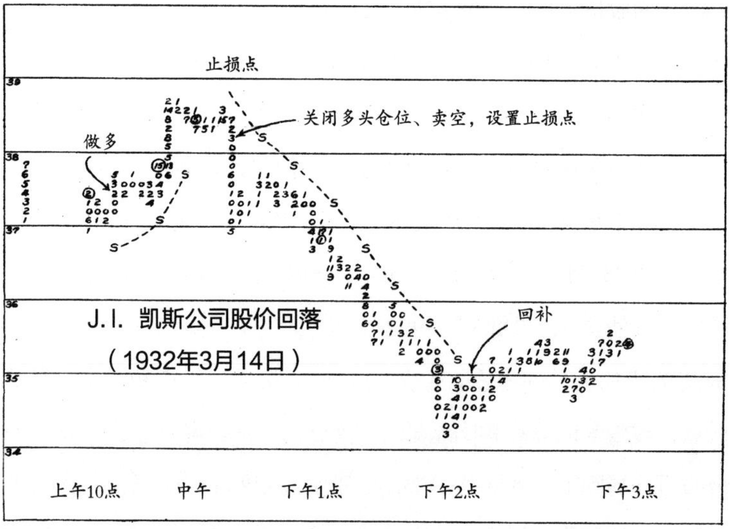

图5

■ 美国罐头公司与5只龙头股的综合图表分析（1932年6月14—17日）

我们综合分析美国罐头的盘口解读图和5只龙头股的波浪图。美国罐头公司是5只龙头股之一，其余4只分别是阿纳康达、通用电气、通用汽车和美国钢铁。值得注意的是，这只股票的走势与5只龙头股的走势非常相似，这可能是因为当时这只股票对市场的走势产生的影响远远大于其他股票，但它正是我们寻找的目标。我们可以把它和一组龙头股的走势绘制在一张纸上，这有助于我们解释盘口解读图。我们可以根据图预测股价的动向，并从一只股票的交易中获利。

6月14日美国罐头的开盘价是38.125美元，成交量为200股。开盘后股价快速下跌至37美元，跌幅为1.125个点，后股价回升了1.5个点，这表明上涨的力量更强大。波浪图的记录证实了这一点：自开盘以来，股价上涨的幅度是其下跌幅度的2倍。在上涨了1.5个点后，我们预计股价将下降0.75个点，但股价仅下跌了0.625个点，这证明股票走强。

在这波下跌中，我们以38美元的价位做多，将止损点设置在36.875美元处。当股价创下38.625美元的新高时，我们将止损点调高至37.625美元。在形成0.25个点的交易区间后，美国罐头的股价再次达到38.625美元的高点，成交量为200股，我们将止损点调高至38.125美元。

之后股价再次创下39.25美元的新高，成交量为1000股。之前波浪图就已经证实了看涨的推断，但当日第四次下跌的幅度大于第三次的，我们打算在股价回升时卖出股票，除非这只股票能够放量上涨至新的水平。

股价上涨至39.25美元时再次遇阻，成交量为900股，我们将止损点调高至略低于39美元的位置，并且使这一价位成了双重止损点。当股价再次停止上涨时，我们就会卖出股票，获得1个点的毛利润，而且以39美元的价位做空，将止损点设置在39.5美元处。

股价触及38.875美元后出现了微弱的回升，但没能回升至之前的高点（低0.125个点），而且波浪图记录了略低的高点，这证明做空的决策是正确的。

之后美国罐头的股价下跌至38.5美元，然后回升了0.25个点，重回38美元。我们把止损点调低至39美元。波浪图一直显示看涨，从波浪图可以看出，之后的回升幅度要大于之前的，而下跌幅度要小于之前的。这警示我们，股价即将回升。我们以38.375美元的市价回补了空头仓位，我们获得了0.625个点的毛利润，或者0.125个点的净利润。加上之前获得的1个点的毛利润或者说0.5个点的净利润，当天我们共获得了0.625个点的净利润。当天的收盘价为38.25美元。

从现在开始，我们建议读者运用这类组合图、结合本书介绍的其他图表研究方法筛选正确的交易标的。读者可以把模拟交易的结果记录下来发送给我们，这样我们可以评估读者取得的进步并纠正错误，我们也可借此了解读者是否完全了解了盘口解读教程中介绍的原理及其例子，而且当读者在学习中存在误解或者偏离正确的步骤时，我们可予以纠正。

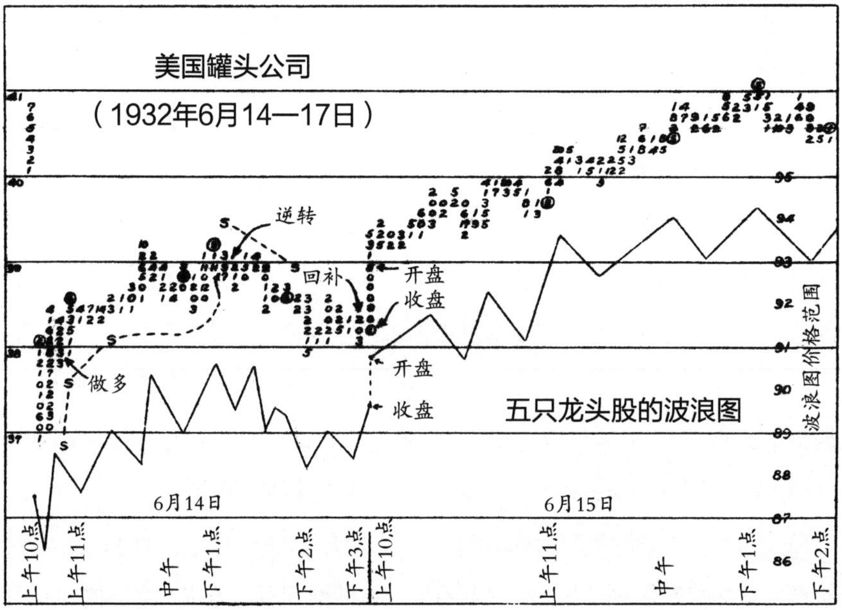
美国罐头公司
（1932年6月14—17日）
逆转
回补
开盘
收盘
做多
开盘
收盘
五只龙头股的波浪图
波浪图价格范围
6月14日
6月15日
上午10点
上午11点
中午
下午1点
下午2点
下午3点
上午10点
上午11点
中午
下午1点
下午2点

图6（1）

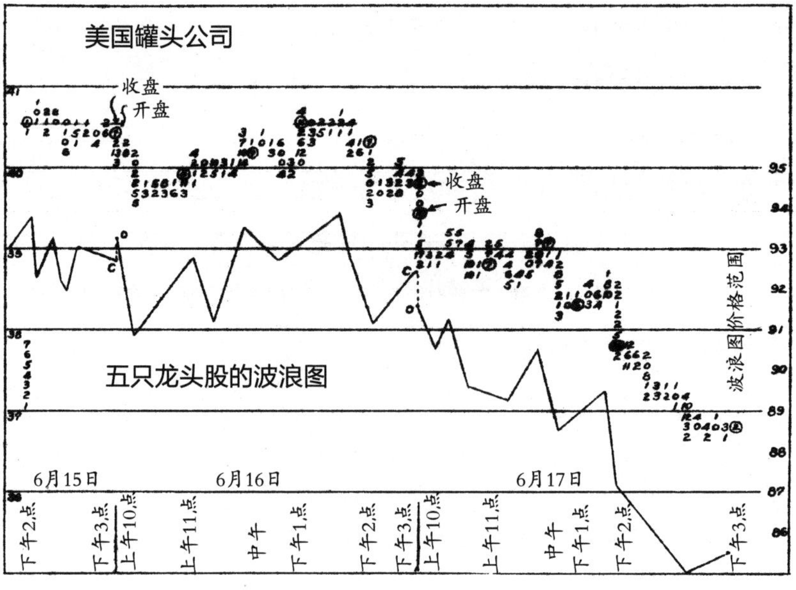
美国罐头公司
收盘
开盘
收盘
开盘
五只龙头股的波浪图
波浪图价格范围
6月15日
6月16日
6月17日
下午2点
下午3点
上午10点
上午11点
中午
下午1点
下午2点
下午3点
上午10点
上午11点
中午
下午1点
下午2点
下午3点

图6（2）

结语

在本书中，威科夫先生和他创立的机构为你提供了最佳的创意、计划、方法和技能，能让你充满信心地进行交易和投资。根据你打算投入的时间和资金、目标、希望如何进行交易或投资以及如何获得最大的利润，形成自己的投资策略。

你可能会问，这需要花多长时间？答案是，时间可长可短，选择权在你。但是只要你学习了这本书，你就会发现投入更多的时间是值得的。如果你愿意，你可以运用你从本书中学到的知识从事专业的股票交易。

在你彻底践行了这些原则而且积累了长期的经验之后，你可能会发现，你的股票交易直觉已逐渐形成。

直觉能使人们在不经意间对形势做出判断。

有些人的直觉比其他人强。与任何其他业务或专业领域一样，股票交易的直觉也能够培养，这需要长期耐心的学习和实践。

有一段时间，威科夫先生也无法判断市场形势，因为他不知道该如何判断市场。他后来才学会了相关知识。在书本中无法找到这些知识，因此威科夫先生只能一点一滴地去探索，他为此耗费了数年的心血，遇到过很多挫折。

我们现在把他用之有效的方法传授给你，你用这些方法做什么取决于你自己。我们非常乐意随时与你探讨在学习过程中遇到的问题，我们也欣然接受你提出的批评和建议。

股市是世界上最伟大的游戏场所，最富有、最专业和最有实力的个人、公司、银行和信托投资基金均参与其中，他们以巨额的资金追逐利润。

要想成为像他们那样的人，你就必须敏锐、精明、聪明和勤奋。

祝你取得成功。

威科夫联合公司

量价分析

量价分析创始人威科夫的盘口解读方法

著者：（英）安娜·库林
ISBN：9787515344379
定价：59.00元
出版社：中国青年出版社

美国亚马逊量价分析主题图书长期排名榜首。

威科夫量价分析法至今被华尔街所有投资银行奉为圭臬。

杰西·利弗莫尔、J·P·摩根、理查德·奈伊所倡导的盘口解读法。

内容简介

每一次我们进行交易时，都会面临这样一个问题，“接下来的价格会是什么样的？”量价分析将提供答案。在交易中只有两个最重要的指标。一个是价格，另一个是成交量。如果孤立地看这两个指标，我们得到的信息不多，但如果将这两个力量相结合，就会产生一个非常有力量的分析方法。

量价分析之父理查德·威科夫曾多次采访杰西·利弗莫尔、J·P·摩根，发现这些大师都拥有一个共同点：就是将行情纸带作为投资决策的依据，通过价格、成交量、时间、趋势发现最基本的供求规律。他们都是盘口解读的倡导者。

本书详细阐述了理查德·威科夫分析方法的精髓，系统介绍了量价分析方法的各个层面，用简单易懂的方式解释这其中的常识与逻辑，包括量价分析的首要原则、市场是如何被操纵的、需要注意的重要的K线图形态、支撑位与阻力位、动态趋势和趋势线、价量分布分析，所有这些构建起了完整的量价分析法。

本书是从局内人（做市商）的视角写作的，阐释了局内人的行为轨迹，以及为什么量价分析是帮助你真正看到市场内部行为的唯一方法。作者帮助你洞察他们的行为，识破他们的伎俩，破译市场信号，跟随他们的行动，在他们买入的时候买入，在他们卖出的时候卖出，成为局内人以外的能够从市场中获利的群体。

《与巴菲特共进午餐时，我顿悟到的5个真理：探寻财富、智慧与价值投资的转变之旅》

当一位年轻的对冲基金经理以 65.01 万美元竞拍价
与巴菲特共进午餐将会发生什么?
他成为了一名真正的价值投资者。

ISBN：978-7-5153-3151-5
著者：（美）盖伊·斯皮尔
开本：16开
页数：232页
出版社：中国青年出版社

内容简介

本书记录了作者的重大转变，从一个年轻傲慢的投行经理，变成了一个坚守价值投资、取得高度成功的对冲基金经理人。作者的转变与进步，源于他的深刻反省、格雷厄姆与巴菲特的投资理念，同一些全球顶级投资家的学习与探讨，还有与心中偶像沃伦·巴菲特的一次午餐，这顿价值65.01万美元的慈善午餐教给了他人生中最有价值的课程，包括非常规思维往往更好、永葆好奇心与童真、学会说不、忠实于自己、培养并维系有价值的人际关系。在这次午餐之后不到一年时间里，他从曼哈顿搬到了苏黎世，不再向新的投资者收取管理费，也不再上瘾着迷地查看股价。

作者的故事充满了力量，常有令人惊愕之处，对投资、交易和高风险决策的敏锐洞察比比皆是。通过分享他过往的投资案例，作者详细讲述：为什么正确的榜样是投资成功的关键；如何构建更好的投资流程；如何过滤掉市场中让大多数投资者受干扰的短期噪音，并从中获利。最重要的是，他解释了对自我清楚的认知如何帮助他梳理思绪，并做出更好的投资决策——而不是被好胜心、嫉妒、恐惧所驱动进行决策。书中还介绍了他与著名投资家莫尼什·帕伯莱共同总结的“投资者检查清单”，这样的检查清单可避免投资者犯重大错误。作者还给出了一些投资建议和技巧，以及做出明智决策的方法。

对于任何对投资感兴趣的人，对于那些想要通过走不同道路获得成功的投资者，本书将提供视野、指导与激励。

艾略特波浪理论

研判股市底部与顶部的有效工具（全新版）

著者：（美）拉尔夫 · N · 艾略特

ISBN：9787515339542
定价：35.00元
出版社：中国青年出版社

◆ 金融市场趋势技术分析的经典投资名著。

◆ 完整汇集“波浪理论之父”艾略特关于波浪理论的全部作品。

内容简介

本书完整汇集了艾略特波浪理论体系的经典之作，并包含艾略特应用该理论对股市进行的分析。内容包括《波浪理论》、发表在《金融世界》的文章、1940—1942年文章选编、《自然法则——宇宙的奥秘》。

投资者一旦识别、掌握这些规律，就可以测量和预测各种趋势与调整。波浪理论在多年的股市中已得到验证。

作者简介

拉尔夫 · N · 艾略特（1871—1948），波浪理论的创始人，一名杰出的会计师、作家及金融市场分析大师，以其著名的波浪理论而留名于世。

1930年代，艾略特开始系统研究长达75年的美国股市数据，除了年线、月线、日线外，艾略特连半小时线都加以详细研究。

1935年，预测熊市结束。

1938年8月，出版《波浪理论》，详细阐述了其研究结果，向投资者介绍这一市场预测的新方法。

1939年，应《金融世界》杂志邀请，艾略特发表了12篇文章，揭示了波浪理论的本质。

1940年代，艾略特将波浪理论的研究延伸到所有人类活动与行为中。

1946年出版了他最后一部著作《自然法则——宇宙的奥秘》。

1948年去世。

在艾略特去世之后，查尔斯 · J · 柯林斯、汉密尔顿 · 博尔顿、A. J. 弗罗斯特、小罗伯特 · R · 普莱切特等技术分析大师与金融专业人士继续使用波浪理论对金融市场进行分析与预测。

马丁·茨威格的华尔街制胜之道

| 如何判断市场趋势、选股、择时买卖 |

- 击败“黑色星期一”的投资鬼才
- 准确预言1987年美国股市大崩盘，并在崩盘当天获利9%
- 已被证明行之有效的市场预测与选股方法

著者：(美) 马丁 · 茨威格
ISBN：9787515355627
定价：59.00元
出版社：中国青年出版社

内容简介

1987年10月19日，道琼斯指数跳水22.6%，这是美国股市著名的“黑色星期一”。6个半小时之内，股市损失了5000亿美元，相当于当时美国GDP的1/8。而有一个人不仅成功预言了这次股灾，其投资组合还在当天实现了9%的收益，这个人就是华尔街著名的技术分析大师——马丁·茨威格。

在本书中，作者通过通俗易懂的语言与真实案例，向投资者展示了他市场预测与选股的方法，这些方法是他经过多年反复试验，精心开发并被证明行之有效的。他成功预测到1987年股市大崩盘并从中迅速获利，运用的正是本书中介绍的经过时间检验的指标和策略。

书中的分析模型不仅是准确预测市场趋势的有效工具，也提供了一种简单、可信而有效的投资制胜法则。

作者简介

马丁·茨威格　投资顾问、市场分析师、管理价值数十亿资产的“茨威格基金”与“茨威格总回报基金”董事长，同时还是全美颇具影响力、预测趋势的股市通讯《茨威格预测》的发行人，被称为华尔街的技术分析大师。